한국 최초로 소개되는 서양 수상학!

손금 좀 봅시다

한국 최초로 소개되는 서양 수상학!

손금 좀 봅시다

엄원섭(한국수상학회 회장) 지음

3 백만문화사

머리말

"손에는 그 사람의 모든 인생이 담겨 있다." 손금을 통해 운명을 알아볼 수 있는 수상학에 대해 사람의 손금을 읽는 방법에서부터 손금을 통해 운명을 미리 알아볼 수 있는 방법 등 손금과 관련된 인간의 모든 운명을 그간 저자가 신문에 연재했던 글들을 모아 그림과 함께 설명하고자 한다. 신문 연재 내용을 보면,

스포츠서울　　"손금 좀 봅시다"
스포츠서울　　"족상 좀 봅시다"
일간스포츠　　"3분 수상학"
약업신문　　　"역학교실"
연예영화신문　"스타 관상 수상 보기"
연예정보신문　"관상·수상"

등 다수인데,

이 글들은 신문에 연재되면서 독자들의 많은 호응을 얻었으며 책으로 출판을 요청하는 독자들이 많아 금번 이 글들을 모아 책으로 만들게 되었다. 이 가운데는 수상의

과학성과 우리가 경탄할 만한 운세 판단의 정확성, 건강과 관련된 놀랄 만한 사실 등이 포함돼 있으며 더구나 스포츠서울에 연재된 족상은 우리 나라에서 처음 책으로 빛을 보는 내용인 바 독자들이 이 책을 통하여 손과 발을 통한 건강과 운세를 보다 정확히 이해하는 계기가 되었으면 한다.

모쪼록 독자 제현의 가정에 화평이 깃들길 기원하며……

저자 엄원섭

차 례

제1편 손금과 운세

제1장 손금의 명칭과 운세

8

제 2 장 생명선과 수명·성적 매력

제3장 두뇌선과 재능·성격

제4장 성격선과 사랑

제5장 직업선(운명선)과 운명의 변화

제6장 성공선(태양선)과 돈·명예

제7장 직업 적성과 대학 진학

제8장 **결혼과 연애**

제2편   손금과 건강 · 질병

제1장 **손금과 체질 · 질병**

제2장 건강 진단

제3편   수상의 종합

제1장 수상 보는 법

제2장 종합적 운세

제3장 연령별 수상

제4장 여러 가지 실제 수상 해설

제5장 실제 수상 보는 법

제6장 유형별 손금 보기

제7장 수상에 관한 질의 응답

제8장 인물(人物)

부록

제1장 지문의 개성 및 운세

제2장 족상 좀 봅시다

1. 옛 수상도

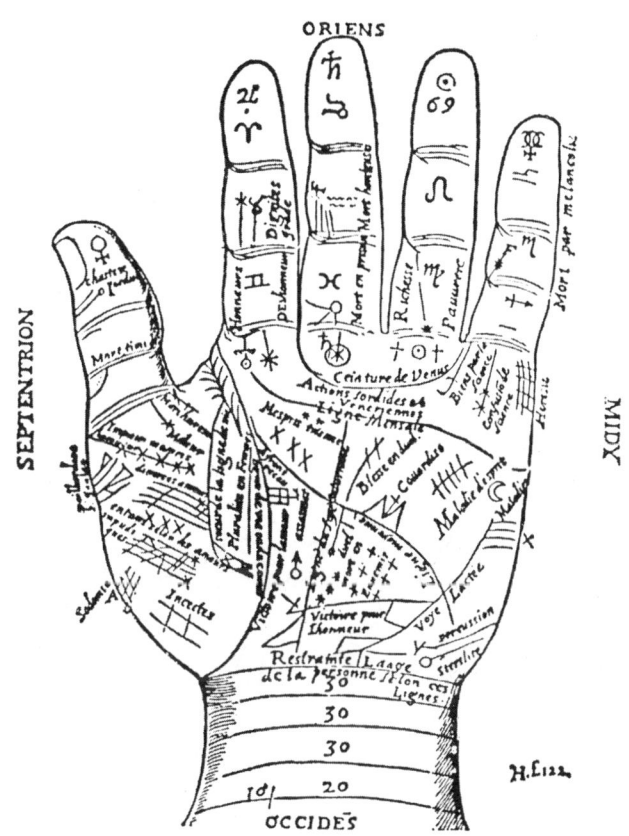

2. 오늘의 서양 수상 명칭도

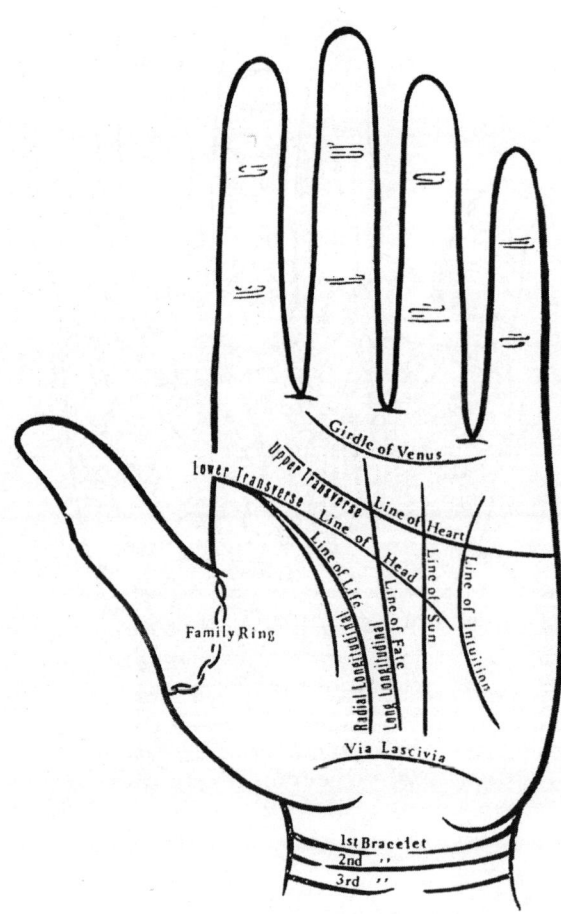

Traditional and anatomical names

3. B.C 6세기경 석가(Buddha)의 발바닥에 새겨진 이상한 문형(紋形)

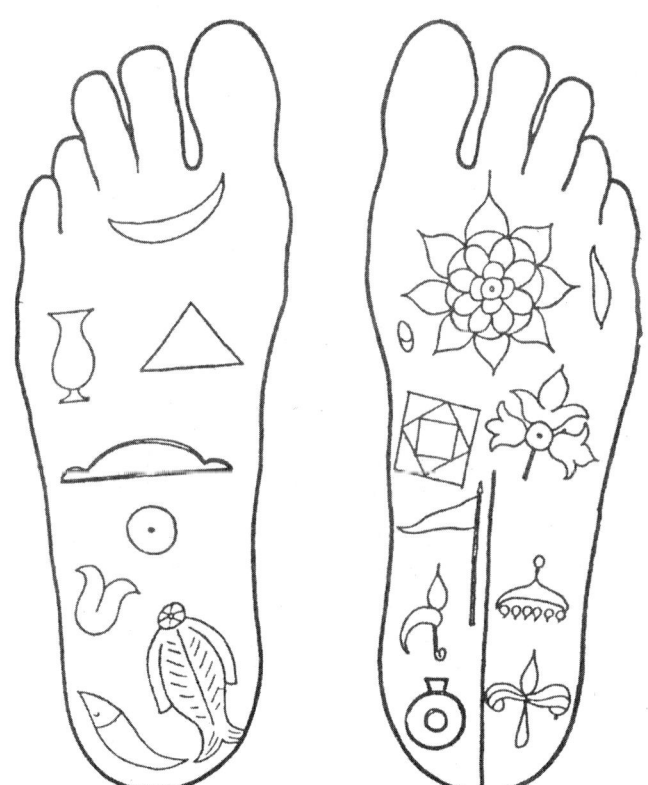

Marks on the hands and feet of Buddha in the sixth century B.C. made sages aware that he would be a great man.

4. 수상의 성장 모형

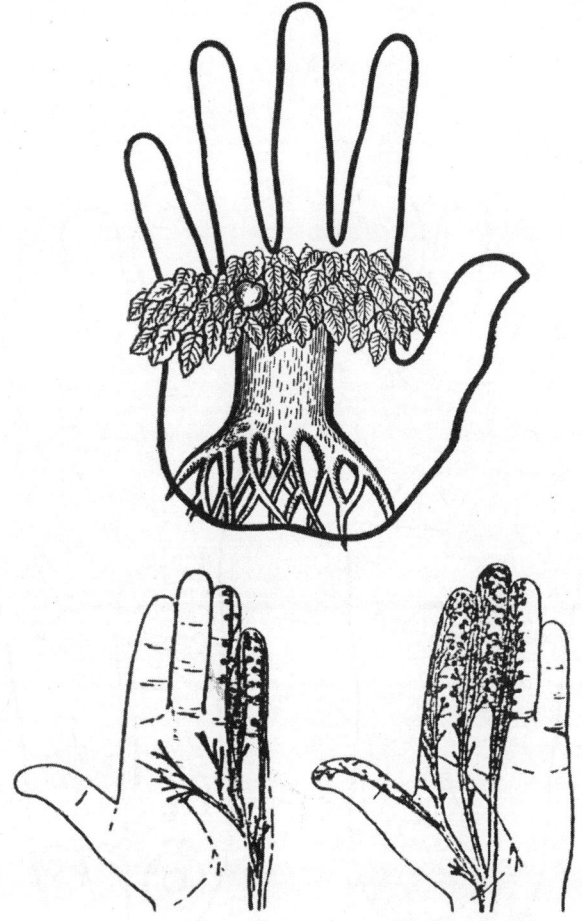

The distribution of the ulna nerve in the palm of the hand. The rerves beset with Pacinian bodies are sensory branches. The shaded branches are motor. (Wood Jones *The Principles of Anatomy as seen in the Hand,* Baillière, Tindall & Cassell.)

The distribution of the median nerve in the palm of the hand. The nerves beset with Pacinian bodies are sensory branches. The shaded branches are motor. (Wood Jones: *The Principles of Anatomy as seen in the Hand,* Baillière, Tindall & Cassell.)

5. 옛 수상 문헌

●1661년대 관상수상 조각상●

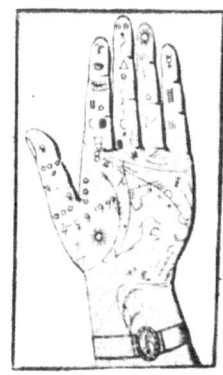
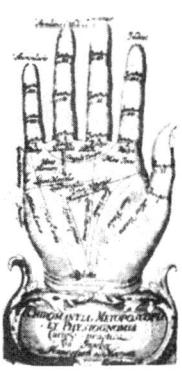
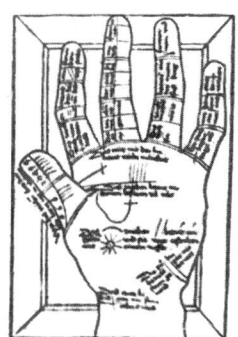

●1690년대 수상고서●

6. 옛 수상도

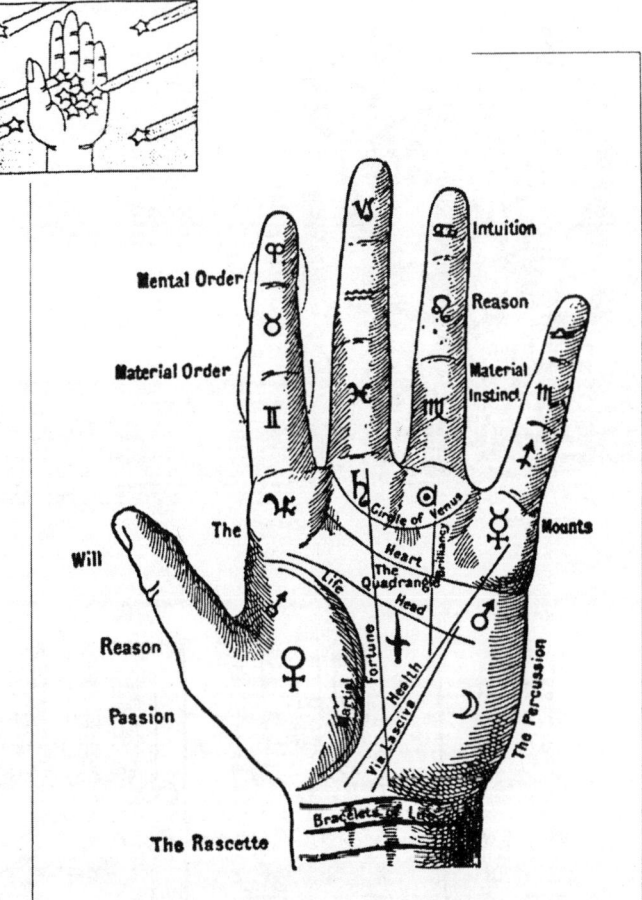

rincipal lines are Life, Heart, Head and Fate (here called "Fortune"). Astrological signs on this old picture show the planets believed to be related to parts of the hand in the days when palmistry was combined with astrology.

점성술식 수상도

7. 옛 책에 나온 나폴레옹과 조세핀의 수상도

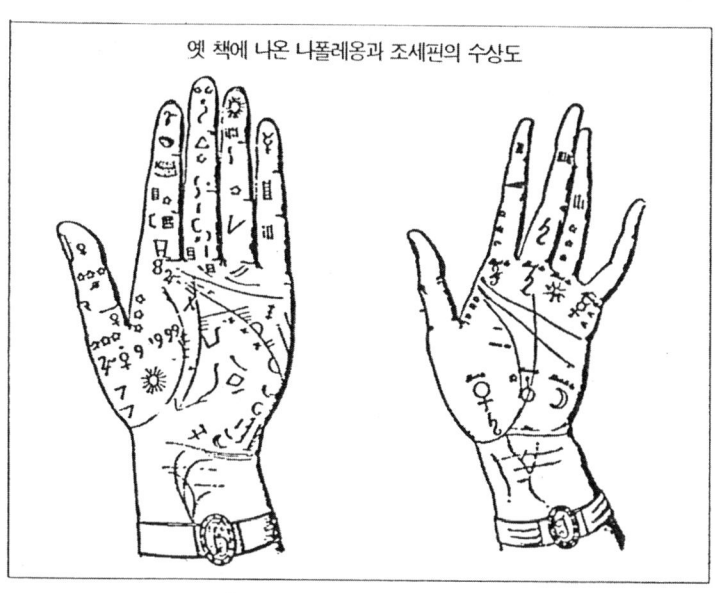

옛 책에 나온 나폴레옹과 조세핀의 수상도

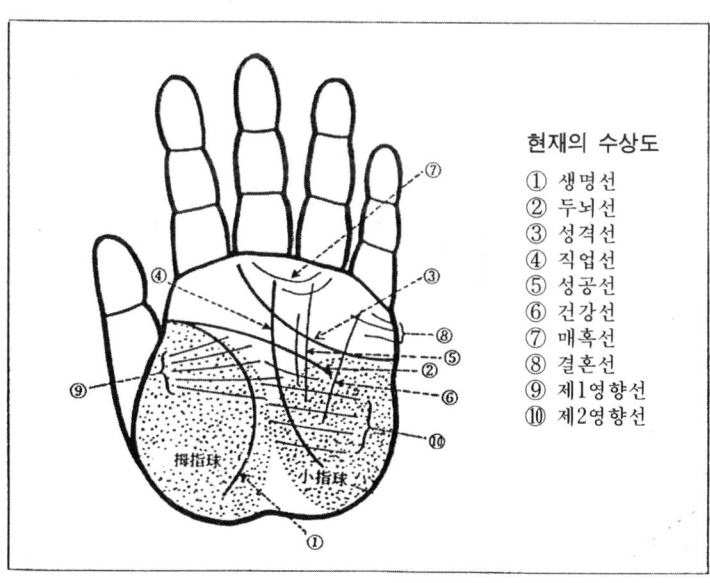

현재의 수상도

① 생명선
② 두뇌선
③ 성격선
④ 직업선
⑤ 성공선
⑥ 건강선
⑦ 매혹선
⑧ 결혼선
⑨ 제1영향선
⑩ 제2영향선

제 1 편

손금과 운세

제 1 장

손금의 명칭과 운세

1. 수상(手相)은 과학이다

로마의 영웅 시저는 "손에는 귀천이 새겨져 있다"고 말했다. 과연 그러한가.

옛날의 영웅 호걸들은 큰 꿈을 품고 있었기에 그들의 장래에 대한 기대감과 호기심으로 운명학인 수상에 남다른 관심을 가진 경우가 많았다.

이렇게 하여 발달된 수상학으로 오늘을 사는 우리도 손을 보고 그의 인생을 어떻게 살아왔는지, 또 미래는 어떨 것인지 어느 정도 짐작할 수 있게 된 것이다.

삶의 현장에서 땀으로 나라를 일구는 노동자의 마디 굵은 거친 손, 가느다랗고 매끄러우며 핏기 없는 사무원의 하얀 손, 보드랍고 가녀린 여인의 어여쁜 손, 굳은살이 박힌 스포츠맨의 손. 이런 측면 뿐 아니라 좀 자세히 들어가 보면 모택동이나 레이건 전 미대통령같이 유난히 엄지가 굵은 큰 정치가의 손 등 가지각색이다.

이렇게 손에는 마치 소우주(小宇宙)를 보듯 우리의 삶이 각인되어 있고 또한 손바닥에는 두뇌의 신경 조직이 투영되어 손금으로 나타나 우리들의 재능이나 건강, 재복, 운명 등을 읽을 수 있는 인생의 축도(縮圖 : 지도)를 담고 있다.

수상에 대한 연구는 일찍이 3천여 년 전 인도에서 발생하여 그리스에 전해지고 그 후 유럽 전역에 퍼져 지금에 이르고 있으나 이를 가장 발전시킨 곳은 서양이다. 일반인들은 잘 알지 못하는 사실이지만 철학자 아리스토텔레스는 〈수상술도해입문〉이란

책을 저술하여 서양 수상학의 원
조로 꼽히고 있다. 이런 역사를
가진 수상학은 달나라를 왕복하
는 문명 시대인 오늘날에도 우주
선에 탑승할 이상적인 우주 비행
사를 선정하는 데 사용되기도 한
다. 즉 성격선이 잘 조화되어 외
계의 변화에 감정의 흔들림이 적
고 우주 공간에서 장시간 고독을
견딜 수 있는 타입인가를 알아보
는 것이다.

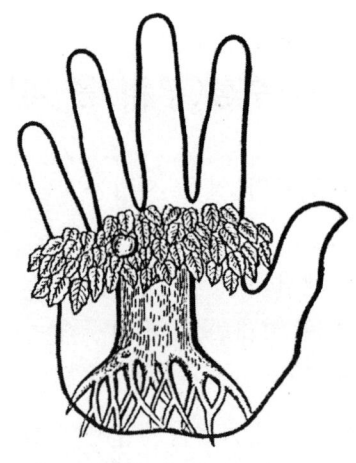

손의 신경조직은 나무의 줄기처럼 뻗어있다

또한 세상에 같은 지문을 가진 사람은 단 한 명도 없다는 바
로 그 지문에 나타나 있는 소용돌이(渦狀紋)나 물결 모양(波
狀紋)으로 신원을 확인하거나 범죄 수사에 유용하게 활용되고
있다. 심지어 2차 대전시 일본에서는 군인 중에서 가미가제(神
風)라고 하여 폭탄을 비행기에 싣고 적진에 돌진하여 기체와
함께 자폭하는 이른바 결사특공대를 선발하는 데 수상을 이용
했다.

역사속의 숨은 얘기를 통해, 또 직접 현실 생활과 밀접한 과
학적인 수상을 누구나 알기 쉽게 접근하여 생활에 유용하게 쓰
여질 수 있도록 해 보자는 것이 이 책의 의도다. 미국수상학교
교재와 필자 본인이 저술한 〈개운의 신비〉〈진학 판단과 수상
술〉〈기적의 손금 신비의 손금〉을 토대로 하여 누구나 쉽게 이
해할 수 있도록 수상의 신비와 효험을 소개하고자 한다.

2. 손금과 운세

독일의 철학자 칸트가 "손은 외부에 나타난 또 하나의 두뇌"라고 말한 것을 상기하지 않더라도 수상은 두뇌의 신경 조직이 손금으로 나타난 것이라고 할 수 있다. 인간의 모든 것을 손금(手相)이 나타내 이는 흔히 소우주(小宇宙)라고 일컬어지고 있을 정도다. 그 사람의 과거·현재·미래의 모든 일이 심지어 내밀한 사항까지도 수상을 공부하면 읽어낼 수 있기 때문에 인생 운명의 변화와 방향을 예지할 수 있다.

그래서 어떤 사람은 수상을 삶의 축도(縮圖)이며 운명의 인장(印章)이라고도 부른다.

그렇다면 수상은 어떻게 생성되었으며 사람이 성장하면 변하는 것인지 아니면 변하지 않는 것인지 우선 알아보자.

W. 존스(영국)의 〈손으로 본 해부학〉에 의하면 태아가 모태 내에서 자란 지 18주가 되면 손금 가운데 성격선·생명선·두뇌선이 나타난다고 한다. 이렇게 생성된 손금은 9살까지 계속해서 형성된다.

손에는 운세를 나타내는 선이 여러 개 있다

그 뒤로는 본인의 노력과 환경에 따라 부분적으로 단기간에 변하기도 하고 장기간에 걸쳐서 변하기도 한다. 즉 직업선 · 성공선 · 건강선 등은 부분적으로 단기간에 바뀌며 주요 삼대선인 성격선 · 생명선 · 두뇌선은 오랜 기간에 걸쳐서 변화한다.

영국의 천재 수상가인 키로는 "왼손은 주어진 손(선천적인 손)이며 오른손은 만드는 손(후천적인 손)"이라고 했다. 그러나 여기서 알 수 있는 것은 운명이란 고정되어 있는 것이 아니라 우리의 노력으로 바꿀 수가 있는 즉, 후천적인 측면이 있다는 것이다.

그러니까 손금을 자세히 알고 이에 대한 대처 방안을 찾아 열심히 노력한다면 궤도 수정이 가능하다는 중요한 결론이 첫머리에서 벌써 나오게 되는 것이다.

일본의 어떤 가정에서 나이든 어머니가 소화가 잘 안 되고 몸이 쇠약해 가끔 몸져눕는 일이 생겼다. 생명선의 일부가 파괴된 것을 가족들이 알고 서로 합심하여 어머니의 가사를 분담하기 시작했다. 좋지 않은 음식을 삼가며 3년여 동안 힘써 간호한 결과 생명선이 회복되고 건강을 되찾은 예가 있었다. 뿐만 아니라 불운을 알고 대처하여 피해를 막은 예는 수없이 많다.

하늘은 스스로 돕는 자를 돕는다는 말처럼 노력한다면 그 대가는 반드시 얻기 마련이다. 이렇듯 수상이란 주어진 운명을 숙명처럼 받아들이고 감나무 밑에서 입 벌리고 누워 있는 식의 태도가 아니다. 생활 속에서 과욕에 따른 실패를 막고 재능과 분수를 파악하여 성공적인 삶을 살아보려는, 인간적인 너무나 인간적인 의지가 담긴 휴머니즘적 학문이라 봄이 좋을 것이다.

3. 손금의 명칭과 의미

과학자들은 화석(化石)을 보고 지구의 생성 연대와 변천 과정을 알아낸다. 또한 나무의 나이테로 수령(樹齡)을 세어 볼 수 있고 물고기의 비늘로 그 나이를 알아낸다. 마찬가지로 사람의 생애의 변화는 손에 새겨진 운명의 상형문자인 수상을 통해서 알 수 있다.

그러면 손금의 부분 부분의 명칭과 그 의미하는 내용을 알아보자.

옛날 서양 사람들은 수상을 점성술과 연관지어 생각했다.

손을 하나의 소우주로 보아 태양선, 금성구, 월구(月丘) 화성평원식으로 손바닥의 특정 부위에 천체의 항성이나 행성, 위성들의 이름을 붙여 손금이나 손바닥을 구분 표시했다. 인간의 운명을 우주의 생성 변화에 비유해서 판단한 것이다.

요즘도 시중에서 이런 낯선 용어를 직역한 책들을 쉽게 볼 수 있다.

그러나 이런 용어는 일반인들에게 익숙지 않으므로 필자는 저서에서 이런 용어들을 우리 실정에 맞게 고쳐 썼다.

즉 그림에서 보는 바와 같이,

①은 생명선으로 엄지와 둘째손가락 사이에서 나와 손바닥 중앙부 움푹한 부분의 경계에서 손목에 이르는 금. 수명의 길고 짧음과 건강 상태 등을 보여 준다.

꼭 생명선이 길다고 장수하는 것은 아니며 더구나 짧다고 단명하는 것이 아니다. 생명선이 짧을 경우 의지력이 약해지고 세균에 쉽게 감염될 수 있으나 과학적인 생활과 규칙적인 운동에

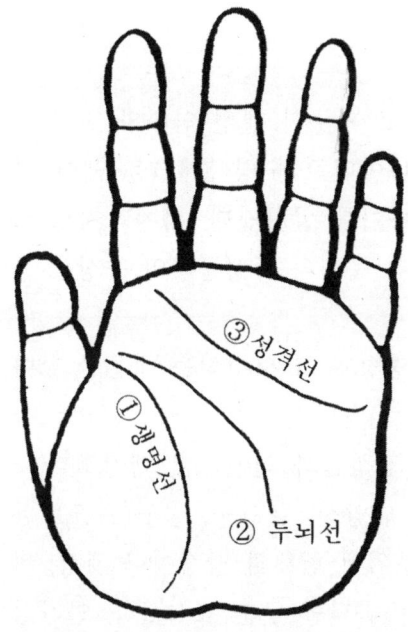

③성격선

①생명선

② 두뇌선

손금은 인간의 운명을 우주의 생성 변화에 비유해서 판단한다

의하여 예방이 가능하다. 생명선이 길어도 무리하게 생활하면 오장육부에 문제가 생겨 선에 균열이 생길 수 있다. 따라서 생명선의 길고 짧음에 의해 획일적으로 판단하기보다는 절제된 생활이 건강에 더욱 중요한 요체라고 볼 수 있다.

②는 두뇌선이다. 둘째손가락과 엄지(첫째손가락) 사이에서 나와 손바닥 중앙으로 비스듬히 나 있는 굵은 금으로 지능 정도·성격·정신 상태 등을 보여 준다.

두뇌선은 두 개 있는 이중두뇌선이 최상이다. 이런 경우 성공의 보증수표라는 말까지 있다.

③은 성격선이다. 두뇌선 위의 금으로 성격과 가정운·애정 등을 알 수 있다. 끊어짐이나 섬 모양의 형태가 없이 곧고 길게 뻗어 있어야 길상이며 남과 잘 조화될 수 있는 사람으로 사회 생활에서 원만한 삶을 누릴 수 있다.

4. 아리스토텔레스와 손금

알렉산더 대왕의 스승이었던 아리스토텔레스는 대왕의 보조

를 받아 소아시아 지방을 여행했는데 그때 수집한 자료를 모아
〈동물의 역사(History of Animals)〉라는 책을 편찬했었다.

그는 이 책에서 "손은 모든 기관 중에 가장 중요한 기관이며
손금은 생명의 장단을 표시한다."고 말하고 "손금은 아무런 원
인도 없이 나타나는 것이 아니라 천부의 감화력과 개성에 의해
생긴 것"이라고 주장한 바 있다.

이를 보아도 손금은 우리 인간의 길흉화복을 한눈에 알아볼
수 있는 운명의 인장임에는 틀림이 없다 하겠다.

그러면 지금까지 공부한 손과 손금을 하나로 묶어 알기 쉽게
요약해 보자.

① 오른손은
후천적 성격과
운명, 현재를 나
타내고 왼손은
선천적 성격과
운명을 보여주
는데 (왼손잡이
는 반대) 좌우
적극적인 손, 소
극적인 손을 구
분하여 종합 판단한다.

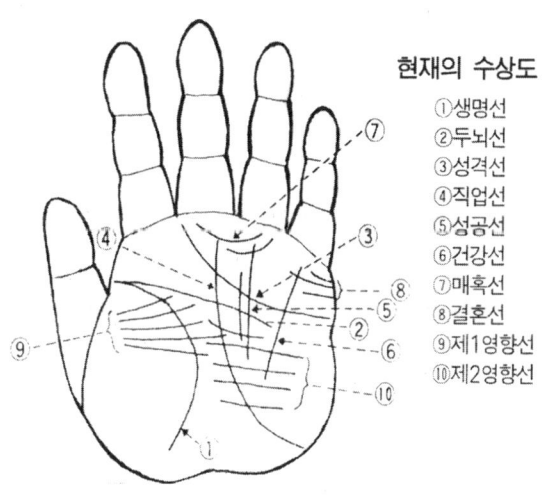

현재의 수상도

①생명선
②두뇌선
③성격선
④직업선
⑤성공선
⑥건강선
⑦매혹선
⑧결혼선
⑨제1영향선
⑩제2영향선

② 딱딱한 손은 둔감하고 완만하며 부드러운 손은 명랑하고
활발하다.〈손의 경유(硬柔)〉

③ 거친 살결은 둔감하고 난폭하며 부드러운 살결은 민감하
고 고상하다.

④ 손의 색깔에서 담홍색은 건강, 적색은 다혈질, 청색은 신경질, 거무스름한 색은 음성, 창백한 색은 빈혈증, 황색은 담즙질을 나타낸다.

⑤ 큰손은 손재간이 있고 소심하며 나폴레옹이나 히틀러 같은 작은손은 손재주가 없으며 대담한 성격이다.

⑥ 긴 손톱은 심장을 주의해야 하고 짧은 손톱은 흉부 질환에 걸리기 쉽다.

⑦ 엄지손가락은 애정을 표시하고 검지는 권력, 중지는 사려 있는 생각, 무명지는 명예, 새끼손가락은 사교성을 나타낸다.

⑧ 생명선은 수명의 장단과 건강 상태를 보여주는데 좋은 금은 무병·장수하고 흐트러진 금은 병약하며 반점이 있으면 급성병이다. 섬형이 있으면 만성병이 있고 끊어지면 중병이거나 죽게 된다.

⑨ 두뇌선은 지능의 강약, 성격을 보이는데 좋은 금은 영리하며 흐트러지면 신경 장애가 있다.

⑩ 성격선은 성격·애정·가정 생활을 보이는데 좋은 금은 애정을 가진 사람으로 행복한 부부 생활을 할 수 있다. 짧은 금은 성급한 사람이며 어떤 일에 광적으로 치우치게 된다. 끊어지면 감정의 갈등이 있고 흐트러지면 다정다감하다.

손의 언덕에 나타나는 특성을 살펴보자. 성공구는 쾌활하고 투기심이 있고 권력구는 보스 기질, 상업구는 사교성과 과학적 재능, 엄지구는 자애심·향락적인 면, 직업구는 깊은 사려나 부정을 증오하는 성격 등을 알 수 있다.

5. 부속선의 명칭과 그 뜻

지금까지 기본적인 손금을 공부하였으나 이제는 부속선에 대하여 알아보자.

① 솔로몬환(Solomon環) : 검지 밑에 둥글게 나타나는 선이다. 옛날 이스라엘의 왕 솔로몬에게 있었던 선으로 지혜와 권력을 상징하고 있다. 솔로몬은 인간이 누릴 수 있는 최고의 영화를 누렸으며 놋쇠로 만든 퉁소로 하늘을 나는 새와도 대화를 했는데 이 모든 지혜는 솔로몬환이 있었기 때문으로 전해지고 있다.

② 발전선 : 생명선의 출발점 부근에서 검지를 향해 위로 뻗은 선이다. 야심과 향상심을 나타낸다. 항상 발전을 위하여 노력하는 사람이다. 이 선이 있으면 현대 정주영 명예 회장과 같이 학교 수업은 제대로 받지 못했어도 평소 꾸준한 연구와 노력으로 고등 교육을 받은 사람 못지 않게 지식을 쌓게 된다.

③ 신비십자선 : 손의 중앙부에 십자형으로 나타나는 선이다. 이 금이 있는 사람은 형이상(形而上)의 세계를 이해하고 신비로운 일을 긍정하는 사람이다.

이 선은 가운뎃손가락을 향해 뻗어가는 직업선을 두뇌선과 성격선의 중간 지점에서 90도로 가로지르는 선이 있어 마치 십자(十字)모양을 이루는 것이다.

이 시기는 연령으로 보면 40대 중반에 해당하고 원래 십자는 장애선이다.

그러나 신비십자는 가로와 세로의 길이가 비슷하고 가로와 세로가 각각 두뇌선과 성격선에 부딪치므로 피뢰침의 역할을

하여 장애의 고난이 소멸될 것으로 본다. 1999년에 지구의 종
말이 온다고 한 노스트라다무스의 예언서에도 말세에는 이 십
자형을 가진 사람이 많이 출현한다고 했다.

　이는 십자형을 가진 사람은 신이 선택한 백성으로 영적인 능
력이 있으며 말세에 인간을 신에게 인도하는 사명을 띠고 이
땅에 태어난다는 것이다.

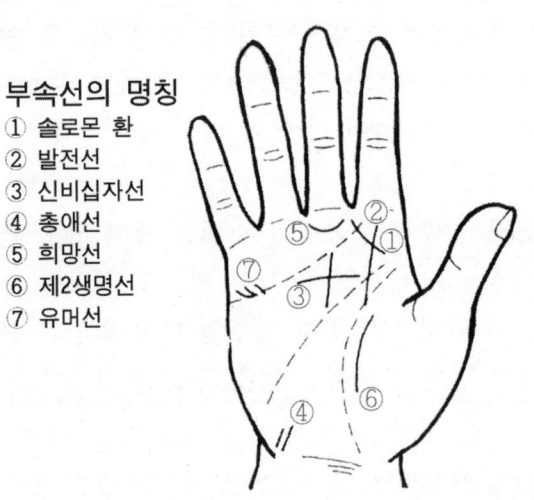

부속선의 명칭
① 솔로몬 환
② 발전선
③ 신비십자선
④ 총애선
⑤ 희망선
⑥ 제2생명선
⑦ 유머선

　④ 총애선 : 손
의 밑 바깥쪽에
나타나는 선이다.
성공선의 변형으
로 보이며 이 선
이 있으면 불가사
의하게 많은 사람
으로부터 총애를
받는다. 야당 당
수 고 박순천 여

사에게도 이 선이 있어 국민의 사랑과 지지를 받았다.

　⑤ 희망선 : 중지 바로 밑에 있는 둥근 활 모양의 선이다. 큰
희망을 갈망하는 사람이다.

　⑥ 제2생명선 : 생명선의 내부에 나타나는 제2생명선 또는
내부 생명선이다. 오장육부가 튼튼하여 신체가 강건하며 겉은
부드러우나 투쟁적인 성격을 갖고 있다.

　⑦ 유머선 : 성격선의 출발점 부근에 위로 향한 두 개 또는
세 개의 지선이다. 위트와 유머가 풍부하고 사교성이 뛰어나
다.

6. 손의 모양과 운세

인간의 모든 문명은 손으로 만들어졌다. 이 귀한 손의 모양에 따라 사람이 어떤 성격을 갖고 있으며 운세는 어떤지 알아보자.

(1) 손의 생김새

손은 손가락(手指)과 손등(手背)으로 이루어지며 그림에서 보는 바와 같이 손가락과 손등을 재어 보면 어느 쪽이 긴가를 알 수 있다.

관절을 중심으로 이등분했을 때 손가락 쪽이 긴 사람은 이상적인 재능의 소유자라 하겠다. 손등이 더 길거나 똑같은 경우는 원시적인 형으로 육체 노동이나 남의 지배를 받으며 살아가게 된다.

(2) 손 모양과 운세

① 원시적인 손

살결이 거칠어 손으로 만져보면 까칠하며 손바닥도 나무를 만지는 것과 같이 딱딱하다. 손가락도 굵고 짧으며 피부색은 검어 일을 많이 하는 사람에게서 흔히 볼 수 있다.

② 실제적인 손(방형)

손 전체가 네모진 형이다. 손가락의 폭이 거의 같고 네모형으로 생긴 것이 많다. 손바닥의 부피는 보통이고 눌러 보면 좀 딱딱한 편이며 근육에 탄력이 있다. 보통 엄지가 크고 엄지에 붙은 살이 도톰하게 잘 발달되어 있다. 찬찬한 면이 있고 견실하며 이지적이고 인내력도 강하다. 보수적이며 질서와 규율을 존중한다. 연애도 결혼을 전제로 하며 직업은 상식적이고 지식욕도 강하므로 정치, 경제, 법률, 사회, 교육, 이학(理學) 등 어떤 분야에서도 성공한다.

③ 예술적인 손(원추형)
손이 두툼하고 부드러운 감을 준다.

손끝으로 가면서 뾰족하며 원추형이다. 감수성이 예민하며 쉬 덥고 쉬 식는 타입.

공상적인 낙천가로 이성보다 감정이 앞선다. 인내력이 약하고 연애는 화려하고 돌발적이다. 지식이 풍부하고 사교성도 있고 예술 방면에 뛰어나다. 어학, 문학, 미술, 음악, 배우, 기자, 외교관 등 자유 직업이 좋다.

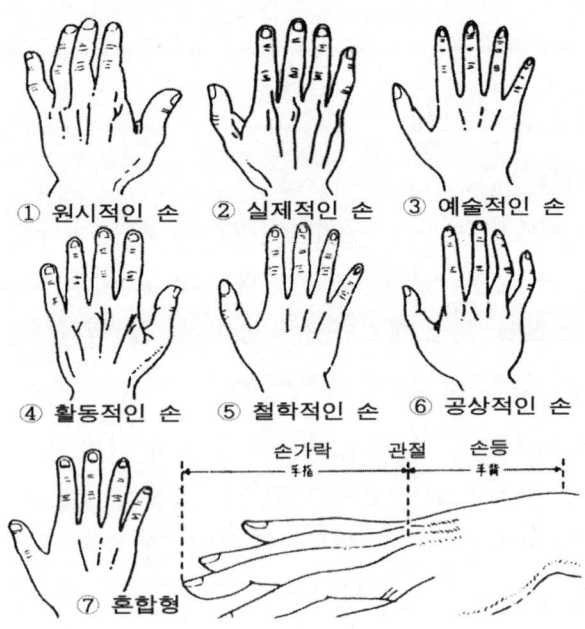

① 원시적인 손　② 실제적인 손　③ 예술적인 손

④ 활동적인 손　⑤ 철학적인 손　⑥ 공상적인 손

손가락　관절　손등
手指　　　　手背

⑦ 혼합형

④ **활동적인 손(주걱형)**

손끝이 뭉툭하고 엄지가 크다. 뼈가 굵고 단단하며 손도 크고 탄력이 있다.

활동적이고 독립성이 있고 앉아서 노는 것을 싫어하는 타입. 개성이 강해 지배받는 것을 싫어하고 배타적인 면도 있다. 대담 솔직하고 견실한 연애를 한다. 근면하며 토목, 건축, 공업가 등 활동적인 직업이 좋다.

⑤ **철학적인 손(마디, 사색형)**

손끝이 뾰족하고 마디가 굵고 힘줄이 억세다.

손가락을 붙이면 손가락 사이가 틈이 생긴다. 지식욕이 강하고 추리, 판단, 분석력이 강하나 진취적 기상이 적다. 연구형, 철학, 종교, 교육, 과학 방면에 적합하다.

⑥ **궁상적인 손**

손이 작고 가늘고 곱다. 피부색도 하얗고 매끄럽다. 공상적이며 향락적이다. 종교인 · 교육자 · 시인 · 철학자 · 운명가 등에 적합하다.

⑦ **혼합형**

여러 모양의 손이 두 종류 이상 합쳐져 있는 손이다. 사교적이고 다재다능하다. 외교 관계, 상업 등 어떤 직업도 좋다.

7. 손의 크기와 운세

손의 크고 작음은 성격이나 운명과 관계가 깊다.

키 몇 센티미터, 체중 몇 킬로그램에 손의 크기는 어느 정도

가 표준인지 정할 수는 없으나 비슷한 신장 체중을 가진 사람
끼리 손의 크고 작음을 비교하여 구분할 수밖에 없다.

그림과 같이 손의 길이를 말할 때 가운뎃손가락의 손목 제1
번 손목금까지의 길이를 손의 크기로 보고 그 표준 수치와 비
교하여 손의 크고 작음을 판단한다. 물론 청소년들의 체중이나
신장, 몸집이 점점 커지고 있으므로 이 표준 수치도 얼마 후에
는 수정되어야 할 것이다.

신장 표준손에 비교하여 큰손을 가진 사람은 날씬하고 후리
후리한 체격에 호쾌한 인상을 주며 물질면에서 비교적 흥미를
가지고 있다. 손이 살찌고 탄력이 있으면 한층 활기있고 영웅
적 기질이 있다.

여자의 경우에는 감수성이 풍부하고 가정 육아에 충실한 자
상한 마음씨와 가정적 성격을 가지는 경향이 있다. 매사에 세
심하고 손기술이 발달하여 손으로 하는 일은 못하는 것이 없고
마음씀이 적어 큰 사업보다는 세공 방면에 적합하다.

표준 체격에 비하여 크지도 작지도 않은 중간 정도의 손을
가진 사람은 모든 것을 크게 생각하며 어떤 일이든 구애받지
않고 일단 맡은 일, 결정된 사항은 실행해 나가는 타입이다. 이
런 사람은 상식적이며 건전한 생각을 가져 행복한 사회 생활을
해 나갈 수 있다.

표준보다 작은 손을 가진 사람은 돌발적인 행동을 할 때가
많으며 정신과 사상면이 일관되지 않은 점이 있다. 두뇌선이
좋으면 지능이 우수하고 재능이 있어 등소평처럼 크게 성공하
는 예가 많으며 지능이 낮으면 과대망상적 사고를 갖는다. 여
자인 경우에는 남성적인 경향과 함께 사교적인 일을 좋아하고

신장	손의 길이	신장	손의 길이
145	14.4~14.8	163	18.0~18.4
146	14.6~15.0	164	18.2~18.6
147	14.8~15.2	165	18.4~18.8
148	15.0~15.4	166	18.6~19.0
149	15.2~15.6	167	18.8~19.2
150	15.4~15.8	168	19.0~19.4
151	15.6~16.0	169	19.2~19.6
152	15.8~16.2	170	19.4~19.8
153	16.0~16.4	171	19.6~20.0
154	16.2~16.6	172	19.8~20.2
155	16.4~16.8	173	20.0~20.4
156	16.6~17.0	174	20.2~20.6
157	16.8~17.2	175	20.4~20.8
158	17.0~17.4	176	20.6~21.0
159	17.2~17.6	177	20.8~21.2
160	17.4~17.8	178	21.0~21.4
161	17.6~18.0	179	21.2~21.6
162	17.8~18.2	180	21.4~21.8

단위(㎝)

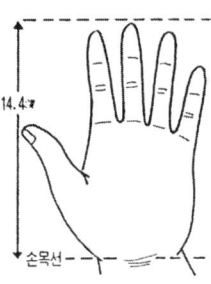

가정 돌보는 일을 등한시하는 경우가 있다.

즉 손이 큰 사람은 고도의 기술을 요하는 직종 또는 정밀 기사 각종 설계 관계의 직업이 맞다. (발이 크면 도둑놈이라는 옛말은 근거가 없다). 손이 작은 사람은 우두머리격이며 아랫사람을 통솔하는 실업가 징치가가 좋다

손이 작은 사람은 부하를 장악하여 리더로서의 통솔력, 앞을 볼 수 있는 통찰력, 뛰어난 실천력이 있으며 실업가・정치가에게 있어야 할 요소를 갖추고 있다. 자 한번 봅시다. 당신의 손은 큰 편인가 작은 편인가?

8. 손의 색깔과 건강

독일의 의학자 쉬라히가 아직 학생 시절 면접 시험을 받을 때의 일화가 있다.

생리학자 레이먼 교수가 질문을 했다.

"병이란 대체 어떤 것을 말하는가?"

쉬라히는 즉시 "병이란 건강하지 못한 상태를 말하는 것입니다!" 하고 대답했다.

"그래……? 그럴 수도 있겠군!" 교수는 미소를 지으면서 "그렇다면 자네는 그 건강이란 대체 어떤 것을 말하는가!" 그러자 학생인 쉬라히는 "건강이란……" 해 놓고 말문이 막혀 버려서 한참만에 겨우 얼굴을 들고는 "건강이란 병이 아닌 상태를 말하는 것입니다."고 했다. 교수는 "허허허……" 하며 의외의 표정을 지었지만 마침내 큰소리로 웃음을 터뜨렸다.

이 일화에서 알 수 있듯 건강과 병의 정의는 매우 곤란한 것이다.

손에 나타나는 색깔은 그 사람의 건강·정신상태·질병에 대한 치유력이 있는지 없는지를 보여준다. 손바닥의 색깔이 대단히 보기 좋은 광택이 나는 담홍색(홍황색·회색)을 띠면 건강 상태가 대단히 좋고 혈액도 알칼리성과 산성이 잘 조화되어 피의 흐름도 좋다고 본다. 원기와 정력이 풍부하며 성격도 명랑하고 성적 매력이 있다.

손바닥의 색이 빨강색(적색)인 사람의 경우 그리 흔치는 않지만 대개 손톱이나 손금이 모두 빨강색을 하고 있다. 이것은 다혈질의 사람에게서 많이 볼 수 있다. 성격적으로는 광폭하고 급하고 쉽게 화를 내며 매사가 쉬 뜨거워지고 쉬 식는 타입이다. 폭음 폭식을 하며 고혈압에 약한 특질이다.

노랑색(황색)의 손은 담즙질을 나타낸다. 회복기에 들어선 황달병자와 같은 색이다. 황달도 담즙질의 사람이 간장이 약하여 걸리는 것과 같이 손바닥이 노란 사람은 간장이 약해 이런

색이 나타난 것이다. 신
체도 그리 건강치 못하고
좀 음침한 성격이며 학구
적인 사람도 이 색이다.
손바닥이 노랗게 되면 간
장이 약하다는 위험 신호
이니 주의를 해야 한다.

손바닥이 창백한 사람
은 빈혈증이 있다. 원기
가 없고 실행력이 약하며
공상과 꿈만을 좇는 사람
이다. 매사에 싫증을 빨
리 느끼고 사교성도 떨어
지는 극단적인 자기 중심
주의자이다.

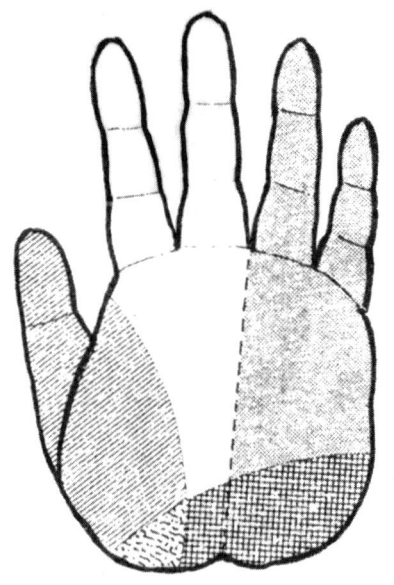

손은 여러 가지 기능이 있지만 여러 가지
색을 손바닥에서 볼 수 있다.

손바닥에 푸른빛(청색)이 나타나면 선천적으로 혈행이 불순
하고 심장이 약한 것을 알 수 있다. 이런 사람은 신경과민형이
고 매사에 피로를 쉬 느낀다.

손바닥이 엷은 흑색(연한 흑색·좀 까만빛)이 보이는 사람
은 소화기 계통이 약한 것을 의미한다. 성격이 음성적이고 사
교성이 전혀 없으며 내성적인 사람이다.

9. 손가락과 건강

소크라테스의 제자였던 그리스의 철학자 플라톤은 '인간이란 깃털(羽毛)이 없는 두 다리를 가진 동물이다.'라고 말했다. 그러자 통속의 철학자 심술쟁이 디오게네스는 어느 날 깃털을 모조리 뽑아버린 닭을 들고 나와서 '이것이 플라톤의 인간이다.' 하면서 놀려댔다. 그래서 플라톤은 '손가락에 판판하고 납작한 손톱을 갖는 것'이라고 덧붙였다는 이야기가 있다. 플라톤의 정

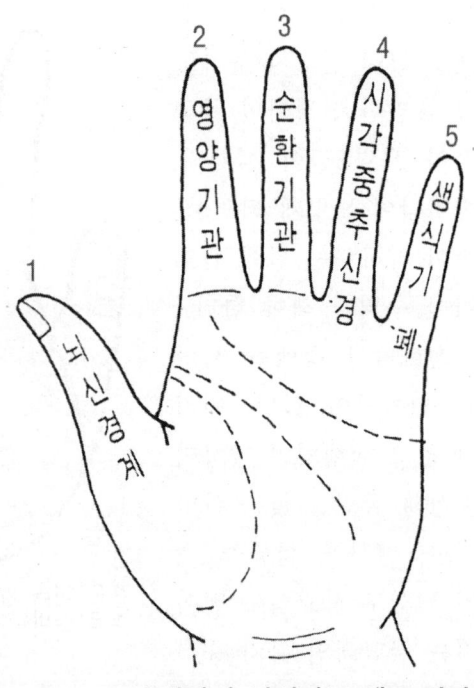

손가락이 가리키는 대표 기관

의는 인간의 본질을 지적하고 있는 것으로, 손가락과 손톱, 발가락과 발톱은 인간이 서는 데 중요한 역할을 하며 건강을 아는 표시를 나타내는 곳이기도 하다.

그림과 같이 손의 다섯 손가락은 각각 다음과 같은 기관을 가리키는 대표이기도 하다.

엄지손가락 : 생명의 본원(本源)에 관여하며 뇌와 신경계통 및 인체 내의 예비 알칼리를 표시한다. 정신 장애가 보이는 아이나 죽음이 임박한 환자는 엄지손가락에 힘이 없다.

둘째손가락(인지) : 물건을 가리키고 연지를 찍었던 손가락이어서 연지라는 다른 이름도 갖고 있다. 위장, 간장, 비장, 췌

장 등 영양기관(營養器官)을 대표한다. 둘째손가락 밑의 살이 두툼한 사람은 독단적인 성격이고 무엇이든지 마구 먹어치우는 대식가이다.

가운뎃손가락(장지) : 심장, 혈관 등 순환 기관과 신장을 대표한다.

약지(무명지) : 반지를 끼우는 손가락이다. 시각중추신경을 비롯한 신경 계통을 관장한다. 혈서를 쓸 때 깨무는 곳이 바로 이곳이다. 다른 손가락에 비해 쉽게 아물고 치료가 빨리 되는 곳이기 때문이다.

새끼손가락 : 생식기와 폐를 대표한다. 새끼손가락에 적당한 무게를 달아매어 운동하거나 다른 방법으로 단련하는 것은 정력 증강에도 도움이 되며 특히 왼손으로 글씨 연습을 하면 성적 능력이 향상된다.

새끼손가락만으로 석유 18 l (한 말)를 들어올릴 수 있을 만큼 훈련하는 것이 이상적이라고 한다.

또한 손가락 발가락에 곪는 병이 있을 경우에는 앞으로 설명하는 수족 운동이나 피부 호흡법을 실시하면 쉽게 나을 수 있다. 손가락에 질병이 생겼거나 다쳤을 경우 치료의 난이(難易 : 어렵고 쉬움)도는 약지가 제일 낮고(난이도 1) 다음은 둘째 손가락(2) 그 다음은 가운뎃손가락(3), 쉽게 아물지 않고 치료가 더디 되는 것이 엄지손가락과 새끼손가락이다(0).

10. 선과 무늬의 의미

예부터 소우주(小宇宙)라고 불리는 손에는 나뭇가지처럼 많

은 줄기가 이리저리 뻗어 있다. 지도상의 씨줄과 날줄처럼 선
과 선이 그려져 있어 인생의 축도(縮圖 : 지도)라고도 일컬어
져 왔다. 또한 운명을 표시하는 이름이나 글자를 손바닥에 새
겨 놓았다 하여 운명의 인장(印章 : 도장) 또는 운명의 상형문
자라고도 지칭되고 있다.

  우리가 이미 알고 있듯이 이러한 손의 금에 의하여 돈 문제,
애정 관계, 직업상의 발전 여부, 건강과 질병 등을 예지할 수
있다. 그러나 이 금 위에 또 이상한 여러 가지의 기호나 무늬,
특이한 색깔들이 있어 운명 판단에 혼란을 준다. 이러한 모든
선과 기호나 무늬를 읽는 것은 전문가의 몫이지만 알아둬서 나
쁠 것은 없다. 나쁜 의미는 미리 조심하고 무리하거나 과욕을
삼가고, 좋은 시기에는 더욱 열심히 인생을 잘 관리한다면 미
래 운명의 예지에 그치지 않고 인생을 슬기롭게 살아가는 좋은
충고가 될 수 있다면 지나친 표현일까?

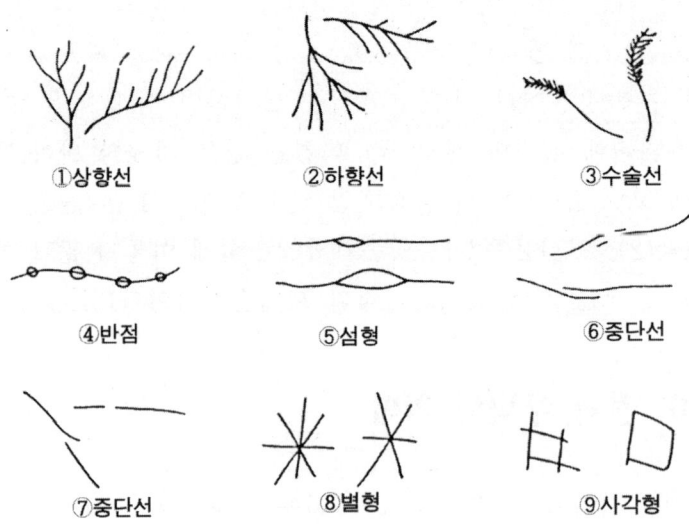

①상향선   ②하향선   ③수술선

④반점   ⑤섬형   ⑥중단선

⑦중단선   ⑧별형   ⑨사각형

그러면 여러 가지 복잡한 선과 무늬 중에서 대표적인 몇 가지를 살펴보자.

① **상향선** : 나뭇가지와 같이 위로 뻗은 지선은 운명의 변화를 말하고 대체로 좋은 의미를 담고 있다. 본선의 힘을 강하게 뒷받침해 준다.

② **하향선** : 아래로 향한 지선이다. 대체로 나쁜 의미를 나타내며 본선의 힘을 약하게 한다. 선의 끝쪽에 있으면 본선을 상당히 약하게 한다.

③ **수술선** : 금의 끝에 나타나는 모양이다. 끝이 몇 개로 가늘게 나누어져 수술 모양이라 한다. 기본선의 의미를 약하게 하는 나쁜 것이다.

④ **반점** : 일종의 기호다. 금 위에 나타나는 예가 많고 금의 힘을 약하게 하는 나쁜 의미이다.

⑤ **섬형** : 기호이지만 금 위에 나타난다. 나쁜 뜻으로 실패, 질병, 곤란을 의미한다.

⑥ **중단선** : 금이 끊어진 금은 금의 힘을 약하게 하는 나쁜 의미이지만 그것이 결정적으로 흉하다는 것은 아니고 어느 정도 가벼움을 나타낸다.

⑦ **중단선** : 아주 금이 끊어져 사이가 벌어진 것은 아주 흉한 것이며 결정적인 나쁜 운명을 보여준다. 게다가 끊어진 금의 한끝이 꼬부라진 것은 더욱 나쁜 상이다.

⑧ **별형** : 두세 개의 선이 모여 엉켜서 생긴 별 모양인데 그 나타나는 부분에 따라 아주 좋은 의미와 나쁜 운명의 두 가지가 있다(위치에 따른 구체적인 설명은 다음에 한다).

⑨ **사각형** : 금의 안쪽, 바깥쪽 또는 손바닥의 언덕에 나타나

는 사각형이나 장방형의 무늬이다. 보호를 의미하고 위험
에서 탈출하는 것을 나타낸다.

11. 별을 쥐고 있는 사람

소우주인 인체의 손에는 갖가지 무늬와 기호, 선이 있다. 그
래서 서양에서는 점성술과 연관지어 손바닥을 태양구니 수성
구, 월구(月丘)니 하여 구분하고 성공선도 태양선이라고 불렀
다.

이제 이 여러 가지 무늬나 기호 중 손에 별을 쥐고 있는 사
람을 살펴보자.

도표 ①은 스탈린이나 무솔리니가 갖고 있던 검지 밑 권력구
의 별로 대망과 지배력에 관련된 심적 충격을 받게 됨을 말한
다. 대부분의 경우 직업선과 성공선이 좋으면 야망을 성취하나
사망시에는 충격적인 비운을 맛보는 예도 있다.

②는 중지 밑 직업구상의 별로 약간 주의가 필요한 상이다.
직업선이 뻗어 별에 닿으면 크게 성공할 수 있으나 단독으로
별만 있는 경우는 노년기에 신체 마비 증상을 일으키는 경향이
있다. 특히 생명선의 하부가 혼란하면 기력이 쇠진하여 나타나
는 증상이다.

③성공구상 약지 밑의 별은 미국의 대부호 록펠러 1세나 삼
성 이병철 회장에게 있었던 것으로 성공하여 감격적인 명성과
부를 이룰 상이다. 성공선이 성공구까지 뻗어 별에 걸려야 명
성을 얻는다.

④새끼손가락 밑 상업구의 별형은 두 가지 의미가 있다. 하나

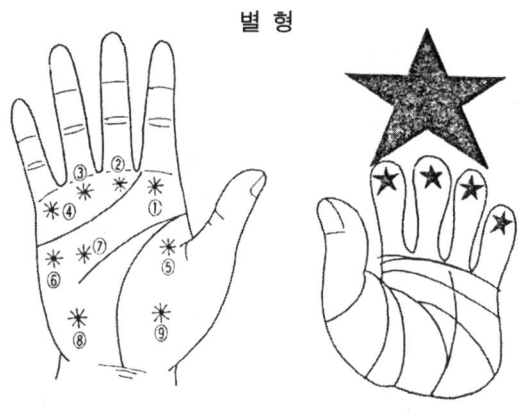

별 형

별의 위치에 따라 운세가 다르다

는 외교적 수완과 능력으로 감격적 대성공을 거둘 상이다. 이 경우는 다른 직업선·성공선 및 기본선이 길상이어야 한다. 다른 경우는 사기·배신으로 형벌을 받는 충격을 의

미한다. 이 경우는 다른 선이 흉상인 때이다.

⑤는 제1의 오목구로 투쟁성·적극성으로 전쟁이나 혁명을 일으켜 성공의 감격을 맛볼 수 있는 상이다.

⑥은 인내·저항·정신적 투쟁이 성공의 감격을 맞게 됨을 나타낸다.

⑦약지 및 성격선 밑 성공구·상업구의 중간 별 모양은 발명왕 에디슨에게 있었던 것으로 과학적 연구와 발명의 천재임을 표시한다. 성공선이 이 별과 부딪히면 그 시기에 부와 명성을 획득한다.

⑧볼록구 손바닥 밑쪽의 별표는 물(水)과 관련된 충격을 의미하며 많은 경우 사랑하는 사람이 익사하여 받는 충격을 나타낸다.

⑨엄지손가락 밑 엄지구의 손목쪽 별표는 애정 때문에 받는 감격 또는 연애에 성공하여 행복한 결혼을 하게 됨을 보여준다. 나쁜 경우는 애정에 관련하여 받는 비애·비련의 충격을

나타낼 때도 있다. 이 경우에는 그 시기의 연령에 장애선이 직업선을 가로막고 있는 때이다.

12. 삼발이형

지구상에 살고 있는 수십억 인구는 동서양의 남녀 노소를 막론하고 누구나 손에 생명선·두뇌선·성격선을 갖고 있다. 개개인의 사고 방식 및 생활 환경과 직업에 따라 운명의 행운, 불운을 표시하는 직업선·성공선 기타 선과 무늬가 사람마다 각양각색으로 나타난다. 그중 유명인 등에게서 찾아볼 수 있었던 특이한 기호나 무늬는 그 자체로 고유한 의미를 갖고 운명상 끼치는 영향이 크다. 그중 삼발이 비슷한 무늬의 뜻을 알아보자.

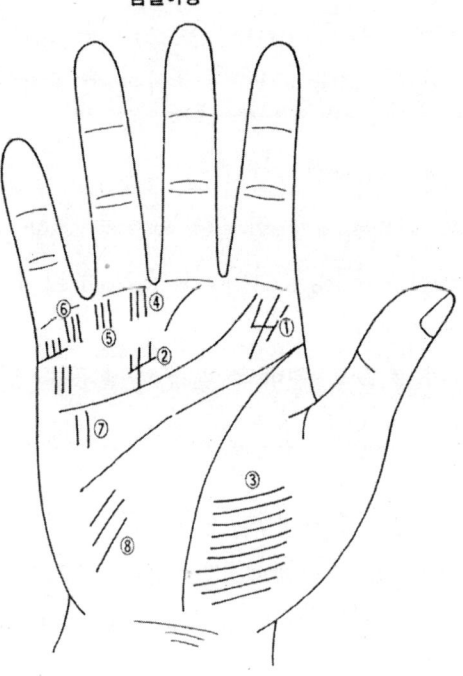

삼발이형

①권력구상 : 검지 밑의 삼발이형은 여성 최초로 대서양을 단독 비행한 에르파르토가 가졌던 상. 비상한 용기와 모험심을 갖고 대야망을 성취함을 의미한다.

②성공구상 : 약지 밑의 삼발이는 돈을 많이 벌고 명예와 지위가 확보됨을 나타낸다.

③엄지구(엄지손가락 밑)의 가로줄무늬가 있는 사람은 사건 발생에 본인이 관련되어 비참한 감정을 느끼게 됨을 나타낸다. 영향선과 비슷하게 가는 가로금이 특히 많을 때에는 사건이 많이 발생하거나 본인의 성격으로 보아 신경 쓸 일이나 비관적인 일이 많이 나타난다.

④성공구 : 약지 밑의 세 개의 세로금은 노벨상을 두 번이나 탄 라듐 발견자 퀴리 부인, 정신분석학자 프로이트, 미국 대통령과 대학 학장을 지낸 윌슨에게 있었던 무늬로 학자로 천재적 재능이 있음을 뜻한다.

⑤성공구와 상업구 사이 세 개의 짧은 세로금은 과학적 연구에 천재적 재능이 있음을 표시한다. 유명인으로는 아인슈타인·말코니·에디슨 등이 이런 금을 가졌다.

⑥새끼손가락 밑 상업구상의 여러 개의 짧은 세로금은 의학의 낙인(烙印)이라고 하여 특히 의학에 적합한 재능을 나타낸다.

⑦오목구상의 짧은 세로금은 적의를 품었을 때 잘 인내하여 좋은 결과를 가져옴을 표시한다.

⑧볼록구상에서 내부를 향해 상승하는 사선은 독창력·상상력을 소유하고 있음을 의미한다.

⑨직업구상 중지 밑의 반월형 금은 기계에 관한 천재적 재능을 나타낸다. 미국의 자동차왕 헨리포드, 프랑스 항공 과학의 권위자, 비행술의 선구자 영불 해협 최초의 횡단자 루이 프레리오가 이런 상을 갖고 있었다.

13. 상상력 어디서 나올까

하늘을 나는 새를 보고 사람도 새처럼 날 수는 없을까 하고 상상의 나래를 폈던 라이트 형제는 드디어 비행기를 만들어 꿈을 실현했고, 달에 박힌 계수나무와 토끼를 보고 향수를 느꼈던 인간은 기어이 우주선을 타고 달나라에 착륙하기에 이르렀다. 이 모두 사람의 상상력과 결합된 연구와 노력의 결실인 것이다. 이제 이 상상력은 어디에서 나오는지 알아보자.

그림① 검지 밑 권력구의 사각형은 큰 꿈과 권력을 성취하는 과정에서 장애가 있을 때 그것을 제거하기 위한 노력을 나타내며 불운에 굴하지 않고 적극적으로 운을 타개하는 투지를 의미한다. 미국의 비행사 린드버그가 이런 상이다. 그가 명성을 얻기까지는 숱한 모험 비행을 했으며 그 목적을 수행하는 데 따른 위험을 극복해야 했다. 이상은 길상으로 보아 틀림없다.

②가운뎃손가락 밑의 사각형은 재해를 예방하기 위한 노력을 표시한다.

③새끼손가락 밑의 사각형은 주로 금전적 물질적인 실패로부터의 보호를 의미한다.

④생명선 출발점 옆 엄지 밑의 사각형은 투쟁이나 전쟁의 위험을 면하게 됨을 타나낸다.

⑤엄지구 엄지 밑 손목쪽의 사각형은 정열적인 마음이 원인이 돼서 야기된 위험으로부터의 보호를 의미한다.

⑥볼록구쪽 손바닥 아래쪽 사각형은 여행중의 위험을 피하게 됨을 보여준다.

⑦엄지구 엄지 밑 손목쪽의 삼각형은 애정 문제와 관련된 수

단과 솜씨가 있는 사람으
로 특히 이성을 속이는
수단이다.

⑧볼록구상 손바닥 아래
쪽 두뇌선 밑의 삼각형은
뛰어난 상상력을 나타낸
다. 사상가·작가·시인·
화가·음악가에 많고 능력
을 활용하여 노력할 경우
성공 가능성이 큰 길상이
다. 새끼손가락 아래쪽 방
향에 있는 삼각형은 예언
능력을 나타낸다.

영국의 대사상가 겸 저

사각형, 삼각형

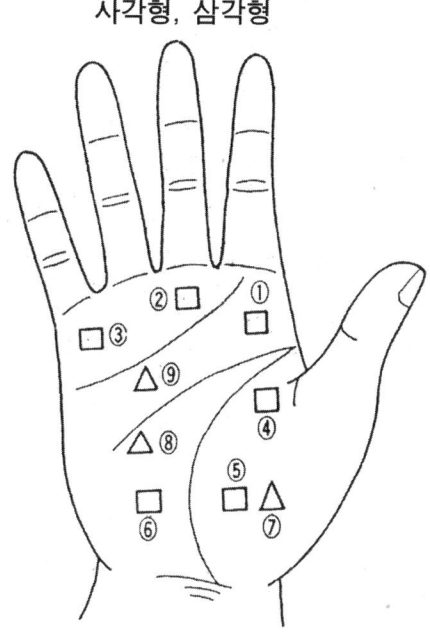

술가 웰즈, 상대성 원리로 세상을 경탄케 한 아인슈타인이 이
런 상이다. 소설가 정비석 씨도 손바닥이 온통 삼각형의 연속
이었다. 드물게는 심령술사에게도 이런 무늬가 있다.

⑨평야구(두뇌선과 성격선 사이 검지 밑)상의 삼각형은 우
수한 행정 수완을 표시한다. 유명인으로 제2차 세계 대전 당시
의 미국 대통령 프랭클린 루스벨트 등이 이런 상이다.

14. 십자형의 빛과 그림자

우리는 십자형 하면 으레 고난의 십자가를 연상하지만 수상
에서는 어디에 있느냐에 따라 그 의미가 달라진다. 그림① 검

지 밑 권력구상의 십자형은 강한 자신감과 권세욕, 스스로 자랑할 수 있는 행복한 결혼을 나타낸다. 그리고 그 옆으로 별모양이 있다면 더욱 큰 기쁨과 감격이 있다. 이런 형의 유명인물로는 영국의 정치가 겸 저술가 처칠, 미국의 성녀 헬렌 켈러, 프랑스의 세계적 명배우 사라베루나루, 노르웨이의 세계 최초 남극 탐험가 아문젠 등이 있다.

그림② 가운뎃손가락 밑 직업구상에 있는 십자형은 다소 어두운 성격의 소유자로 비통한 상태를 나타낸다. 이런 형의 유명인은 러시아의 작가 고리키, 미국 대통령 윌슨 등이다. 고리키는 빈곤, 방랑, 고난의 생활을 보내며 그의 체험을 바탕으로 하층사회의 비참한 모습을 묘사한 작품을 써 유명해졌다. 윌슨은 제1차 세계대전시 미국 대통령으로 수많은 공적을 이루었다. 그러나 생각이 깊고 고매한 이상을 갖고 국제 연맹의 설립에 노력하고 세계 평화를 실현하려고 했으나 실의와 통한의 슬픔을 많이 겪었다.

③제1오목구 엄지 옆 생명선 출발점 옆의 십자형은 고난의 투쟁과 그 재액으로 사망하게 됨을 의미하는 고난의 상이다.

④제2오목구상 성격선 출발점 밑의 십자형은 적의(敵意)를 품은 사람에게서 볼 수 있는 상이다.

⑤평야구 사각형 내 중지 밑에 있는

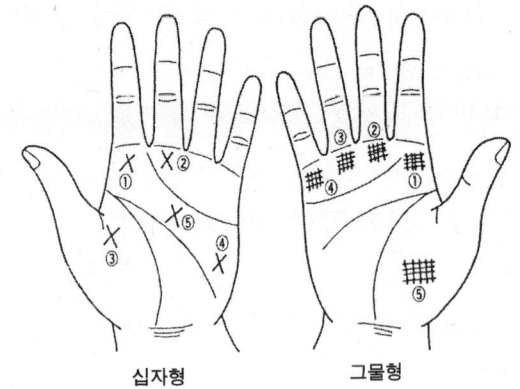

십자형   그물형

신비십자형은 형이상학 등 신비함의 깊은 뜻을 이해할 수 있는 능력을 소유한 사람에게서 볼 수 있다. 이 십자형의 세로금이 직업선과 길게 연결된 경우는 신비한 형이상의 세계를 이해하는 전문가이다.

그물형(Net Type)

그림① 권력구 상의 격자형(그물형)은 대야망을 위하여 자기 본위로 행동하여 실패하는 상이다. 주의깊게 생각하고 행동함이 필요하다.

②중지 밑의 그물형은 목표가 많고 지나치게 정신과 육체를 집중함으로 피로에 지쳐 노년을 불행하게 보낼 상이다. 정력을 한군데 모아 적게 소모하고 집중함이 요청된다.

③성공구상 그물형은 허영심의 충족을 위하여 힘쓰는 상으로 실패할 상이다. 그러나 성공선이 뚜렷하게 연결되면 명예·돈의 충족을 얻을 수 있다.

④새끼손가락 밑의 그물형은 외교적 수완과 상업적 재능을 나타낸다.

⑤엄지 밑의 그물형은 신경 과민형이다. 격한 감정의 희비(喜悲)가 교차될 수 있음을 암시한다.

15. 손바닥의 명칭과 운세

'지구는 푸르더라'고 '가가린' 소령이 1962년 4월 보스토크 1호를 타고 처음으로 우주를 비행했을 때 말했다. 그러나 흑자(黑子) 적자(赤字) 푸른눈, 백안(白眼)청사진 노란음성, 회색의 청춘, 장밋빛 인생 등 우리 주위에는 본래의 색채 이외에 빛깔에 의해서 대표되는 독특한 의미가 있다. 손바닥의 빛깔이나 발달 상태도 건강이나 운세와 밀접한 관련을 갖는다. 즉 흰빛깔은 폐, 검정빛은 신장, 자줏빛은 순환기, 푸른빛은 위장, 녹색은 비장, 누런빛깔은 간장, 붉은빛은 심장에 약점이 있는 것을 표시하고 이 질병의 빛깔이 나타나면 운세 건강이 나빠져 점점 기울게 된다.

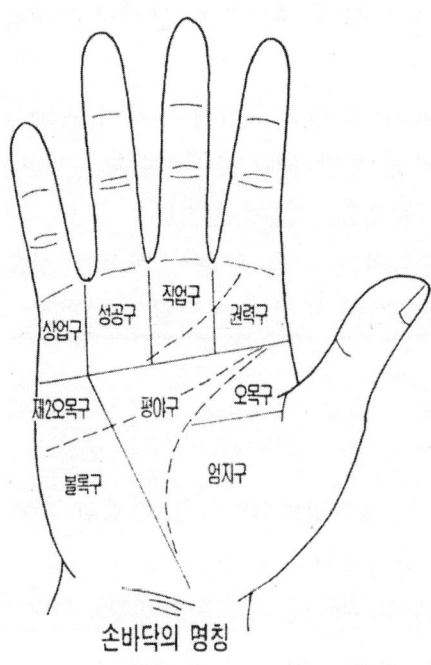

손바닥의 명칭

그림은 손바닥을 언덕 (구 : 丘)으로 나눈 것이다. 손가락 뿌리의 약간 둥글게 솟아나온 부분을 언덕이라고 부르며 보통 그림과 같이 8가지로 구분된다.

권력구가 풍만한 사람은 프라이드가 강하다든지 볼록구가 지나치게 큰 사람은 상상력이 풍부하다는 등 손바닥의 언덕은 성격과 재능을 나타내지만 동시에 병을 보여주는 곳이기도 하다. 일반적으로 병에 걸리기 쉬운 경향은 손바닥의 언덕이 이상하게 솟았다든지 어두운 그림자 등에 의해 나타난다.

언덕이 발달됐을 때의 성격적 특성이나 이상이 있을 때나 언덕에 표시되는 질병 등을 요약하면 다음과 같다.

1. 성공구 : (성격) 쾌활, 예술 애호, 투기심, 호인
           (질병) 눈병, 시력 장애, 동계(動悸) 동맥류(動脈
           瘤)

2. 볼록구 : (성격) 신비를 동경, 상상력, 싫증을 잘 냄
           (질병) 방광(膀胱) 및 신장 질환, 수종(水腫), 결
           석, 시력 상실, 통풍, 빈혈, 부인병

3. 제1오목구 : (성격) 용기·공격성(자기 방어)
             (질병) 매독, 임질 등 성병

   제2오목구 : (성격) 침착, 저항력, 의지력, 배짱
             (질병) 인후염, 기관지염, 혈액의 장애

4. 상업구 : (성격) 사교성, 과학적 재능, 기지 응변, 기민성
           (질병) 담즙성 장애, 황달, 간장 질환, 노이로제
           경향

5. 권력구 : (성격) 권력, 보스 기질, 자존심
           (질병) 뇌일혈, 폐장 질환

6. 엄지구 : (성격) 자애심, 동정심, 향락적
           (질병) 생식기의 질환

7. 직업구 : (성격) 깊은 사려, 냉정, 부정을 증오
           (질병) 우울증, 신경과민증, 치질, 빈혈증, 팔다
           리의 고장, 치아 및 이비인후 장애, 반신
           불수, 마비

8. 평야구 : (성격) 활력, 생명구라고도 불린다.

어느 언덕이 이상하게 발달하였거나 크다든지, 특이한 빛깔

이 나타났다고 하여 바로 질병의 증상이나 운세가 나빠지는 것은 아니고 이제 질병이 서서히 시작되는 표시다. 문제가 되는 것은 생명선의 혼란 상태나 기색을 잘 관찰하여 판단하여야 하며 회음 증상이 나타났을 때 이에 대처하면 어렵지 않게 소멸시킬 수 있다. 그 처방 비법은 앞으로 계속 언급하기로 한다.

16. 손금 감정 순서

인간만사는 새옹지마(塞翁之馬)라는 말이 있다. 중국의 만리장성 부근에서 한 노인이 말을 기르고 있었는데 말이 호나라 지방으로 도망갔다(불운)가 호나라에서 다른 좋은 말을 데리고 돌아왔다(행운)고 한다.

그런데 좋은 말을 타던 노인의 아들이 말에서 떨어져 다리에 골절상을 입는 사고(불운)가 생겼다. 그러나 그 일 때문에 전쟁이 일어났을 때 아들이 군대에 징집되지 않아 살아남게 되었다(행운)는 것이다.

우리의 삶에는 슬픔의 순간이 지나가면 기쁨이

손금으로 인생의 모든것을 알 수 있다

오게 되어 있는 것과 같이 운(運)은 원래 우연의 하나이다.

인생을 움직이고 있는 거대한 힘은 전적으로 알 수가 없는 것이지만 사람의 미래는 수상을 통해 일부나마 알 수 있다.

이러한 손금을 실제 감정하는 순서와 방법을 알아보자.

앞에서도 언급했지만 손금은 남녀노소를 불문하고 오른손 왼손을 모두 다 본다(남자는 왼쪽 여자는 오른쪽 하는 동양철학은 맞지 않다). 그리고 양쪽 손중에서 직업선에 운명의 기복이 많이 나타나 있는 쪽의 손을 적극적인 손이라 하여 이 손을 중심으로 본다. 여기에 보충적으로 소극적인 손을 보며 비교해 나가는 것이 이상적이라고 공부했다.

또한 손을 보면서 개운기(開運期)를 찾아 발전의 기회로 삼아야 한다. 사람에게는 반드시 성공의 기회가 있기 때문에 결코 일생을 불행하게만 보내야 하는 사람은 없는 것이다.

그러면 실제 감정하는 순서를 보자.

① 수상의 형이 어디에 속하나 살핀다.
② 손 피부의 건강 상태와 손톱·지문을 보고 대체적인 건강 상태를 알아낸다.
③ 손바닥을 보고 언덕의 발달 정도·색깔의 상태를 살핀다.
④ 손가락의 모양과 길이를 본다.
⑤ 직업선과 성공선의 길이 및 직업선과 교차하고 있는 금을 본다.
⑥ 결혼선과 영향선의 길이와 수효를 본다.
⑦ 생명선과 두뇌선의 시작되는 부분에 이상은 없나 살핀다.
⑧ 기타 특별한 장애선이나 기호가 있나 본다.

이렇게 수상은 종합적으로 보아야 한다. 결혼에 대한 것을 볼 때에 결혼선만 가지고는 안 된다. 결혼은 그 사람의 운세의 변화로 지위·재력이 갖추어져 비로소 가정을 갖게 되므로 직업선·두뇌선·성격선 등을 함께 보지 않으면 안 된다. 또 건강을 보아야 한다. 생명선도 보고 어디까지나 종합적으로 각 선의 여러 가지 공통점을 모아 그것을 정리하여 운세를 판단한다.

17. 왼손을 보나, 오른손을 보나

〈3분 수상학〉을 연재하면서 독자들로부터 "손금은 왼손을 보느냐 아니면 오른손을 봐야 하느냐"는 질문을 가장 많이 받았다. 오늘은 그 질문에 대해 먼저 명쾌한 설명을 드리겠다.

예로부터 동양에서는 남좌(男左) 여우(女右)라고 하여 남자는 왼손을 여자는 오른손을 본다는 달마상법(相法)이 전해져 왔다. 그러나 이것은 실제 임상 결과 그 신빙도가 떨어져 요즘에는 낡은 고전적

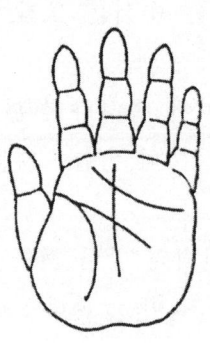
②소극적인 손
직업선에 별다른
기복이 없다.

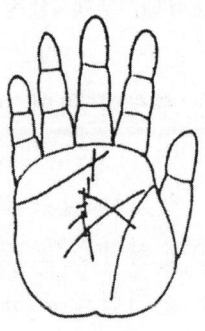
①적극적인 손
직업선에 운명의 변화가
복잡하게 나타나 있다.

수법이라 하여 별로 채택되지 못하고 있다.

서양에서는 영국의 천재수상가인 키로의 상법이 널리 활용되면서 폭 넓은 지지를 받고 있는데 필자는 이에 공감하고 있다.

그 내용은 다음과 같다.

손금 보는 법(Palm Reading)은 첫째 남자나 여자 어른이나 아이 모두 왼손·오른손을 다 본다.

둘째 양쪽 손을 다 보되 두 손의 손금이 비슷한가 서로 다른가를 살핀다.

셋째 서로 다를 경우 적극적인 손을 중점적으로 본다. 즉 그림①과 같이 왼손의 직업선(운명선)이 제대로 뻗지 못한 채 중간 지점에서 흔들리면서 다른 선과 부딪히고 있는 손을 적극적인 손이라 부른다. 그림②의 오른손에는 직업선이 곧장 가운뎃손가락을 향하여 뻗어가고 있어서 운명상 별다른 기복이 나타나 있지 않은데 이를 소극적인 손이라 부른다.

넷째 이렇게 적극적인 손과 소극적인 손을 구별하고 나면 운명의 판단은 적극적인 손을 중심으로 내린다.

즉 손금 감정은 왼손 오른손을 다 보되 직업선에 문제가 있는 적극적인 손을 기준으로 판단하는 것이다.

그렇다면 손은 왼손 오른손 둘인데 각각 무엇을 나타내고 있을까?

수상학에선 좌수(左手)는 타고난 손으로 선천적인 면을 나타낸다고 하며 우수(右手)는 후천적인 면을 나타내는 것으로 본다(왼손잡이인 경우는 반대다). 후천적으로 본인이 노력하고 힘쓰면 오른손 손금이 좋아져 운세를 호전시킬 수 있다. 이와 반대로 타고난 재능을 활용하지 않은 채 아무렇게나 되는 대로 인생을 살아 갈 경우 오른손의 손금이 나빠지면서 운세도 기울게 된다.

또 왼손에 비하여 오른손의 직업선이 곧장 뻗어가지 못하고 끊어지거나 가로지르는 선(장애선)이 있을 경우 인생 관리 노력 부족으로 앞으로의 생이 주어진 것보다 못해질 가능성이 많다.

그러나 이와 달리 왼손에 비하여 오른손의 직업선, 성공선, 생명선 등이 좋게 잘 뻗어 있을 때에는 본인이 열심히 인생을 살아서 운세가 좋다고 본다.

여기서 우리는 귀중한 결론을 얻게 된다. 손금은 타고나야 하지만 그보다도 인생을 잘 관리하면서 운명을 개척해 나갈 경우 인생을 호전시킬 수 있다는 점이다. 이러한 운명 개척 방법은 손금의 기초 설명이 끝난 후 시리즈로 여러 가지 비법을 소개해 드리겠다.

18. 쌍둥이의 운세 ①

쌍둥이는 얼핏 보아 누가 형이고 아우인지 구별하기 어렵다. 그러나 어머니는 쉽게 알아낸다고 한다. 평소 얼굴이나 신체의 어느 부분에서 특징을 찾아 기억해 두었다가 그 특징만 보고 형, 아우를 쉽게 구분한다는 것이다.

그러면 쌍둥이는 손금이 똑같을까?

운명도 동일할까?

예부터 동양철학인 음양오행설인 사주(四柱)에서는 쌍둥이의 사주를 합사주(合四柱)로 보았다. 즉 형은 태어난 시간을 그대로 보고 아우(또는 누이동생)는 합사주라고 하여 사주 네 기둥의 8자를 모두 합이 되는 사주로 고쳐 감정하는 것이 고수(高手)들의 비법이었다.

그러나 손금에서는 쌍둥이라고 특별히 다른 것이 없고 두뇌의 신경조직이 손에 나타난 그대로를 본다

이란성 쌍둥이의 손금

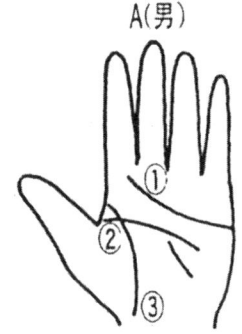
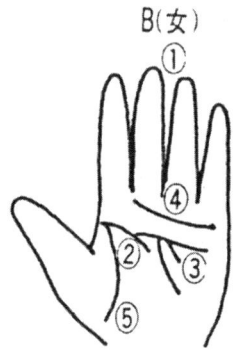

손금이 각각 다르다

쌍둥이도 여러 가지로 나눌 수 있다.
두쌍둥이, 세쌍둥이, 네쌍둥이…
일란성 쌍둥이(남자, 남자 : 여자, 여자)
이란성 쌍둥이(남자, 여자) 등이다.
우리가 일반적으로 말할 때는 얼굴 모습이 닮은 일란성 쌍둥이를 가리킬 때가 많다. 그러나 오늘은 이란성 쌍둥이(남자, 여자)에 대하여 알아보자.
필자는 인간의 운세에 대하여 연구하면서 특히 쌍둥이의 미래에 대하여 큰 관심을 갖고 있었다. 왜냐하면 사주에서는 두 시간 내에 태어난 사람은 운명이 똑같은 것으로 가정하고 있으므로 의문이 생겼기 때문이다. 수상, 사주, 관상을 깊이 연구하

고 미국, 영국, 일본 등 외국의 많은 서적과 자료를 구입하고
국내의 실제 자료를 모았다.

여기 소개하는 이란성 쌍둥이는 실제 필자가 감정한 쌍둥이
의 손금임을 밝혀둔다.

그림의 손금은 쌍둥이가 초등학교 2학년일 때인 1974년도에
입수한 것인데 여자아이는 자라 22살 때인 1986년 결혼, 미국
으로 건너가 살고 있고 남자아이는 한국에서 생활하고 있다.
원래 쌍둥이는 일란성인 경우 보통의 형제 자매보다 손금이나
얼굴 생김새가 보다 비슷하나 이란성인 경우 흡사하지 않은 점
이 꽤 많다.

도표 A의 남성은 손바닥이 평평하고 손가락이 길며 이지적
이고 날카로운 면을 가지고 있으며 사물을 깊이 생각하는 사람
이다. A는 성격선①이 권력구까지 길게 뻗어 사려깊고 헌신적
인 애정이 있으며 두뇌선②의 출발점이 생명선③의 안쪽에서
시작하고 있다. 신중하고 내성적인 성격이다. B인 여성을 보면
중지와 약지 사이가 떨어져 있다. 역경을 강하게 이겨낼 수 있
음을 보여준다. 이중두뇌선②③과 이중성격선④가 있어 두 가
지 다른 재능과 성격을 갖고 있다. 역경을 만나도 인내력으로
헤쳐나가며 사교성도 풍부하다.

19. 쌍둥이의 운세 ②

얼굴이 비슷하면 운명도 똑같을까?

같은 시간에 태어난 똑같은 사주를 가진 사람의 운세는 과연
어떨까?

오늘도 이에 대한 해답을 찾아보자.

그림①은 일란성 쌍둥이 남자남자(男, 男)의 손금이다.

초등학교 6학년생인 A, B는 A가 형이고 B가 동생이다.

두뇌선과 성격선이 비슷하나 쌍둥이라고 해서 손금이 아주 똑같진 않다. 즉 얼굴은 형인지 아우인지 분간하기 어려우나 성격이나 운세는 다른 것으로 판단된다.

이란성 쌍둥이(男, 女)나 일란성 쌍둥이(男男, 女女) 모두 손금이 다른 점으로 미루어볼 때 인간의 손금은 똑같은 사람은 한 사람도 없는 것으로 생각된다. 특히 손가락끝의 지문은 세상 사람 모두 다른 것을 갖고 있어 범죄 수사나 신분 확인에 활용되고 있지 않은가.

그림①을 보면,

일란성 쌍둥이
(男, 男)

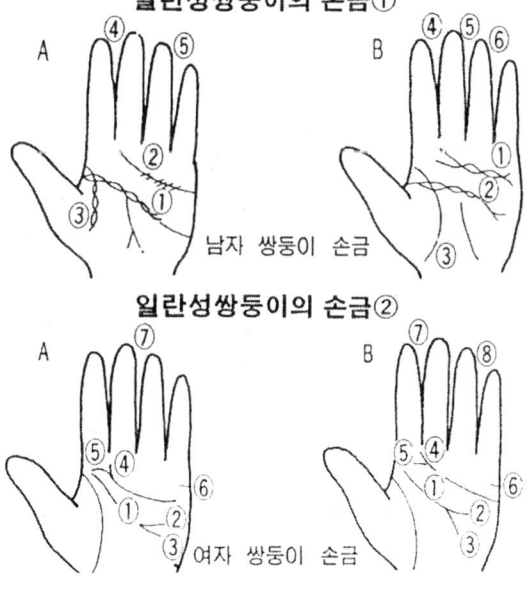

일란성쌍둥이의 손금①

남자 쌍둥이 손금

일란성쌍둥이의 손금②

여자 쌍둥이 손금

· A 손규의 특징은 두뇌선①과 성격선②에 섬과 사슬모양이 군데군데 있는 바 신경질적이며 사물에 대한 집착력이 적고 자제심이 결여되어 있는 것으로 보인다. ③의 생명선상의 섬형이 여러 군데

있는 바 건강에 상당한 주의가 필요하다. 독자적 행동을 좋
아하고 남의 간섭을 싫어한다.

· B의 손금은 성격선①과 두뇌선②의 군데군데 섬이 있고 두
뇌선의 기점이 생명선의 안쪽에서 출발한다. 신중하고 신경
질이 있는 성격으로 집중력이 부족하다(A와 비슷). 네 손
가락이 벌어져 있음(④⑤⑥)은 자유분방한 낙천적 성격으
로 남의 간섭을 싫어함을 나타낸다.

일란성 쌍둥이(女, 女)

그림②는 일란성 쌍둥이 자매이다. 우리 가요계의 토끼자매
처럼 노래도 잘 부르는 쌍둥이인데 너무 흡사하게 생겨 구별이
어렵다.

A가 언니이고 B가 동생이다.

남자 형제로 된 일란성 쌍둥이에 비해 언니와 동생의 두뇌선
성격선이 매우 흡사하고 손가락이 벌어지는 차이가 있다. 흥미
있게도 결혼선이 꼭 같이 나오고 있다.

지금까지 살펴본 바 일란성이든 이란성 쌍둥이든 얼굴이 흡
사하고 태어난 시간이 같다고 하여 손금이나 운세가 똑같진 않
고 인간의 운명은 각자 서로 다르게 타고나며 또 실제 쌍둥이
라고 하여 운이 같지 않다는 것이다.

20. 수상 보는 법 요약

실제 감정시 참고하여 언제 어디서든지 사용할 수 있도록 하였다

오른손과 왼손	오른손 왼손	후천적 성격, 운명, 현재 선천적 성격, 운명
	좌우 적극적인 손, 소극적인 손을 구분하여 종합 판단	
손의 경유(硬柔)	딱딱한 손 부드러운 손	둔감, 완만 명랑, 활발
손의 살결	거친 살결 부드러운 살결	둔감, 난폭 민감, 고상
손의 대소	큰손 작은손	손재간, 소심 손재주 없음, 대담
손의 색깔	담홍색 적색 청색 거무스름한 색 창백 황색	건강 다혈질 신경질 음성 빈혈증 담즙질
손톱	긴 손톱 짧은 손톱	심장에 주의 흉부에 주의
손가락	엄지 검지 장지 무명지 새끼손가락	애정 권력 사려 명성 사교
언덕(丘)	권력구 직업구 성공구 상업구 평야구 볼록구	명예, 공명, 지배 침착, 고독, 사려 명랑, 인기, 예술 지혜, 외교, 상재 원기, 대담, 저항 공상, 상상, 신비
두뇌선	지능의 강약, 성격	
	좋은 금 흐트러짐	영리함 신경 장애
생명선	수명의 장단, 건강 상태	
	좋은 금 흐트러짐 반점 섬형 끊어짐	무병, 장수 병약 급성병 만성병 중병, 죽음
감정선	성격, 애정	
	좋은 금 짧은 금 끊어짐 흐트러짐	애정을 가진 사람 성급한 사람 감정의 갈등 다정다감

21. 운명의 나이테 ①

하늘엔 헤아릴 수 없는 비바람이 있고(天有不測風雨) 사람에
겐 아침 저녁으로 화와 복이 있다(人有朝夕禍福)는 말이 있다.
이처럼 일생을 살아가는 데에는 여러 가지 예기치 않은 일들이
발생한다. 이때마다 사람들은 기뻐하기도 슬퍼하기도 하는데 운
세가 좋고 나쁜 시기를 알 수만 있다면 기쁨은 더 큰 기쁨으로
발전시킬 수 있고 슬픔은 최소한으로 줄일 수 있다고 하겠다.
이와 같은 여러 가지 일들이 생기는 시기 즉, 운명의 나이테를
알아볼 수 있다면 액운을 미리 대처해 나갈 수 있는 것이다.

손금은 역사의 기록처럼 과거를 새겨놓고 시계처럼 현재를
말하지만 동시에 미래 환경의 변화에 대해서도 사전에 반응을
나타낸다.

질병이나 건강은 의사의 진단이나 의료기계의 시험으로 확
인되기 전에 건강선이나 생명선·직업선 등에 나타난다(병원
의 집단은 질병이 한참 깊어진 다음에야 확인된다).

손금으로 운세의 연령을 알아보는 데는 고도의 기술이 필요
하다.

일반적으로 운명의 나이테를 보면 남방 민족이 북방 민족에
비해 일찍 성장하고 일찍 늙는다든지 성격이 급한 사람과 느린
사람의 차이 등을 알 수 있다. 또 나이테를 자세히 보면 젊었
을 때보다 노년기의 1년이 더 짧게 나타나 있다. 나무의 나이
테처럼 따뜻한 계절엔 나무가 더 성장하여 나이테의 사이가 크
게 벌어지고 추운 계절엔 성장이 더뎌 사이가 좁게 나타나는
것과 같은 이치이다.

각선 연령법

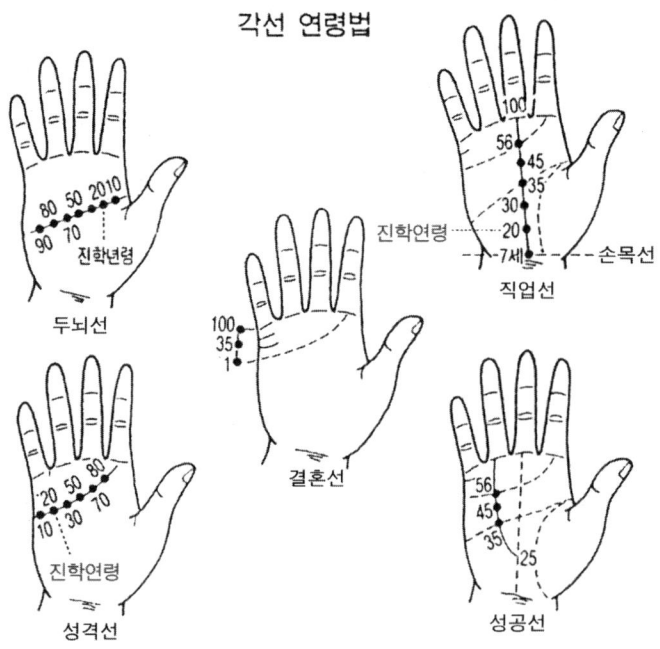

두뇌선

진학년령

결혼선

진학연령
직업선
손목선

진학연령
성격선

성공선

수상학에서는 3대 주요선(생명선, 두뇌선, 성격선)과 직업선 성공선에 연령법을 응용하고 있다. 그러나 독자들이 바로 쓸 수 있고 맞춰 낼 수 있는 연령법은 생명선과 직업선의 연령법이나 다른 것은 상당한 숙련이 필요하다. 결혼에도 연령법이 응용되지만 정확한 것은 아니다. 오히려 직업선에 나타나는 변화를 읽는 것이 정확도가 높다.

그림에서 보면 숫자가 적혀 있다.

이것이 그 사람의 운세의 연령, 시기를 나타내는 것이다.

①생명선 : 영국 키로의 7진법으로 출발점이 1세, 끝이 100세이다.

②두뇌선 : 출발점이 1세, 중앙부가 35세, 끝이 100세이다.

③성격선 : 출발점 1세, 끝이 100세이다.

④직업선 : 손목선을 7세로 하여 두뇌선과 마주치는 점이 35
　　　　　세, 두뇌선과 성격선의 중앙을 45세, 성격선과 만
　　　　　나는 점을 56세로 하고 끝을 100세로 한다.

⑤성공선 : 직업선과 비슷하며 약간 늦추어 판단할 경우가
　　　　　있다(두뇌선이 처진 경우).

⑥결혼선 : 새끼손가락 끝과 성격선 사이로 등분하여 중간
　　　　　지점을 35세, 밑을 유년기, 위를 장년기로 본다.

22. 운명의 나이테 ②

　프랑스의 데바로르는 그의 저서 〈신수상학〉에서 '수상학은
경험과학'이라고 주장하고 수상의 원리를 다음과 같이 설명하
고 있다.

　우주에 충만한 초월적인 힘은 인간의 손끝에서부터 뇌로 가
고 뇌에서 신체의 각 부분으로 전해진다. 그래서 다시 신체의
각 부분에서 뇌로 모여 손끝을 지나 몸밖으로 나온다는 것이
다.

　이 초월적인 힘은 사람이 살아 있는 동안 끊임없이 흐르고
있는데 손에 나타나는 초월적인 힘의 속도와 양은 손의 형태에
따라 다르게 마련이다.

　따라서 사람의 뇌조직과 가장 밀접한 관계에 있는 손바닥에
는 이 초월적인 힘이 새겨 놓은 선과 무늬가 그 사람의 성격,
재능, 운명에 따라 특별한 형상을 이루는 것이다.

　이러한 선과 무늬의 의미를 아는 것은 중요하며 그 중에서도

봄　겨울　여름　가을

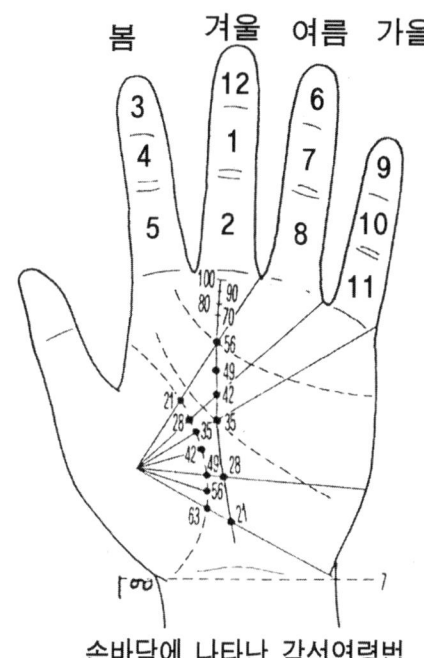

손바닥에 나타난 각선연령법

선과 무늬의 연령과 시기를 아는 것은 운세 판단의 요체라고 할 수 있다. 그림은 지난 시간에 설명한 각선의 연령법(유년법 流年法)중에서 운명 판단에서 가장 중요한 생명선과 직업선을 종합한 도표이다.

이 그림은 7진법으로 이루어져 있다. 이 7진법은 영국의 천재 수상가 키로가 발명한 것에 필자가 손목선의 7세 연령법을 1986년 개발하여 작성한 것으로 필자의 저서 〈기적의 손금 신비의 손금〉에서 첫선을 보였으며 세계적으로 인정을 받고 있는 연령법이다.

이 유년법(流年法)이란 손의 금에 의해서 연애 결혼, 사업의 성패, 장애 등 생활 환경의 변화가 일어나는 시기를 아는 법이며 병의 발생 시기나 경과 등도 이 유년법으로 읽어 낼 수 있다.

이 연령법과 시기를 아는 데는 성격이 급한 사람과 느린 사람 등 개인 차가 있을 수 있고 남방민족과 북방민족이 다르다. 또 나이테를 보면 젊었을 때보다 노년기의 1년이 더 짧게 나타나 있다.

일반적으로 건강상의 변화는 생명선에 타나나고 가정 생활이나 직장·사업 운세의 변화는 직업선에 나타나 있다. 예를 들면 생명선의 35세 자리에 섬모양의 금이 있다면 그 시기에 오랜 기간 병을 앓게 될 것을 예고하는 것이고 직업선의 35세 자리가 끊어져 있다면 직업상 큰 변화가 있다는 것을 의미한다. 연령법을 숙달하는 데는 '왼손에 코란(聖典), 오른손에 소드(劍)'라고 외친 마호메트의 예를 따라 한편으로는 수상학책을 탐구하면서 동시에 많은 손을 실제 보고 손금에 숨어 있는 '진실(眞實)'을 직접 체득할 필요가 있다.

23. 운명의 나이테 ③

과학자들은 지각과 지층, 화석 등을 보고 지구의 생성 연대와 변천 과정을 알아낸다. 또한 나무의 수령(樹齡)은 나이테를 보면 알 수 있고 물고기의 나이는 비늘로 알아낸다.

이와 같은 이치로 사람의 재능과 운명의 변화는 손에 새겨진 상형문자인 손금을 통해 알 수 있다.

따라서 손에 새겨져 있는 과거 현재 미래를 알아보는 기본 원리와 연령법을 터득한다면 미래의 일을 읽을 수 있다. 즉 대학 진학은 어떻게 되며 어떤 직장에 언제쯤 취직이 가능한가. 결혼은 언제하면 행복할 수 있을까. 돈은 언제 많이 벌며 또한 질병으로 고생 않고 건강하게 언제까지 살 수 있을까 하는 의문에 대한 해답을 미리 알아볼 수 있다.

그간 2회에 걸쳐 연령을 읽는 운명의 나이테에 대해 설명하였으나 오늘은 좀더 깊이 들어가 그 연령에서 몇 월 며칠에 무슨 일이 일어나는지 판단하는 기본 자료에 대하여 알아보자.

그림과 같이 손가락마
디에서 발병의 달을 아는
방법은 일찍이 이집트의
카푸아가 발견한 것이다.
이 비법은 그의 저서 〈이
집트, 아라비아 및 서양
에 있어서의 수상학의 실
험적 연구〉라는 책속에
기록된 것이 현재까지 이
용되고 있다.

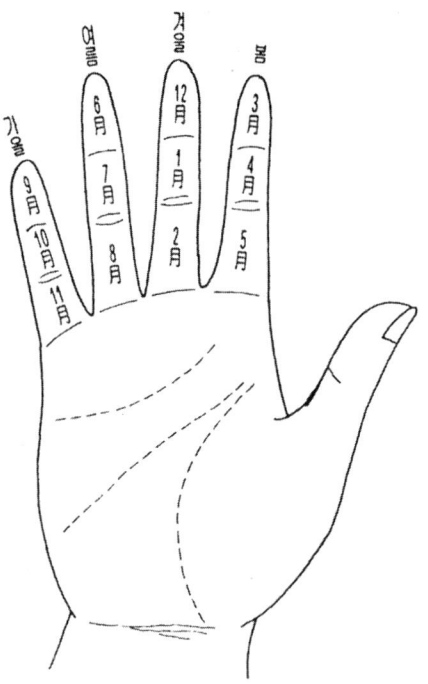

이 활용법은 둘째손가
락(人指)을 봄으로 하고
셋째마디(末節)를 3월, 둘
째마디(中節)를 4월, 첫째
마디(基節)를 5월로 한다. 이와 같이 넷째손가락(약지)을 여름,
새끼손가락(小指)을 가을, 가운뎃손가락(中指)을 겨울로 정하는
것이다. 건강이나 운세가 좋고 나쁜 것은 이 부분의 기색을 읽으
면 정확하지만 각 손마디의 혈색과 마디선 등에 의해서도 대강은
알 수 있다. 그리고 그 달(月)의 건강 상태나 운세는 달을 나타내
는 손가락마디를 30등분하여 위쪽을 월초로 하고 가운데쯤을 중
순으로 하고 아래쪽을 하순으로 한다. 날짜 계산은 손가락마디를
같은 간격으로 30으로 나눈다.

이렇게 등분된 손가락 마디는 그 빛깔에 의하여 판단한다.

혈색이 좋고 상쾌한 연분홍 빛깔은 건강하고 운세도 좋다.

윤기가 있는 노란 빛깔도 좋은 징조이다.

빨간색이 나타나면 다투는 일과 열성 질환을 나타낸다. 창백한 것은 병의 전조이다. 이 기색이 나타나면 병과의 연을 끊도록 노력해야 한다. 청색, 자주색, 암자색, 남색, 암흑색 등도 나쁜 운세를 나타냄과 동시에 병에 걸리는 암시이다.

나쁜 표시는 숙변을 제거하고 단식이나 순생 야식 등으로 없애야 한다.

그리고 손가락마디의 가로선은 질병의 표시, 세로선은 건강이 좋다는 의미이다.

24. 연령별 수상

사람이 돈을 모으는 것도 시기가 있다. 물론 어떤 사람은 일생 동안 재물운이 따라다니기도 하지만 대개 수상을 보면 20대, 30대, 40~50대로 나누어 재운이 따르고 있다.

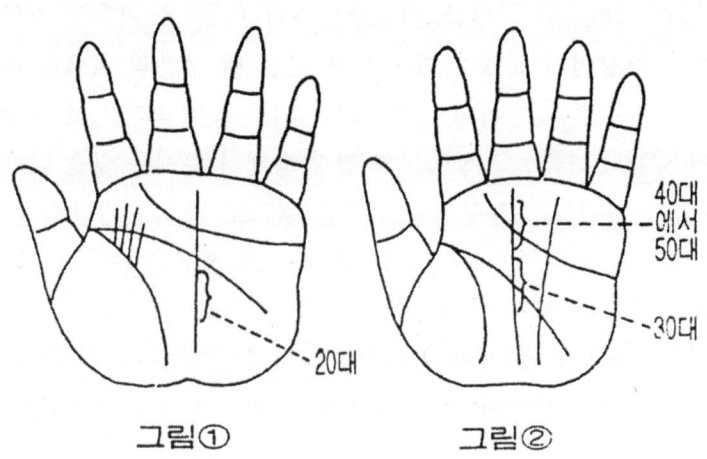

그림①   그림②

20대에 돈을 모으는 사람은 그림①과 같이 직업선의 20대 지점 즉 두뇌선과 직업선이 교차되는 곳으로부터 아래쪽 부분이 끊어지거나 구부러지지 않고 곧바로 뻗어 있다. 그러나 이것만 가지고는 안 된다.

그림①에서처럼 생명선에서 둘째손가락을 향해 위로 올라간 잔선(발전선)이 많으면 20대에 돈을 많이 벌고 모으게 된다. 30대에 돈을 벌 사람을 보면 직업 선의 30대를 의미하는 부분 즉 그림②에서 보듯이 두뇌선과 직업선이 교차하고 있는 부근에서 직업선이 일직선이요, 엄지손가락쪽에서 뻗어나온 영향선과 교차하고 있지 않다. 이때 영향선과 부딪치거나 선을 끊고 지나가면 직업상 변화나 운명의 곤란한 점이 나타나 돈이 모이지 않고 지출이 많아지게 된다. 즉 장애선이나 영향선이 직업선에 닿지 않아야 돈이 모인다.

특히 성공선이 직선과 평행으로 곧바로 뻗어간다면 30대에 돈 벌 수 있는 확률이 높다.

40대에서 50대에 걸쳐 재운이 있는 사람의 수상은 직업선에서 40~50대의 부분 즉 그림②에서 보듯이 성격선과 직업선이 교차하고 있는 곳으로부터 위쪽의 직업선이 일직선으로 되어 있다.

여기에 더하여 성공선이 있으면 40~50대에 재복이 틀림없이 온다.

그러나 성공의 선이 여러 갈래로 나누어져 있으면 비록 돈은 잘 벌어들여도 곧 나가버린다. 그래서 성공선을 일명 사치선이라고도 부른다. 인기인이나 연예인의 성공선이 여러 갈래 있다면 인기 유지를 위하여 몸치장 즉 사치를 해야 하고 또 유지

비용이 많이 지출되는 것을 나타낸다. 그렇지만 이 여러 갈래
의 성공선은 다른 사람과 큰 마찰없이 인간 관계를 잘 유지함
을 의미해서 조화선이라고도 부른다.

직업선이 도중에 십자형의 금이나 가로지르는 장애선이 나
타나 있으면 뜻하지 않은 재산상의 손실이나 어려운 점이 있어
지출이 늘어나거나 직업상 변화가 발생한다. 때로는 그간 쌓은
주춧돌이 무너져 새로 하나하나 벽돌을 쌓듯 출발을 해야 하는
예도 있다.

제 2 장

생명선과 수명·성적 매력

1. 생명선과 운명

옛사람은 명이 하늘에 있다고 하여 인명은 재천(人命在天)이라고 하였다.

유일한 인간의 수명이야 한계가 정해져 있지만 주어진 인간의 유체는 타고난 오장육부의 기능에다 후천적인 건강 관리 노력의 총화에 따라 수명이 결정된다고 보아야 한다. 아무리 건강하게 타고나도 폭음폭식하고 무리하게 생활한다면 약골로 태어나 항상 건강에 온 신경을 쓰면서 사는 사람보다 장수를 못한다.

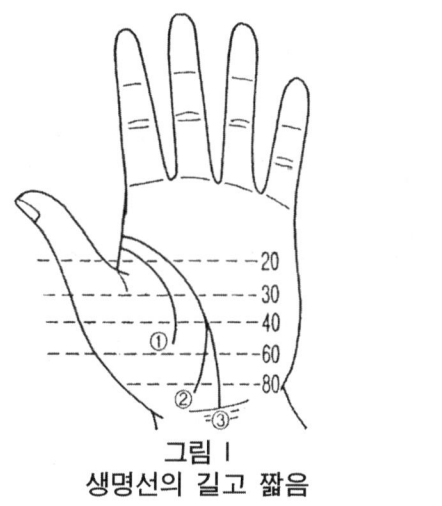

그림 I
생명선의 길고 짧음

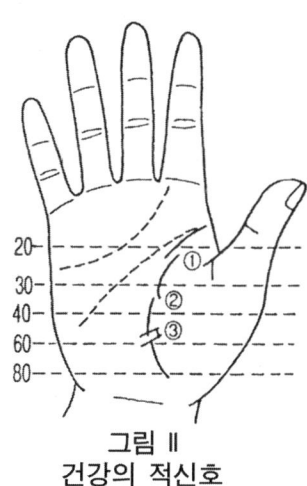

그림 II
건강의 적신호

그림 I 의 ①은 짧고 ②③은 길다.

①의 경우 원칙적으로 활력이 부족한 단명의 상이나 생명선이 짧다고 하여 꼭 단명한다고 단정할 수는 없다. 두뇌선 성격

선 직업선이 좋을 경우 짧은 것을 보완하므로 생명선의 길이가 몇 밀리미터이니까 수명이 몇십 살까지이다 라고 기계적으로 정할 수 없는 어려움이 있다. 건강법 실시하에 체력을 단련하며 그 생명선을 신장시키면 선에 아무런 병적 징후나 액운선이 없을 경우, 명을 연장할 수 있다. 그러나 생명선이 짧아 끝나는 연령부터는 의지력이 약해지고 세균에 쉽게 감염되므로 특히 건강에 힘써야 한다.

②는 생명선이 구부러져 밑으로 엄지구를 감싸고 있고 ③은 선이 구부러져 밑으로 손목선까지 도달하고 있다. 둘 다 좋은 생명선으로 성적 능력과 체력이 좋다. 둘 다 장수할 수 있는 금으로 노년까지도 성생활에 무리가 없다. 물론 무리는 금물이다.

그림Ⅱ는 생명선에 나타난 건강의 적신호이다. 생명선이 눈목자(目)형으로 되어 있거나 갈라진 경우는 질병이나 불의의 부상을 예고한다.

그림Ⅱ의 ①과 같이 선이 중첩되어 끊어진 때에는 부상당하거나 병에 걸렸어도 구출되거나 살아날 가능성은 높다. 그러나 그 위험한 시점의 연령은 선이 중첩된 중간 시점이다. ②와 같이 선이 끊어진 경우 질병이나 부상이 좋아질 수 없으며 ① ②의 경우 끊어진 간격이 넓을수록 죽음에 직면할 위험이 대단히 크다. ③과 같이 파괴된 부분을 보완하는 4각형(혹은 눈목자형이라고 칭함)이 있을 때에는 질병이나 부상이 치명적이 되지 못함을 나타낸다.

이 4각형은 수술이나 감금을 의미하고 당연히 고통이 수반된다. 그것을 벗어나는 데 시간이 걸린다.

2. 성적 스태미나

인간의 성기능은 원래 종족 보존을 위하여 주어진 것이라고 할 수 있겠으나 시대의 흐름에 따라 그 욕구가 변화하여 향락적인 면이 있다.

스태미나식이라면 불개미나 굼벵이도 마다 않고 심지어 코브라까지 먹다 독으로 사망한 예도 있다고 한다.

이렇게 인간의 삼대 욕구인 식욕, 색욕, 물욕 중 성적 욕구는 그 깊이를 측량키 힘들다.

성기능은 근본적으로 정신과 육체가 건강하여 몸에서 스스로 그 기능을 항진시켜야 마땅한데 타고난 능력이 약한 사람은 후천적 노력인 운동이나 섭생으로 보강하려는 경향이 있다.

그러면 타고나면서부터 성적 스태미나가 좋은 사람은 어떤 상인가 지난 시간에 이어 한번 더 살펴보자.

그림 1은 엄지손가락을 감싸고 도는 생명선이 있는 엄지구에 관한 것이다. 이 언덕은 일명 비너스의 언덕 또는 애정의 언덕이라고도 부른다.

풍만하고 가로와 세로 창문살 모양의 선이 많은 사람이 애정이 깊고 다산계(多産系)이다. 그림①에서 표준형(그림㉮㉯㉰)보다도 엄지구가 작은사람(그림㉮㉲㉰)은 스태미나가 없고 반대로 이 언덕이 거대한 사람(그림㉮㉳㉰)은 터프가이(Tough Guy)로 섹스도 매우 강하며 염복(여자 많이 따라붙는 복)도 있다. 그러나 어떤 원인으로 이성(理性)의 장벽이 무너지면 이리(狼)의 본성을 나타내며 돈후안이나 카사노바같이 변하는 현저한 결점이 있다.

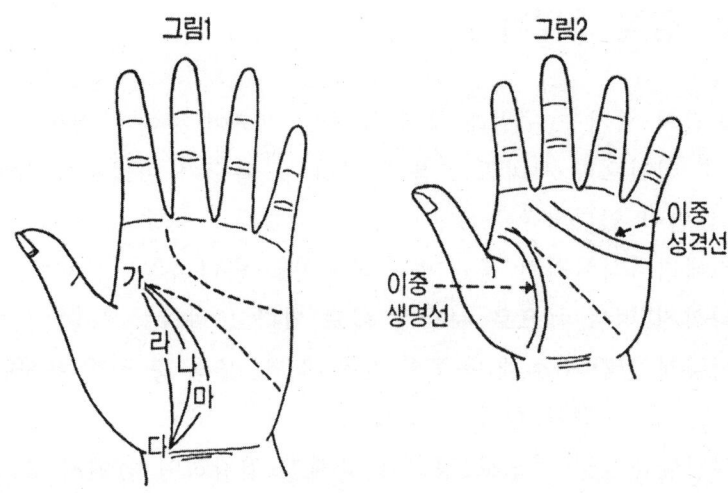

그림 2와 같이 생명선이 이중이면 이런 현상은 더욱 두드러
진다.

또한 그림 2와 같이 성격선이 이중으로 되어 있으면 정력이
절륜하여 한집살림으로는 부족하다. 여자를 여럿 거느리는 일
부다처형이다. 물론 성격선이 쪼개지거나 중간에 장애선이 없
다면 가정도 원만하게 유지한다고 보아야 한다.

여기서 우리가 기억해야 할 것은 누구든지 엄지구를 풍만하
게 만들어야 한다는 것이다. 체력이 충실하다고 세스쪽으로만
향하라는 법은 없으며 이 힘과 정력을 학문이나 예술 사업을
위해서 쓸 수 있다면 얼마든지 좋은 업적을 쌓을 수 있다. 엄
지구가 풍만한 사람은 자식도 많고 자식복·자손운도 좋아서
'얼마든지 낳아서 생육하고 번성하여 땅위에 충만하라'고 하는
신(神)의 의지를 충실하게 반영한 순리(順理)의 손을 지닌 사
람이라고 할 수 있을 것이다.

3. 수명과 성적 매력

(1) 표준형(A형)

생명선의 표준이 되는 형으로 초승달과 같이 반원형이다. 건강 상태가 양호하고 다른 주요선이 좋고 생명선에 액운선이 없으며 후천적으로 건강 관리에 힘쓰면 주어진 천수를 다 누리고 살 수 있는 형이다. 성적인 능력은 보통 남성의 체력과 성적 능력을 갖추고 있다. 남성의 성기도 보통 크기의 표준형이며 송이버섯형이 많고 가지형도 더러 있다. 성기의 표피는 흑갈색으로 두껍고 단단하며 어려서의 포경이 성장 과정에서 제거되고 성감에도 민감하며 발기시 힘이 있어 남성의 매력을 더할 수 있다.

여기서 성격선이 양호하면 아내를 만족시켜 행복한 가정 생활을 할 수 있다. 성교 회수는 표준치이다.

여성의 경우 성기는 복숭아형으로 돌출감을 주며 대음순과 질의 크기도 이상적이다. 음핵은 흥분시 돌출되어 단단해져 성감을 더할 수 있고 음모도 적당하다. 조숙한 편으로 성적 쾌감을 느끼는 성감대가 발달해 있다. 성격선이 양호하고 매혹선이 있다면 남편의 사랑을 듬뿍 받을 수 있으며 성기의 수축 능력만 터득하면 남편의 바람기도 막을 수 있다.

성기도 찰떡형(알맞은 자리에 있고 탄력성이 있어 토실토실하며 지내부 역시 부드러워 남성의 성감을 고조시킨다)이 많고, 간혹 매혹선이 있으면 긴 자크형(무는 형)이나 낙지형(흡인력이 있다)도 있다.

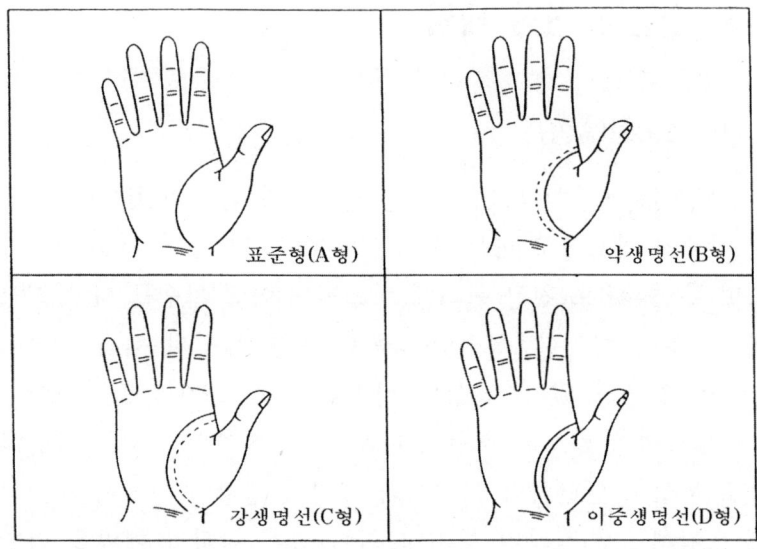

(2) 약생명선(B형)

표준형보다 엄지를 감싼 볼륨이 약간 적고 형태는 반달보다
반타원형에 가깝다. 뻗어나가는 힘이 약하고 체력도 떨어진다.

체력이 약하고 성적 매력도 적으며 만사에 소극적이고 진취
의 기개가 떨어지고 엄지구가 빈약한 것이 보통이다. 특별히
건강에 유의하고 양생법에 힘쓰지 않으면 천수를 누리기 어렵
고 수명이 길지 못하다. 장수한다 해도 잔병치레를 많이 한다.

남성의 성기는 보통 크기도 많으나 반포경에 작은 사이즈도
많으며 표준형 외에 가지형, 고구마형도 있고 자라형도 볼 수
있다. 하지만 이는 수술로 교정이 가능하다.

성생활도 표준 이하이며 조루증이 많고 호르몬 분비가 적어
성교회수도 적은 편이며 상대 여성을 만족시키려면 특히 전희
에 힘쓰고 조루증의 예방을 위해 힘을 길러야겠다.

여성의 성기는 표준형이 많으나 더러 빈대형도 있고 이런 사람은 성생활에 불편을 준다. 음모도 보통이나 분비물이 적고 월경이 불규칙하고 불감증 여성이 많다. 특히 성격선에 다산형의 화살선이 없다면 자녀 출산에 어려움이 있다. 따라서 건강에 특히 유의하고 양생법에 힘써야 하며 무리한 성생활은 삼가고 부부의 참 행복은 이성적인 은근함과 따뜻함에서 찾아야 한다.

(3) 강생명선(C형)

표준형보다 엄지를 감싸는 부분이 넓고 힘차게 뻗어나간다.

조숙하고 정력이 좋으며 만사에 활동적, 적극적이고 이런 사람은 엄지구가 풍만하여 로맨스가 많아 여러 여자를 자주 품에 안고 자녀 출산도 많으며 여러 사업에 손대는 경우가 많다.

즉 향락적인 사람이다. 인생을 최대한 즐기려고 하며 또한 건강, 체력, 사교싱, 염복(육체면까지 포함), 섹스, 사랑, 물질운, 장수 등 인생을 즐기기에 필요한 조건을 모두 갖추고 있다.

그리고 설혹 곤경에 빠져도 비관하지 않으며 왕성한 정력이 있어 쉽게 극복한다.

남성의 경우 성기도 잘 발달되고 송이버섯형이 많다. 호르몬 분비도 좋아 써도 써도 남으며 한번에 2회 이상 사정하는 남성이 있는가 하면 여성의 경우는 여러 번 오르가즘을 느끼고 클라이맥스에서는 물총같이 쏘는 경우도 있다.

여자 옷깃만 스쳐도 흥분되고 진물이 나오며 만원 버스에서 발기해 여자를 찌르는 남학생이나 치한은 이런 형이 대부분이다.

여성의 경우는 성욕이 강해 발산하는 데 문제가 있으며 성기도 꼬막형에 긴 지퍼형(무는 형) 낙지형과 같이 흡인력이 있어 남성의 사랑을 독차지하는 성의 마술사가 많으며 특히 이 형에 매혹선이 있으면 섹스 스캔들을 일으키는 요녀가 될 수 있다.

(4) 이중생명선(D형)

생명선이 두 개 있는 경우는 이중생명선, 부생명선이라고 부르기도 한다. 이는 강인한 생명력을 의미하며 육체적으로 허약해도 정신적으로 강인하고 병에 대한 저항력이 강하고 인내력이 있다. 주생명선이 혼란한 경우 그것을 보강하는 기능을 겸하고 있다. 즉 위험에서 생명을 구출하고 보호하는 선이다.

정력에 절륜하여 성교시 여성을 귀찮을 정도로 괴롭히거나 sex를 밝힌다. 특히 젊어서 sex에 탐닉해 후천적으로 건강을 해치는 경우가 있다.

여성도 마찬가지. 생명선이 둘 있어 간혹 여성 중에 질이 이중 구조로 되어 있는 이중형이 있는데 이 이중형은 질 내부가 탄력이 있음은 물론 남성의 성기를 흡수하고 남성으로 하여금 종잡을 수 없는 환상에 사로잡히게 할 정도로 만족을 주며 남성이 그야말로 금이야 옥이야 애지중지하며 호주머니에 넣고 다녀야만 안심이 되는 형이다.

이런 사람은 몸에 박테리아가 침범해도 자체 내에서 퇴치하여 몸을 보호하고 정상 건강으로 회복시키는 힘이 있다. 그러므로 질병에 걸려도 쾌유 속도가 대단히 빠르며 이 금을 가진 사람은 대개 성품이 완고하다.

4. 생명선과 건강

(1) 생명선에 나타난 건강의 적신호

생명선이 눈목자(目)형으로 되어 있거나 갈라진 경우는 질병이나 불의의 부상을 예고한다.

그림에서 ①과 같이 선이 중첩되어 끊어진 경우는 부상이나 병에 걸렸어도 구출되거나 살아날 가능성은 높다. 그러나 그 위험한 시점의 연령은 선이 중첩된 중간 시점이다. ②와 같이 선이 끊어진 경우 질병이나 부상의 회복이 좋아질 수 없으며 ①, ②의 경우 끊어진 간격이 넓을 경우 죽음에 직면할 위험이 대단히 크다.

③과 같이 파괴된 부분을 보완하는 4각형(혹은 눈목자형이

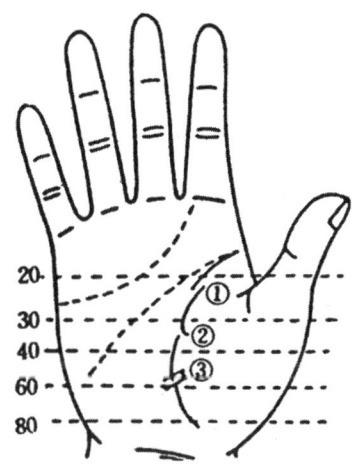

건강의 적신호

라고 칭함)이 있을 때는 질병이나 부상이 치명적이 되지 못함을 나타낸다. 이 4각형은 수술이나 감금을 나타내며 당연히 고통이 수반되고 그것을 벗어나는 데 시간이 걸리며 조난당한 비행기가 사고를 면하는 경우를 보여준다.

(2) 생명선의 혼란

생명선은 혼란이 없이 깊고 길게 새겨져 있고 밝은 색을 띠

고 있는 것이 최상의 것이나 생명선이 혼란한 경우를 우리는
종종 볼 수 있다. 이 기간 동안은 치료에 힘써야 함은 물론 섭
생에 유의하고 성생활은 상당 기간 금해야 한다.

①은 위장이 약한 것을 나타내는 것이다.

②의 물결 모양은 순환기 계통이 완전치 못한 경향이 있고
이 경우 성격선까지, 혼란한 경우가 보통이다.

③은 심신이 쇄약한 경우이고 그 연령의 기간 동안 건강이
좋지 못한 상태가 계속됨을 나타낸다.

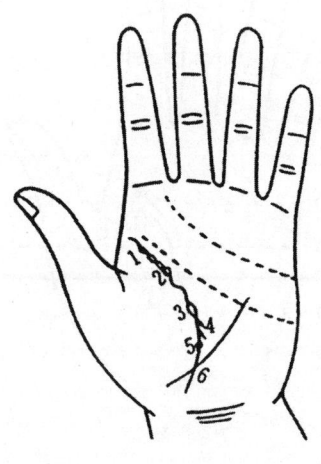

생명선의 혼란

① 위장병
② 순환기 계통
③ 심신 쇄약
④ 체력 약화
⑤ 열성 질환
⑥ 질병 · 사고

④와 같이 밑으로 뻗어간 가는선은 그 연령의 위치에 해당하는 시기에 체력이 약해짐을 나타내고 의지가 박약해져 생명선의 말단에 나타나는 예가 많다. 이 시기의 여성은
의지가 박약해져 정조 관념이 약해지게 된다.

⑤와 같이 빨간 반점이 보이는 경우 열성 질환에 감염됐음을
보여주며 그 시기는 생명선의 연령법에 의한다.

⑥생명선이 끊어진 경우 질병이나 사고가 발생하여 경제적
손실이나 정신적 방해 등 각종 사건이 생기며 상세한 것은 액
운선란을 참조하기 바란다. 그 사고를 당하게 되는 시기의 판
단은 생명선의 연령법에 의한다.

5. 최상의 생명선

몸과 마음이 참으로 건강하다면 피부·머리털·손톱·손바닥 등의 빛깔이나 윤(潤)이 건강한 색을 나타내고 손금에도 건강한 표식이 있다.

5감(五感＝視 聽 嗅 味 觸)이나 그 밖의 4감이 조화있게 예민하며 현재 의식과 잠재 의식이 균형있게 유지되어 남이 보기에 생기발랄한 상태를 나타내며 4지(四肢)도 완전히 작용한다.

그리고 춥고 따뜻하고를 가릴 것 없이 지금이 가장 알맞은 기후라고 느끼게 되며 반찬 없는 밥도 맛있게 먹는 몸이 되는 것이다.

그림은 생명선이다. 엄지와 검지 사이에서 나와 엄지를 반원형으로 감싸고 돌아 손목에 이르는 선을 말한다.

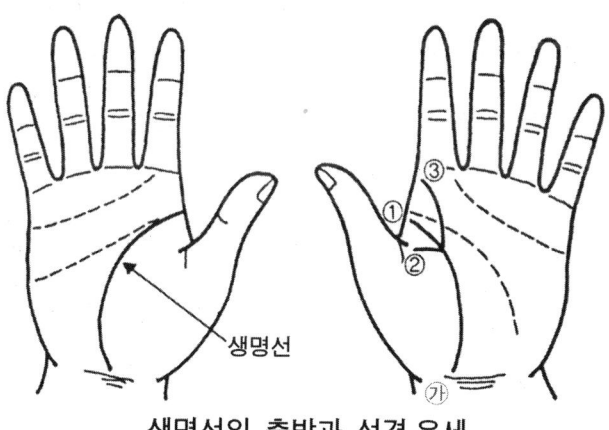

생명선의 출발과 성격·운세

수명선이라고도 하며 사람의 체질, 질병, 부상, 수명의 길고 짧음과 신체의 강약, 성적 매력, 건강 상태와 친척·친구 또는 적으로부터의 영향력을 나타낸다.

선이 깊고 끊긴 데가 없으며 생명선을 자르는 액운선(장애선)없이 길게 엄지손가락을 원형으로 둘러싼 것이 가장 좋다.

중간에서 끊기거나 혹은 산란하여 마치 섬과 같이 긴 원 모양을 하고 있는 것은 건강이 좋지 않음을 나타낸다.

수명이 길고 짧음은 보통 생명선으로 추정하는데 직업선(운명선)과 성공선(일명 장수선)을 참고하여 결론을 내린다.

생명선상에 액운선이 있으면 그 연령에 틀림없이 액운을 만나게 된다.

그림의 ①㉮는 생명선의 표준이다.

②㉮는 엄지 옆에서 출발한 생명선이다. 이런 형의 삶은 필요 이상의 경계를 하며 어렸을 때 남과 다투는 성질이 있으니 주의가 필요하다.

③㉮와 같이 권력구 근처에서 출발한 생명선은 야망에 불타고 어려서부터 중요한 위치에 앉게 되는 경우가 많다. 사회의 큰바다로 나와서 끊임없이 항상 발전을 구하고 분투 노력을 계속하는 타입으로 초지일관 성공의 가능성이 많은 사람이다.

생명금은 깊고 길게 새겨지고 밝은 경우 오장육부가 건강하고 체액의 예비 에너지도 풍부하다. 생녕선이 좋다고 무리하는 것은 금물이다. 무리하면 건강선에 이상이 생겨 체력이 약화되거나 단명하게 된다.

장수의 생명선인 사람은 건강법에 힘써 천수를 누려야 할 것이다.

6. 이것이 장수하는 손금

미국의 대부호 록펠러 1세(98·작고), 노벨상을 수상한 인도의 시인 타고르(82세), 수상을 4번 지낸 영국의 정치가 그랜드스톤(89세) 등은 역사상 유명 인물이면서 장수했다.

장수한 사람의 손금은 어떤 것일까?

이 질문의 해답을 찾기 위하여 필자는 외국의 많은 문헌을 찾아보고 주위의 많은 사람의 손을 보았다. 그런데 고향 마을에 90세까지 장수하는 할머니가 있어 찾아가 보니 과연 특징 있는 손금이었다. 바로 도표에 나타난 장수의 수상이 그것이다.

생명선의 곡선이 A의 모양의 경우 활처럼 크게 휘어져 손목선 근처까지 길게 뻗었으며 선상에 흠이 없다. 또 가운뎃손가락의 중심에서 밑으로 직선을 그었을 때 그 선 밖으로 생명선의 커브가 나간 상태를 보게 된다.

A 생명선의 경우 신체의 활력이 양호하다는 것을 말해 준다.

B 같은 생명선이 또 하나 있다. 이것은 이중생명선이다. 이런 타입의 사람은 체질이 강하며 생체 에너지가 풍부하고 특히 병균이 침범해도 저항력이 강하여 피로 회복 시간도 빠르다.

또한 3대선인 생명선, 두뇌선, 성격선이 깊고 선명해야 한다.

여성의 경우 새끼손가락 밑에 있는 성격선의 출발점이 하나이고 손목쪽인 생명선의 말단에 솜털처럼 가는 선 없이 쪼개지지 않고 선이 하나일 때 오래 살 수 있다.

물론 남자나 여자의 경우 건강한 체력을 갖고 있는 타입이 수없이 많다.

기본 3대선 말고도 그
림 C의 직업선, D의 성공
선처럼 나이든 노년기의
부분이 굵고 선명하면 오
래 살고 손목선이 뚜렷하
면 몸이 튼튼하다.

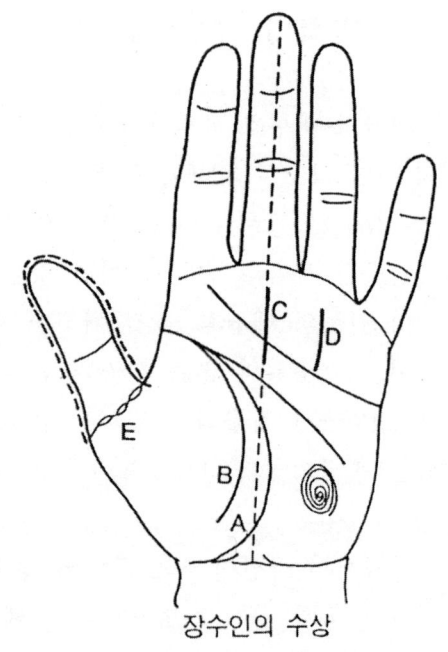

그림E 모양과 같이 엄
지손가락의 뿌리 밑에 그
어진 선이 혼란스럽지 않
고 똑바르게 그어져 있어
야 잔병없이 장수한다.

예부터 수(壽)는 오복
(五福 : 수(壽), 부(富),
강녕(康寧), 유호덕(攸好

장수인의 수상

德), 고종명(考終命)) 중에서도 으뜸으로 꼽았다. 또한 재산을
잃으면 작은 것을 잃고 건강을 잃으면 인생의 전부를 잃어버린
다는 말도 있다.

그러면 이렇게 귀중한 건강을 타고날 때 오래 살도록 오장
육부를 튼튼하게 타고나지 못했다면 달리 뭐 좋은 방법이 없을
까?

앞으로 장수를 방해하는 요소를 다시 설명하는 기회가 있겠
지만 그 장애 요소에 따라 혹은 질병의 유형에 따라 의학상의
처방이 다르듯 이 손금에 따른 대안도 차이가 있다.

생명선에 건강의 적신호가 나타나면 일상 생활에서 과로를
피하고 절제된 생활을 해야 하며 규칙적인 운동, 과학적인 식

생활(자연식)을 계속해야 함은 필수적인 것이다.

7. 우량아의 손금

미스터코리아 선발 대회에 가 보면 보디 빌딩으로 다져진 다부진 체격과 울퉁불퉁한 힘살, 큼지막한 근육질의 가슴을 가진 건강한 청년들을 보게 된다.

이와 유사하게 30여 년 전에는 유제품회사(牛乳)에서 개최하는 우량아 선발 대회가 있었다. 우유를 잘 먹인 토실토실한 귀여운 어린이를 벌거벗겨 체중기에도 올려놓고 키도 재보곤 했다. 여기서 뽑힌 최우량아는 우유캔에 광고 모델로 등장하여 귀여움을 받았다.

그때 선발된 최우량아의 손금은 어떠했을까? 그림은 여러 유아중에서 뽑힌 우량아의 손금이다. 지금은 성장하여 훌륭한 성인이 됐고 약학대학을 나와 개봉동 근처에서 약국을 경영하고 있다. 그의 손에 새겨진 건강의 표지는 아직도 그의 손에 선명하게 각인되어 있다.

그림과 같이 생명선이 굵고 튼튼하게 타원형을 이루고 있다. 더구나 엄지손가락 옆 생명선의 출발점에 쌍으로 또 하나의 선이 나누어 시작되다 합해졌다.

이것은 유년시절 몸이 튼튼할 뿐 아니라 건강으로 인한 기쁨까지 맛볼 수 있는 길상이다.

그러나 어렸을 때 소아마비를 앓거나 몸이 완전치 못하고 불구가 된 경우는 출발점이 뒤엉켜 혼란하고 생명선도 짧다. 그래서 세균에 쉽게 감염되고 의지력도 약하여 무슨 일에 오랫동안 열심히 집중하지 못하게 된다.

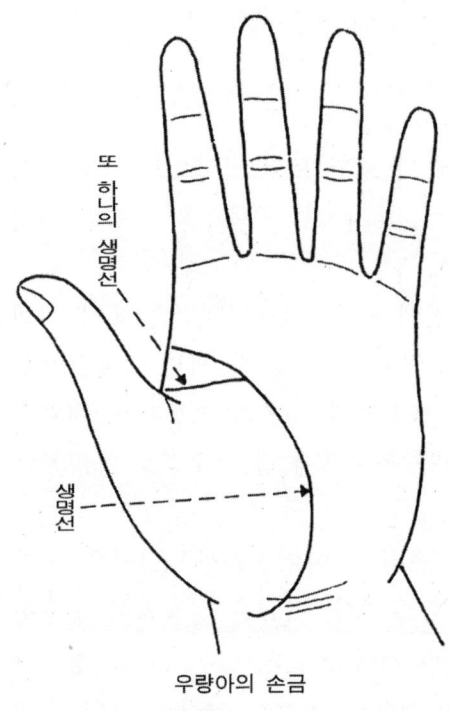

또 하나의 생명선

생명선

우량아의 손금

다른 예는 스포츠맨에게 많다. 생명선의 출발점이 생명선과 두뇌선이 떨어져 시작되는 경우이다. 이런 사람은 두뇌 회전이 빠르고 순발력이 있어 운동에서 두각을 나타낼 수 있다. 신경 활동이 왕성하여 매사에 빨리 결정하는 타입이고, 때론 경솔하다는 말도 듣고 운명이 나쁜 시기에는 잘못된 판단으로 실패하는 때가 있다. 사업가든, 개인이든 평소 어떤 의사 결정을 할 때에는 이런 유형은 무슨 일이든 천천히 신중하게 생각하고 심사 숙고하여 결론을 내리면 실패를 미연에 막을 수 있다.

8. 매혹적인 여인

사람은 누구나 못생긴 것보다는 잘생긴 미인을 좋아한다. 더구나 섬섬옥수를 지닌 매혹적인 여성이라면 옛날 같으면 한량들이 그 여인 앞에서는 오금을 펴지 못했다고 한다.

미인의 기준도 시대의 흐름에 따라 바뀌어 전통 미인과 현대 미인상이 다르다. 전에 모교수가 연구 결과를 발표한 바에 의하면 전자는 얼굴이 계란형이었으나 후자는 미로의 미인상에 가까운 만큼 서구화돼 간다는 내용이다.

조선시대의 전통 미인은 얼굴 전체의 바탕이 중시되었는데 비해 현대 미인은 눈·코·입에 점수를 후하게 주는 경향이 있다. 전통 미인은 뺨에 살이 있어야 했으나 현대 미인은 홀쭉하거나 광대뼈가 나와야 한다. 가늘고 작던 눈과 입은 둘 다 커야 하며 색깔이 흐리고 반달형이었던 눈썹은 짙고 끝이 올라가야 제격이다.

그러면 수상으로 매혹적인 여인상을 알아보자.

그림에 나와 있는 ②는 매혹선이라고 부른다. 일명 '에로스선' '관능선'이라고도 하며 감수성이 예민하고 성에 관해서 민감하다. 이성에 대한 호기심이 강하며 미각·색채감 등 미적 감각이 발달하였으며 호색선과 함께 있는 경우 실제 육욕적 행동력이 왕성하며 극단적인 경우 음란한 예가 많다.

이 매혹선을 가진 대표적 인물로는 제1차 세계대전의 비사 속에 숨겨진 유명한 여간첩 '마타하리'를 꼽을 수 있다.

그녀는 운우의 정을 나눌 때 그 기교도 탁월했을 뿐 아니라 왕성한 호르몬 분비에 힘입어 클라이맥스인 절정감을 여러 번 반복함으로써 상대를 녹다운 시켰다는 것이다.

그 여자는 고급 매춘부로 많은 재산을 갖고 있었으며 제1차 세계 대전시 독일의 스파이로 활약했다.

뛰어난 미모와 육감적 매력을 갖고 악마와 같은 간계를 썼다. 당시 뭇 남성의 환심을 샀던 여걸로 상대국의 국방장관, 내무장관

등 다수의 고관을 조종
하여 기밀을 탐지했다.

최근엔 그에 관한 영
화까지 제작되어 상영
된 바 있지만 그는 연
합군의 군인을 유혹하
다 포로가 되어 파리
근교의 요새에서 생을
마감했다. 전하는 바에
의하면 그녀의 손금인
직업선(운명선)상의
말단에 X표라는 실패
의 불길한 낙인이 있었
다고 한다.

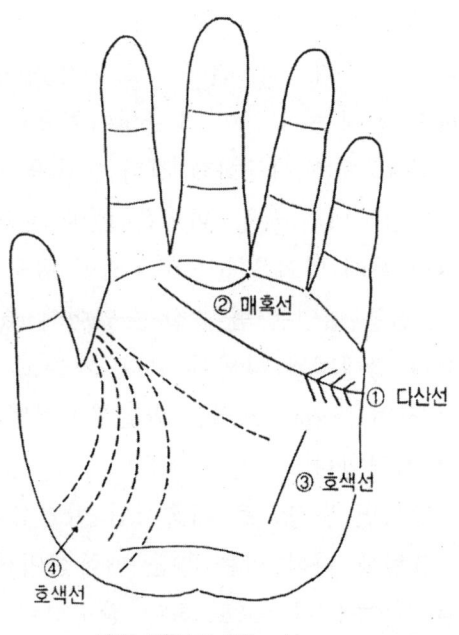

② 매혹선

① 다산선

③ 호색선

④
호색선

성적 매력이 있는 상

다람쥐니, 또는 시계추니 하는 별명을 가진 김모사장이 강남
땅에 살고 있다. 김사장은 복이 많았던지 부모로부터 유산도
받고 회사도 경영하면서 남부럽지 않게 살고 있는데 문제가 하
나 있다.

이 김사장은 어떻게 된 일인지 퇴근 시간이 되기 무섭게 집
으로 달려가 마누라 치마폭에 싸여 지내고 있다.

저녁 시간은 아예 친구나 회사 직원 또는 외부 인사와 약속
을 않는다.

그야말로 다람쥐 체 바퀴 돌듯 집과 회사를 마치 시계추마냥
왔다갔다하고 있다. 그래서 별명도 그럴싸하게 주어진 모양이다.

그러나 거기까진 좋았는데 여기에 한술 더 떠서 마누라를 아

예 집 울타리에 연금시키듯하고 있다. 시장에도 못 가게 하고 친정집 나들이는 아예 생각도 못한다.

이런 현상은 어인 일인가.

김사장의 병적인 폐쇄증은 정상인가, 비정상인가.

여기서 우리는 부인의 신상에 대하여 알아볼 필요가 있다.

여인은 키도 그렇게 크지 않고 체구도 작아 아담하다고 해야 할 것이다. 얼굴의 미모도 빼어난 미인은 아니지만 수수하고 피부는 곱다. 그런데 수상에는 그림과 같은 손금이 새겨져 있다.

①의 다산선(多産線)과 ②매혹선이 바로 그것이다.

다산선은 글자 그대로 여성의 호르몬 분비가 왕성하며 자녀 출산을 많이 할 수 있는 선이다. 여기서 윗입술이 두껍고 위로 약간 치켜 올라가면 성적 스태미나도 훌륭하다고 할 수 있다. 여기에 ②와 같은 매혹선이 있으면 이성에 대한 관심이 더욱 크고 왕성하다. 그래서 남성은 여성을 극진히 위하다 못해 바깥 출입을 못하게 본인 주위에 묶어 두는 것이다. ③의 호색선은 너무 색을 좋아하는 음란의 상이다. 사주에도 수기(水氣)가 많고 상관(像官)이 많으면 더욱 음란한 상인데 이성의 뒤꽁무니에 붙어다니는 사람이라고나 할까.

③④는 호색선인데 육체의 발달이 원인이 되어 이성 관계를 좋아함을 나타낸다. 또 정신적 경향이 원인이 되어 이성에 깊은 관심을 갖는 것을 말한다.

오늘도 부인이 못미더워 아니 사랑스러워 퇴근 시간 되자마자 곧장 집으로 달려오는 남편을 가진 부인이 있다면 한번 본인의 손금을 살펴볼 필요가 있다.

제 3 장

두뇌선과 재능·성격

1. 두뇌선과 성격·운세

인간에게 잠재된 능력은 무한하다. 얼마나 이를 일상 생활에 활용하느냐에 따라 그 사람의 성공의 그릇이 결정된다.

일본의 전수상 스즈키같이 특이한 두뇌선 하나로 본인의 정치적 야망을 달성한 예도 있다.

①이 표준 두뇌선이다.

볼록구 상부로 뻗은 선이다. 생명선과 같이 출발하며 일반적으로 흔히 볼 수 있는 타입이다. 사회생활을 하는 데에 무리가 없는 상식적인 사람이며 우수한 학습 능력이 있음에도 지식은 후천적으로 획득한다.

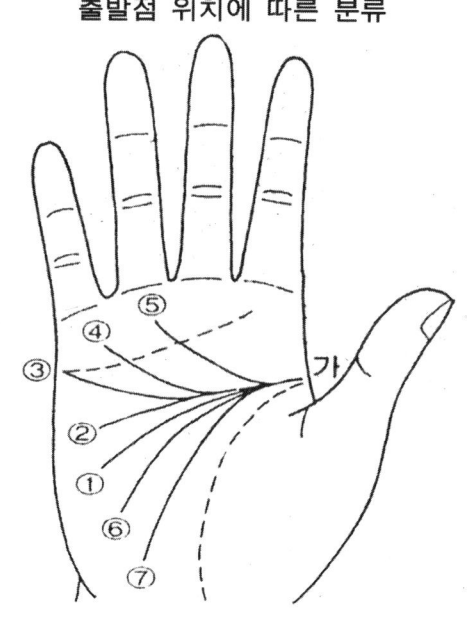

출발점 위치에 따른 분류

②는 곧장 옆으로 가로질러 뻗어가는 두뇌선이다.

생각하는 것이 날카롭고 예민하며 계산에 밝고 실무적 재능이 있다. 판단력이 우수하고 숫자 관념이 강하며 일처리를 잘하며 수완이 있어 재계 사법 계통에서 성공할 뿐 아니라 어느 분야든 실력자로서 뜻을 펼친다. 운세도 좋은 형이다(닉슨, 퀴리 부인 등).

③은 성격선과 일체(一體)가 되는 두뇌선이다.

손바닥을 가로질러 성격선과 일치하는 선으로 속칭 '막쥔금'이라고 한다. 집착심과 경제 관념이 특별히 강하고 경기 변동의 물결을 탈 줄 안다. 신경이 예민하며 구두쇠로 까다로운 성격이다. 재상의 상이라 할 수 있다(김준성·사토수상·이만기·장미희 등).

④는 성격선을 뚫고 위로 향하여 새끼손가락 밑 상업구에 다다른 두뇌선이다.

지혜와 노력을 이용하여 돈을 버는 천재적 수완을 갖고 있다. 요절의 상으로 인후나 코가 나쁜 사람이 있으며 부친이 권력의 자리에 있는 경우가 많다(전일본수상 스즈키).

⑤는 성공구로 향한 두뇌선이다. 예술적인 재능으로 대성할 수 있는 상이다.

⑥은 볼록구 아래로 뻗은 두뇌선이다.

예술적, 미적 재능과 정서가 풍부하고 상상력이 특별히 발달한 정열가로 문호, 웅변가, 이상주의자, 연애지상주의자이다. 환상의 세계를 생각하고 문학과 예술을 사랑한다.

⑦은 아래로 처진 금이다. 감수성이 예민하고 로맨티스트이며 색채 감각이 뛰어나다.

공상을 많이 하며 게으른 몽상가이다.

2. 두뇌선의 길고 짧음

인간의 재능은 두뇌선에 가장 잘 나타나 있다. 명칭도 그런

연유에서 생긴 것이며 인간지성의 표상이다.

재능이 사람마다 다르듯이 두뇌선의 형상도 천차만별이다.

두뇌선이 긴 사람, 짧은 사람, 생명선 안쪽에서 출발한 사람, 생명선과 떨어져 있는 사람, 두뇌선의 뻗어가는 방향이 손목쪽으로 처지는 사람, 곧바르게 뻗어 있는 사람 등등 가지각색이며 그게 다 독자적인 의미가 있다.

두뇌선(Head Line)은 거의가 생명선과 같은 부분, 즉 엄지와 검지 사이에서 나와 손바닥의 중앙 혹은 비스듬히 볼록구쪽으로 달리고 있는 금을 말한다.

그 사람의 지능 정도, 두뇌의 강약, 성격 등을 나타낸다.

우리들의 지혜, 판단력, 직감력, 천부적 재능, 지능의 정도를 의미하며 생활력과 건강 상태를 나타내는 중요한 역할을 한다. 정신 불안정, 정신병, 눈병, 콧병, 후두병, 귓병 등이 이 두뇌선에 나타나고 여성의 경우는 남성과 비슷하나 생식기의 발달과 자손 관계가 나타난다. 다시 말하면 두뇌선이 빈약하면 다른 선의 의미까지 약화된다. 이 선은 어떤 선보다도 결정적으로 으뜸이 되는 선이며 인생의 목표를 성공으로 이끄는 데 가장 큰 역할을 한다.

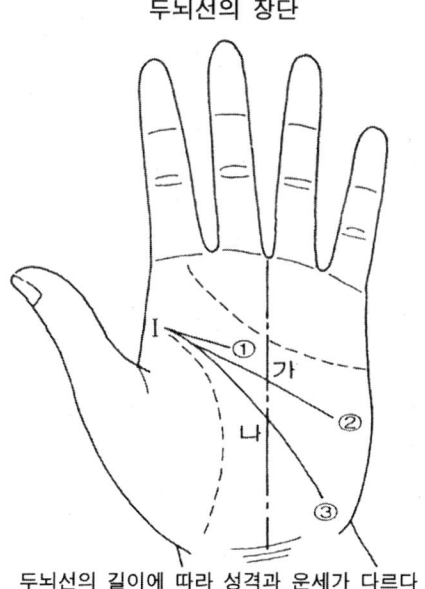

두뇌선의 장단

두뇌선의 길이에 따라 성격과 운세가 다르다

그림에서 Ⅰ가 Ⅰ나의 길이가 표준이다.

대부분 Ⅰ①처럼 짧지 않고 Ⅰ②처럼 손의 바깥까지 쭉 뻗은 것과 Ⅰ③처럼 볼록구의 밑부분까지 아래로 길게 내리뻗는 것을 볼 수 있다.

1. 긴 두뇌선 Ⅰ② Ⅰ③

생각하는 것이 치밀하고 사물을 보는 눈이 조직적이며 계통적이다. 생각이 깊고 Ⅰ③과 같이 아래로 길게 뻗은 두뇌선의 소유자는 무슨 일을 결정할 때 신중하게 여러 번 결과를 검토하는 타입이다. 그래서 때론 우유부단한 점도 있다. Ⅰ②의 긴 두뇌선 즉 손바닥을 가로질러 뻗은 사람은 발군의 실행력을 갖고 있으며 수단 방법도 호쾌하다.

회사의 경우 사장은 Ⅰ③, 부사장 Ⅰ②의 수상을 가졌다면 이상적인 두뇌 집단의 모임이라고 할 수 있다.

2. 짧은 두뇌선 Ⅰ①

직관력이 뛰어나고 사건에 대처하는 순발력이 있으며 기억력이 훌륭하고 조숙하다.

초등학교 때부터 일찍 두각을 나타내는 사람이 많다. 그러나 '10대 신동, 20대 재인(才人), 30대 보통인'이라는 말을 세길 필요가 있다. 영재가 꼭 전재가 된다는 보장은 없는 것이니까.

3. 두뇌선과 성격·연애·섹스

(1) 표준형(A형)

생명선의 시작과 두뇌선의 시작이 함께 붙어 있는 형으로 손

〈두뇌선의 종류〉

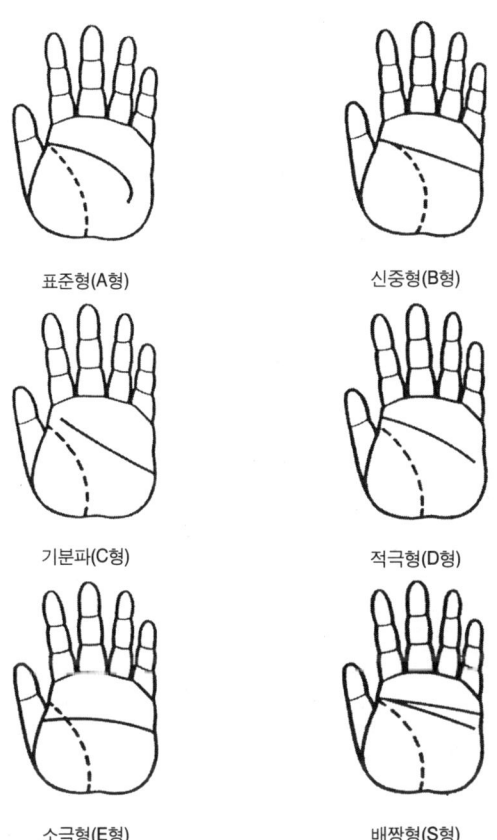

표준형(A형) 신중형(B형)

기분파(C형) 적극형(D형)

소극형(E형) 배짱형(S형)

금 중 가장 많고 사고나 행동이 중용을 취하는 상식적인 사람이다.(B형과 D형의 중간형)

① 성격

멋보다는 정직하고 이지적인 사랑을 추구 : 규율과 질서를 존중하며 모험을 좋아하지 않고 사고나 행동은 중용을 취하며 평범하고 상식적인 사람이다.

객관적인 판단력이 부족하며 사물을 보는 눈이 감정적으로 치우치는 경향이 있다. 대인 관계는 원만한 편이고 성격도 명랑하지만 의지가 약하다. 상식이 발달해 행복하고 성실하게 생활하므로 주위 사람과도 친밀하게 지낸다.

성격선이 둘째손가락과 셋째손가락 중간쯤에서 끝나는 B형의 사람에게는 이런 특징이 더 심하다. 두뇌선이 짧고 곧게 옆으로 뻗은 사람은 무슨 일에나 적극적이고 기분파이다.

흔한 형인만큼 성공 인물도 많다. 아이젠하워, 나카소네 수상, 퀴리 부인, 찰리 채플린, 린드버그 등이 A형이다.

② 연애

성실하고 쾌활하며 찬찬하고 이지적인 면이 있다. 연애도 결혼을 전제로 하는 것을 좋아하며 사랑하는 사람을 끝까지 애정으로 지켜주고 보호하며 항상 믿음직스럽게 연인을 다룬다. 애인은 함께 있으면 포근하고 편안하며 행복하다는 느낌을 갖게 된다.

이런 형에 직업선이 뚜렷하면 연인을 위해 열심히 일할 뿐 아니라 가정의 안정과 행복을 위해 성실히 살아가는 타입이다. 침착하고 침묵할 줄 아는 성격이라 연인과 조용한 분위기의 로맨스를 즐긴다. 그러나 상대의 감정을 읽어가면서 다이나믹한 육체적 사랑으로 끈끈하게 이끌어 가기도 한다.

여성의 경우는 젊음을 유지하며 아름다움과 재치로 가정을 이끌어가는 현모양처형이다. 때로는 엄격한 면이 있어 혼자만의 고뇌에 빠지기 쉬운 상이다.

③ SEX
돌발적이기보다는 서서히 달구어지는 사랑

충동적이기보다는 서서히 사랑의 밀실을 뜨겁게 하는 사람으로 감도 높은 부부 생활을 한다. 그러나 단조로운 성생활에 때론 변화가 필요하고 기교도 바람직하다.

남자는 젊었을 때 수줍음을 타서 기교가 약간 부족하여 조루증의 경향이 있다. 마음으로는 진한 사랑을 바라나 실천력이 부족해 성을 터부시하는 경향이 있다.

여자는 남편이 소극적일 경우 때로는 성의 활력소를 위해 전희에서부터 주도권을 장악하고, 클라이맥스에 이르게 하는 등 성의 밀실을 뜨겁게 할 필요가 있다.

(2) 신중형(B형)

생명선과 두뇌선이 중간 지점까지 함께 붙어나오다가 갈라진 형태로 A형 다음으로 흔하다. 이런 타입은 신중한 성격의 소유자이다.

① 성격
과묵하고 신중한 외유내강형

신경질적이며 내성적이고 사물의 판단은 이성적이나 신중하다. 즉 그 성격을 파악하기 어려운 타입이다.

일반적으로 관찰력이 뛰어나고 상상력이 풍부하여 예술을 사랑하는 사람이 많다. 그 중에서도 두뇌선이 직선적이며 짧은 A형, 길게 밑으로 처진 C형의 사람은 대체로 지능이 높다. 두뇌선과 성격선이 중간 크기인 BB형은 얌전하긴 하나 남과 좀처럼 어울리지 못하는 사람이다.

두뇌선이 중간 정도이고 성격선이 짧은 BA형은 적잖게 일
시적 감정에 지배되기 쉽고 남의 말에 신경을 많이 쓴다. 두뇌
선이 중간이면서 성격선이 긴 BC형은 냉정하고 객관적으로 사
물을 판단하는 사람으로 자기 감정을 표정에 나타내는 일이 드
문 과묵형이다.

두뇌선이 긴 사람은 결단이 늦고 자신감이 부족하다. 대기
만성형의 손금이다.

② 연애

내성적이고 신중한 성격이므로 남성의 경우 상대 여성을 적
극형(D형)이나 배짱형(S형)으로 맞이하면 서로 보완적인 기
능을 이루어 좋은 배우자(Better-half) 관계를 이룰 수 있다.

말없이 과묵한 성격이라 여성의 매력을 끄나 너무 경계심이
있어 속으로는 원하면서도 밀도 있게 사랑을 이루지 못한다.

여성의 경우 얌전하고 관대하나, 마음속으로 바라는 것이 많
고 꿈도 커서 상상의 시간이 많다. 조용하다가도 너무 노골적
으로 변하기도 하고 환경에 따라서는 요조숙녀가 되기도 한다.
생각과 행동이 너무 느린 것이 흠이다.

③ SEX

사랑도 따져보고 음미하며 지구전을 펼친다. 사랑이 시작되
기도 전에 이것저것 재보며 환상적으로 생각하기도 한다.

내게 맞는 상대일까? 둘이 행복할까? 재력은? 문벌은? 성적
인 매력은? 질문 질문 또 검토한다.

막상 사랑이 달아오르고, 성적 흥분 상태가 되었을 때는 언

제 그랬는가 싶게 곧 환상에 빠져든다. 그러나 사랑의 행위가 끝나면 금방 현실로 돌아온다.

남자의 경우, 내성적이어서 짜릿한 맛은 적고 이성의 육체를 더듬길 좋아하며 혼자서 여자의 알몸을 상상하고 은밀히 신비를 캐려고 한다.

상대를 리드하는 힘이 약해 젊어서는 고전한다.

보양 보신에 힘쓰고 특수 비법을 실천하려 한다.

성기는 약간 작은 듯하나 성감이 예민하고 일단 흥분되면 사나운 흑곰같이 마구 질주한다. 기교가 필요하며, 특히 성기가 거대한 사람은 다른 면(돈, 명예)에서 부족을 느낀다. 잦은 성교 회수보다는 전희, 후회 등 진한 사랑으로 상대를 만족시키도록 한다.

여자의 경우 겉보기에 얌전한 듯하나 사실은 그렇지 않다. 말이 적으나 재주가 많고 성감도 풍성해서 서서히 달아오르나 일단 불이 붙으면 남성을 매혹시킨다.

오르가즘을 느끼면 쉬 잠에 떨어져 곧 얌전해지며 핑크빛 사랑을 꿈꾼다.

(3) 기분파형(C형)

생명선의 시작과 두뇌선의 시작이 많이 떨어져 있는 흔치 않은 형으로 이런 사람은 기분에 따라 멋대로 행동하는 기분파이다.

① 성격
자기 독단에 빠지기 쉽고 사랑도 허영과 함께 : 두뇌선이 특이하게 생명선의 시작보다 늦게 출발하는 형으로 성격도 특

이해 남의 말을 잘 듣지 않고 자기 멋대로 행동하는 경향이 있
고 기분에 마구 흔들린다.

도박이나 투기, 노름을 좋아하고 허영심이 많다.

성격선이 짧은 A형의 사람은 감정 노출이 심해 남과 다투는
일이 많다.

성격선이 길어 검지 밑에까지 올라간 사람은 비교적 냉정하
고 감정 조절이 잘 이루어져 말썽도 적다. 항상 남의 충고에
귀를 기울이고 감정을 억제하는 타입이다.

이 형의 사람은 특수 분야에서 대성하는 경우가 있다. 물리
학자 아인슈타인, 김수환 추기경 등이 이런 형이다.

② 연애

특이하고 괴팍한 성격 탓에 사랑도 멋이라고 생각하나 더러
는 사랑에 초연하여 특수한 분야나 연구에 정진하는 사람도 있
다. 그러나 대체적으로 여자를 밝히는 남성이 많다.

연애는 기분에 많이 좌우돼 변덕스런 경향이 있고 자칫하면
헤프다는 말을 듣기 쉽다. 만인을 다 사랑할 수야 없지 않은
가?

여성의 경우는 사치나 허영을 자극하면 쉽게 무너질 수 있
다. 그러나 또 쉽게 마음이 변해 다른 남자에게로 가버리기도
한다.

원래 사랑은 주고 받는 것이므로 신뢰감을 갖고 한 남자 한
여자에 안주하도록 힘써야 한다.

③ SEX

고삐 풀린 망아지처럼 제멋대로 돌아다니나 혼자 있을 땐 허

탈감에 빠져 사치 허영에 힘쓴다.

성의 무방비 지대. 쉽게 유혹하고 쉽게 유혹당하는 선남선녀들이 많다. 성스러운 Sex를 허영심이나 변덕을 충족시키는 수단으로 생각해선 안 된다.

(4) 적극형(D형)

두뇌선과 생명선이 떨어져서 출발한 형으로 적극적인 사람이다. 장남이나 장녀에게 흔하다

① 성격

대담하고 스포츠를 즐기는 형 : 두뇌선이 생명선과 2~3mm 정도 떨어져 있는 경우

대담하고 확신에 차 무슨 일에든 적극적이며 판단이 빠르고 정확하다.

일찍 출세하는 경향이 있고 스포츠를 즐긴다. (남극 탐험가 아문젠, 영국 수상 처칠, 발명가 에디슨, 여간첩 마타하리, 히틀러, 뭇솔리니, 미국 실업가 록펠러 1세, 스탈린, 엘리자베스 테일러, 연예인 박노식, 심철호, 한명숙, 문희, 작가 마크트웨인 등이 이 형이다.)

두뇌선과 생명선의 간격이 현저히 떨어진 경우는 생각보다 행동이 앞서며 주위의 의견은 안중에 없고 선악을 가리지 않고 용맹하게 전진하는 타입이다.

예술적 재능과 지배력을 타고나 성공인이 많다. 그러나 주의력이 산만해 가정과 사회 생활에 있어 결단성이 없고 경솔한 것이 단점이다. 자중함이 필요하다.

여성의 경우 한 손만이 두뇌선이 떨어져 있는 경우 이혼률이

높다. 특히 오른쪽 손이 떨어져 있으면 후천적인 요인으로 운명이 변화하여 사회 활동을 한다든지 이혼하는 경우가 많다.

양손 모두 두뇌선이 떨어진 경우 여성의 역량과 지혜에 의하여 그 가정이 경제적으로 안정되고 유복한 생활을 함을 나타낸다. 그야말로 여성이 남성과 동등하게 안정된 가정을 완성해 간다.

② 연애

정열적인 사랑을 하는 사람 : 본인이 좋아하는 상대가 나타나면 물불을 가리지 않으며 열애에 빠지나 차지하면 금방 시들해지는 경우도 있다.

여성은 남성적인 면이 많아 부부간의 화합에 신경을 써야 하며 항상 남편을 부드럽게 대하고 사랑을 베풀어야 행복한 생활을 할 수 있다.

③ SEX

성격처럼 사랑도 대담하게 리드하는 형이나 생각하고 판단하고 할 여유가 없다. 전희 후희 따지지 않고 맹수처럼 달려들어 날뛰나 사랑의 불이 꺼지면 재가 되어 나가떨어지는 타입이다.

새로움을 추구하는 성향이 강해 욕구를 만족시키고 나면 또 다른 상대를 찾기도 한다.

남자의 경우 체격도 좋고 성감이 풍부해 테크닉을 기르면 더 할 나위 없이 좋다.

너무 SEX에 탐닉하는 것보다 적당히 즐기고 돈 벌고 출세도 하며 사랑도 지키고 큰 일, 작은 일 나라 일도 해야 한다.

여성의 경우 상대 남성이 소극적일 경우 자신이 직접 리드하는 적극형이다.

다양한 성의 유희를 즐기며 검고 윤기있는 피부와 고운 살결은 성적 자극을 더한다.

너무 심한 노출을 삼가고 수줍어하는 멋도 부려야 상대가 싫증을 느끼지 않는다.

(5) 소극형(E형)

두뇌선이 생명선을 가로질러 엄지손가락 밑에까지 뻗은 초신중형으로 소극적인 성격의 소유자이다.

① 성격

우유부단한 돈키호테 : 이런 타입은 마음이 좁은 사람으로 무슨 일에든 소극적이고 남의 말에 잘 좌우된다.

경계심이 많고 극단적인 신경과민형이며 성질이 급하면서 겁이 많은 편이다. 그리고 가정에 있어서는 문제가 되는 사람이다. 실패했을 때 무익한 뉘우침과 후회로 시간을 많이 낭비한다. 강한 마음과 담력을 길러야 사회에서 인정받고 남과 조화를 이루며 잘살 수 있다.

② 연애

남과 어울리기 힘들어 이성 친구가 드물고 친해지는 듯하다가도 곧 멀어지는 경향이 있다.

남성은 성급히 여성을 난폭하게 다루다 후회하게 되며 여성의 말에 너무 쉽게 이끌려 다녀 다소 손해를 보는 형이다.

가정 문제, 이성 문제 등 사소한 문제가 많다.

여성은 좀처럼 가까이 하기 힘들며 결벽증 비슷한 남성 혐오
감을 지니고 있다. 특히 성을 깊은 마음속에선 그리워하면서도
겉으론 꺼리는 듯하여 쉽게 관계가 이루어지기 힘드나, 일단
사랑의 불이 붙으면 활활 타오른다.

③ SEX
과민한 신경으로 사랑의 밀실도 두드리고 걷는 형
성에도 소극적이어서 불을 붙이기 힘들고 한참 달구어야 한
다.
남자는 급히 욕심을 채우려는 이기적인 사람. 사랑은 상대도
만족시켜야 하는 것임을 되새겨야 한다.

(6) 배짱형(S형)

두뇌선, 생명선, 성격선이 모두 한 곳에서 붙어 나오다가 갈
라진 소위 막쥔손금으로 뱃심이 두둑한 사람이다

① **성격**
두뇌선이 손바닥을 가로질러 성격선과 일치하는 선으로 속
칭 막쥔손이라고 하며 서양인보다는 동양인에게서 많이 볼 수
있다. 좋은 의미의 대변화형이고, 보통사람 열 사람 중 한 명
꼴로 있으며 여성보다 남성쪽에 많다.
이런 손금을 가진 사람의 특징은 격렬한 성질, 자제심의 결
여, 사회에의 부적합 등이라고 말한 이도 있듯이 상식을 초월
한 엉뚱한 행동을 하는 등 감정이 불규칙하나 유전적으로 천재
나 우수한 지능의 소유자가 있다. 경제 관념이 강하고 목표에
전력 투구하는 집착형이며 배짱이 좋아 큰일을 해치우나 실패

도 많이 한다. 이따금 크게 성공하는 예도 있다.

손재주 있는 사람, 기계 다루는 사람, 운전사에 많고 유명인으로는 레이건 대통령, 사토 수상, 김준성 부총리, 씨름선수 이만기, 연예인 황해, 장미희, 마르코스, 이멜다 등이 있다.

② 연애

밀도 있고 다듬어진 연애보다는 힘으로 밀어붙이는 황소형, 잔꾀가 적고 저돌적으로 달려들어 상대를 물고 늘어지는 형이다.

세련되고 다듬어진 기교와 애정이 가정의 행복을 유지하고 성공의 발판이 되어 준다.

여성의 경우는 사회적으로나 경제적으로 자립해 적극적인 사회 활동을 하는 여성이 많다.

③ SEX

정신과 육체가 모두 강건해 인생도 열심히 살고 sex도 즐기는 형이다. 남자나 여자나 애인을 많이 거느리는 복도 있으나 경제 관념이 강해 노랭이 구두쇠가 많다.

여성의 경우 sex를 성스러운 것이라고 생각하기보다는 즐기는 것이라고 생각하며 처녀성이나 정조를 그렇게 중히 여기지 않는 자기 만족적인 경향이 있다.

성 충동이 일어나면 남성을 리드하며 성을 때로는 상품으로 여기며 동성연애자도 있다.

4. 매력의 막쥔손

수상학(파아미스트리)은 장문학(掌紋學 : 키로만시)과 수형학(手型學 : 키로그노미)으로 나뉘는데 여기서는 주로 수상으로 건강 상태나 운명 관계 등을 알아내는 강문에 대하여 설명하고 부분적으로 수형을 첨가하고자 한다.

막쥔손금은 바닥과 최상이 있을 수 있는 손금이다. 그런데 동물 중에서 장문 즉 손금이나 지문이 나와 있는 것은 사람과 원숭이뿐이다.

그 이외 다른 젖먹이동물에겐 손금이 없다. 개나 고양이에게는 손이 없고 발만 있으나 발바닥이 미끈할 뿐 선이 없다.

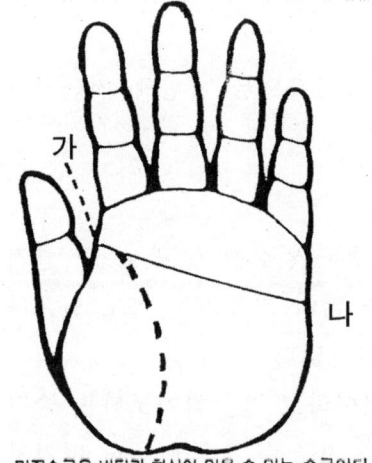

원숭이도 손에 선이 있긴 있으나 사람처럼 다양하지 못하고 단순한 일자형(一字形)일 뿐이다. 마치 야구 글러브를 쥐었다 폈다 할 때 개폐 운동으로 가죽 겉에 만들어진 단순한 일자형 자국과 비슷한 것이다.

사람에게도 이와 유사한 손금으로 막쥔 손금이 있다.

막쥔손금은 바닥과 최상이 있을 수 있는 손금이다

일명 원숭이선이라고도 불리는데 손바닥이 생명선, 두뇌선, 성격선의 3대선으로 나뉘어 있지 않고 그림처럼 손바닥을 한일자로 양분하는 그런 형태다. 즉 생명선과 다른 한 선(두뇌선, 성격선이 합해짐)만 있어 특이한 모양을 하고 있다.

이것이 바로 백악(百握) 즉 100가지를 손에 쥘 수 있다는 막쥔손금이다.

이 선은 모태 내에서 태아에게 주는 외부의 영향에 의하여 비정상으로 생성된 것이며 하나의 기형적인 형태라고 보는 학자들이 많다. 서양인보다는 동양인에 많으며 여성보다는 남성 쪽에서 더 많이 볼 수 있다.

이 손금의 소유자는 집착력이 강하고 격렬한 성격이며 반항심도 있으나 불가사의한 매력도 갖고 있다.

경제 감각이 월등한 반면 인색한 점이 있고 나이 들면 변비의 경향도 있다.

항간에는 막쥔손금이 최상이라는 설이 있으나 이것은 잘못된 표현이다. 다른 선과의 조화가 이루어져야 대성할 수 있다. 그래서 이 선을 가진 사람 중엔 막노동자도 있고 불세출의 영웅도 많다. 운명에서 바닥과 최상이 있을 수 있는, 즉 극과 극을 이루는 특이한 손금이다.

이 선의 주인공 가운데는 한때 일본 천하를 호령했던 도쿠가와 이에야스, 미국의 전대통령 로널드 레이건, 필리핀의 마르코스 전대통령과 그 부인 이멜다 여사, 우리 나라에선 선부총리 김준성 씨, JP, 정주영 현대 명예 회장, 천하 장사 이만기, 여배우 장미희 씨 등이 있다. 그들이 항상 매력과 인기를 얻고 있는 것은 모두 이 신비한 막쥔손금 때문이 아닐까?

제 4 장

성격선과 사랑

1. 당신의 애정운은?

지금으로부터 약 20년 전 독일의 뮌스터 대학 마루빈 슈페파크 교수는 IBM7094컴퓨터로 〈셰익스피어 작품의 완전조직화용어 색인〉 6권을 완성했다.

이 책에 따르면 셰익스피어 작품 중에서 매우 빈번히 쓰인 단어는 일부 상용어를 제외하고는 'love'가 2천2백71회로 가장 많았으며 다음은 'time' 'heart' 'death' 'man' 'life' 'hand' 등의 순이었다고 한다.

인생은 어자피 너와 나의 만남이다. 보람있는 만

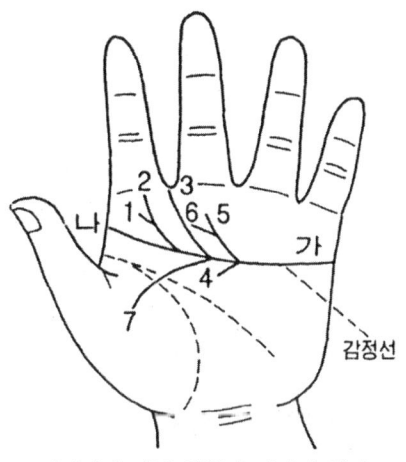

성격선에 애정 생활이 나타나 있다

남은 행복한 장래를 약속하지만 그렇지 못하면 불행한 인생을 살게 된다. 따라서 이제 수상을 보고 연애와 결혼운을 예견하는 방법을 알아보자.

먼저 성격선으로 본 애정운은 어떤가 살펴보자. 성격선은 그 사람의 성격과 특유의 애정운이 나타나 있다.

일반적으로 성격선이 위로 길게 뻗어 있으면 정열적이고 질투심도 강하다.

반대로 성격선이 짧고 아래로 향해 있다면 비판적인 성격의 소유자다.

또 성격선이 가지런히 정돈된 사람보다 흩어져 있는 사람이 연애에는 맹목적이 되기 쉽다. 이밖에도 성격선이 두뇌선보다도 뚜렷하게 나타나 있는 사람은 비교적 낙천적이기 때문에 연애를 했다 하면 상대편에게 흠뻑 빠지기 쉽다.

그림에서 보면 성격선이 가~1과 같이 뻗어 있는 경우는 일생의 파트너로서 신뢰할 수 있는 수상이며 가~2, 가~3과 같은 성격선은 가~1보다도 더 헌신적인 사랑을 쏟는 사람이다. 그러나 가~4, 5, 6과 같이 짧은 감정선을 가진 파트너는 경계해야 한다.

이런 성격선의 소유자는 인정이 없고 냉정하며 정에 움직이는 경우가 적다. 자기 본위적인 사람이다.

의지가 강하고 감정에 치우치지 않으며 일시적인 감정이나 눈물 따위도 찾아볼 수 없다.

2. 애정의 척도

성격선(Heart Line)이란 두뇌선 위에 있는, 새끼손가락 아래에서 옆으로 뻗어간 굵은 선을 말한다.

일명 감정선, 애정선이라고도 하는데 인간의 성정과 가정운, 결혼운, 이성 관계, 애정, Sex, 우정, 연애, 모성애, 부부애 등 인간의 모든 정을 나타낸다.

위로 향한 선을 가진 사람은 정열가이고 아래로 향한 선은 비판가 또는 염세가이다. 짧은 사람은 애정이 담백하고 긴 경우 애정 뿐 아니라 질투심도 강하다. 이상적인 성격선은 길지도 짧지도 않은, 중지 밑보다 약간 위까지 뻗어가는 A형이다.

성격선 분류

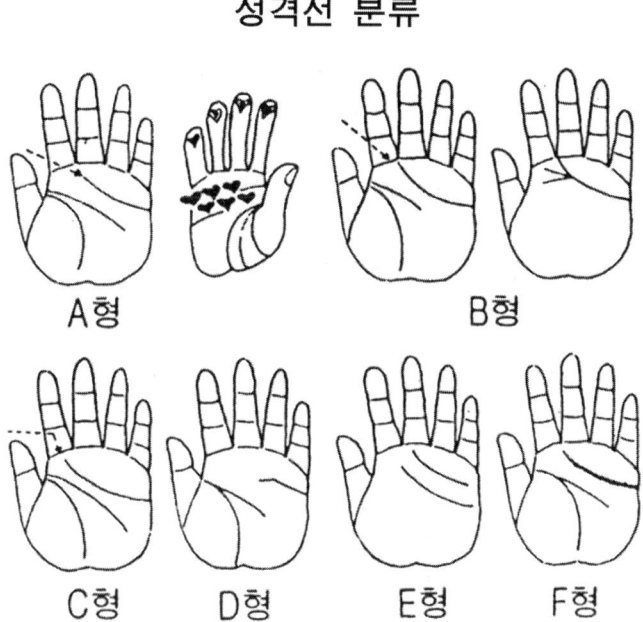

A형   B형

C형   D형   E형   F형

① **A형**은 자기 본위의 냉혹한 사람으로 애정에 있어서도 관능적이다. 손바닥이 부드러우면 이런 경향이 강하다.

② **B형**은 성격선이 검지와 중지 사이에서 끝나며 길이가 약간 길고 흔히 볼 수 있다.

애정이 아름답고 두터운 성격이며 친구를 위해 헌신적인 정을 쏟는다. 지기 싫어하는 성격으로 조상을 받들며 보수적인 면이 강하다. 성격선의 끝이 포크 모양으로 세 갈래 네 갈래로 갈라져 있든지 분기 지선이 많을수록 다면적 다각적 성격을 지니고 있음을 나타낸다. 그래서 때론 무엇을 생각하고 있는 사람인지 모를 때도 있다. 성격면에서 유아독존적인 데도 있다. 성격선이 B형이고 두뇌선이 좋으면 부부금실도 좋다. 그러나 두뇌선이 빈약하든지 엷으면 환상적인 이성과의 사랑을 꿈꾼다.

③ C형은 성격선이 권력구 중심부를 향해 둘째손가락까지 올라간 형태이다. 이런 형은 마음이 깊고 애정이 풍부하여 애인으로서 매력이 있다. 신뢰할 수 있는 믿음직한 사람이다. 맹목적인 사랑을 하지 않으며 상대를 실망시킬 일을 삼가며 가정 생활에 있어서도 성실하고 안정감이 있다. 가정의 안정이 바탕이 되어 다른 직업선과 성공선이 조화될 경우 출세 가도를 달리게 된다. 유명인으로는 영국수상 글래드스턴, 배우 사라베루나루, 시성 타고르, 작가 마크트웨인, 화가 허백련 씨 등이 C형이다.

④ D형 : 성격선이 아주 짧은 형태이다. 냉정하며 정에 움직이는 경우가 적다. 자기 본위적인 사람이다.

성격선이 가늘고 희미하다든지 일직선으로 짧게 나타난 상은 감정이나 동정심이 전혀 없고 무자비한 상이다.

어떤 면에서 고독한 형이며 감정의 변화가 적은 사람이라고 하겠다.

사랑에 있어서는 애정을 앞세우기보다 성적 욕구부터 충족시키는 형이라고 보아야 한다.

그리고 미신에 사로잡혀 상식을 벗어난 행동을 하는 수가 많다. 즉 종교에 몰입돼 미친 듯이 사는 사람도 그 예이다. 구두쇠 고리대금업자, 또는 광신자, 강간범이 이 형에 많다.

⑤ E형 : 성격선이 나란히 두 줄로 나 있는 이중성격선이다. 두 개 평행으로 있는 사람은 성격이 명랑 활달하고 의지가 굳어 낙심하지 않고 역경을 극복하는 예가 많다.

이중성격선을 가진 사람은 천에 한 명 골인데 특징적인 것은 농도 짙은 애정을 쏟는다. 식성이 좋고 초인적이라 할 만큼 건강한 육체를 갖고 있다.

성 본능이 강해 운명상 배우자가 자주 바뀌는 경향이 있다. 결혼을 두 번 하는 경우가 많다.

⑥ F형 : 고리 또는 쇠사슬 모양의 성격선이다. 다른 사람의 감정을 잘 간파하며 감정이 풍부하고 매우 사교적이다. 생명선과 두뇌선이 바늘같이 깊고 곧고 길게 새겨진 형이 가장 좋다.

성격선이 폭이 넓고 고리 모양인 사람은 희로애락의 감정이 솔직하며 인간성이 풍부하다.

관능적인 감각이 예민해 두뇌선이 우수하면 문학 예술 방면에서 대성한다.

3. 정력 표시

삶의 활력은 정력에서 나온다. 건강한 사람은 정력도 좋고 스태미나가 있어 목표하는 일에 열중하면 성공하는 예가 많다.

그러면 정력 감퇴는 손에 어떻게 나타나는지 살펴보자.

그림과 같이 엄지손가락을 감싸고 도는 생명선의 안쪽은 엄지구인데 삶의 에너지인 정력이 생산되는 곳이며 '사랑의 언덕' '비너스의 언덕'이라고도 불리고 있다. 이곳은 사람의 따뜻한 자애와 성애(性愛)를 나타내며 이 언덕이 풍만하게 불룩 솟아 있는 사람은 섹스도 강하다. 반대로 이 엄지구가 작고 빈약하면 정력 감퇴를 의미한다. 나아가 이 감퇴가 심해지면 임포텐스가 된다.

그리고 또한 새끼손가락(생식기와 폐 관련)밑의 상업구도 어

두워 점이나 복잡하고 어
두운 무늬가 나타나며 손
금도 직업선 쪽에서 영향
선이나 자르는 장애선이
보이기 시작하며 변화한다.

정력 감퇴가 되면 결혼
선에도 나타난다.

결혼선이 흐트러지지 않
고 곧은 상태이면 가정생
활이 원만하고 행복하며
결혼선이 흐트러지거나 별
무늬가 끝에 걸리면 이혼
이나 사별 등의 불행이 닥
치는 것을 예고한다.

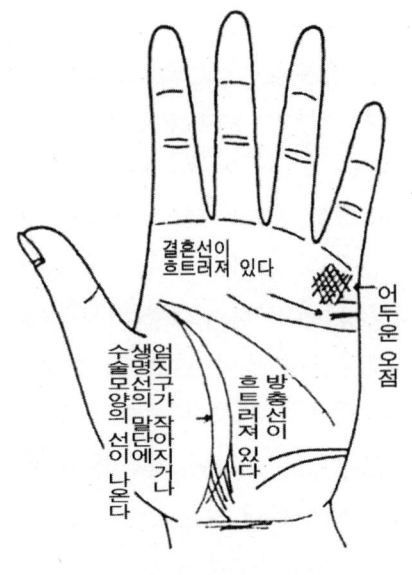

정력 감퇴의 손금

결혼선이 꼬아진 고리 모양이거나 결혼선 밑으로 아래를 향
한 지선이 여러 개 돋아난 것은 체력을 벗어난 지나친 성적인
낭비 때문에 정력이 감퇴된 것을 의미하며 그림과 같이 손바닥
밑쪽에 방종선이 깊이 새겨져 있거나 생명선의 말단에 수술 모
양의 선이 나오는 것도 정력 감퇴의 징조이다. 이런 사람은 근
본적인 체력의 회복과 증강에 노력할 필요가 있다.

제 5 장

직업선(운명선)과 운명의 변화

1. 직업선

운명의 굴곡은 직업선에 있다. 프랑스의 영웅 드골 대통령은 직업선이 희미해지고 약간 끊겨 있을 때〈그림①〉제2차 세계 대전에서 패했고 영국으로 피신하여 십 년 넘게 망명 생활을 보냈다. 그러나 그후 직업선이 제대로 뻗어갈 때 수상이 되고 다시 대통령으로 당선돼 조국 프랑스의 영광을 되찾았다.

유명 정치인 모씨도 50대 중반 직업선이 끊기고 힘을 잃자〈그림②〉유랑의 길에 올라 오랫동안 소외된 생활을 했나. 그후 직업선이 좋아지고 힘차게 상승할 때 다시 정계에 복귀, 오늘에 이르고 있다.

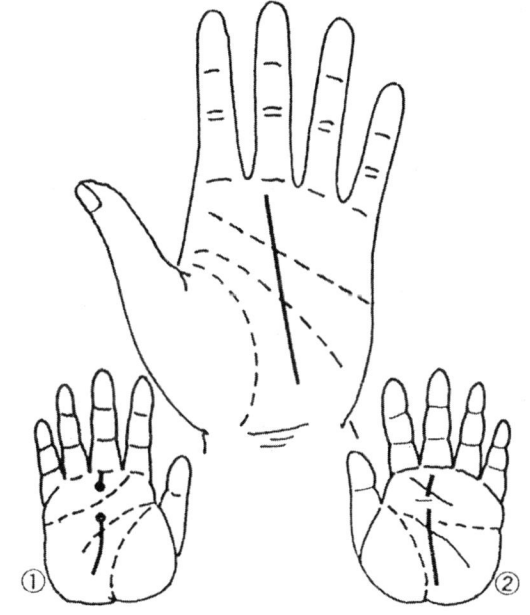

미곡상을 하는 필자의 고향 친구인 최모 사장도 30대 중반 직업선이 끊겼을 때 직업을 잃고 고향을 등졌다. 그러나 끊긴 선이 회복되어 좋은 선이 나타나자 다시 사업을 일으켜 지금은 성공하여 잘 살고 있다.

이렇게 직업선은 운명의 흥망성쇠와 삶의 기복을 나타낸다.

그림과 같이 직업선은 손목 쪽에서부터 가운뎃손가락을 향해 올라가는 세로선을 말한다. 주로 성인에게서 볼 수 있으며 정신적으로 신념, 관념, 관찰력, 인내력, 계획성, 투지, 지구력 등을 반영한다. 또 감정적으로는 부부간의 애정 관계, 자손 관계를 나타내며 사회적으로는 사업의 성패, 인사 이동 및 사회적 지위를 보여 준다. 한 사람의 입신양명은 이 직업선의 발달 여하에 따라 달라지는 것이다. 직업선 중 제일 좋은 상(相)은 굵고 똑바르며 힘있게 손목 위에서 중지 밑까지 뻗어 있고 중간에 가로금이나 끊긴 데가 없어야 한다. 또 3대선인 생명선, 두뇌선, 성격선이 좋은 상태여야 최길상이다.

좋은 직업선이라도 생명선이 흉상이면 발전력 있는 운명도 체력과 병 때문에 충분히 살릴 수 없다. 두뇌선이 흉상이면 좋은 운명을 갖고도 그것을 충분히 살려가는 지적 능력이 모자람을 나타낸다. 말하자면 운명이란 그 사람의 체력과 지혜에 따라 크게 좌우된다. 반대로 직업선이 없는 사람(일명 맨발의 청춘)으로 3대선(생명선, 두뇌선, 성격선)이 명확하고 좋은 상을 하고 있으면 화려하지는 않지만 점진적인 발전력이 있는 사람이라고 말할 수 있다.

직업선이 있는 사람은 없는 사람보다 적극적이며 신경이 잘 조화돼 있다. 또 사물의 핵심을 잘 파악하며 통찰력이 뛰어나 매사에 뒤떨어지는 경우가 없다. 넷째손가락을 향한 선은 성공선(일명 태양선)인데(다음에 설명) 직업선과는 다르다. 직업선이 나무라면 성공선은 그 열매라고 할 수 있다.

직업선에도 한 개 있거나 여러 개 있는 경우 또는 뻗어가는 방향에 따라 여러 가지 의미가 있다. 더 자세한 내용은 앞으로 설명하고자 한다.

2. 성공인의 직업선

유학의 시조로서 숭상받는 공자는 74세까지 살면서 일생 동안 수양한 자취를 다음과 같이 이야기했다.

'나는 15세에 학문을 뜻했다(志學).'
'30세에 자립했다(而立).'
'40세에 미혹하지 않았다(不惑).'
'50세에 천명을 알았다(知天命).'

여기서 50에는 주어진 길흉화복을 깨닫고 하늘이 부여해준 사명을 알게 되었다고 했다. 우리는 각자에게 주어진 운명이 있다. 이를 수상을 통해 알아보자.

직업신(운명신 : Fale Line)이란 손목 쪽에서부터 가운뎃손가락을 향하여 올라가는 세로금을 말한다.

주로 성인에게서 볼 수 있으며 인간 운명의 흥망과 성쇠를 나타내고 그 사람의 행운, 불운과 생활 환경의 변화를 보여준다.

그 모양이 그림과 같이 여러 갈래이다.

① 손목에서 출발한 직업선

마치 선을 그은 것같이 일직선으로 된 최상의 직업선이다. 자신의 노력과 근면에 의해 큰 성공을 거두며 그 이면에는 남다른 기획력과 진솔성 긴장감 등 빈틈없는 정신력이 버티고 있다. 이런 금의 소유자는 대실업가, 대정치가 관료로서 대성할 수 있으며 성공선이 있으면 더할 나위 없이 강한 운이 있다.

② 볼록구에서 출발한 직업선

여성적인 선이라고도 한다. 이성에게 인기가 높고 제삼자의 지원이 많은 행운의 직업선이다. 로맨틱한 사람으로서 타인으로부터 정신적 물질적 원조를 받게 되며 실력자에게 발탁되어 크게 성공한 사람이 많다. 특히 연예인, 외교관으로 성공한 예가 많다(마크 트웨인, 글래드스턴, 김세레나, 신동파).

이런 타입은 조합 운동원이나 노조 간부 등에서도 볼 수 있다.

③ 엄지구 옆에서 출발한 직업선

가족의 지원으로 성공하는 타입. 특히 방형(方形)의 손을 가

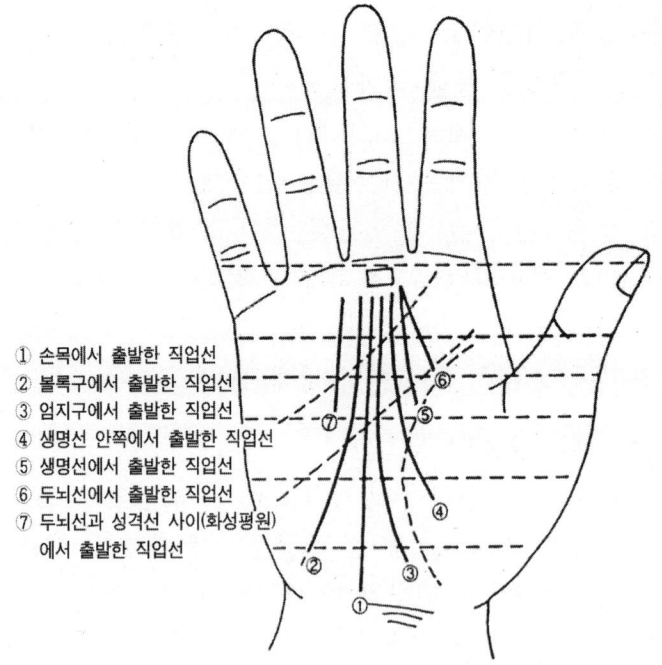

① 손목에서 출발한 직업선
② 볼록구에서 출발한 직업선
③ 엄지구에서 출발한 직업선
④ 생명선 안쪽에서 출발한 직업선
⑤ 생명선에서 출발한 직업선
⑥ 두뇌선에서 출발한 직업선
⑦ 두뇌선과 성격선 사이(화성평원)
　　에서 출발한 직업선

진 사람에게 이런 직업선이 있는 경우 가족의 경제적인 지원이
현저함을 나타낸다.

④ 생명선 안쪽에서 출발한 직업선

사업의 후계자로서 발전할 타입, 큰 책임을 맡아 몸과 마음
을 쏟아 힘써야 하는 것을 암시하고 있다. 부모가 권력의 자리
에 있거나 재산이 많아 유복한 생활을 할 수 있음을 나타낸다.

⑤ 생명선에서 출발한 직업선

이런 직업선의 소유자는 어떤 가혹한 운명의 시련 속에서도
인내와 노력으로 목표를 달성하는 훌륭한 상이다. 특히 직업선
의 출발점에 해당하는 생명선 연령에서 고생과 노력의 결정이
열매맺어 사업의 기초가 확립됨을 나타낸다. 공무원이나 회사
원인 경우 그 연령에 과장이나 부장으로 또는 중역으로 승진하
게 됨을 의미한다(에디슨, 록펠러 1세, 스탈린).

⑥ 두뇌선에서 출발한 직업선

직업선이 두뇌선에서 가운뎃손가락을 향해 출발하는 경우는
35세 이후부터 그때까지의 노력이 결실을 맺게 됨을 의미하며
운이 좋아지는 원인은 지적 직업에 종사하는 데 있음을 나타낸
다(찰리 채플린, 헨리포드).

⑦ 두뇌선과 성격선 사이에서 출발하는 타입

이런 상은 40세 이후부터 그때까지의 노력이 결실을 맺고 운
이 트이기 시작함을 의미하며 그 직업선에 장애가 없으면 그
이후 만년(晩年)까지 운세가 좋아 가정도 안정되며 행복한 삶
을 누릴 수 있음을 나타낸다. 물론 본인의 노력과 땀의 대가로
이루어지는 타입이다.

3. 직업선(운명선)의 변화

　대부분의 사람들은 사회나 직장에 대한 한 가지 이상 불만을 가지고 있다. 성의를 다해 일해도 인정을 받지 못하거나 실연을 당하거나 입시에 실패하는 등 여러 가지 쓰라린 경험을 하게 된다.
　수상은 이러한 모든 문제들에 관해 가장 명확한 해답을 주는 것으로서 진실로 '인생의 지표'가 된다.

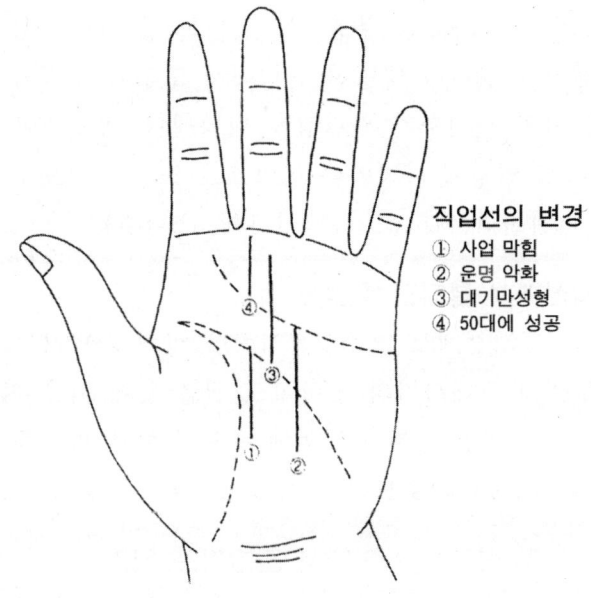

직업선의 변경
① 사업 막힘
② 운명 악화
③ 대기만성형
④ 50대에 성공

　직업선의 제일 좋은 상은 굵고 똑바르고 힘있게 손목 위에서 중지가 있는 직업구(가운뎃손가락 밑)까지 뻗어 있고 중간에 가로선이나 끊긴 데가 없어야 한다. 또한 생명선, 두뇌선, 성격선이 좋은 상태를 나타내고 후삼대선 중 성공선, 건강선이 좋은 상태라야 최상의 상이다. 이런 사람은 지정의(智情意)가 풍부하고 힘있는 발전력과 실행력에 의해 그 운명도 상승을 계속하며 명예와 부도 노력에 따라 함께 오는 것이다.

특히 직업선은 두뇌선, 생명선, 성격선과 함께 보아야 한다.

좋은 직업선이라도 생명선이 흉상이면 발전력 있는 운명도 체력과 병 때문에 충분히 살릴 수 없음을 말해 준다. 또 두뇌선이 흉상이면 좋은 운명을 갖고도 그것을 충분히 살려가는 지적 능력이 모자람을 나타낸다. 반대로 직업선이 없는 사람으로 주요 삼대선이 명확하고 좋은 상을 하고 있으면 화려하지는 않지만 점차적인 발전과 행운을 지닌 사람이라고 할 수 있다.

그런데 직업선에는 여러 가지 변화가 있다. ①과 같이 직업선이 두뇌선까지 가다가 끊어진 경우 본인이 판단을 잘못하여 이제까지의 지위를 잃게 되거나 사업이 막히고 축소됨을 말한다.

②는 직업선이 성격선까지만 도달하고 끊어진 경우로 애정문제 때문에 운명이 악화됨을 의미한다.

③과 같이 두뇌선에서 출발한 직업선은 지적 노력으로 성공함을 의미하고 그 시기는 대체적으로 35세 이후가 된다. 대기만성형이다. '로마는 하루 아침에 이루어지지 않았다'. 로마로 통하는 길은 35년이다.

④는 성격선에서 출발하는 직업선으로 56세 이후에 대성함을 의미하고 이것은 본인이 평상시에 베푼 인덕에 기인함을 말해준다.

4. 성공한 사람들의 직업선과 공통점

직업에 따라 손금의 모양이 다르게 나타나지만 어느 어느 형의 손금을 갖고 있다고 해서 그 사람이 반드시 그 직업으로 성공한다고는 단언할 수 없다. '성공한다'는 말 자체는 그 사람이 성공의 가치 기준을 어디에 더 두느냐에 따라서 크게 달라지기 때문이다.

인기나 명예로 말하자면 텔레비전 탤런트나 영화 배우들이 가장 성공했다고 보아지겠지만 그렇다고 해서 그들이 권력이나 금전면에서도 성공했다고는 말할 수 없다. 과히 유명한 편은 못 되더라도 큰 부자가 되어 성공했다고 생각하는 사람도 얼마든지 있다.

오늘날 흔히 말하는 '성공'의 가치 기준을 '명예, 돈, 권력'에 국한시켜 보면 반드시 공통점을 갖고 있다.

씨름 선수로 유명한 이만기와 국무총리 사이에는 별다른 공통점이 없지만 많은 사람들에게 그 이름이 알려져 있다는 점에선 비슷하다.

미국 대통령 레이건과 미모의 여배우 부룩쉴즈와의 사이에는 그들이 모두 미국인이라는 점 이외에는 공통점이 없지만 많은 사람들에게 인기를 얻고 있었다는 게 공통적이다.

이와 같이 사람마다 하고 있는 일들은 서로 다르지만 제각기 유명해졌다거나 성공했다고 하는 사람들 사이에는 공통점이 있음을 알 수 있다.

여러 분야에서 과거에 유명했거나 또는 현재 유명해진 사람들의 손금을 문헌이나 실물을 통해 본 것을 종합하여 유형별로 분류해 본 결과 재미있는 사실을 발견하게 되었다.

결론적으로 성공 인물과 유명 인사들의 손금을 분석해 보았을 때 성격선은 C형이 절반 이상을 차지하고 있으며 특히 스포츠, 예능, 실업계 인사들 가운데 C형의 사람이 많다.

그리고 생명선은 D형과 B형이 많다. 특히 정치가, 예능인, 실업가 가운데 이런 타입이 많다.

스포츠인, 실업가, 정치인의 두뇌선은 곧바로 짧게 끝난 A형이 가장 많다.

공직자와 금융 기관의 간부 직원, 교사들은 생명선이 두뇌선과 같은 점에서 출발한 A형, 생명선이 한동안 붙어 있다가 갈라진 B형이 가장 많았다.

5. 성공한 사람들의 실제 손금과 운명

직업은 본인의 재능과 적성에 따라 알맞게 선택해야 한다.

만약 음악에 재능이 있는 사람이 권력을 흠모하여 정치가나 사법 계통을 선택, 법조문을 들추거나 다른 사람을 설득하는 일에 종사한다면 금방 싫증을 느낄 것이다.

또 과학도가 손재주만 믿고 그림을 그리는 우를 범한다면 그 인생은 피곤하고 고달플 뿐이다.

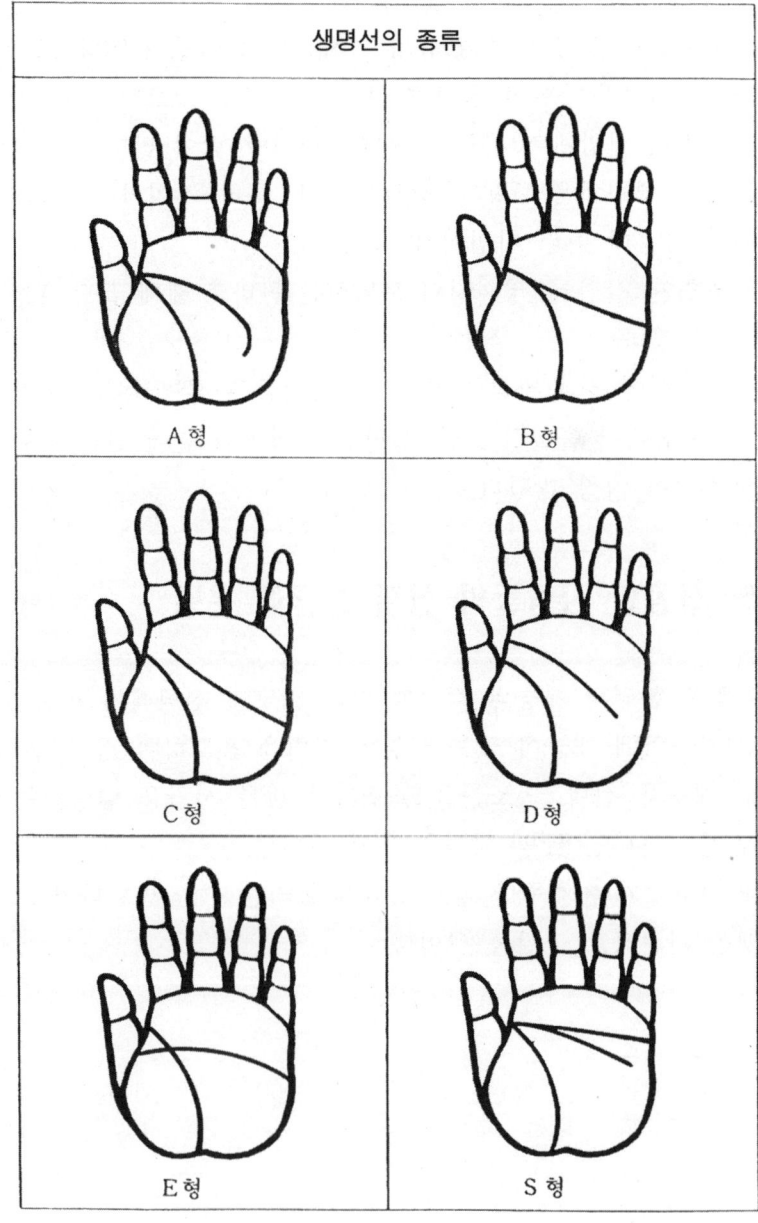

생명선의 종류

A형

B형

C형

D형

E형

S형

성격선의 종류

A형

B형

C형

우선 급하니까 아무 직장이건 자리를 잡는 것도 이해는 되지만 자기 적성에 맞지도 않는 직업에 뛰어들 경우는 장래 발전도 없을 뿐만 아니라 사회적으로도 아무런 도움이 되지 않는다.

이제 각계에서 성공한 인물들의 손금형을 확인하고 C 월프가 연구하고 있는 '손의 움직임'에서 그 성격을 판별하는 방법을 병용해 손금의 공통점을 알아보자.

6. 대권(대통령·수상)에 도전하려면

때가 되면 많은 사람들이 우후죽순처럼 대권에 도전하려 든다. 아무튼 인간의 운명에 우연이나 요행은 없으므로 세계 각국의 대권을 쥐었던 200여 명을 조사하여 터득한 운명상 대권 도전자의 필요 충분 조건을 살펴보자.

(1) 제1조건

손금의 주요 삼대선이 좋아야 하고 신체 건강하고 두뇌가 발달되어 판단력을 갖추고 있어야 한다. 대인 관계도 원만하게 풀 것이며 성격적 결함이 없어야 한다. 생명선이 정상이면 신체 강건, 심신이 온전한 상태이고 두뇌선이 뚜렷하고 잘 뻗어 있으면 판단력이 뛰어나고 정신적으로 건강한 상태임을 나타내는 것이다.

성격선이 정상이면 원만한 성격과 정감어린 마음씨를 가졌다고 보면 된다.

(2) 제2조건

① 일반형

신사형 ― 생명선이 A형인 사람(예 : 나카소네, 닉슨., 아이젠
　　　하워)

콧대형 ― 생명선이 B형인 사람(예 : 드골, 호메이니, 다나카)

② 특수형

보스형 ― 생명선이 D형인 사람(예 : 처칠, 루스벨트)

슈퍼맨형 ― 생명선이 S형인 사람(예 : 레이건, 박정희, 마르
　　　코스)

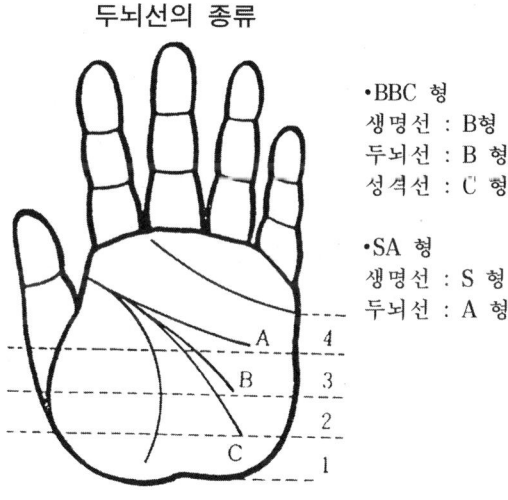

두뇌선의 종류

•BBC 형
생명선 : B형
두뇌선 : B 형
성격선 : C 형

•SA 형
생명선 : S 형
두뇌선 : A 형

(3) 제3조건

　제2조건 신사형(A형), 콧대형(B형), 보스형(D형), 슈퍼맨형
(S형) 중 어떤 형에 속하건 공통적으로 다음의 특징 중 한 가

지 이상을 갖고 있어야 한다.

① **필수적인 특징**

   ① 직업선이 중지를 향해 최소한 하나 이상 쭉 뻗어 올라가야 한다.

   ② 직업선이 출마 연령 지점에서 액운선이 없어야 한다.

<액운선의 종류>

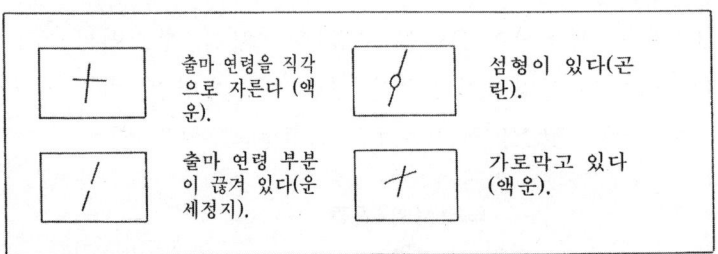

+	출마 연령을 직각으로 자른다 (액운).	∅	섬형이 있다(곤란).
/	출마 연령 부분이 끊겨 있다(운세정지).	+	가로막고 있다 (액운).

② **공통적인 특징(이중 하나 이상 갖추어야 함)**

   ① 솔로몬환이 한 개 이상 있다.(조직력, 설득력)

   ② 이중두뇌선이 있다.

   ③ 엄지손가락이 크고 장대하다.

   ④ 두뇌선이 권력구에서 출발한다.

   ⑤ 직업선이 하나 이상 있다.

   ⑥ 발전선이 하나 이상 있다.

   ⑦ 막쥔손금에 직업선이 있다.

   ⑧ 막쥔손금에 직업선이 볼록구 바깥쪽에서 뻗어 올라간다.

   ⑨ 두뇌선이 성공선을 겸하고 있다.

   ⑩ 두뇌선이 직선으로 쭉 뻗어 있다.

(4) 제4조건

① 특수한 경우를 제외하고 직업선 외에 성공선이 꼭 있어야 한다.

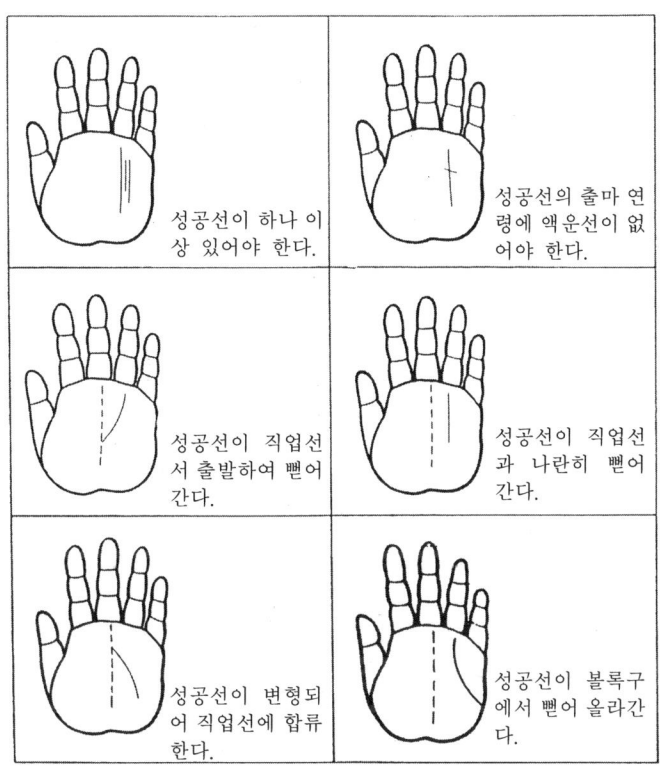

성공선이 하나 이상 있어야 한다.

성공선의 출마 연령에 액운선이 없어야 한다.

성공선이 직업선서 출발하여 뻗어 간다.

성공선이 직업선과 나란히 뻗어 간다.

성공선이 변형되어 직업선에 합류한다.

성공선이 볼록구에서 뻗어 올라간다.

② 권력구나 성공구에 별(*)이나 십자형(X)이 있다.

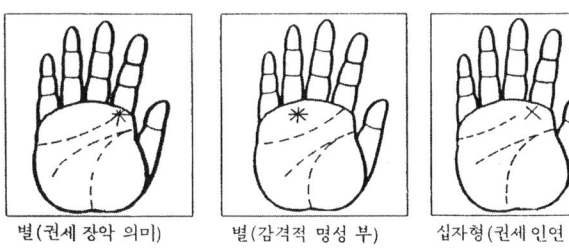

별(권세 장악 의미)   별(감격적 명성 부)   십자형(권세 인언 의미)

(5) 종합 결론

대권주자의 공통점과 손금 내용을 종합 요약함으로써 도전
자의 운명상 조건을 정리해 보면 다음과 같다.

① 엄지손가락이 보통보다 크고 장대하며 움직임이 활발하
   여 리더십을 나타낸다. (모택동, 레이건, 드골, 최규하, 아
   이젠하워, 후르시초프, 네루)

② 권력구(검지밑)에 X자형이나 별(*)이 있다. (* 뭇솔리
   니, 알렉산더대왕, 프랑스수상 구레만소, 멕시코 대통령
   카레스) (X 미대통령 후버, 미대통령 월슨).

③ 두뇌선이 권력구에서 출발하거나 직선적이고 명료하다.

④ 직업선과 성공선이 있고 볼록구(손바닥끝쪽)에서 올라온
   성공선이 또 하나 있다. (나카소네, 전두환)

⑤ 솔로몬환을 두 개 이상 갖고 있다. (나카소네, 이승만 대
   통령)

⑤ 막쥔손금에 직업선, 성공선이 있고 두뇌선이 둘이다. (레
   이건, 도쿠가와 이에야스, 박정희, 마르코스)

⑦ 직입선, 싱공선이 각기 둘 이상 있다. (글래드스턴, 나폴
   레옹)

7. 국회의원이 되려면

지구상에 살고 있는 50억 인구는 동서양의 남녀노소를 막론
하고 누구나 손에 생명선, 두뇌선, 성격선을 갖고 있으며 개개
인의 사고 방식 및 생활 환경과 직업에 따라 운명의 행운·불

운을 표시하는 직업선 및 성공선 기타 다른 선들이 사람마다
각양각색으로 나타난다. 그중 정치인 특히 국회의원에 당선될
가능성이 있는 사람의 능력과 운은 다음과 같이 손금에 잘 나
타나 있으며 수상으로 당락을 판별할 수가 있다.

(1) 제1조건, 제2조건, 제3조건

대권 도전자의 조건과 동일하다

(2) 기본 조건

① 손의 형태 — 정치가에게 알맞은 손의 형태는 실제적인
   손, 활동적인 손 등이다.
② 생명선은 길고 타원형이면 박력있는 실천가이고 생명선
   이 짧으면 낙선형이다.
③ 두뇌선은 굴곡이 없이 곧게 뻗어가면 좋고 두 개의 두뇌
   선을 갖고 있으면 더욱 좋다. 두뇌선이 위로 뻗으면 경
   제 감각이 발달했으며 두뇌선이 아래로 뻗었으면 유약
   하다.
④ 성격선이 짧으면 충동적, 냉혈형이고 중지까지 뻗어가면
   정감이 넘치고 인정미도 있으며 끝이 여러 갈래로 나뉘
   어져 있으면 성실하고 의리있는 사람이다.

제 6 장

성공선(태양선)과 돈·명예

1. 명예와 돈

　명예와 돈은 성공선에서 읽을 수 있다. (셋째손가락을 향한 직업선은 그 사람의 실력을 가리키고 넷째손가락으로 뻗는 성공선(일명 태양선 또는 제2직업선)은 그 실력의 사회적 평가를 나타낸다.

　직업선이 나무라면 성공선은 그 나무에 피는 꽃이요 열매라 할 수 있다.

　그림과 같이 성공선은 약지 밑에 있는 세로금으로 두뇌선 위

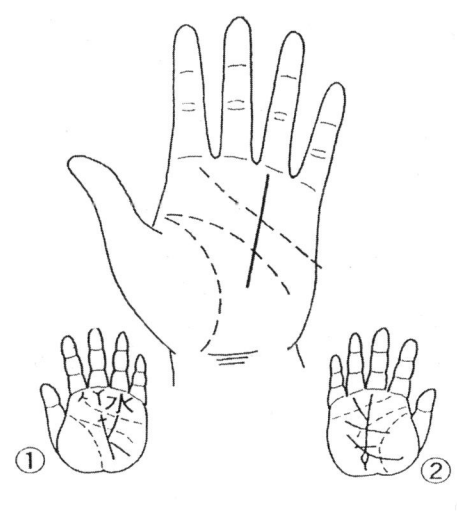

나 성격선 위에서 출발하는 경우가 대부분이다. 금전운(돈복)과 명성, 인기 등 운세의 강약 성쇠를 볼 수 있다. 직업선은 본인의 노력이 반영돼 이루어지나 성공금은 본인의 노력은 물론 조상의 음덕이 자손에게 꽃피는 것으로 생각될 수 있다.

　성공의 경우도 자르는 선이나 끊어짐이 없이 곧게 똑바로 뻗어올라간 선이 가장 좋은 상이다. 직업선이 아무리 훌륭해도 성공선 없이는 큰 조화를 이룰 수 없다. 그와 반대로 직업선 없이 성공선만 있는 경우에도 불운에 처하게 된다. 성공선은

사통팔달하는 재간을 의미한다.

전 영화배우 신영균 씨는 28세 전후하여 성공선이 출발〈그림①〉하여 50대 중반까지 계속돼 명예와 경제적인 부를 이루었다. 소설가 고 정비석 씨는 45세께 직업선에서 성공선이 시작되자〈그림②〉 '자유부인'이라는 소설을 써서 대 히트를 시켰다.

이렇게 성공선이 시작만 되면 명예와 부를 한 몸에 받으나 어떤 때는 선이 출발했는데도 깜깜 무소식일 때가 있다. 그러나 이런 경우는 화려한 운명이 터지기 전에 못 받았던 몫까지 합하여 받는다고 한다. 그래서 미국의 수상학교에서는 이 성공선은 반드시 이루어진다고 가르치고 있으며 장수선이라고도 한다. 왜냐하면 반드시 성취되려면 당사자가 살아 있어야 하기 때문이다.

그러나 이 선에도 결점은 있다. 화려한 생활을 좋아해 사치에 흐르기 쉽고 이로 인해 물질의 낭비가 있을 수 있다.

우리들 주변에서 보면 어떤 사람은 부지런하고 절약을 하면서 살아도 집안에 우환이 계속 따라다녀 잘 살지 못하는가 하면 어떤 이는 부귀에 집착하지 않는데도 돈을 많이 모으는 경우를 볼 수 있다. 왜 그럴까? 어느 정도의 돈은 후천적으로 노력하면 그런대로 벌 수 있으나 큰 돈을 벌 수 있는 재능은 태어날 때 주어지기 때문이다. 앞에서도 언급했듯이 조상의 음덕이 자손에 전해진다고 하니 오늘을 사는 우리도 살아 생전 올바르게 살면서 적선(積善)을 한다면 후손들은 선조들의 음덕으로 잘 살게 될 것이라고 믿어도 좋을 것이다.

2. 재운 ①

옛말에 작은 부자는 부지런하면 되고 큰 부자는 하늘이 낸다 (小富 在於勤, 大富 在於天)고 했다.

왜 그럴까? 대답은 간단하다. 작은 돈은 후천적으로 노력하면 그런대로 벌어들일 수 있으나 큰돈을 벌 수 있는 재능은 태어날 때부터 주어지기 때문이다.

그러면 수상에는 돈복이 어떻게 나타나는지 알아보자. 일반적으로 그 사람의 재운은 성공선, 두뇌선, 손의 형상, 손의 언덕, 손가락의 형상을 보면 알 수 있다.

먼저 돈복의 포인트인 성공선은 넷째손가락인 약지를 향해 올라간 선을 말하는데 성공선·행운선·재운선·또는 제2운명선이라고도 부르며 때에 따라서는 다른 사람과의 조회를 위해 지출이 많아 낭비선 혹은 사치선이라고도 칭한다.

보통은 성격선 위에 있지만 사람에 따라 손목의 중간 부분부터 무명지를 향해 두뇌선, 성격선을 지나올라 뻗어 있다. 이 선이 선명하게 새겨져 있고 가로

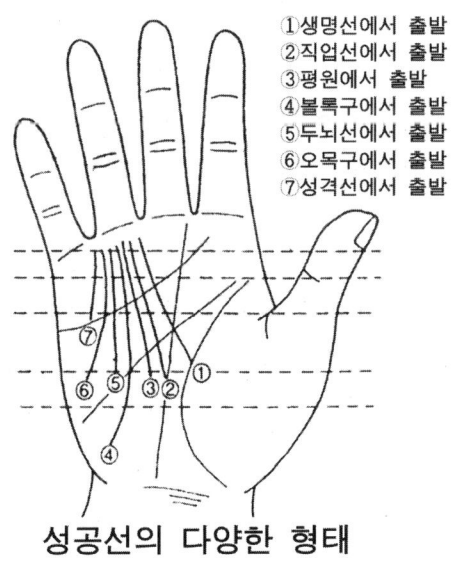

①생명선에서 출발
②직업선에서 출발
③평원에서 출발
④볼록구에서 출발
⑤두뇌선에서 출발
⑥오목구에서 출발
⑦성격선에서 출발

성공선의 다양한 형태

로 자르는 장애선이 없어야 길상이다. 직업선(일명 운명선)이

아무리 훌륭해도 성공선이 없이는 큰돈을 벌 수가 없다.

그림은 성공선의 여러 가지 형태이다. ①은 생명선 쪽에서 약지를 향해 뻗어가는 선이다. 요행보다는 줄기찬 노력으로 성공하는 타입이다. 성공하면 자연 돈복이 쏟아진다. ②는 직업선에서 출발한 성공선이다. 크고 길게 가지쳐서 상승해 있는데 가장 이상적인 수상이다. 이런 수상은 행운이 따르고 직업선의 성공을 일층 확실하게 해주며 직업선에서 나누어져 시작되는 분기점의 연령에는 특별한 행운을 맞게 된다. ③의 성공선은 손의 한가운데 평야구에서 출발하고 있는데 자기의 재능을 실용화할 수 있는 큰 활동력을 가지고 있어 노력의 결과가 열매를 맺어 돈복과 명예가 함께 하며 그 시기는 30대 초반이다.

④는 볼록구에서 출발한 성공선으로 다른 사람의 지원과 의지가 바탕이 되어 금전운과 명예가 동시에 찾아오는 경우이다. 즉 화려한 인기와 명성으로 대성할 수 있는 상이다. 예술가나 연예인일 경우 그 성공은 경제적으로 또는 사회적으로 명성을 빛내게 될 것이다.

⑤는 두뇌선에서 출발한 성공선으로 본인의 노력에 의해서 지적으로 성공하여 금전과 명예가 뒤따름을 나타낸다. 30대 중반 이후 관리나 회사원인 경우 이 시기에 반드시 승진하며 사업가인 경우 이때 사업이 번창해 대성하게 됨을 의미한다.

⑥은 오목구(두뇌선과 성격선 사이 새끼손가락 밑)에서 시작되는 성공선이다. 즉 손바닥 바깥쪽에서 출발하는 성공금은 무일푼으로 시작하여 경제 원리인 최소의 인원으로 최대의 효과를 거두어 성공할 상이다.

⑦은 손의 위쪽인 성격선에서 늦게 시작되는 성공선이다. 인

격자의 손에서 많이 볼 수 있다. 그 사람의 부나 명예는 타인의 감사하는 감정이 변하여 된 것으로 노력한 대가를 하늘로부터 받는다고 할 수 있으며 보편적으로 타향에서 자수성가하는 사람에게서 많이 볼 수 있다. 그 시기는 50대 후반이며 자녀도 잘 살게 된다.

3. 재운 ②

프랑스의 데바로프는 그의 저서 신수상학에서 '수상학은 경험 과학'이라고 주장하고 수상의 원리를 다음과 같이 설명하고 있다. 즉 우주에 충만한 초월적인 힘은 인간의 손끝에서부터 뇌로 가고 뇌에서 신체의 각 부분으로 전해진다. 그래서 다시 신체의 각 부분에서 뇌로 모여 손끝을 지나 몸밖으로 나온다는 것이다.

따라서 사람의 뇌조직과 가장 밀접한 관계에 있는 손바닥에는 이 초월력이 새겨 놓는 선과 무늬가 그 사람의 성격, 재능, 운명의 다름에 따라 특수한 형상을 이루는 것이다. 그림은 재운을 보는 두뇌선이다.

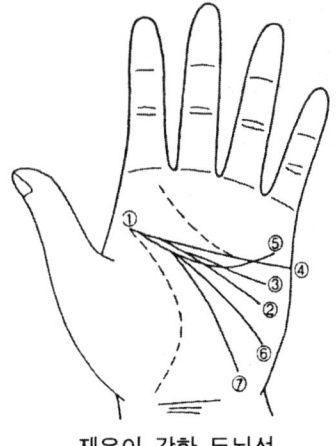

재운이 강한 두뇌선

①→③과 같이 옆으로 뻗어간 경우와 ①→④와 같이 막쥔선 위로, 또는 ①→⑤처럼 성격선 위로 뚫고 들어간 경우는 금전에 대해 관심이 깊고 경기의 흐름에

대한 감각도 뛰어나게 발달되어 있어 재운이 강한 수상이다.

그 이외 다른 선들은 위 선들과는 반대의 입장이라고 보면 된다. 특기할 것은 ①→③이나 ①→②의 두뇌선을 가진 회사 사장은 너무 머리가 날카로우므로 부사장은 좀 감성이 여린 ①→⑥이나 ①→⑦의 두뇌선을 가진 사람을 두어 조화시켜야 한다는 점이다.

또는 손의 형상으로 재운도 잠시 살펴보자. 방형의 손과 혼성형의 손은 돈에 대한 애착심이 많고 재물을 모으는 데 물불을 가리지 않는다. 특히 이런 손에 성공선이 나타나면 큰 재물을 얻게 된다.

원추형의 손은 예술적인 손이라고도 하는데 이런 손의 모양에 성공선이 있으면 예술 분야에서 크게 성공한다.

4. 재벌의 수상

옛말에 풍족함을 아는 사람은 비록 가난하고 천해도 즐거운 생활을 하고, 풍족함을 모르는 사람은 부유하고 귀해도 항상 근심속에 지낸다고 했다.

수입이 적으면 생활에 불편한 것이 사실이지만 적은 수입으로 절약하면서 분수에 맞게 생활한다면 그만큼 인생은 즐겁고 편안하다. 괜히 필요 이상의 돈이 있으면 오히려 돈 때문에 화(禍)를 불러일으키는 경우가 종종 있기 때문이다.

예부터 작은 부자는 부지런하면 되고(小富在於勤) 큰부자는 하늘이 낸다(大富在於天)고 했는데 과연 재벌의 수상은 어떤지 알아보자.

그림에서 보듯이 재벌이 된 사람들의 수상은 몇 가지 공통점이 있다. 다시 말해 재벌들의 수상에는 직업선이 2개 이상씩 있으며 성공선도 약지를 향해 힘차게 뻗어 있다. 또 미국의 자동차왕 헨리 포드나 삼성 그룹의 이병철 회장과 같이 성공선의 끝이 별모양의 형태를 갖춘 경우도 있다. 뿐만 아니라 재벌들의 수상엔 주요 삼대선인 생명선·두뇌선·성격선이 선명하게 나타나 있고 특히 재벌의 80% 정도가 이중두뇌선을 가지고 있는 것으로 집계되고 있다.

필자가 조사해 본 바에 따르면 요즘에 재벌이 된 사람들은 막쥔손에 직업선이 뚜렷하고 제2운명선이라는 또하나의 직업선이 상상과 인기의 언덕인 볼록구에서 뻗어가고 있다.

성공선도 손바닥 중앙에서 비스듬히 뻗어 있으며 성공구에는 우물정(井)자가 새겨져 있는 경우가 많았다.

그림①②를 보면 생명선·두뇌선·성격선이 모두 뚜렷하고 장애선이 없다.

그리고 그림①②의 두뇌선은 이중두뇌선이다. 이 두뇌선이야

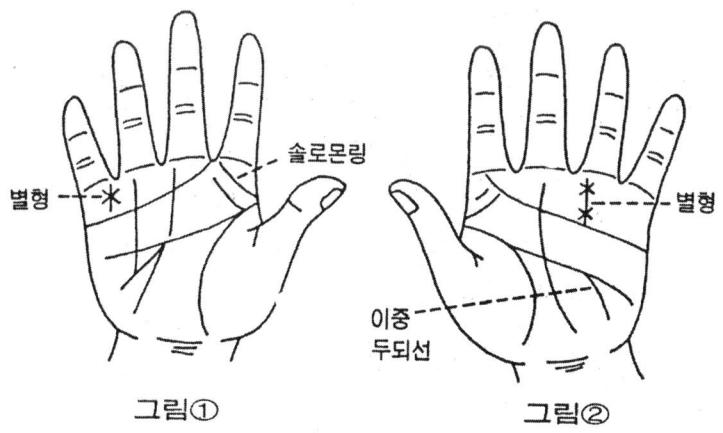

별형 --- 솔로몬링

그림①

이중--- 별형
두뇌선

그림②

말로 사업 성공에 있어 필수적인 성공의 보증수표라는 이중두
뇌선이다.

또한 그림①에는 직업선이 손바닥 바깥쪽 볼록구에서 출발
하고 솔로몬링이 있으며 성공구에 별 모양이 이중으로 두 개
떠 있다. 스타 중의 스타라는 말이다. 그림②는 직업선이 있고
또하나 성공선이 나란히 있으며 상업구에는 상업 수완과 외교
적인 능력이라는 별이 나타나 있다. 이런 모든 형태는 본인의
부단한 노력과 성실성에도 기인하지만 조상의 음덕이 자손에
꽃피는 것으로도 본다.

5. 억만장자의 손금

'쌍소켓' 개발로 조그맣게 첫발을 내디딘 일본의 송하(松下)
전기산업을 일약 세계적인 기업으로 대도약시킨 마쓰시타 고
노스케(松下幸之助) 회장은 '억만장자의 손금'으로도 유명하
다.

지금으로부터 17년 전인 1984년도 일본 고액 납세자 1위를
했을 당시 우연히 그의 손금(그림)이 잡지를 통해 소개되면서
역시 '하늘이 낸' 큰 부자의 손금은 남다른 데가 있다는 말을
듣게 되었다

그림과 같이 마쓰시타의 손금을 보면 굵은 직업선 중간에서
무명지와 새끼손가락을 향하여 뻗어 가는 선이 있다.

넷째손가락을 향하여 뻗어 올라가는 선은 성공선으로 부와
명성 인기를 나타내는 선이며 A의 다섯째손가락을 향해 뻗어
가는 선은 사업선으로 부동산과 인연이 있고 때로는 타인과 잘

어울리는 외교적인 수완도 잘 발휘한다고 보는 금이다.

이 사업선은 혼자 단독으로 있다면 큰 힘을 발휘하지 못하나 그림과 같이 직업선C(중지쪽으로 뻗어가는 선) 성공선B(넷째

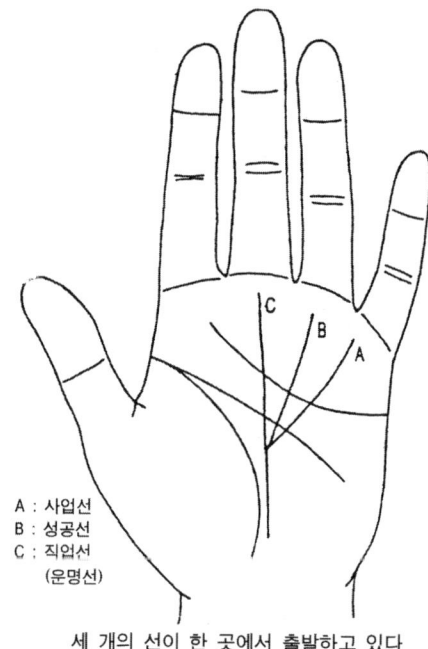

A : 사업선
B : 성공선
C : 직업선
　　(운명선)

세 개의 선이 한 곳에서 출발하고 있다

손가락을 향하여 올라가는 선)와 함께 있다면 그 능력은 배가 된다. 이 ABC 세 선이 그림과 같이 모두 갖추어져 있는 사람의 손금은 특별히 억만장자(億萬長者)의 손금이라고 부르며 금전면이나 물질면에서 큰 혜택이 있는 손금이다.

위 손금의 소유자인 일본 재계 경영의 귀재인 미쓰시타(松下)는 에피소드도 많다.

어린 시절 학교 공부를 제대로 하지 못하고 거친 사회에 나와 공장의 꼬마 사원 노릇을 했던 마쓰시타는 어느 날 자전거를 타고 심부름 가던 길에 길가 점포에서 자매가 서로 다투는 것을 보게 되었다. 호기심 끝에 달리던 길을 멈추고 구경을 했다. 알고 보니 별스럽지 않은 일이었다. 한 개의 '소켓'을 놓고 한 사람은 전등을 한 사람은 전기 인두를 꽂으려고 한 데서 다툼이 시작된 것이다. 그것을 본 순간 '마쓰시타'의 머리에 번개처럼 떠오르는 것은 '쌍소켓'이었다. 그 후 연구를 거듭하여 '쌍

소켓'을 개발해 내었다.

　이렇게 사업을 시작한 마쓰시타는 성장하기까지 우여곡절도 있었지만 새로운 아이디어 제품을 계속 생산함으로써 일본 재계의 정상까지 오르게 되었다.

6. 성공의 보증수표

　만일 발명왕 에디슨이 없었다면 세상은 어떠했을까. 아마 인류는 밤의 어둠속에서 긴 시간을 더듬거리며 시달려야 하고 초롱불이나 촛불을 들고 걸으며 시간을 허비해야 할지도 모른다.

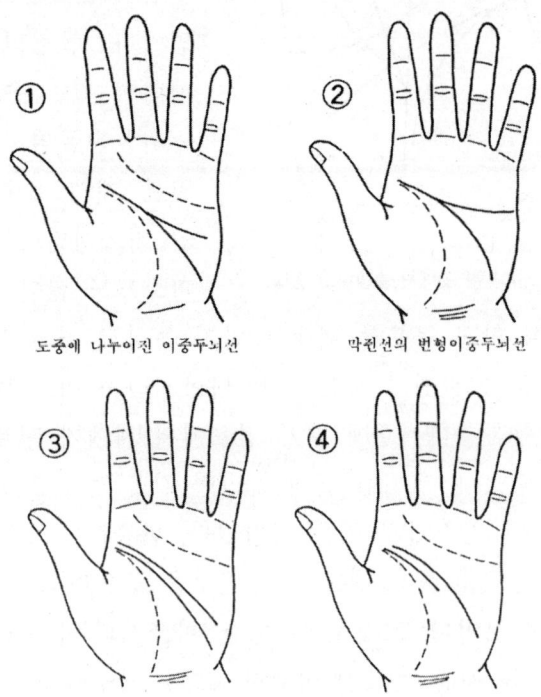

도중에 나누어진 이중두뇌선　　막권선의 변형이중두뇌선

출발점부터 나누어진 이중두뇌선　　하나가 짧은 이중두뇌선 또한 축음기에서 흘러나오는 아름다운 노래 소리도 듣지 못할 것이다.

유년 시절 고생도 많이 하며 석 달밖에 학교를 다니지 못하고 쫓겨난 그가 인류에게 밝은 빛(백열전구 발명)을 선사한 것은 필라멘트를 발명하는 데 1만4천 번이나 실험한 끈기와 그가 남긴 말처럼 '천재는 99%의 땀과 1%의 영감으로 이루어진다'는 노력이 뒷받침된 때문이다. 그 이면에는 그림과 같이 손에 성공의 보증수표라고 이름하는 이중두뇌선을 갖고 있었기 때문일 것이다.

두뇌선은 두뇌의 발달 정도를 보는 데 명칭도 그런 연유에서 생겼겠으나 한편으론 지성을 나타낸다. 즉 그 사람의 지능 정도, 두뇌의 강약, 성격, 지혜, 판단력, 직감력, 천부적 재능 등을 보여주며 생활력과 정신 건강을 나타내는 역할을 하는 것이다.

또한 건강면에는 정신 불안정을 비롯 정신병, 눈병, 콧병, 후두병, 귓병 등이 이 선에서 나타나며 여성의 경우는 생식기 즉 자궁과 성기의 발달 여부와 자식 관계까지도 알 수 있다.

그런데 인간의 재능이 사람마다 다르듯이 그 모양도 천차만별이다. 두뇌선이 길거나 짧은 경우, 생명선과 붙어서 출발한 경우, 떨어져 시작된 경우, 뻗어가는 방향이 손목쪽으로 처지는 경우, 곧바르게 뻗어가는 경우, 하나만 있는 사람, 두 개가 있는 사람 등 여러 부류가 있다.

그 중에서도 그림과 같이 두 개 있는 사람은 성공의 보증수표라고 하여 최고의 길상으로 꼽히고 있다.

일본의 스즈키 전수상은 두뇌선 하나 잘 생겨서 그 머리의 지혜로 최고의 자리에 올랐으며 발명왕 에디슨이 수많은 발명품을 만들어 인류에 공헌한 것도 이중두뇌선 때문인 것이다.

7. 연령별 재운

사람이 돈을 모으는 것도 시기가 있다. 물론 어떤 사람은 일
생 동안 재운이 따라다니기도 하지만 대개 손금을 보면 크게
20대, 30대, 40~50대로 나뉘어 재운이 따르고 있다.

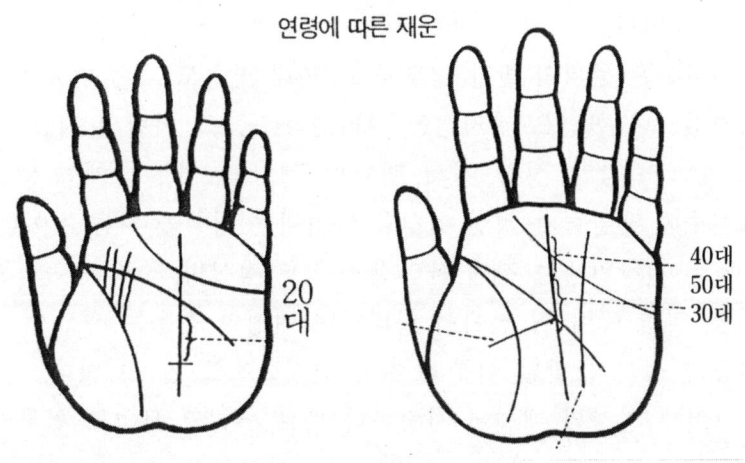

연령에 따른 재운

(1) 20대에 돈을 모으는 사람

직업선의 20대 지점 즉, 두뇌선과 직업선이 교차한 곳으로부
터 아래쪽이 끊어지거나 구부러지지 않고 곧바로 뻗었으면, 20
대에 돈을 벌 기회가 있을 것이다.

그러나 이것만 가지고는 안 된다. 그림에서처럼 생명선에서
엄지를 향해 위로 올라간 잔금(발전선)이 많으면 그 사람은 20

대에 돈을 많이 벌게 된다.

(2) 30대에 돈을 벌 사람

직업선에서 30대를 의미하는 부분, 즉 성격선과 두뇌선이 교차하고 있는 부근에서 직업선이 일직선이고 엄지쪽에서 뻗어나온 제1영향선과 교차하지 않았으면 우선 30대에 돈을 벌 찬스가 온다.

그러나 이것만으로는 불충분하고 성공선이 직업선과 평행으로 곧바로 뻗어간다면 30대에 큰 돈을 벌 수 있을 것이다.

(3) 40~50대에 재운이 있는 사람

직업선에서 40~50대의 부분, 즉 성격선과 직업선이 교차하고 있는 곳으로부터 위쪽의 직업선이 일직선으로 되어 있으면 40~50대에 틀림없이 재운이 찾아온다.

그러니 돈은 잘 벌어들여도 곧 니가버리는 상이다. 직업선 도중에 십자형의 선이든지 아니면 가로지르는 액운선이 나타나 있으면 뜻하지 않은 재산상의 손실을 가져온다.

그림처럼 제1영향선이 교차해 있는데다가 직업선이 잠시 끊어졌다 다시 생겨 뚜렷하게 뻗어나갔으면 직업이나 직장을 바꿔봄으로써 행복을 붙잡을 수 있다.

또 두뇌선 아래 부분이 약간 떨어져 있는 사람은 대체로 대기만성형이고 출세는 좀 늦지만 언젠가는 반드시 인정을 받게 됨을 의미한다.

일반적으로 이런 타입의 사람은 30세 이후가 아니면 그 실력을 인정받지 못하므로 실망하지 말고 꾸준히 개운법을 실시하

대기만성형 수상

직업을 바꿀 수상

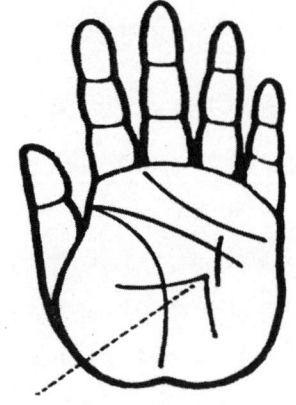

고 세상을 바르게 살아 운명의 기초를 닦아둘 필요가 있다.

8. 성공선상의 액운

실패는 성공의 어머니라는 말이 있다. 우리가 일평생을 살다 보면 예기치 못한 어려움이나 금전상에 문제가 발생하는 때가 종종 있게 마련이다. 그러나 이러한 장애에 부딪칠 때는 이를 극복해야 하며 이러한 과정을 통해 힌때의 실패를 끝내 성공으로 이끌어가는 노력이 필요하다고 본다.

그러면 우리에게 부귀를 가져다주는 성공선에 액운이 어떻게 나타날까?

그림에서 ①과 같이 여러 개가 똑같이 줄지어 있는 경우는 협력자가 많으나 이들 선 가운데 한 개는 뚜렷하고 다른 것이 약하게 나타나 있어 어떤 사업을 해도 계획에서 그치고 말게 된다.

그림에서 ②와 같이 성공선의 중간이 섬모양으로 생겨 있으면 불명예나 금전상의 손실을 가져오는 상이다. 특히 이런 상은 월급장이가 집을 장만하기 위해 돈을 빌어 썼을 때 이자 지불로 고생한다거나 재산 증식 목적으로 토지나 주식을 사들였다가 가격이 떨어져 손해를 보게 된다.

성공선 상의 액운

그림의 ③과 같은 성공선은 중간에서 끊어져 있는데 이런 경우는 끊어진 시기에 좌천되는 상이며 더욱이 승진이 어려운 손금이다.

그림 ④의 성공선과 같이 끊어진 곳이 사각형으로 둘러싸여 있더라도 자기의 명예와 지위를 지킬 수 있는 힘을 가지고 있음을 암시하고 있다.

이런 사각형은 외부의 공격이나 이로 인한 실각에 대비한 보강 공사의 역할을 맡는 수상이라고 할 수 있는 것이다.

어떤 수상학자는 모든 장애는 성공을 잉태한다고 말하기도 한다.

우리는 장애의 파도를 헤치고 넘어 앞으로는 지나온 생애에서와 같은 실수를 되풀이하지 않도록 단단한 각오와 혜안을 가져야 한다.

그러면 한번 실패가 더 큰 성공을 가져올 수도 있는 것이다.

9. 재물운(금전운)의 강약

(1) 직업선과 성공선의 비교

직업선①과 성공선②와는 비슷한 점이 있으나 다른 점도 많다. 참고로 두 선을 비교해 보자.

<비슷한 점>

· 직업선이나 성공선
  다 같이 손바닥을
  세로로 올라가는 선
  으로 종선은 신경이
  가지런히 정돈되어
  있음을 아는 하나의
  지표인 바 두 선 모

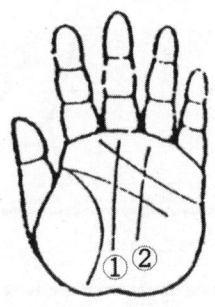

직업선과 성공선
  ① 직업선
  ② 성공선

두가 신경의 조화를 가리키는 것이다.

· 두 선이 다 노력과 정비례하지는 않으나 서로 관계는 있다.
· 두 선이 다 있는 사람은 유종의 미는 거두나 스스로 노력하
  여 열매를 맺음을 의미한다.

<다른 점>

· 직업선은 중지 밑부분으로 올라가고 성공선은 무명지 밑으
  로 올라간다.
· 직업선은 대부분 노력 및 개운법의 실시에 따라 손바닥에

선명하게 새겨지나 성공선은 반드시 노력만으로 나타나는
것은 아니다.

- 직업선은 밑에서부터 죽순처럼 위로 뻗어 올라가나 성공선
은 고드름이나 석순처럼 위에서부터 밑으로 내려온다.

- 직업선은 본인들의 노력이 반영되어서 이루어지나 성공선
은 본인의 노력과 조상의 음덕이 자손에게 꽃피는 것으로
생각되는 경우가 많다.

- 직업선은 실력을 가리키고, 성공선은 그 실력의 사회적 평
가를 나타낸다. 직업선이 곧고 선명하면서 성공선도 더욱
좋다면, 실력도 있고 그것을 사회적으로도 인정받는 행운아
이다.

(2) 성공선이 없는 사람

성공선이 없는 사람은 대개
성격이 옴올하며 모든 일에 비
교적 인정을 덜 받는다. 그러
기 때문에 세상을 살아가면서
손해를 보고 별로 눈에 띄지
않는 인생을 보내는 사람이 많
다.

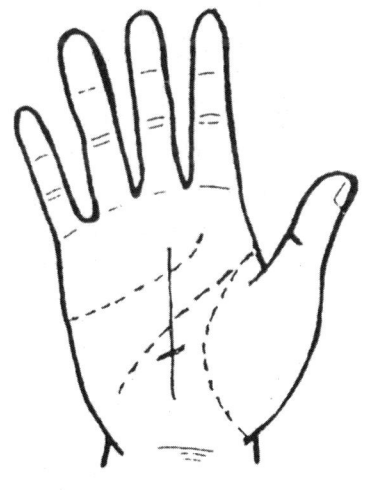

죽어서도 인정을 못 받는 사
람이 이런 타입에 많다. 명랑
한 기분을 갖고 쾌활하게 남과
교제하는 마음이 긴요하다.

손의 피부가 두껍고 딱딱한 사람에게는 손바닥의 선이 비교

적 적은 경향이 있으며 그렇기 때문에 이런 성공선이 없다.

(3) 억만금을 쥐는 상

돈이 얼마가 있든 불운이 없어야 돈을 지킬 수 있다. 그리고
부유한 사람의 경우 억만장자
의 표준치를 꼭 꼬집어서 정
하기는 쉽지 않다.

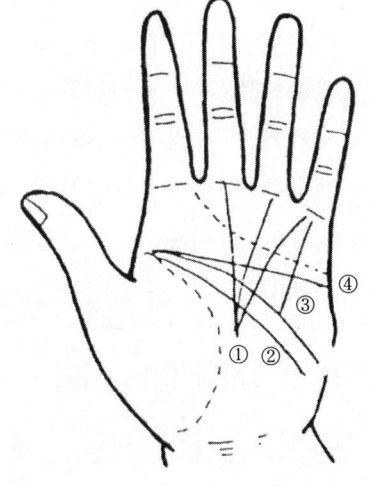

①은 대길상으로 일본의 재
벌 마쓰시타 전기회사의 사장
이었던 마쓰시타 고노스케의
수상에서 유래된 억만장자형
이다.

직업선, 성공선, 사업선의 3
선이 한 곳에서 상승하고 있
다. 세 개의 선이 크고 혼란된
점이 없어야 금전운의 대길상이다. 수상의 끝이 되는 위정점이
금전운의 극상점이다. 최고의 수상으로 치고 있다.

②는 2중 두뇌선이다. 힘이 강한 2개의 두뇌선이 새겨져 있
는 경우 돈을 버는 특별한 재능이 있고 지성과 교양을 충분히
구비하고 다양한 취미와 여러 가지 재주를 가진 사람으로 계산
능력도 출중하다.

③은 두뇌선에서 출발한 사업선이다. 시대를 앞서가는 감성
을 가진 아이디어맨이다. 독창적, 기획력이 있는 시대의 리더
이다. 재물 획득에 성공한다

④는 두뇌선이 손의 끝에서 끝가지 손바닥을 양분하는 선으

로 소위 막쥔선이다. 역사상의 대인물에게 적지 않게 있었던 상이다. 백악(百握 : 백 가지를 쥔다)의 상이라고도 하는 이 선을 가진 사람들은 대식가들이 많고 경제 감각이 있어 이재 능력이 탁월하고 돈을 잘 버는 발군의 재능을 발휘한다. 단 막쥔선에 힘있는 직업선과 이를 뒷받침하는 성공선이 있다면 성공의 가능성은 확실해진다.

(4) 금전운이 강한 상

직업선이 있고 A처럼 무명지(약지)밑에 세로선이 있으면 금전운이 강한 상이다. 한 선이 강하게 확실히 있으면 금전에 부자유한 점이 없고 성격선이 길게 잘 뻗어 있으면 큰돈을 벌 수 있거나 부모로부터 유산을 받을 수 있는 선이다. 이를 성공선이라고 명명한다. 이 선이 있으면 본인의 재능과 노력으로 돈을 벌되 조상의 음덕이 후대에 꽃피는 것으로 볼 수도 있다.

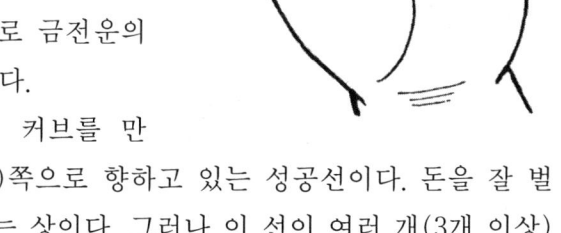

B는 성공선이 성격선 밑 평원에서 출발하여 커브를 그리면서 뻗어 올라가고 있다. 부모나 주위의 원조로 금전운의 혜택을 받는 상이다.

C는 엄지쪽부터 커브를 만들며 무명지(약지)쪽으로 향하고 있는 성공선이다. 돈을 잘 벌고 저축하여 쌓이는 상이다. 그러나 이 선이 여러 개(3개 이상)

있으면 낭비 경향이 있다. 큰돈을 갖고 있어도 언젠가 제로(0)
로 된다. 흉운이고 낭비형이다. 이 경우 금전을 사용하는 태도
를 고쳐야 한다. 그리고 성공선이 없다고 절망할 필요는 없다.
성공선은 때로 화려한 선이고 낭비적인 요소가 많기 때문이다.
인생에서 보다 더 중요한 것은 착실하고 성실한 것이다.

(5) 상업 수완이 뛰어난 상

　상업적 재능이 있나 없나를 따져 보려면 상업구를 뻗어가는
두뇌선의 상태로 결정하는 것이 하나의 방법이다.
　새끼손가락이 긴 사람도 상업적 수완이 있는 것으로 전해지
고 있다.
　①은 직업선(운명선)에서 출
발한 사업선이다. 사업선이 강
하고 선명하게 나와 있으면 자
신의 상업 수완으로 돈을 많이
버는 것을 나타내며 회사 조직
중에서 일하는 사람보다 독자
적으로 사업이나 싱점을 시작
하는 사람에게 많다.

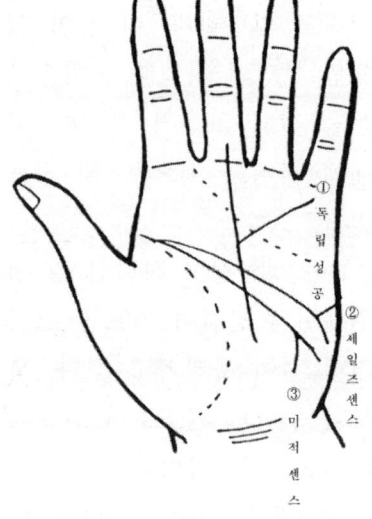

　많은 수입이 기대된다. 순풍
에 만선이 되는 인생에서 상업
으로 성공하는 상이다.
　②는 두뇌선의 끝이 두 개로
쪼개지고 그 끝에 상승하는 선이 있다. 외교적 수완이 뛰어난
사람이다. 저자세로 세련된 화술을 갖고 있어 세일즈맨이나 영

업직에서 일하면 두드러진 업적을 나타낸다. 다른 사람에 비하여 수입도 좋고 사업을 시작하면 이재의 센스도 뛰어나 성공하는 사람이 많다

③은 두뇌선이 중지의 밑에서 두 개로 쪼개지는데 하나는 막쥔선이고 또하나는 손바닥 바깥쪽 볼록구로 향해 뻗어 가고 있다.

이런 사람은 요령이 좋고 상업 수완이 탁월하며 미술적 재능이 뛰어난 사람이 많다. 디자이너나 장식 관계의 일을 선택하면 부(富)를 획득하는 상이다.

(6) 점점 돈을 모으는 상

우리 일반 서민은 돈을 저축하려면 첫째도 절약, 둘째도 절약을 해서 점점 돈을 쌓아가는 이외에 다른 방법이 없다.

①은 생명선과 두뇌선의 시자하는 시점이 같은 위치이며 검지와 엄지의 사이에서 쪼개져 있다. 어떠한 일에 있어 돌다리도 두드려 건너는 타입으로 위험성이 일체 없다. 착실히 적은 돈을 조금씩 저축하여 목표를 정하고 일보일보 가까이 접근해 가는 노력형이다.

②는 생명선과 두뇌선이 검지와 엄지의 밑에서 쪼개져

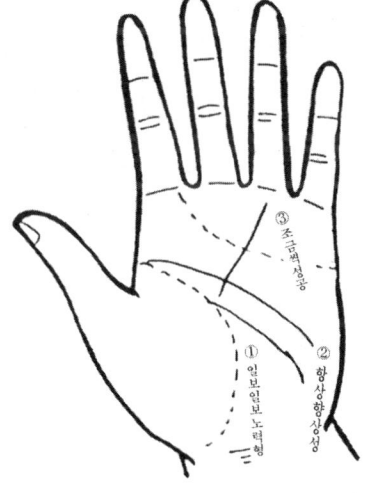

있다. 조그만 정도의 성공에도 만족하지 않고 보다 노력을 하

여 서서히 재산을 증식하는 상이다. 또한 향상심이 대단하여 다른 사람은 노는 데도 일에 열중하는 부지런한 사람이다

③은 손바닥 중앙인 평원에서 무명지(약지)를 향하여 뻗어 가는 성공선이다.

성공선은 원래 큰 고통이 없이 행운을 손에 쥘 수 있는 상이 라고 한다. 그래서 조상의 음덕이 하늘에 미쳐 하늘이 돕는 것 으로 말해져 왔다. 성공선이 중앙인 평원에서 시작되면 약간의 커브가 있게 마련이다. 여러 가지 돌아가는 우회적인 길이지만 결국은 조금씩 조금씩 일이 성사되어 끝에는 기쁨을 맛보는 상 이다.

(7) 인기와 인망(人望)으로 돈을 버는 상

①은 볼록구에서 출발된 성공선이다. 태어나면서부터 명랑하고 감수성이 풍부하여 많은 사람의 사랑을 받고 지원도 있다. 이런 상은 특히 예능인에게 많고 본인의 노력이나 실적보다 주위 사람이 베푸는 인정이나 지원으로 운이 점점 좋아지는 타입이다. 인기가 좋아지면서 자연 금전운이 상승하는 상이다.

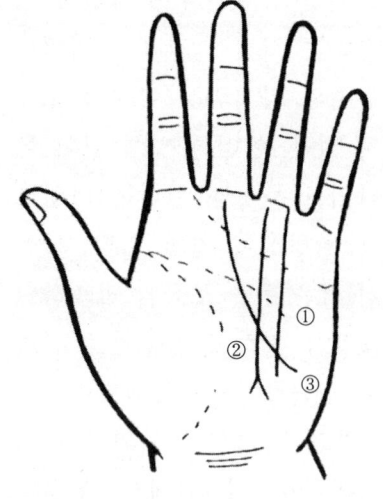

②는 출발점이 둘로 쪼개져 상승하는 성공선이다. 사업을 시작하는 경우 큰돈을 가진 스폰서가 목전에 나타난다든지, 금

융기관(은행)이 돈을 빌려준다든지 하여 지원자가 그치지 않
는다. 본인의 인격과 세상을 살아온 업적에 의하여 인기 영업
으로 부를 획득하는 상이다.

③은 직업선이 손바닥 저 밑바닥 볼록구에서 출발한 모양이
다. 확실히 노력하는 사람이다. 그 노력의 보상이 눈에 보이지
않게 음으로 양으로 나타나 사람으로부터 큰 혜택을 받아 노력
이상의 운을 타서 성공하는 타입이다.

(8) 돈벌이 천재의 상

성공선이 A처럼 격자형의 그물(Net)에 걸리고 있다. 불가사
의한 인스피레이션(inspiration)과 아이디어가 있어 돈벌이에

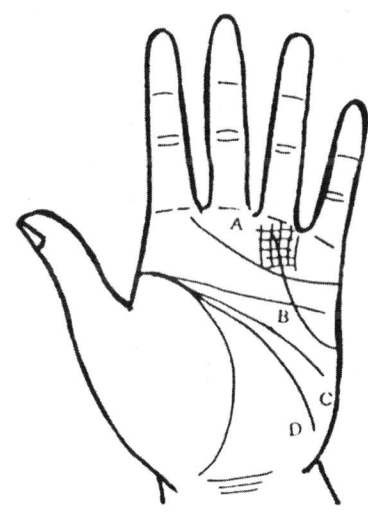

천재적인 상이다.

B는 두뇌선의 경사가 적다.
신중하고 합리적이어서 금전
상 애로가 저다.

C는 자신의 취미 생활로 금
전을 버는 좋은 상이다.

D는 아이디어맨이다. 적극
성은 적으나 좋은 부하나 훌
륭한 배우자를 만나면 금전운
이 있다.

(9) 손의 방향과 금전운

돈은 한 번 손에 쥐면 죽을 때까지 놓지 않는 사람이 있는가 하면 손에 쥐면 손가락 사이로 돈이 떨어져 나가는 사람 등등이 있다. 손의 방향에 따라 금전운이 어떤지 알아보자.

①은 다섯손가락을 전부 넓게 펴는 사람, 즉 낙천가이다. 거금을 손에 쥐어도 돈이 새나간다. 돈 쓰는 방법이 화려하고 저축을 하지 않는 타입이기 때문일 것이다.

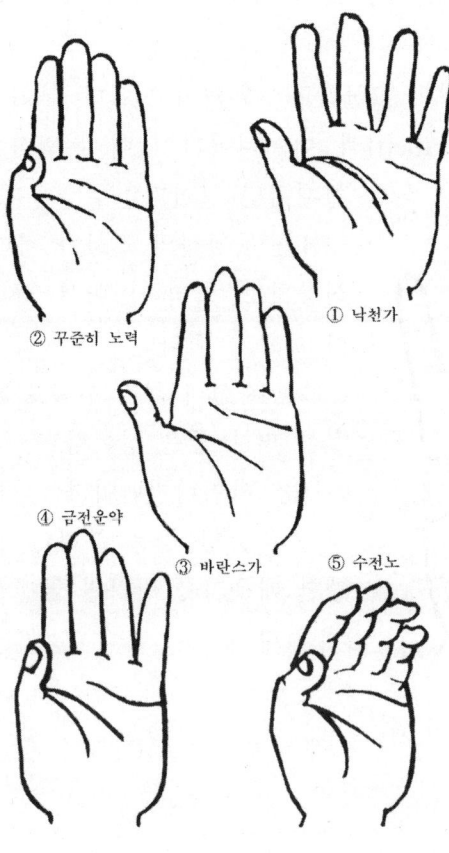

② 꾸준히 노력

① 낙천가

④ 금전운약

③ 바란스가

⑤ 수전노

②는 다섯손가락을 가지런히 한 상이다. 금전에 집착하는 마음이 강하다. 매일 통장을 들여다보고 빙긋이 웃는 타입이다. 낭비가 없고 조금씩 조금씩 저축하는 형이다.

③은 엄지손가락만 떨어져 있는 타입으로 자기의 목표를 정해 놓고 착실히 하나씩 더해가는 상이다. 돈을 쓸 줄도 아는 사람이고 밸런스가 잡혀 있어 금전운도 있는 사람이다.

④는 새끼손가락만 떨어져 있다. 새끼손가락은 상업재능이라고 일컬어지고 있다. 이 손가락이 떨어져 있으므로 상업 재능이 약하여 금전운이 흩어지는 상이다.

⑤는 다섯손가락을 움츠린 상이다. 수전노라고 일컬어지며 돈에 사로잡힌 자이다. 그 때문에 작은 돈에 집착하여 타인과 생을 더불어 살지 못하고 혼자 쓸쓸히 인생을 보내는 타입이다.

(10) 돈에 집착하는 상

두뇌선이 B와 A 두 개로 쪼개져 A가 상업구로 향하고 있다. 학문이나 상업의 수완이 탁월하고 금전에 집착하는 힘이 강한 이재 능력이 있는 선이다. C는 인색한 형으로 전형적으로 돈을 아끼고 낭비가 적은 타입이다.

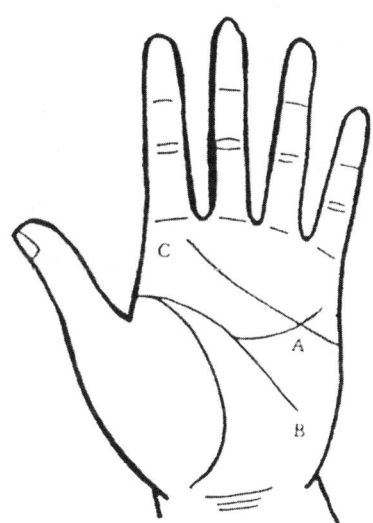

(11) 부동산 운이 있는 타입

'재(財)테크' 붐 하면 부동산에 관심이 많이 쏠린 것을 빼 놓을 수 없다.

부동산을 손에 넣을 때 운의 강약을 확인 판단하여 최상의 시기를 결단하기 위해서는 수상을 보고 부동산 운을 살피는 것이 가장 참고가 된다.

①은 직업선의 밑에서 작은 지선이 볼록구에서 출발하여 직업선에 교차하고 있다. 이런 상은 부동산 운이 강한 사람이라든지, 중요한 정보를 입수한다든지, 후원자가 나타난다든지 하여 본인이 염원하는 물건(부동산)을 얻을 찬스가 도래한다는 표시이다. 그 시기를 놓치지 말고 손에 넣는 것이 상책이다.

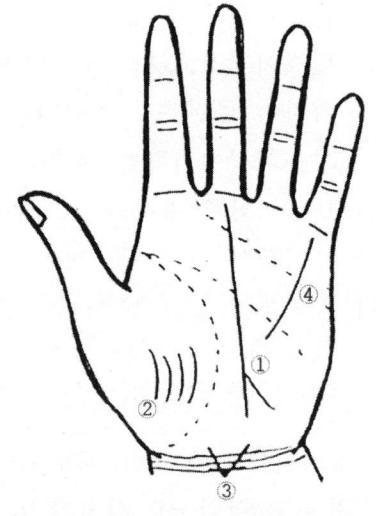

②는 엄지손가락 밑 엄지구의 밑쪽에 여러 개로 쪼개진 세로선이 나타나 있다. 이 선은 음덕선(陰德線)이라고 부르는 것인데 부모나 선조의 적덕(積德)이 있어 부동산을 얻을 길상이다. 도시의 일급지 땅이 손에 들어오지 않더라도 가족 소유의 부동산을 뜻밖의 행운으로 이어받게 되는 운 좋은 상을 말한다.

③은 손목에 브이자형(V)이 보이는 경우이다 이 상은 부동산 운이 좋고 특히 손목의 중앙에 위치한 V자형은 아주 좋은 부동산을 손에 넣게 된다.(일설에는 자식 덕이 있는 것으로도 풀이한다)

④는 사업선이다. 상업에 재능이 있어 돈을 모으는 상이지만 부동산에 인연이 있는 것으로도 본다. 특히 선이 굵고 강하고 명확하면 부동산 운이 좋다. 옛부터 성공선은 명예와 동산, 사업선은 부동산 운이라고 전해져 왔으나 성공선, 사업선 다 같이 부동산에도 행운이 있는 타입이다.

(12) 투기(Gamble)로 돈을 모으는 상

누구나 원하고는 있지만 별 수고도 없이 큰돈을 벌 수 있는 방법은 없다. 쓴맛을 보지 않고 세상에서 돈을 벌 수는 없지만 가끔은 일발승부(一發勝負)로 거금을 벌 수 있게 하늘이 단맛을 주는 사람도 있다.

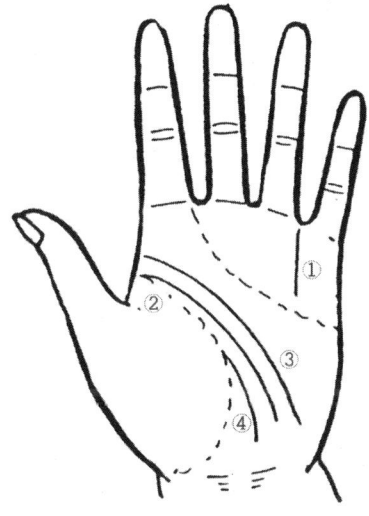

①은 약지와 새끼손가락 사이에 있는 상업구와 성공구의 중간에 있는 사업선이다. 한마디 말도 없이 하루저녁에 거금을 손에 쥘 수 있는 대표적 갬블(Gamble : 투기 또는 도박)의 상이다.

②는 생명선과 두뇌선의 시작점이 3밀리에서 4밀리 정도 떨어져 있는 타입이다. 시운(時運)을 보는 안목이 있고 적극적이고 대담하며 승부수가 강하여 큰돈을 번다.

③은 생명선과 두뇌선이 극단적으로 떨어져 있다. 두 선의 출발점이 5밀리 이상 떨어져 있는 경우, 어떤 일보다 투기나 도박을 즐겨하고 비교적 경계심이 부족한 소위 무대포형이다. 성공하여 금전운이 좋다. 이런 상으로 배운 것이 전혀 없는 사람은 들뜬 마음이 인생을 침체하게 만들고 세월을 허송하게 된다

④는 생명선과 두뇌선이 중지의 밑에서 쪼개지는 경우이다. ③과는 반대로 경계심이 지나치게 강하고 배짱이 없어 세상을

살아가는 데 있어 찬스를 놓치는 예가 많고 생애를 통하여 금
전운이 적다.

(13) 유산 등 재산 상속의 상

아무리 열심히 일하고 또 일해도 도무지 돈이 저축이 안 되
는 사람이 많다. 이런 사람 가운데도 뜻밖에 큰돈이나 재산을
손에 쥐는 행운의 주인공이 있다.

①은 풍부한 엄지구에 여러
개의 활모양의 선이 있다. 이
것은 음덕선(陰德線)인데 선
조나 자기 자신의 적덕(積德)
으로 재산을 얻는 것을 뜻한
다. 하지만 좋은 행실이 없이
는 이런 운은 없다. 선조가 받
은 재산을 승계한다든지 하면
감사하는 것을 잊지 말고 유
용하게 사용하여야 한다.

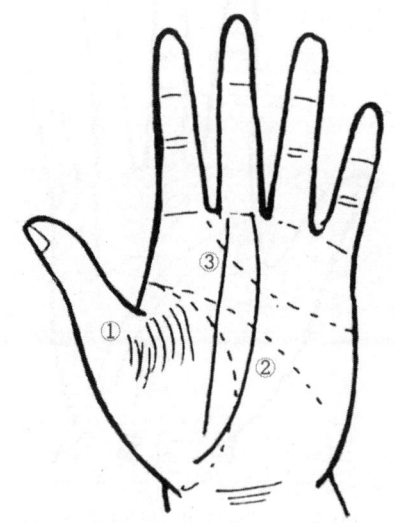

②는 엄지구에서 상승하는
직업선과 평행한 선이다. 부모의 재산을 상속한다든지 부인의
금전적 원조가 있어 성공하는 것을 뜻한다.

③은 엄지구에서 출발한 직업선이 생명선의 반 정도에 교차
하는 선이다. 직업선이 강하고 생명선의 커브의 중간쯤에서 교
차하는 상이므로 배우자나 배우자의 양친 부모의 재산으로 운
이 열리는 것을 말한다.

(14) 도박(갬블)에 약한 상

도박 등 승부를 거는 일은 스릴이 있고 사람을 몰두케 하는 마력이 있으므로 운이 없는 사람이 여기에 빠지면 신세를 망치는 경우가 적지 않다. 승부를 거는 투기나 갬블을 계속할 때는 본인의 수상을 보고 끊는 것이 현명한 방법이다.

①은 볼록구에서 출발한 직업선이 성격선에서 멈추고 있다. 볼록구에서 시작하여 커브를 만들면서 선이 상승하여 직업선

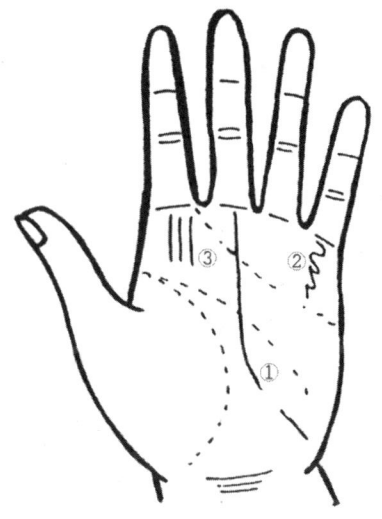

이 성격선에서 멈췄으므로 이런 사람은 성질이 착하기 때문에 속이기 힘든 타입이다. 그래서 억지로 무슨 일을 하기 어렵다. 따라서 승부를 거는 도박이나 투기 갬블을 하지 않는 것이 좋다.

②는 성입구에 뱀처럼 꾸불꾸불한 세로선이 있다. 이런 상은 도박을 않는 것이 좋다. 운이 저하됐을 때는 실패로 끝나기 때문이다. 이 뱀 같은 선이 없어지는 시기를 기다려 운이 상승할 때를 잡아야 한다.

③은 전력구에 세로선이 여러 개 있다. 이런 타입은 기가 분산되어 집중력이 떨어지고 혼란스럽다. 승부수나 도박 등은 맞지 않는다. 몇 번 시도해도 낭비만 할 뿐 성공하지 못한다.

(15) 낭비가의 상

헤아릴 수 없이 많은 돈을 버는 재능이 있는 사람이 있는가
하면 무절제하게 있는 돈을
써버려 종자돈도 남기지 않는
사람이 있다.

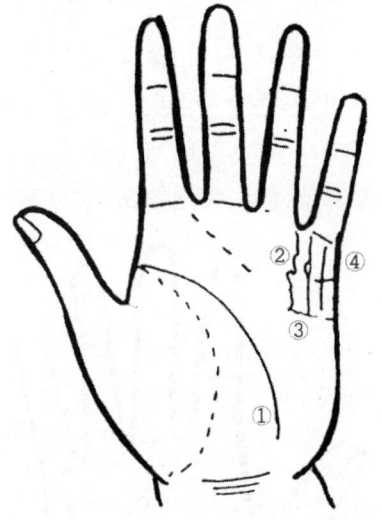

①은 두뇌선이 극단적으로
하강하여 생명선과 얼마 떨어
지지 않은 타입이다 .이성에
따라 행동하지 않고 감정에
따라 지배되는 형이다. 현실보
다는 꿈이 우선이고 다음(後)
을 생각지 않고 낭비하는 상
이다. 돈이 없는데도 화려한
결혼, 피로연을 한다든지 등등 자신의 현실을 깨닫지 못하는
타입이다.

②는 뱀 같은 사업선이다.

아무리 긴 사업선이라도 뱀처럼 꾸불꾸불하다든지 약하든지
하면 돈이 아무리 들어와도 다시 나감을 뜻한다. 계획성을 깆
고 행동하면 선이 변화하는 예도 있다.

③은 섬이 있는 사업선으로 돈이 따르지 않는 형이다. 생활
태도를 바로잡고 열심히 살면서 좋은 기회가 오면 잡아야 한
다.

④는 사업선에 짧은 절단선이 있다. 급한 돈이 나갈 일이 생
기거나 손해볼 일이 있음을 나타낸다.

(16) 수입도 많고 지출도 많은 상

직업선이 뚜렷하게 있어 직업이 안정되고 수입도 좋다. 그러나 성공구에 A처럼 세로선이 3개 이상 있다. 이는 지출이 많고 화려한 생활을 하는 낭비가의 수상이다.

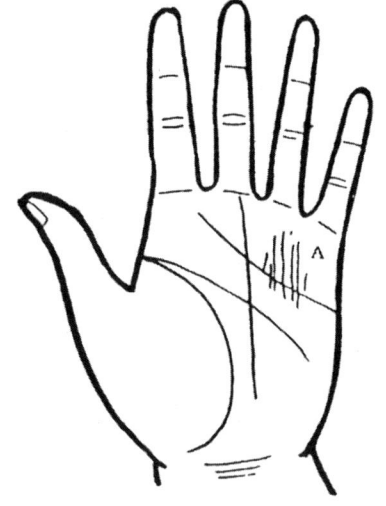

(17) 노년에 고생하는 상

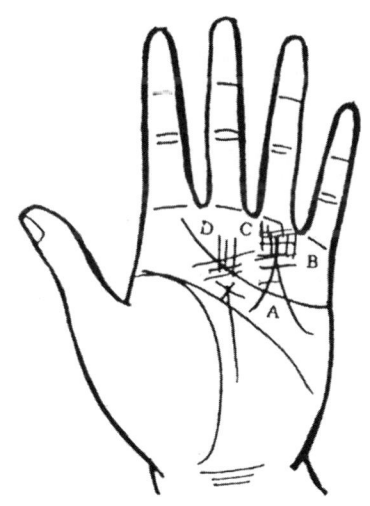

A는 젊어서 돈 버는 능력이 있어 금전운이 강하다.

B는 가로지르는 횡선이 많다. 돈벌이에 능력 발휘가 안돼 고전하는 상이다.

C는 가는 세로선이 많고 가로 장애선도 있다. 낭비가 심해 재산을 잃게 된다.

D는 직업선이 도중에 복잡하다. 나이 들어 고생할 상이다.

제 7 장

직업 적성과 대학 진학

1. 손 모양과 직업

옛말에 천불생 무록지인이요 지부장 무명지초(天不生 無綠 之人, 地不長 無名之草)라고 했다. 하늘은 직업이 없는 사람을 내지 않고 땅은 이름 없는 풀을 기르지 않는다는 뜻이다.

즉 하늘은 모든 사람에게 재능과 장점을 고루 주어 그에 따른 삶을 영위할 수 있도록 한다는 것이다.

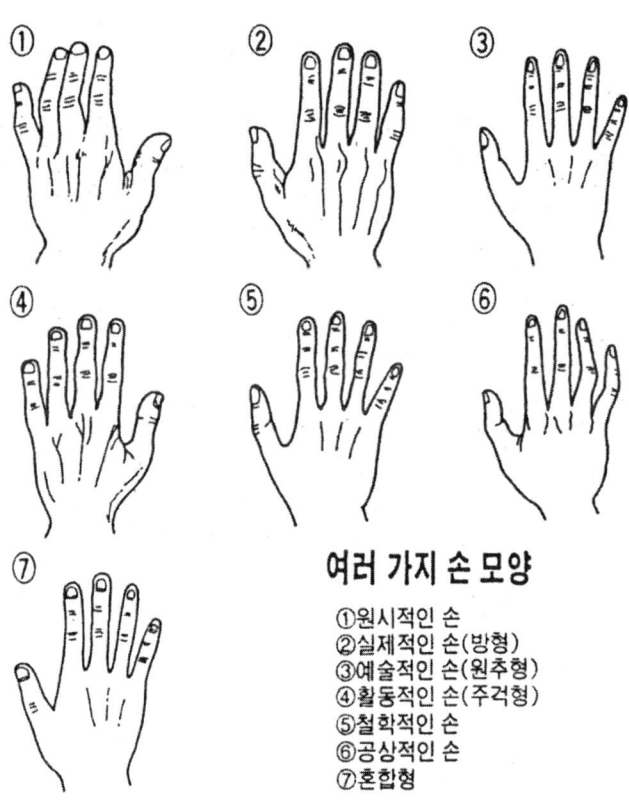

여러 가지 손 모양
①원시적인 손
②실제적인 손(방형)
③예술적인 손(원추형)
④활동적인 손(주걱형)
⑤철학적인 손
⑥공상적인 손
⑦혼합형

그러면 어떤 직업을 선택해야 발전할 수 있을까? 또 언제쯤 자기 적성에 알맞은 직업을 갖게 될까?

여러 각도에서 수상을 통해 살펴보자.

손의 형상으로 직업의 적성을 보면 ①의 원시적인 손은 거칠고 딱딱하며 손가락이 굵고 짧다. 피부색이 검은 편인데 농업이나 임업에 알맞다.

②는 실제적인 손(방형)인데 손 전체가 네모진 형이고 손가락 끝이나 폭이 거의 같다. 손바닥이 사각형이고 손톱도 네모지다. 사회에 진출했을 때 활동 범위가 넓은데 장래 공무원·실업가·정치가·의사·이과 관계의 학자나 엔지니어가 적합한 직업이다. 어떠한 직업에서도 성공할 수 있다.

③은 예술적인 손으로 원추형인데 손등에서 보면 손가락 끝으로 가면서 뾰족하며 손끝은 원추형으로 되어 있다.

예술 방면에 관심이 많아 작가·평론가·신문기자 혹은 디자이너·화가·서예가·음악가·외교관의 직업을 택하는 것이 좋다.

④는 활동적인 손으로 주걱형인데 손끝이 뭉툭하다. 대체로 엄지손가락이 크고 뼈기 굵고 단단하며 탄력성이 있다.

활동적이고 독립성이 있다. 노는 것을 싫어하고 지배받는 것을 좋아하지 않는다.

사업가가 되면 크게 성공하는데 발명가나 탐험가도 될 수 있다.

⑤ 철학적인 손은 손가락 끝이 뾰죽하나 손끝은 둥그런 감을 주며 손가락 사이에 틈이 있다. 추리 판단 분석이 강해 철학·이학(理學) 정신적 연구 방면이 좋다.

⑥ 사색형의 손은 손이 가늘고 곱다. 피부도 하얗고 매끄럽다. 다른 사람의 의중을 잘 파악하며 계산을 하지 않고 활동하는 경우가 많은데 장차 종교가·교육가·시인·정치가·운명가 등이 되는 것이 좋다.

⑦ 혼합형은 여러 재능을 갖고 있는데 외교관이나 상업을 하는 것이 좋다.

2. 두뇌선과 직업

'성공은 실수를 얼마나 적게 하느냐에 달려 있다'는 옛말이 있다. 오늘을 살아가는 우리들도 타고난 재능을 얼마나 활용하느냐에 따라 인생의 성패가 결정된다. 대학 입시에서도 본인의 재능에 맞는 학과를 선택한 뒤 전공을 살려 사회에 진출한다면 그만큼 당사자는 물론 우리 사회에도 많은 보탬이 될 것이다.

다시 말해서 학과 선택을 얼마나 잘 하느냐가 그 사람의 성공 여부를 좌우한다.

그러면 두뇌선을 보고 재능에 맞는 학과 선택과 분야별로 진출할 직업에 관해 알아보자.

두뇌선(Head Line)은 거의가 생명선과 같은 부분 즉 엄지와 검지 사이에서 나와 손바닥의 중앙 혹은 비스듬히 볼록구 쪽으로 뻗어가는 굵은 금을 말한다.

그림①과 같이 두뇌선이 도중에서 가지가 생겨 옆으로 뻗어가는 형태라면 이 사람은 이성적이고 실제적이며 예술적이고 독창적인 재능을 가진 사람이다. 이런 타입은 과학자나 예술가의 길을 걷는 것이 좋다.

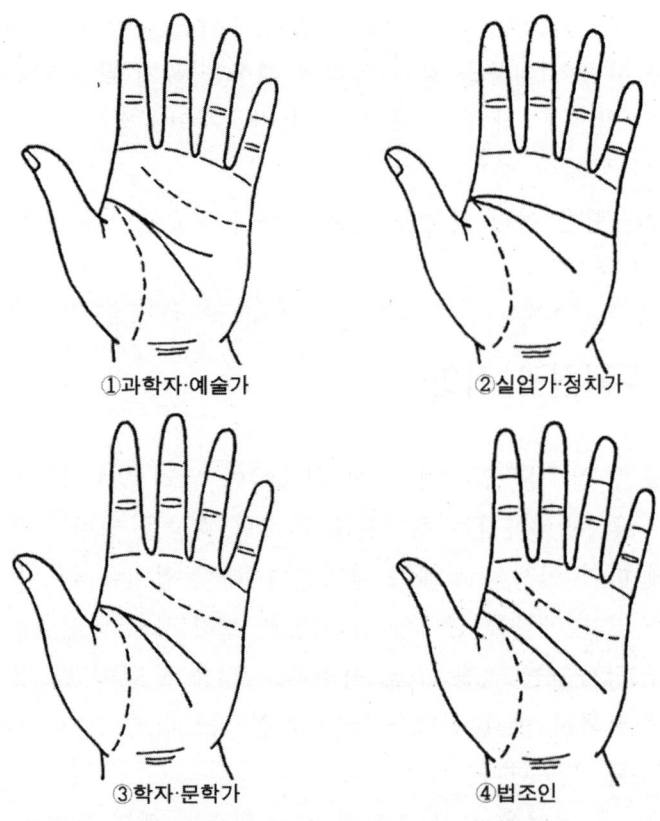

①과학자·예술가 ②실업가·정치가

③학자·문학가 ④법조인

두뇌선을 보고 재능과 적성을 알 수 있다

그림②는 두뇌선이 손가락 밑에 있는 성격선과 합해진 모양
을 하고 그 밑에 다시 두뇌선이 또하나 있는 타입이다. 현대
정주영 명예회장이 갖고 있는 선과 유사하다. 이런 형태는 집
착력과 경제에 대한 관념이 강하다. 장래 직업은 실업가 또는
정치가에 알맞다.

그림③은 두 개의 두뇌선이 한데 합쳐 있다가 나누어져 밑
으로 처진 형태이다. 예술적인 재능이 있고 상상력도 풍부하

므로 학자나 문인이 알맞다. 대개 이런 두뇌선을 갖고 있는 사람들은 대학총장이나 문학박사 등의 손금에서 많이 나타나고 있다.

그림④는 두뇌선이 처음 출발점부터 2개로 나누어져 있는 상인데 법조계 등에서 성공할 수 있는 타입이다.

이렇게 두뇌선도 각양각색이고 적성도 여러 형태로 분류되나 예부터 그림과 같이 두뇌선이 두 개 있는 이중 두뇌선은 성공의 보증수표라고 불려 왔다. 인류 역사의 주역이었던 인물들에서 이런 수상을 볼 수 있다. 예를 들면 간디, 아인슈타인, 스탈린 등이 이같은 이중 두뇌선의 수상을 갖고 있었다고 전해진다.

3. 취직 언제쯤 될까①

우주에 충민한 초월적인 힘은 인간의 손끝에서부터 뇌로 기고 뇌에서 신체의 각 부분으로 전해진다. 그래서 다시 신체의 각 부분에서 뇌로 모여 손끝을 지나 몸밖으로 나온다는 것이다. 이것을 동양에서는 기(氣)라 부르고 서양은 성령(Holy Spirit)이라고 한다.

이 초월적인 힘은 살아 있는 동안 계속 흐르며 손에 선과 무늬를 새겨 놓는다. 이 선 중에서 운명의 변화를 알려주는 직업선을 미국 의학계에서는 뇌수(腦髓)와 밀접한 관계가 있는 신경선이라고 부르기도 한다.

그러면 이 직업선으로 어떤 직장에 언제쯤 취직이 가능한지 가늠해 보자.

주요선 연령법

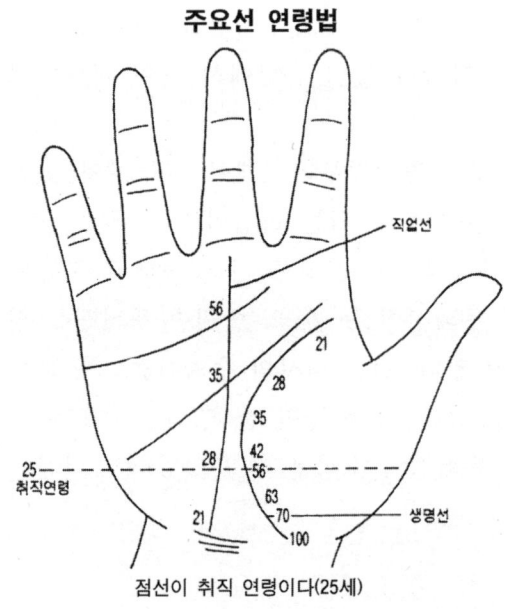

직업선

56
35
21
28
35
42
28 56
63
25 ----- 70
취직연령 21 100

생명선

점선이 취직 연령이다(25세)

취직 연령을 보는데 필요한 기본 요소가 있는데 첫째 수상의 기본선인 생명선, 두뇌선, 성격선을 보고 취업운을 보는 방법이다. 이 선들이 아무 장애도 없이 좋은 상태를 나타내고 있으면 지(智), 정(情), 의(意)가 풍부해 취직이 가능한 수상이다. 만약 생명선이 흉상이면 체력이 허약하기 때문에 발전적인 운명이라도 충분히 살릴 수 없으며 또 두뇌선과 성격선의 상태가 선명하고 좋아야 지적 능력이 풍부하고 감정의 컨트롤이 가능해 직장을 쉽게 얻게 된다.

직업선이 없고 삼대선만 명확히 있는 경우 선이 굵고 선명하며 장애가 없으면 그렇게 화려하지는 않지만 본인의 노력 여하에 따라서는 비교적 적성에 알맞은 직업을 갖게 된다.

삼대선이 빈약하고 직업선이 없으면 안정된 직장을 갖기 어렵고 육체인 몸으로 노동을 해서 생계를 유지하게 된다.

둘째 직업선으로 취직 연령을 보는 법이다. 그림과 같이 점선인 25세가 취직 연령이다. 이 시기에 직업선이 나와 있다면 본인이 원하는 직장에 취업이 가능하며 여기에 성공선까지 나와 있다면 금상첨화, 그야말로 아주 발전적인 출발을 하게 되며 장래가 약속된다.

그러나 직업선에 장애가 있거나 끊어지고 섬형이 있든지 흉상이면 있던 직장도 잃게 되거나 쉬게 된다.

직업선의 모양은 굵고 선명해야 하며 바늘을 뉘어 놓은 것 같은 상이 길상이다.

직업선이 있는 사람은 없는 사람보다 매사에 적극적이다. 신경이 잘 조화되어 있고 사물의 핵심을 잘 파악하며 통찰력이 뛰어나 만사에 뒤떨어지는 경우가 없다.

4. 취직 언제쯤 될까②

인생을 움직이고 있는 거대한 힘, 사람들은 그 거대한 힘을 전적으로 알 수 없기 때문에 그만큼 많은 관심을 쏟고 있다. 그러나 수상을 보면 사람의 운명을 어느 정도 파악할 수 있고 그것을 정확히만 본다면 자신의 운명도 개척 발전시켜 나갈 수 있다.

직업을 선택하는 데 있어서도 수상을 통해 자신의 재능과 성격, 적성 등을 미리 알아 그것에 알맞은 직업을 선택한다면 반드시 성공하게 되는 것이다.

취직이 쉬운 수상을 보면 우선 3대 기본선이 좋은 상태임을 알 수 있다. 여기에 직업선이 있어야 하는데 이 선상에 장애가 있으면 직장을 갖고 있는 사람이라도 그 직장을 잃게 되는 예도 있다.

장애는 가족·친구·애인 또는 건강 등이 요인이 될 수 있는

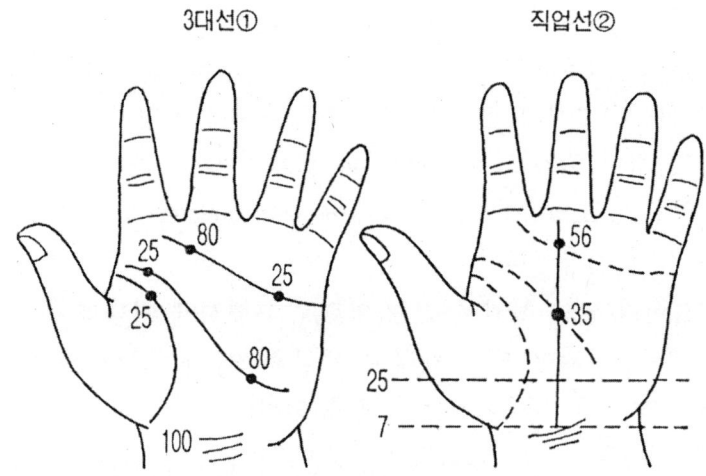

삼대선이 좋고 직업선이 있으면 취직이 쉽다

데 이 요인이 선천적인 것이면 노력에 따라 개운법으로 없앨 수 있다. 선천적인 것과 후천적인 것이 복합적으로 나타나 있으면 근본적으로는 해결이 불가능하지만 이것도 노력을 하면 어느 정도 개척해 나갈 수 있는 부분이 있다.

그림에서와 같이 ①의 삼대선에 있어 25세께인 취업 연령의 경우 섬이나 별표 또는 끊는 장애선이 없고 선명해야 취직이 가능하다.

그림②는 가운뎃손가락을 향하여 뻗어가는 직업선이다. 이 선으로 그 사람의 운명의 변화와 행운·불운, 직장 및 생활 환경의 변화를 보는 데 주로 성인에게서 볼 수 있다. 학업을 마치고 난 다음 나타나면 최길상이며 재학중에도 선이 있으며 그 선이 곧고 선명하면 모범생으로 공부도 착실히 하여 졸업을 하면 쉽게 취직이 된다.

그러나 취직 연령에 직업선이 나오지 않고 그 후에 나타난다

면 취업은 조금 늦어지며 그 연령에 본인이 원하는 직장을 갖
게 된다.

대학에 진학치 못하고 중학교나 고등학교를 졸업하고 바로
생활 전선에 나서 취업이 된 사람은 자수성가형으로 직업선이
대개 생명선에서 취업 연령에 출발하여 위로 뻗어 가게 된다.
이런 형은 근면하여 성공하는 예로 모든 일을 본인이 챙겨야
속이 시원하고 사장이 돼서도 공장장과 같이 일일이 두드려 보
고 따져 봐야 직성이 풀리는 상이다.

5. 실업가상

최근 하버드대학은 성공 비결 8장을 발표하면서 '성공은 그
의지에 좌우된다'고 하였다. 그렇다. 성공하려면 목표를 설정하
고 남다른 노력과 끈기로 열심히 일해야 함은 두말할 나위가
없다.

여기에 더하여 우리들이 알지 못하는 힘 즉 운명의 가호가
있고 본인 스스로 이 운명을 관리할 수 있는 능력과 지혜를 갖
고 있다면 그만큼 대성할 수 있는 기회는 많아지게 된다.

이제 상과 계통의 대학에 들어가 장래 실업가로 대성할 사람
의 수상을 알아보자.

먼저 손가락이 길고 마디가 옆으로 펴져 있으면 주도면밀한
성격의 소유자이므로 상과 계통의 대학에 들어가면 실업가로
성공한다.

또 손끝이 네모형(실제적인 손)이고 손가락 관절이 옆으로
퍼지지 않고 가지런하게 생겼을 때도 이에 해당되는데 이런 수

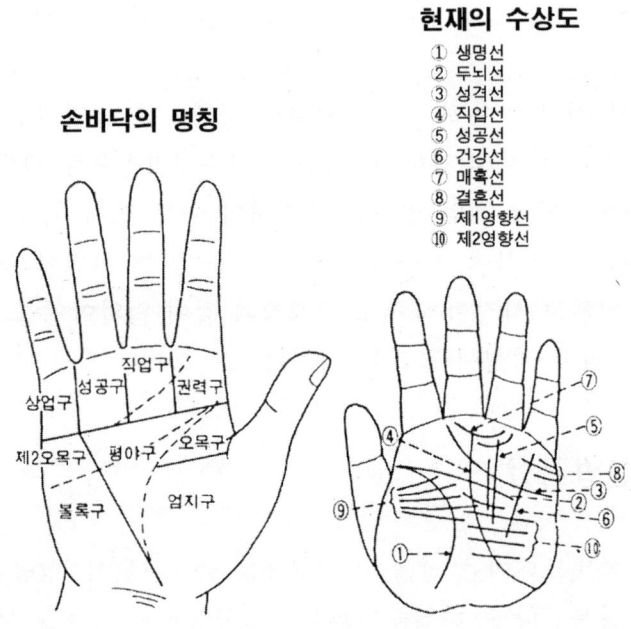

현재의 수상도
① 생명선
② 두뇌선
③ 성격선
④ 직업선
⑤ 성공선
⑥ 건강선
⑦ 매혹선
⑧ 결혼선
⑨ 제1영향선
⑩ 제2영향선

손바닥의 명칭

손바닥의 각선으로 운세를 진단한다

상의 사람은 성격이 대담하고 민첩할 뿐만 아니라 활동적이다.

대체적으로 실업가로 대성하게 될 수상의 공통점을 보면 엄지손가락이 강대(强大)하고 뒤로 젖혀지지 않는다든지 약지와 새끼손가락이 길며 상업구(새끼손가락밑)가 발달한 경우다.

또 상업구 언덕에 별형이 있거나 두뇌선이 곧게 옆으로 뻗어가거나 상업구를 향한 수상도 여기에 해당된다.

특히 장래 회사의 경영인이 될 사람은 두뇌선이 곧고 길게 옆으로 뻗어나가 끝이 수성구로 향하고 있다. 뿐만 아니라 미국의 대부호 록펠러 1세나 삼성 이병철 회장과 같이 성공구(약지밑)가 발달하고 그 언덕에 별형이 있으면 대인 관계가 부드럽고 붙임성이 있어 부(富)와 명성을 얻는 상이다.

여기에 막쥔손금에 두뇌선이 우수하고 직업선과 성공선까지 좋으면 상과 계통에 알맞은 상이다.

장래 공인회계사라든지 세무사가 될 수상은 앞서 설명한 실업가나 회사 경영인이 될 수상보다는 못하지만 한 분야에서 주역 노릇을 하는 독특한 점을 갖고 있다.

이상 실업가의 상을 설명했지만 중요한 것은 산업 현장에서 불의의 사고나 예기치 못하는 운명의 기복이 없어야 한다. 즉 액운선이 없어야 크게 발전한다.

6. 명예·돈·권력

'성공한다'는 말 자체는 그 사람이 성공의 가치 기준을 어디에 두느냐에 따라서 크게 달라지게 된다.

성공의 가치 기준을 명예·돈·권력에 국한시켜 보면 반드시 한 가지 공통점을 갖고 있는 깃을 일 수 있다.

다시 말해서 야구 선수로 유명한 이종범과 국무총리 사이에는 아무런 공통점이 없는 것 같지만 많은 사람들에게 그 이름이 알려져 있다는 점에선 거의 비슷하다.

또 미국의 젊은 대통령 클린턴과 가수 마이클 잭슨 사이에는 그들이 모두 미국인이라는 점 이외에는 비슷한 점이 없지만 이 지구상의 많은 사람들의 인기를 얻고 있다는 공통점을 갖고 있다.

여하튼 성공 인물과 유명 인사들의 수상을 분석해 본 결과 성격선의 형은 C형이 절반을 차지하고 있었으며 특히 스포츠, 예능, 실업계 인사들 가운데 C형의 사람이 많다. C형은 그림과

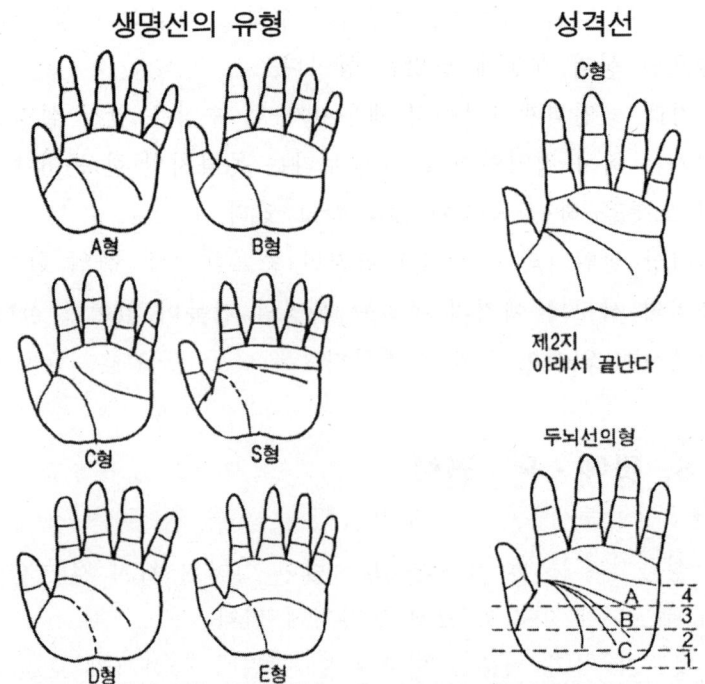

생명선의 유형

A형 B형 C형 S형 D형 E형

성격선

C형

제2지
아래서 끝난다

두뇌선의형

A 4
B 3
C 2
1

같이 성격선이 둘째손가락 밑까지 길게 뻗은 형이다. 그리고 생명선의 형은 C형과 B형이 많고 특히 정치가, 예능인, 실업가 가운데 이런 타입이 많다.

그런데 공직자와 금융기관의 임직원이나 교사들은 생명선이 두뇌선과 같은 점에서 출발한 A형이고 생명선이 한동안 붙어 있다가 나누어진 B형이 가장 많다.

또 성격선은 그렇게 길지는 않지만 가운뎃손가락밑까지 뻗어 있고 두뇌선은 약간 길게 뻗어간 B형과 곧바로 짧게 끝난 A형이 많다.

특히 간부급 공직자들은 위로 올라갈수록 성격선이 둘째손가락 검지밑까지 뻗어간 C형이 많은 것이 특징이다.

이는 감정 상태가 안정되어 있고 섬세하며 대인 관계가 부드러워야 한다는 것을 말해주고 있다.

지금은 사회가 다기화되어 복잡하지만 옛날에는 단순했다. 직업은 글을 읽어 과거에 급제함으로써 관직을 갖는 것이 첫째였고 농업·공업·상업은 그 다음이었다.

관직인 공직자의 수상은 직업선이 명확하고 장애선없이 가운뎃손가락을 향하여 힘차게 뻗어 있어야 높은 지위까지 올라갈 수 있다.

7. 정치가상

옛말에 "성공은 실수를 얼마나 적게 하느냐에 달려 있다."고 했듯이 오늘을 살아가는 우리들은 자기가 타고난 재능을 얼마나 활용하느냐에 따라 인생의 성공과 실패가 좌우된다고 하겠다. 대학 입시에서도 본인에게 천부적으로 주어진 재능을 알고 여기에 알맞은 학과를 선택한 뒤 전공을 살려 사회에 진출한다면 그만큼 당사자는 물론 우리 사회에도 많은 보탬이 될 것이다.

대학에 우선 들어가는 것이 급하다고 하여 본인의 재능과 동떨어진 학과를 선택하는 것보다는 적성에 맞는 공부를 하는 것이 사회 진출에서도 성공률이 높기 때문이다. 다시 말해서 학과 선택에서 얼마나 실수를 적게 하느냐에 따라 그 사람의 성공 여부가 달려 있다고 한다면 그렇게 무리한 것만은 아니다.

그러면 법정대학(법학과, 정치학과, 외교학과)에 맞는 수상은 어떠한지 알아보자.

다음에 설명하는 수상의 특징은 법정대학에 진학하여 장래에 정치가가 될 형이다. 이 특징 가운데 한 가지만 해당되어도 법정대학에 진학이 가능하고 여러 항목에 해당되면 더욱 틀림없이 법정대학에 맞는 적성인데 우선 집게손가락이 긴 사람이 여기에 해당된다.

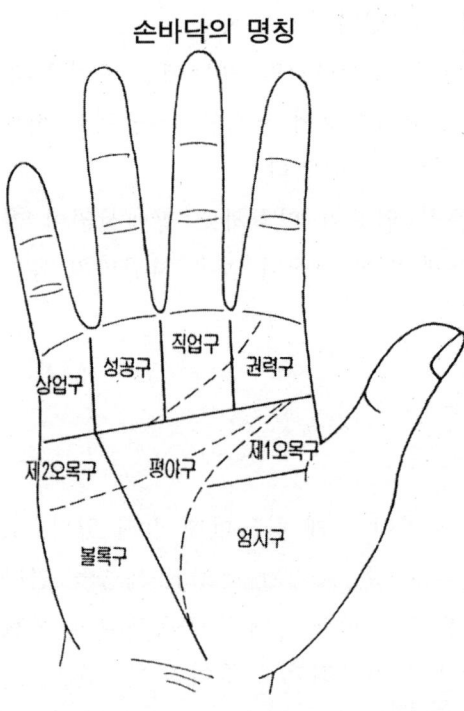

손바닥의 명칭

상업구 성공구 직업구 권력구
제2오목구 평아구 제1오목구
볼록구 엄지구

일찍이 나폴레옹은 큰 집게손가락을 가리켜 "황제의 손가락"이라고 명명한 일이 있다. 다음은 새끼손가락이 긴 경우 정치가에 알맞다. 미국의 레이건 전대통령이나 모택동이 이런 손을 가졌다.

그리고 손이 적은 사람이 통이 크다는 말도 있듯이 정치가에 적합하다. 히틀러나 나폴레옹도 손이 작았다고 한다.

또한 권력구(검지밑 부분)가 다른 데보다 두툼하고 높게 발달되었거나 그 언덕에 별형(星型)이 있다면 정치가로 대성공할 수 있다. 이런 수상은 상당히 드문데 공자나 스탈린, 무솔리니가 이런 수상이었다.

다음은 성공구(무명지밑)가 발달되고 성공선이 이 언덕까지 뻗쳐 있거나 상업구(새끼손가락밑)가 발달하고 그 위에 삼각형의 무늬가 있거나 두뇌선이 강하고 길며 생명선과 떨어져서 출발한 형, 그리고 약지가 길고 그 손가락 끝이 주걱형(활동적인 손)인 경우는 세계적인 정치가가 될 수 있다.

뿐만 아니라 막쥔손금(일자형 손금)에 직업선, 성공선이 조화를 이루고 있는 경우 법정대학에 진학하면 크게 성공할 수 있다. 레이건 전대통령이나 마르코스 필리핀 전대통령, 도쿠가와 이에야스(德川家康), 일본의 다나카 수상 등의 손금은 막쥔손금이었다.

8. 의사상

사랑을 가진 사람만이 훌륭한 의술을 펼 수 있다고 한다. 의사란 귀중한 인간의 생명을 다루는 직업이기 때문이다.

그런데 의사직은 직업 적성에 따라 학자적 의사 즉 연구 교수직과 직업 의사 즉 개업의가 있다.

각 분야의 수상 특징을 알아보자.

먼저 학자적 의사의 수상은 손바닥에 탄력이 있고 가늘며 긴 것이 특징이다. 손가락도 길고 손가락마디는 약간 옆으로 퍼져 있으며 중지밑 직업구가 다른 곳보다 특별히 길고 두뇌선은 직선으로 곧게 뻗어 있다.

뿐만 아니라 엄지손가락 밑 엄지구도 발달해 있으며 생명선이 특히 뚜렷하다.

그리고 직업 의사의 수상은 역시 손바닥이 탄력이 있고 넓으며 손가락도 길고 손가락마디는 옆으로 퍼지지 않았으며 손 전체가 뒤로 잘 젖혀진다.

두뇌선은 길고 뚜렷하며 직선으로 옆으로 뻗어간다. 특히 약지밑 성공구가 다른 데보다 살이 두툼하고 높다. 그래서 이곳을 의료의 언덕이라고도 부른다. 서양에서는 설화속에서 아폴로는 유명한 의사의 신 '아스구레 - 비오스'의 아버지이고 의학의 히포크라테스는 그 자손이라고 하며 이 언덕을 대표하는 인물로 꼽고 있다.

손바닥의 명칭

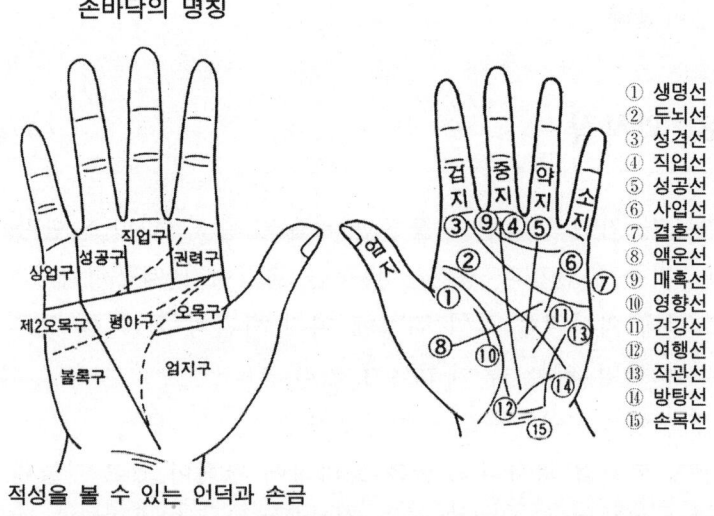

① 생명선
② 두뇌선
③ 성격선
④ 직업선
⑤ 성공선
⑥ 사업선
⑦ 결혼선
⑧ 액운선
⑨ 매혹선
⑩ 영향선
⑪ 건강선
⑫ 여행선
⑬ 직관선
⑭ 방탕선
⑮ 손목선

적성을 볼 수 있는 언덕과 손금

또한 약지가 긴 것이 특징이다.

성격선은 검지 밑 권력구까지 쭉 뻗어 있으며 새끼손가락은 길다.

간호원에 알맞은 수상의 대표적인 특징은 손이 몸에 비해 크다는 점이다. 그리고 성격선은 깊고 길며 성공구와 엄지구가 발달되어 있다. 특히 손에 탄력이 있고 새끼손가락은 길며 손가락끝이 가늘다.

9. 과학자상

행복이란 '성실의 나무에 피는 향기로운 꽃'이라는 말이 있다.

하루하루의 삶을 착실하게 그리고 열심히 살아갈 때 바라던 목표가 달성되고 행복이 한 발짝 다가오는 것이다.

오늘 우리의 삶을 편리하게 해주는 문명의 이기들을 보면서 우리들은 과학자들의 노고를 생각지 않을 수 없다.

그렇다면 공과대학에 들어가 과학자가 될 수 있는 수상을 알아보자.

우선 과학자가 될 수상은 엄지손가락 두번째마디(손바닥쪽 마디)가 길고 굵은 것이 특징. 또 가운뎃손가락이 길며 두뇌선은 깊고 길게 옆으로 뻗어 있고 손바닥은 두껍지 않다.

손끝을 보면 원추형인 사람이 있는데 이런 수상은 비교적 사색적인 성격을 갖고 있으며 손끝이 네모나 있으면 논리적이며 실천력이 뛰어난 사람이다.

또한 손끝이 뾰족하면 두뇌 회전은 빠르나 실용성이 적다. 성격이 신중한 사람은 두뇌선이 길고 곧은데 생명선과 합쳐져 뻗어 나가다가 떨어져 있는 경우가 많다.

뿐만 아니라 과학자가 될 사람의 성공선은 약지 밑의 성공구까지 뻗어 있고 그 분기선이 가운뎃손가락 밑 직업구까지 뻗어 있다.

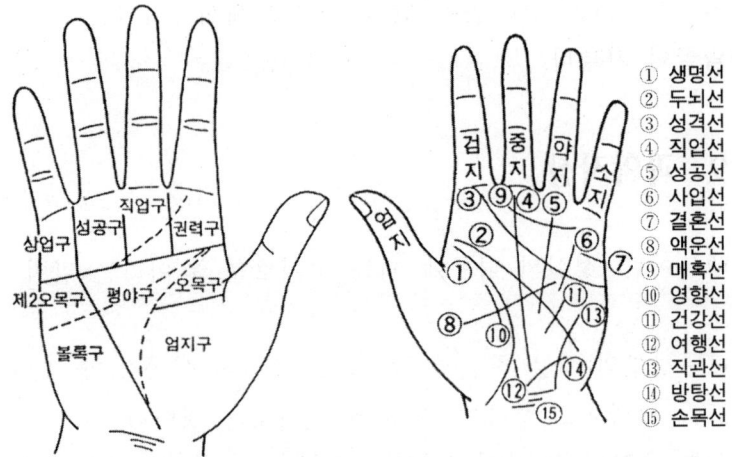

특히 손바닥 중앙 부분인 평야구, 즉 사각형 안 성공구와 상업구 사이 바로 아래에 있는 별형(星形)이 있는 사람은 발명가로서 크게 성공할 상이다. 발명왕 에디슨의 수상이 이와 같았다.

성공구 상업구 사이에 짧은 세로삼선(三又線)이 있으면 기계 발명을 할 수 있는 천재적 능력을 가진 수상. 미국의 자동차 왕 헨리 포드가 이와 같은 수상의 소유자였다.

장래 기술자가 될 수상은 손가락 끝이 네모형(方形 : 실제적인 손의 형) 또는 주걱형(활동적인 손의 형)이고 손이 몸에 비해 큰 편이다.

특히 손가락 중에서 가운뎃손가락이 가늘고 길며 상업구가 발달해 있다. 장래 기사가 될 사람도 이와 대동소이하다.

10. 화가·배우의 상

우리 주변에선 법대를 나와 가수가 되고 공대를 졸업한 사람이 그림을 그리는 경우를 종종 보게 된다.

　이런 경우는 본인의 재능이나 적성을 무시하고 부모나 교사의 강요에 의해 대학에 진학했다가 뒤늦게 자기 재능을 살린 예다. 만약 이런 사람들이 대학에 진학할 때부터 적성에 알맞은 학과를 선택했다면 현재의 위치보다 더 좋은 자리에 있게 되고 세계적인 명성을 얻을 수 있었을 것이다.

　그래서 수상을 통해 자신의 적성을 미리미리 알아두는 것이 필요하다. 화가로서 성공할 수 있는 수상을 알아보자.

　미술가는 심미안을 갖고 있다고 한다. 그래서 두뇌선은 손바닥 밑 볼록구에 도달해 있고 볼록구 위에 삼각형을 이루고 있다. 손금은 가늘고 약지가 길다. 전체적인 손의 모양은 원추형으로 살결이 부드럽다. 특히 약지의 첫째마디사이(손톱 부근의 마디)가 길고 넓으며 성공선이 강하게 나타나 있다.

　세계적인 화가인 피카소나 동양화단의 제1인자 허백련 화백의 수상을 보면 두뇌선이 볼록구까지 길게 뻗어 있고 손바닥이 온통 삼각형으로 쌓여 있어 하나의 큰별(☆)을 만들고 있다. 그래서 서양이나 동양의 유명한 화가로 명성을 떨쳤음에 틀림없다.

　또한 프랑스의 유명한 화가 마티스는 약지(넷째손가락)가 특히 길어 세련된 솜씨를 자랑했다.

　배우나 탤런트의 수상에 관해서도 알아보자. 역시 배우나 탤런트의 수상도 예술 계통이기 때문에 새끼손가락이 길고 뒤로 잘 젖혀진다. 요즘 배우나 탤런트는 만능을 요구하고 있다. 그러나 배역 가운데서도 자기의 적성에 잘 맞는 것은 따로 있는 것 같다.

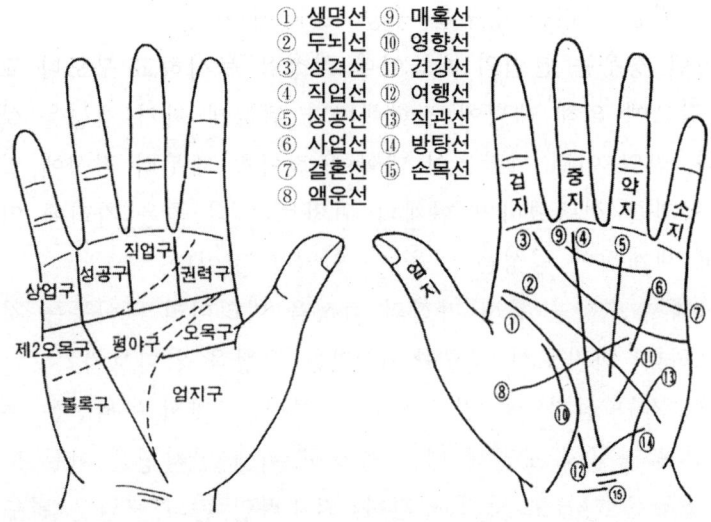

① 생명선   ⑨ 매혹선
② 두뇌선   ⑩ 영향선
③ 성격선   ⑪ 건강선
④ 직업선   ⑫ 여행선
⑤ 성공선   ⑬ 직관선
⑥ 사업선   ⑭ 방탕선
⑦ 결혼선   ⑮ 손목선
⑧ 액운선

예를 들면 생명선과 두뇌선이 떨어져 있는 배우나 탤런트는 액션물의 배역에서 진가를 발휘한다. 두뇌선의 끝이 볼록구를 향하고 새끼손가락이 길면 연기 분야에서 리더 역할을 한다.

또 손을 펴서 손가락과 손가락 사이가 넓어지는 사람은 희극물에 적합하다. 손이 가늘고 길며 중지가 길고 두뇌선이 긴 사람은 비극물에서 뛰어난 재능을 발휘한다. 그리고 직업선과 성공선이 좋으면 크게 이름을 떨친다. 장미희는 막쉰선에 직업선이 좋고 구봉서와 김형곤은 직업선과 성공선이 좋아 크게 성공하는 상이다.

11. 음악가상

꾀꼬리 같은 음성은 우리의 마음을 즐겁게 하는 영약이며 애절하고 비통한 노래는 우리의 가슴을 태운다.

이렇게 마음을 슬프게도 기쁘게도 하는 가수나 예술인들은 외모부터 부드럽고 섬세한 인상을 준다.

물론 계속 슬픈 노래만 부르면 얼굴 전체가 슬픔에 젖어 어두워지고 기쁜 노래만 부르면 밝고 환한 모습이 된다.

수상에서도 예외는 아니다. 성악을 하든 연주를 하든 아니면 작곡을 하든 음악가들의 공통적인 특징은 손 전체가 부드럽고 뒤로 잘 젖혀진다는 것이다.

특히 새끼손가락이 뒤로 젖혀지고 손가락 끝이 가늘고 반듯해 소리에 민감함을 보여주고 있다.

또 엄지손가락의 두 번째 관절(손바닥 쪽), 즉 뿌리 관절이 발달된 수상은 매우 정열적이고, 볼록구가 두툼하고 발달되어 있으면 클래식 음악을 좋아하는 상이다. 특히 엄지구로부터 성

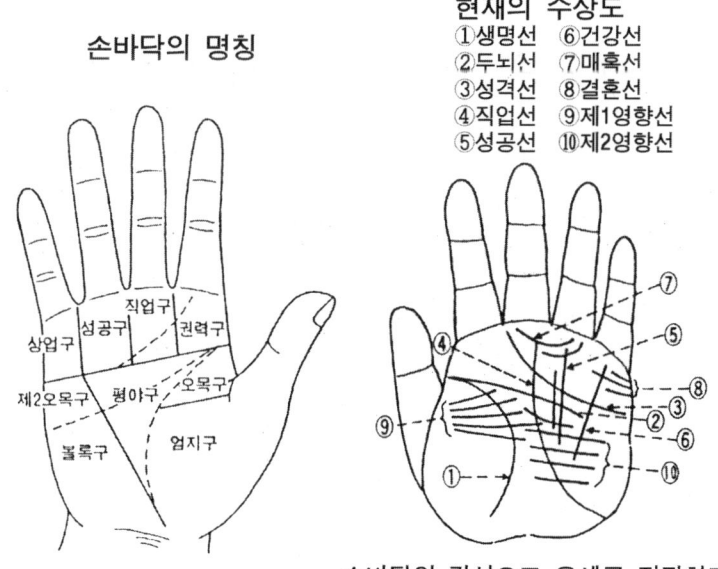

손바닥의 명칭

직업구
성공구 권력구
상업구
제2오목구 평야구 오목구
볼록구 엄지구

현재의 수상도
①생명선　⑥건강선
②두뇌선　⑦매혹선
③성격선　⑧결혼선
④직업선　⑨제1영향선
⑤성공선　⑩제2영향선

손바닥의 각선으로 운세를 진단한다

공선이 출발하고 선 위에 별형이 있으면 음악가로서 크게 성공한다.

또 음악가 중에서 성악가나 대중 가요 가수로 성공할 상은 손이 작고 둥글게 살이 쪄 있으며 손가락이 뒤로 잘 젖혀지는데 직업선이 볼록구에서 출발한다.

특히 꾀꼬리 같은 민요 가수로 나이든 세대를 사로잡았던 김세레나는 직업선이 볼록구 쪽에서 출발하여 위로 뻗어 나간 상.

엘레지의 여왕인 가수 이미자는 성공선이 특히 강력하게 뻗어 있고 그 끝은 좌우에서 올라오는 선이 합하여 이중 삼각형을 이루는 기이한 모양.

연주가의 재능을 갖고 있는 수상은 손가락 끝이 주걱형을 하고 있으며 특히 손가락이 길고 손가락 관절이 옆으로 퍼져 있으면 복잡한 곡을 정확히 연주할 수 있다.

작곡가로서 성공할 사람의 수상 가운데 손가락 끝이 네모형인 사람은 리듬 감각이 뛰어나고 주걱형은 행진곡을 주로 잘 작곡하는 경향이 있으며 원추형은 환상적인 곡을 잘 작곡한다.

작곡가가 될 수상은 특히 가운뎃손가락이 길고 엄지구가 발달해 있으며 두뇌선은 가늘고 길며 끝이 두 갈래로 쪼개져 있다.

12. 학자 · 문학가상

사람은 제각기 독특한 재능을 갖고 있다. 학교 성적이 남보다 떨어진다고 해서 재능이 없는 것은 아니다. 천재나 명사들 가운데는 학창 시절 성적이 우수하지 못했어도 나중에 뛰어난 재능을 살려 성공한 사람이 많다.

　문호 스코트는 학생 때 성적이 바닥에 머물렀으나 글재주가 있음을 알고 이를 성공의 지름길로 삼았다고 한다.

　처칠도 초등 학생 시절엔 성적이 꼴찌였으나 상급학교에서 더욱 열심히 공부하고 나중엔 대정치가로 성공한 다음 〈제2차 세계 대전 회고록〉 등의 책으로 노벨 문학상까지 받았다.

　이제부터 인문 계열 학과에 맞는 적성이 수상에 어떻게 나타나는가 알아보자. 우선 학자가 될 사람의 수상은 손가락 가운데 중지가 특별히 긴 것이 특징.

　특히 중지밑 직업구가 다른 데보다 살이 두툼하고 높게 발달되어 있으며 약지밑 성공구, 성공구와 상업구 사이에 3개의 짧은 세로선(縱線)이 있다.

　또 두뇌선은 길고 명료하며 성공선이 성공구까지 나와 있고

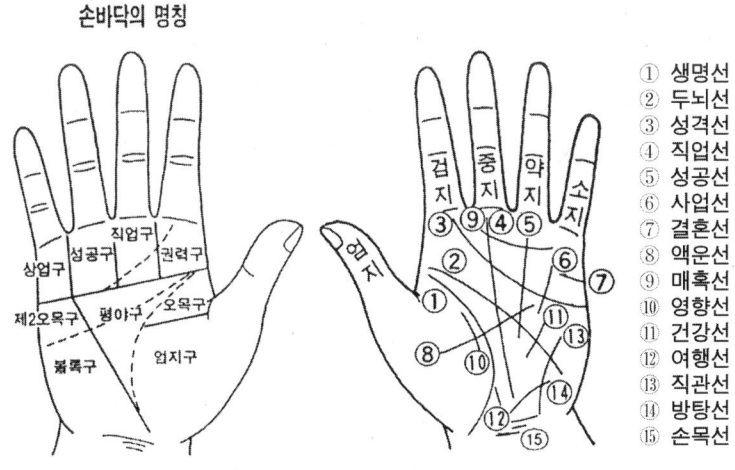

손바닥의 명칭

겁지　중지　약지　소지

① 생명선
② 두뇌선
③ 성격선
④ 직업선
⑤ 성공선
⑥ 사업선
⑦ 결혼선
⑧ 액운선
⑨ 매혹선
⑩ 영향선
⑪ 건강선
⑫ 여행선
⑬ 직관선
⑭ 방탕선
⑮ 손목선

직업구
상업구　성공구　권력구
제2오목구　평야구　오목구
봉록구　엄지구

적성을 알 수 있는 언덕과 손금

그 분기선이 직업구까지 뻗어 있다.

이밖에도 손가락 관절이 양쪽 모두 옆으로 퍼져 있고 손바닥 중앙 평야구가 발달되어 있다.

다음은 문학가의 수상을 보자.

문학가는 엄지밑의 엄지구가 발달하고 새끼손가락이 반듯하며 길다. 손끝은 원추형으로 생겼고 두뇌선이 길고 명료하며 불특정 다수인의 인기를 말하는 볼록구까지 뻗어 있다. 두뇌선의 끝이 두 갈래로 되어 있으면 더욱 좋다. 특히 손바닥 밑 바깥쪽인 볼록구가 높고 볼록구상이나 손바닥에 삼각형이 있으면 상상력이 좋아 문학가의 길을 택하는 것이 좋다.

이미 언급한 바 있지만 소설가 정비석 씨는 손바닥이 온통 삼각형으로 되어 있고 직업선과 성공선이 마치 나뭇잎 줄기처럼 뻗어 있으며 베스트셀러 소설이 나올 때마다 성공선이 직업선에서 가지쳐 나오곤 했다. 일본 문학을 대표하는 국지관(菊池寬)상을 창설한 국지관도 상상의 언덕까지 두뇌선이 뻗어 있고 직업선과 성공선이 마치 기차 레일처럼 평행선을 이루고 있다.

13. 시인이 되려면

'내 귀는 하나의 소라껍질 즐거운 바다의 물결 소리에…'라고 노래한 시인 장콕토는 생명선과 두뇌선이 한동안 합쳐 출발했다가 떨어진 형이었고 한국 문단에서 〈보리 피리〉라는 시집으로 베스트셀러 시인이었던 한하운(韓何雲) 시인도 생명선과 두뇌선이 합해 있는 수상이다.

그러면 시인이나 작가의 상을 알아보자. 지난 시간에 작가 겸 문학가의 설명이 부족했으므로 보충 설명코자 한다.

여기서 작가나 문학가는 소설가, 시인, 시나리오 작가, 번역가, 신문 기자 등을 모두 포괄하고 있다.

이 직업에는 독창성과 표현력 그리고 감수성 등이 많이 요구된다. 이상적인 수상을 보면 다음과 같다.

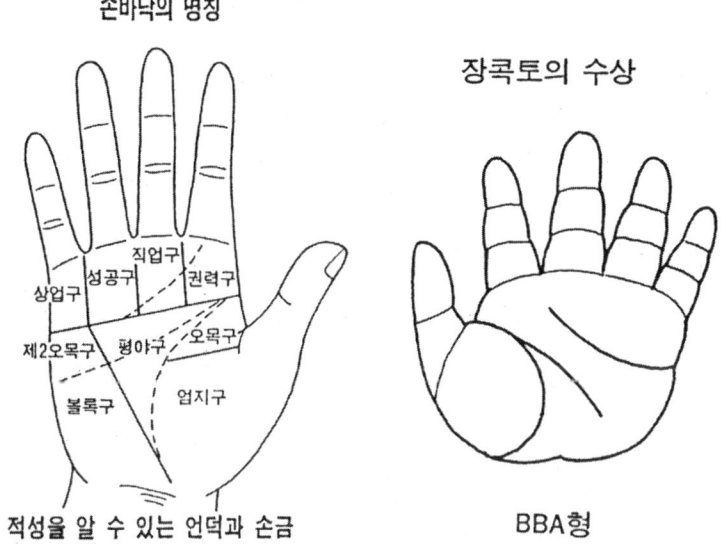

손바닥의 명칭

직업구
성공구
상업구　　권력구
제2오목구　평야구　오목구
볼록구　　엄지구

적성을 알 수 있는 언덕과 손금

장콕토의 수상

BBA형

유명한 작가의 수상은 볼록구가 다른 데보다 두껍고 부드러우며 언덕에 삼각형이 되어 있다. 또 이 언덕에서 손바닥 내부를 향해 올라가는 사선(斜線)이 있는 것이 특징이다.

만약 언덕에 별형(星形)이 있으면 작가로서의 상상력이 많음을 나타낸다.

또 두뇌선은 강하고 길게 원구까지 뻗고 이 선이 볼록구에서 두 갈래로 나뉘어 있기도 하다.

이밖에 새끼손가락이 길고 반듯하며 손가락 끝이 원추형(둥근모양 : 예술적인 손)이다.

시인이 될 수상은 두뇌선이 길고 깊게 볼록구까지 뻗어 있고 끝이 두 갈래로 쪼개져 있다.

볼록구는 다른 데보다 두껍고 높으며 언덕에 삼각형이 있다. 또 손가락은 가늘고 길며 손가락 끝도 가는데 손바닥은 갸름하고 부드러우며 뒤로 잘 젖혀진다.

보리 피리 시인 한하운 씨는 두뇌선이 강하고 힘차게 손바닥을 가로질러 볼록구를 지나 손바닥 끝까지 닿는 드물게 보는 상이었으며 시집이 베스트셀러로 명성을 날린 시기인 35세게에는 두뇌선에서 성공선이 이중으로 강하게 뻗어 갔다. 또 그 끝에는 인기와 명성의 찬란한 큰별이 걸려 있었다. 스타로 탄생되는 시기를 하늘은 예고하고 있는 것이다.

14. 우주비행사

우물을 파도 한 우물을 파라는 말이 있다. 그러나 이 말은 매사에 충실해아 함을 이르는 말이다. 처음부터 수맥(水脈)이 없는 곳을 파 보아야 물은 나올 수가 없는 것이다.

직업을 택해서 성공하는 것도 이와 같은 맥락에서 보아야 한다. 좀 낮더라도 자기의 적성에 맞는 직업을 선택해 그 방면에서 정진한다면 반드시 성공할 수 있기 때문이다. 지금이야 자가 운전이 보편화돼서 많은 사람이 차를 운전하고 있지만 다음은 직업적인(영업용) 운전사의 통계이다.

운수회사의 운전사 80명을 대상으로 그들의 수상을 분석해 본 결과 생명선은 B형(생명선과 두뇌선이 한동안 합해 있다 떨어진 상), D형(생명선과 두뇌선이 출발점부터 떨어져 있는 상)이 많았고 S형(막쥔손)도 다른 직업에 비해서 비교적 많은 편이었다.

그리고 성격선은 C형(성격선이 둘째손가락 밑에까지 도달한 타입)이 50%나 되었는데 이는 운전사라는 직업이 정신적 통제력을 상당히 많이 필요로 할 뿐만 아니라 치밀한 행동을 요청하는 직업임을 보여 주는 것이다.

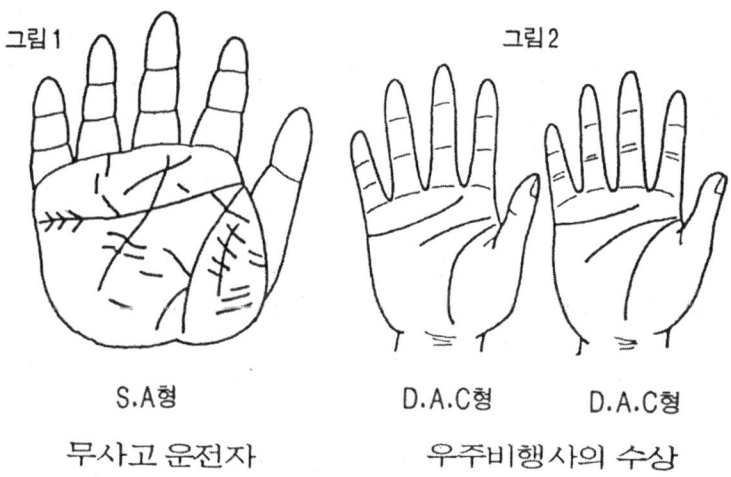

그림1
S.A형
무사고 운전자

그림2
D.A.C형   D.A.C형
우주비행사의 수상

또 둘째손가락이 유난히 짧은 사람도 운전사나 우주비행사의 직업에서 많이 나타나고 있다.

그림①은 20년 동안 자동차 운전을 해 오면서도 한번도 사고를 내지 않은 사람의 수상이다. 이 사람의 수상은 전형적인 막쥔선 S형인데 제2지(둘째손가락)가 유난히 짧아 성격상으로는 냉정할 정도로 차분하다.

그림②는 소련의 우주비행사 가가린(오른쪽)과 티토프(왼쪽)의 손 그림이다. 두 사람의 생명선은 모두 D형이다. 즉 출발선에서 생명선과 두뇌선이 떨어져 있다. 대담하고 어떤 사태에 즉각적으로 대처할 수 있는 운동 선수와 같이 순발력이 있는 반면 모험을 좋아하고 새로운 세계를 동경하는 타입이다.

두뇌선은 A형으로 짧고 곧게 뻗었으며 성격선은 C형으로 둘째손가락 밑에까지 길게 뻗어 있다.

이는 어떤 돌발적인 사태에도 감정이 흔들리지 않고 침착하게 대처할 수 있으며 웬만한 환경의 고독도 인내해 낼 수 있는 안정감이 있는 성격의 소유자이다.

15. 스포츠맨상

수상은 예로부터 인생의 축도이며 신이 인간에게 부여해준 운명의 인장(印章)이라고 일컬어지고 있다.

이에 우리는 손금으로 사람의 과거는 물론 현재와 미래까지 알 수 있다.

그래서 자시의 재능을 스스로 발견하는 방법으로는 수상이 최상이다. 또 자기의 노력 여하에 따라 최고의 지위에 도달할 수 있는 것이다. 설혹 천재가 아닐지라도 자기의 적성을 발견해 이를 갈고 닦으며 부단한 노력으로 하늘이 준 천혜의 재능을 살린다면 천재에 비견할 수 있는 것이다. 이제 스포츠맨의 수상을 알아보자. 스포츠맨은 우선 손가락이 굵고 짧으며 손톱은 길이보다 폭이 넓은 것이 특징이다. 성격이 대담하기 때문에 두뇌선과 생명선이 떨어져 있는 경우가 많다. 또 손바닥 살이 두껍고 단단하며 탄력이 없다. 또한 두뇌선과 성격선이 합쳐진 막쥔손금이 많으며 손바닥엔 선이 비교적 적다.

천하장사를 지냈던 이만기는 왼손이 막쥔선이고 또한 강호동은 오른손이 막쥔선이며 야구의 천재 이종범은 왼손이 막쥔선의 변형이다. 막쥔선은 손등과 손가락을 연결하는 뼈가 다른 사람과 같이 세분화되어 있지 않고 일부가 합해 있어서 힘을 한 곳에 집중하면 괴력이 나온다고 한다.

손바닥의 명칭

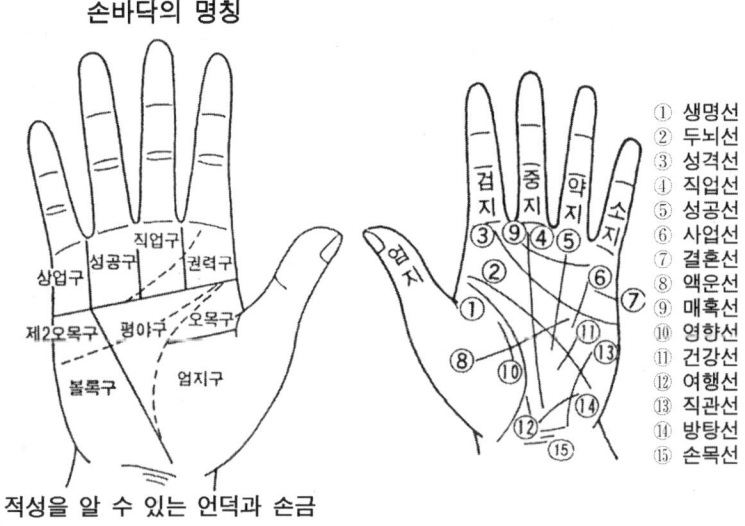

① 생명선	
② 두뇌선	
③ 성격선	
④ 직업선	
⑤ 성공선	
⑥ 사업선	
⑦ 결혼선	
⑧ 액운선	
⑨ 매혹선	
⑩ 영향선	
⑪ 건강선	
⑫ 여행선	
⑬ 직관선	
⑭ 방탕선	
⑮ 손목선	

적성을 알 수 있는 언덕과 손금

그리고 스포츠맨은 생명선이 뚜렷하고 엄지구가 풍만하며 두뇌선과 직업선(운명선)은 직선적이다. 특히 권투 선수는 손바닥 아랫부분의 근육이 잘 발달되어 있고 엄지손가락이 굵고 긴 사람이 이상적이다. 전세계 헤비급 챔피언인 '패터슨'은 두뇌선과 생명선이 떨어져 있고 손바닥 아랫부분의 근육이 잘 발달되어 보기에도 흉할 정도이다. 또한 두뇌선과 생명선이 뚜렷하고 직업선도 가운뎃손가락을 향하여 수직으로 뻗어 있다.

1960년 챔피언의 자리를 한번 빼앗겼다가 다시 차지한 기적 같은 솜씨도 수상에 나타나 있다.

일본에서 '프로레슬러'로 인기 절정이었던 역도산(力道山)도 이와 유사한 손을 갖고 있었다.

16. 대학 진학 운세 판단

논어에 발분망식(發憤忘食)이란 말이 있다. 진리 탐구에 몰두하다 보면 식사하는 것까지 잊는다는 말이다. 오늘도 많은 고교생들이 대학이라는 상아탑에 들어가기 위해 해마다 무겁고 긴 침묵의 시간과 씨름하고 있다. 이런 현실속에서 꼭 거쳐야만 된다고 인식되고 있는 대학. 미래의 꿈이 용솟음치고 아름다운 낭만의 꽃이 피는 대학의 진학 운세를 수상으로 진단하는 데는 몇 가지 요소가 있다. 지금까지 손금의 기초 설명을 마쳤으므로 앞으로 각종 수상 설명 사이사이에 대학 진학 적성 판단 자료를 싣기로 한다.

진학 운세를 알아보려면 첫째 손의 형을 보아야 한다. 손의 형에 따라 그 사람의 적성이 이과(理科)인지 문과(文科)인지 알 수 있다.

두 번째로는 손의 색깔을 본다. 손 전체의 색깔과 주요 손금의 색을 살펴야 한다. 다음은 주요선(생명선·두뇌선·성격선)의 발달 상황을 본다.

신체와 환경은 생명선에서, 지능과 사고력, 기억력 등은 두뇌선에서, 신체 감성의 리듬과 건전성 여부는 성격선에서 나타난다. 특히 주요선의 발달 과정에 초점을 맞추어야 한다.

다음 손의 언덕, 손의 형태와 손가락의 특징, 기타 여러 가지 손금의 변화를 본다. 이렇게 개괄적인 수상을 살핀 다음 개인의 특성을 찾아본다.

그 사람의 적성은 손의 언덕에서 알아내고,

손금으로 합격, 불합격을 알 수 있다

손가락의 형태로 특이한 재능과 성격을 판단한다. 각선과 손바닥을 가로지르는 영향선에서 그 사람의 환경 영향과 가족 관계, 친구·연인 문제, 건강선에서 후천적으로 변화하는 건강 상태를 알아볼 수 있다.

특히 두뇌선의 형태와 강약, 뻗어가는 방향 두뇌선이 하나인가 둘인가, 끝이 둘로 나누어 있나, 다른 선과의 조화는 어떠한가를 살핀다. 지난번에도 언급했지만 이중 두뇌선은 성공의 보증수표라는 말이 있듯이 두뇌선이 이상적으로 발달되고 힘이 있으면 대학 진학에서 90%의 성공을 가져온다.

끝으로 진학 운세를 진단하는 요소 가운데는 직업선과 성공선이 있다.

직업선은 그 사람의 신경 조직과 환경에 따른 발전 여부를 보는데 두뇌선과 종합하여 보면 결정적인 판단을 할 수 있다.

앞으로 좀더 구체적으로 하나하나 설명하겠지만 한 가지 예로 대학 졸업 후쯤 해서 직업선이 발달됐다면 아주 좋은 길상(吉相)이라고 할 수 있다.

그 이외 직업선이 손목에서부터 출발했다면 대학 진학이 가능한 경우가 많고 직업선이 뚜렷하면 품행도 방정하고 일류 대학에 진학이 가능하다.

오늘날 한국 사회에서 꼭 거쳐야만 된다고 인식되는 대학. 이 대학 진학의 운명을 수상으로 노크해 보자.

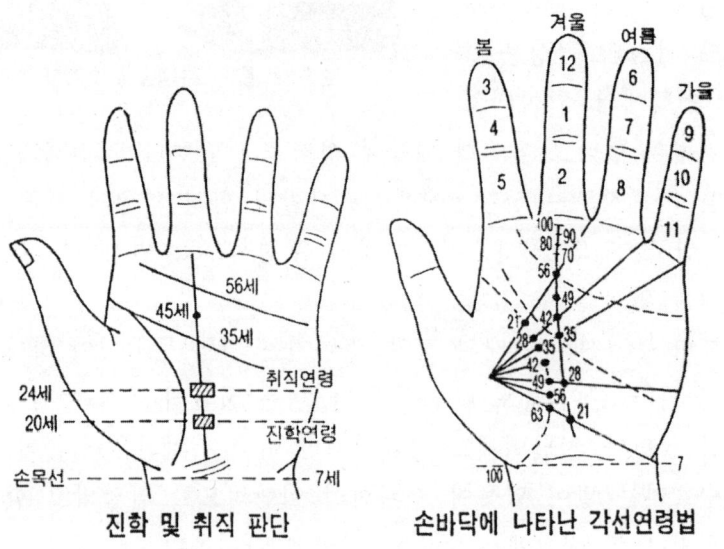

진학 및 취직 판단   **손바닥에 나타난 각선연령법**

우리가 지도를 보면 씨줄과 날줄이 있듯이 손에도 운명을 표시하는 숫자가 새겨져 있다. 이 운명의 나이테는 앞서 이미 소개한 바 있으나 여기서 다시 재론하는 것은 운명의 나이테가 그만큼 중요하기 때문이다.

각 선에 새겨진 숫자를 보면 누구나 인생의 중대한 계기가 연령별로 명료하게 새겨져 있다. 이 연령법에는 7진법이 있는데 7년마다 신체 조직이 변화하는 것을 근거로 영국의 천재 수상가 키로가 제시한 것이다.

이 7진법에 필자가 연구한 유년법을 추가해 대학 진학 운세 진단 및 취직 감별 자료로 삼고자 한다. 그 기준 자료는 그림과 같다.

수능 시험을 치를 때의 운세 및 대학 입학 전형과 합격 발표시의 구체적 운세(즉 월별 운세)는 그림과 같이 손가락 마디를 사용해 기색 혈색 특징 등으로 좋고 나쁨을 판단한다.

원래 이 방법은 카푸아의 저서 〈이집트, 아라비아 및 서양에 있어서의 수상학의 실험적 연구〉라는 책에 있는 비법이다. 손의 기색이나 혈색을 구분하는 데 어려움이 있으나 숙달만 되면 신기하고 놀랄 만큼 정확한 진단이 가능하다.

예를 들면 한 달 중 매일매일의 운세는 한 달을 30 등분히여 위에서부터 아래로 상순(1~10일), 중순(11~20일), 하순(21~말일)으로 나눈다. 달의 마디에 가로선이 나오면 그 기간을 질병 또는 손재가 발생하고 세로선이 있으면 운세가 좋아 기쁜 일이 생기고 대학에 합격되는 것이다.

또한 그림의 연령별 나이테에 있어 두뇌선 및 성격선의 3대 선에 흠이 없고 연령이 표시된 직업선의 대학 진학 연령에 장애선인 가로막는 선이나 섬형 또는 별 모양 등 합격을 저해하는 무늬가 없어야 한다. 직업선이 구부러지지 않고 선명해야 원하는 대학에 진학이 가능하다. 그 위에 있는 취직 연령도 마찬가지로 대학을 졸업하고 곧바로 직업선이 나타나거나 전부터 있던 선이 더욱 강하고 선명해야 좋은 직장에 들어간다. 취직 연령에 직업선이 없으면 뚜렷한 직장이 없이 막노동이나 잡일, 즉 육체노동으로 생계를 유지하거나 일정 기간 쉴 상이다.

17. 대입 계열 선택

모든 사람은 어려서 부모의 따뜻한 품에서 자라지만 점차 커가면서 학교 교육이 시작되고 성년이 되면서 대학에 진학하거나 사회에 진출해 새로운 인생을 맞게 된다.

누구든지 새 인생의 삶을 시작하기 전에 자신의 적성이나 재능을 미리 알아보고 나은 생활을 영위하고 싶어하는 것이 상례다.

음악에 재능이 있는 사람이 두뇌가 우수하다고 하여 법과대학에 들어가 딱딱한 법률 서적을 공부한다든지, 과학에 재능이 있는 학생이 미술대학에 들어가 그림을 그린다면 그 인생은 그

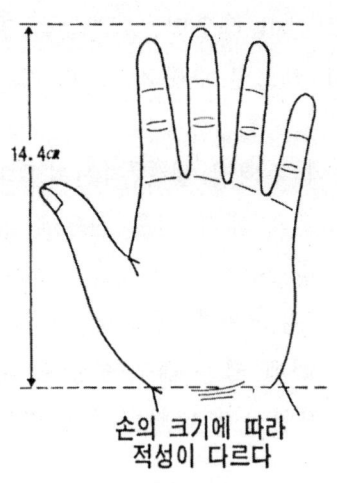

14.4cm

손의 크기에 따라
적성이 다르다

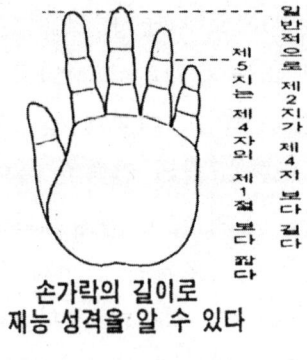

제5지는 제4지의 제1절보다 짧다

일반적으로 제2지가 제4지보다 길다

손가락의 길이로
재능 성격을 알 수 있다

만큼 고달프게 마련이다.

이러한 시행 착오가 없도록 하기 위해 수상을 통해 대학 진학에서 이과(理科) 문과(文科)를 선택할 수 있는 기준을 마련해 보려고 한다.

수상을 통해 이과 문과를 선택하려면 손의 크기나 형태로 보는 일반적인 방법과 손가락의 크고 작음, 손바닥 언덕의 발달 상황, 두뇌선의 생김새, 직업선의 출발 형태와 뻗어가는 방향 및 생명선과 성격선을 종합하여 판단하는 복합법 등이 있다.

즉 수상의 어느 선이나 모양의 한두 가지를 판단하는 단식법과 손의 형태와 손금을 모두 보고 종합하여 결론을 내리는 복합법이 있다.

물론 복합법이 세밀하여 적성이나 운세 판단에 결정적인 역할을 할 수 있으나 너무 광범위하고 복합하므로 이곳에서는 하나하나 단식법에서 출발하여 점차 복합법을 이루는 순서로 설명고자 힌다.

먼저 손이 큰 사람은 고도의 기술을 요하는 직종이나 설계 관계 업종에 적합하다. 이는 이과에 해당되고 반대로 손이 작은 사람은 많은 부하를 통솔할 수 있는 대장격이어서 실업가나 정치가에 알맞은 수상이다. 이런 사람은 문과를 선택하는 것이 유리하다.

또 손가락이 긴 사람은 진보적이고 치밀한 성격의 소유자인데 시계나 라디오, TV기술자 또는 카메라맨, 프로듀서, 약사, 의사와 같은 직종을 갖는 수상이므로 이과를 선택하는 것이 좋다. 손가락이 짧은 사람은 성격이 보수적이고 어떤 사물을 파악하는 힘이 있어 건축 기사나 기업가가 될 수상이므로 문과든 이과든 모두 선택이 가능하다.

또 넷째손가락(약지)이 긴 사람은 투기가 심하고 모험심이 많아 증권계나 부동산 관계 또는 관상업에 알맞은 수상이다. 그러므로 문과에 해당된다. 자, 한번 살펴봅시다. 당신의 적성은 어느 쪽인가.

순수 이성 비판을 쓴 철학자 칸트는 "손은 외부에 나타난 또 하나의 두뇌"라고 말했다.

사람의 재능은 그만큼 두뇌선에 잘 나타나 있다. 그래서 이름

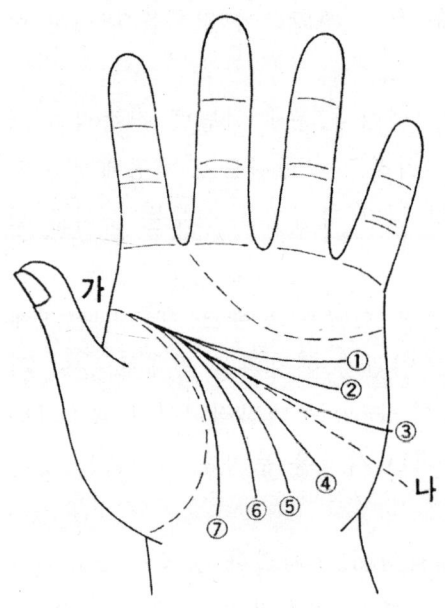

도 '두뇌선'이라고 했으며 이 두뇌선을 보면 그 사람의 지능 정도는 물론이고 성격·판단력·직감력 등 모든 정신적 활동이 그대로 나타나 있다. 두뇌선은 그 사람의 성공 여부를 90%나 좌우한다. 즉 두뇌선이 빈약하면 다른 선의 의미도 그만큼 약화시킨다. 그런데 사람의 재능이 다양하듯 두뇌선의 형태

도 천차만별이다. 두뇌선이 길게 뻗은 사람, 짧은 사람, 생명선 안쪽에서 출발한 사람, 생명선과 떨어져 있는 사람, 선이 뻗어가는 방향이 손목쪽으로 처져간 사람, 곧게 뻗은 사람 등 각양각색

이다. 이러한 두뇌선의 다른 모양은 각각 독자적인 의미를 갖고
있다.

이 두뇌선을 통하여 대학 진학하는 학생들의 이과(理科), 문
과(文科) 선택 방법을 찾아보자.

그림의 ①②③과 같이 가나의 기준선 위로 두뇌선이 옆으로
뻗은 사람은 사고력이 날카롭고 실무적 재능이 있으며 판단력
도 우수하다. 또 숫자 관념이 강해 수리에 밝은데다 일 처리를
잘하는 수상이므로 이과를 택해 수학자·과학자·외과 의사
등의 직업을 갖는 것이 좋다.

그림 ④⑤⑥⑦과 같이 두뇌선이 가나의 기준선 밑으로 처진
사람은 이상주의적인 경향이 강하고 사회인으로 원만한 성격
을 갖기 때문에 문과를 선택하여 문학자·예술가·법학자·변
호사와 같은 직업을 갖는 것이 좋다.

두뇌선이 긴 사람은 모든 일을 사전에 충분히 검토하고 확인
한 다음에 실행에 옮기는 타입이어서 일은 잘 처리하나 속도가
느려 보다 치밀한 업무를 처리하는 직업의 학과를 택하고 두뇌
선이 짧은 사람은 초·중등학교에서는 두각을 나타내나 상급
학교에 갈수록 빛이 바래짐으로 과욕을 부려 무리한 상향 지원
하는 것을 삼가야 하며 직관적 실행형으로는 어느 직업을 택해
도 곧 능숙해지는 특징을 갖고 있다. 두뇌선이 둘로 갈라지거
나 두 개 있는 이중 두뇌선은 성공의 보증수표라고 하여 이미
설명한 바 있지만 길고 짧은 것을 겸비한 것이므로 모든 일을
잘 해내지만 다예(多藝)는 무예(無藝)에 통하므로 전문화되는
직업의 학과를 선택하는 것이 바람직하다.

18. 캠퍼스 향하는 지름길

상아탑의 관문을 두드릴 마지막 시기가 됐다. 무겁고 긴 침묵의 시간속에서 씨름한 노력의 결실을 거둬야 할 때다. 눈치지원이라는 용어까지 등장되고 있는 것을 보면 이 경쟁이 얼마나 극심한지 짐작이 간다.

따라서 이제는 몇몇 대학의 재학생·졸업생의 수상을 예로 들어 설명함으로써 진학 판단에 도움을 줄까 한다.

그림에서 보는 바와 같이 이 학생의 수상은 발전선이 힘차게 뻗어 있고 손바닥을 가로지르는 두뇌선이 길고 길게 새겨져 있어 대학 진학에선 100%였음을 알 수 있다. 특히 두뇌

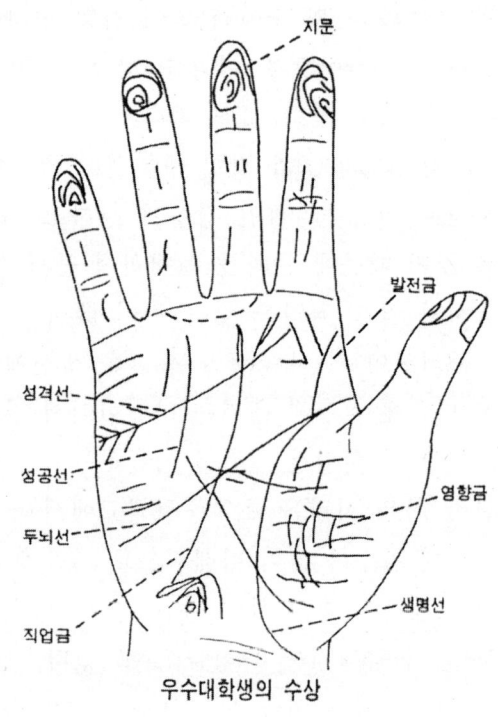

우수대학생의 수상

선이 옆으로 비스듬히 뻗어 손바닥 바깥쪽까지 거의 도달해 있으며 선 또한 선명해 판단력과 과단성이 있고 두뇌 회전도 빠른 상이다.

생명선 또한 엄지구를 크게 감싸고 선명하게 활모양으로 새

제1편 손금과 운세 223

겨져 있어 오장육부가 튼튼하고 생각이 건전하다.

엄지구가 활 모양 같고 풍만해 정력적인 활동가임을 보여준다.

성격선은 끝이 둘로 나누어져 있으며 둘째손가락 밑 권력구까지 뻗은 관계로 냉철한 성격의 소유자임을 알 수 있다. 외부의 환경에 쉽게 휩쓸리지 않고 동요없이 학업에 열중할 수 있는 감성을 갖고 있다.

손가락의 지문은 물결 모양(波紋)보다는 소용돌이(渦紋) 형태가 많아 피의 흐름도 느리지 않고 빠른 편이어서 몸의 체온은 다른 사람보다 따뜻하며 건강 체질이다. 그러면 이 학생의 장래 운명은 어떨까?

직업선의 위치로 보아 30대를 전후하여 환경이 변하고 고난과 어려움을 맞게 된다. 이를 극복하기 위해서는 무리한 욕심을 부리기보다는 근신하며 분수를 지켜야 한다.

성공선이 선명하게 나타나 있으므로 이 시기가 지나면 명예와 부귀가 온다. 따라서 인생의 후반기에 성공하는 수상이다.

19. 행운의 찬스를…

모든 사람은 신 앞에 평등하다.

각자가 나름대로의 재능이나 장점을 갖고 태어났기 때문이다. 그러므로 일시적으로 어려움이나 곤란이 닥친다고 절망하거나 낙심해서는 안 된다. 자신의 수상으로 운명을 판단하고 이에 대비해서 행운의 찬스를 잡는 데 게으르지 말아야겠다.

서울 시내 S대학 일류 대학생의 수상을 살펴보자.

그림에서 보듯이 이 학생의 수상은 우선 지혜를 나타내는 두뇌선이 생명선과 떨어져 출발하여 손바닥의 말단 부분인 볼록구까지 뻗어가고 있다.

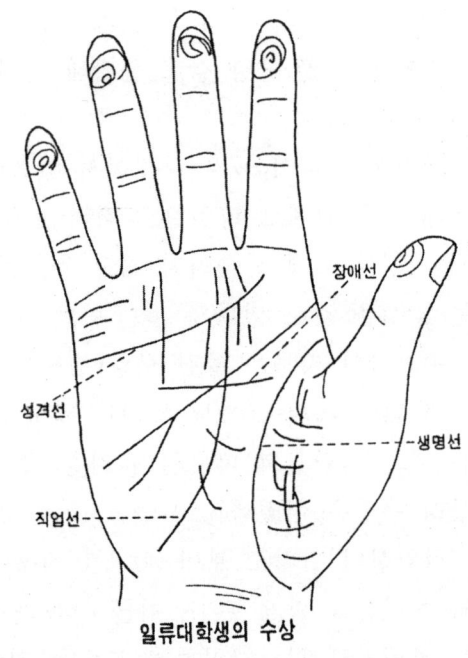

일류대학생의 수상

따라서 무슨 일이든 열중하며 사물을 판단하는 능력이 빠르고 정확한데 영국의 수상(首相)이었던 처칠, 미국 대통령 루스벨트, 서독수상 아데나워 등이 이런 상을 갖고 있었다.

이러한 두뇌선은 순발력이 있고 빨리 판단하는 장점이 있는 반면 무슨 일을 오래 생각하지 않고 바로 판단하여 때론 경솔하다는 평도 듣게 된다. 또 운이 나쁠 때에는 이 성급한 판단이나 결정으로 손해나 피해, 또는 실패를 맛보는 예도 있다.

게다가 이 학생은 두뇌선의 끝이 둘로 나누어져 있는데 이러한 것은 이른바 이중 두뇌선이라고 하여 성공의 보증수표라는 이름으로도 불린다. 대학 진학에서 100%의 성공률을 보이는 수상이다.

생명선도 흠이 없이 양호해 신체가 건강하여 웬만큼 피로가 축적되어도 바로 회복되는 상이다.

그러나 직업 등 생활 환경을 말해주는 직업선(운명선)을 보면 두 번이나 어려운 문제에 봉착하는 장애선이 나타나 있다.

따라서 앞으로 인생을 살아가는 가운데 29~30세 초반에 어려움이 닥치는데 이 시기를 여하히 잘 보내느냐에 따라 인생의 승부가 결정되는 상이다. 때문에 이 학생은 세칭 일류대학에 진학했다는 긍지를 교만으로 삼지 말고 겸손으로 다스려야 한다.

또 가정과 부부운을 보는 성격선을 보면 쇠사슬 모양을 하고 있는데 이는 성격이 다정다감한 것을 말한다.

슬픈 일을 보면 같이 어려움을 나누고 기쁜 일에는 서로 도와 기쁨을 크게 하는 동정심도 많은 상이다.

특히, 직업선이 선명하고 이중이며 성공선도 뚜렷해 30대 후반부터의 발전이 기대된다.

20. 슬픔 지나면 기쁨이…

사람이 어떤 목표를 향해 모든 노력을 경주했는데도 때에 따라서는 뜻대로 되지 않는 경우가 많다.

입시생의 경우도 배움을 열망하면서 노력을 했지만 어쩔 수 없는 여건 때문에 진학에 실패하는 예가 있다.

그러나 인생만사는 새옹지마(塞翁之馬)라는 말처럼 길흉화복이 엇갈려 오고 있기 때문에 한순간의 실패를 놓고 너무 상심할 필요는 없다고 한다.

슬픔의 순간이 지나면 반드시 기쁨이 오게 되어 있는 것이니 참고 기다리며 노력할 수밖에 없지 않은가.

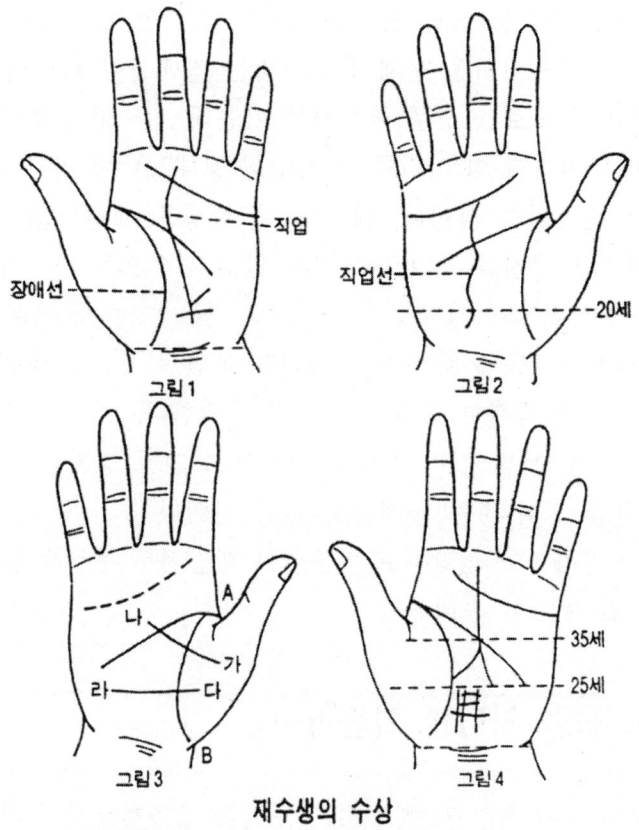

그림 1

그림 2

그림 3

그림 4

재수생의 수상

  누구든 신이 자신에게 준 재능을 속히 발견해 그 길로 달려
가다면 성공과 행복이 기다리고 있는 것이다.
  일시 불합격했을 때는 자기의 재능을 잘 판별하여 재수 기간
에 더욱 성실히 노력하고 취업이 가능한 사람은 직업을 갖고
생계를 유지하며 다음 학업의 기회를 맞기 위하여 힘써야겠다.
  이미 언급했지만 영국 국민이 추앙하는 처칠은 초등학교 시
절 3년이나 유급하는 불운의 사태를 겪었으나 이에 굴하지 않
고 더욱 성실히 노력하여 사관학교를 졸업하고 영국 정치사에

길이 남는 위인이 되었고 더구나 정치인으로는 최초로 노벨문학상까지 받는 영광을 누렸다. 요는 사람이 불운에 처했을 때 이에 굴복하느냐 아니면 어려움을 무릅쓰고 이를 헤쳐나가느냐에 따라 그의 운명은 판이하게 변모되는 것이다

그림 ①과 같이 일시 불합격형은 재수 후 합격하는 상인데 이런 수상은 직업선 위에 장애선이 있으나 새로운 선이 나타나 이를 극복할 수 있는 상이다.

그러나 그림 ②처럼 직업선이 꾸불꾸불하게 상승했다가 손목선에서 출발한 직업선이 생명선에 근접하여 굽어 상승하는 때에는 진학이 어려운 운명이므로 빨리 포기하는 것이 좋다.

또 그림 ③과 같이 장애선이 생명선 옆으로 끊고 두뇌선도 끊어 버린 상은 눈치 작전 등에 실패해 진학이 안 되는 수상이다.

이밖에 그림 ④는 진학 연령이 되었지만 경제적인 곤란으로 대학 진학을 포기했으나 취직 후에 운이 좋아져 학업을 계속하는 수상이다.

제 8 장

결혼과 연애

1. 결혼

(1) 결혼은 언제 하나

흔히 새끼손가락 밑에 있는 가느다란 선, 즉 결혼선을 보고 그 사람의 결혼운을 말하곤 한다.

이 선이 한 개만 있으면 한 번 결혼하고, 두 개가 있으면 두 번 결혼하게 된다고 보고 있다. 그리고 이 결혼선이 성격선과 가까이 있으면 조혼하게 되고, 성격선과 상당히 떨어져 있으면 늦게 결혼한다고 말한다.

결혼 시기는 결혼선, 영향선, 직업선 등에 의해서 총체적으로 판단한다. 결혼금은 새끼손가락 밑에서 직업선를 수평으로 횡단하는 짧은 선으로, 아무에게나 볼 수 있는 중요한 선의 하나이지만 이 선의 길이와 선명도로 결혼의 시기를 알 수 있다.

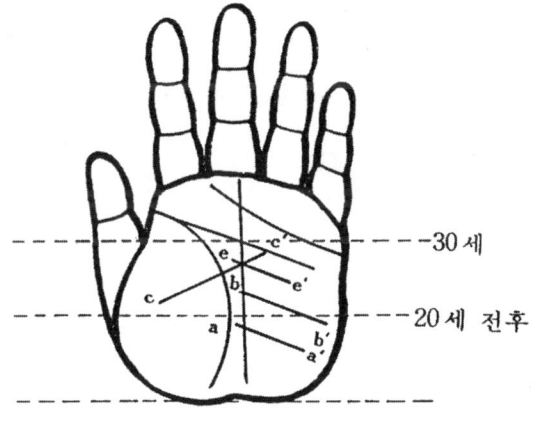

양손 중 먼저 자신의 '소극적인 손'을 본다. 직업선을 보면 혼기가 가까운 사람은 그림의 a-a', b-b'와 같은 손금이 직업선과 교차하고 있다. 이 교차한 손금이 바로 결혼 문제와 관련이 있다.

일반적으로 그 손금은 a-a'처럼 짧은 것이지만 b-b'처럼 긴 사람도 있다. b-b'처럼 되어 있는 사람은 대체로 연애 결혼을 할 운명이다.

다음으로 요즈음 구미 각국에서 성행하고 있으며 실제 잘 맞는 결혼의 시기와 연령을 알아보는 방법을 알아보자.

그림에서처럼 먼저 직업선과 두뇌선이 교차하고 있는 곳을 찾아낸다. 이 부분은 서른 살 때의 생활과 관계되는 부분이다. 다음으로 그 교차점과 손목과의 절반쯤 되는 부분을 찾아낸다. 이 부분이 20세 전후의 생활과 관계있는 부분이다.

이렇게 30세와 20세 정도의 관계되는 부분을 발견하였으면 다음엔 직업선을 가로지르는 짧은 손금을 찾아보자. 가령 그림처럼 a-a' 부분에 가로지르는 선이 있다면 결혼 연령은 18, 19세가 되고, b-b' 부분에 있으면 결혼은 22, 23세라고 볼 수 있다.

이와 같은 방법으로 결혼 연령을 생각해 보면 대체로 맞는다고 할 수 있다. 만일 믿어지지 않으면 주변에 있는 기혼자의 손을 한번 살펴보기 바란다. 결혼 연령을 표시한 손금의 위치가 그 사람이 결혼한 나이와 신통하게도 잘 맞는 것에 당신은 놀랄 것이다.

그런데 개중에는 결혼을 표시하는 손금이 너무 많아서 어느 것이 기준이 되는지 가려내기 어려운 사람이 있다. 이러한 사람은 그림의 e-e'(결혼 연령을 표시하는 선)와 c-c'같은 제 1영향선과 교차하고 있는 곳을 찾아내서 그곳을 계산해 보면 된다.

그림 I에서 ①과 같이 성격선에 가까이 새겨져 있는 결혼선의 소유자일수록 조혼을 가리키고, 그림 I의 ②와 같이 새끼손

결혼시기

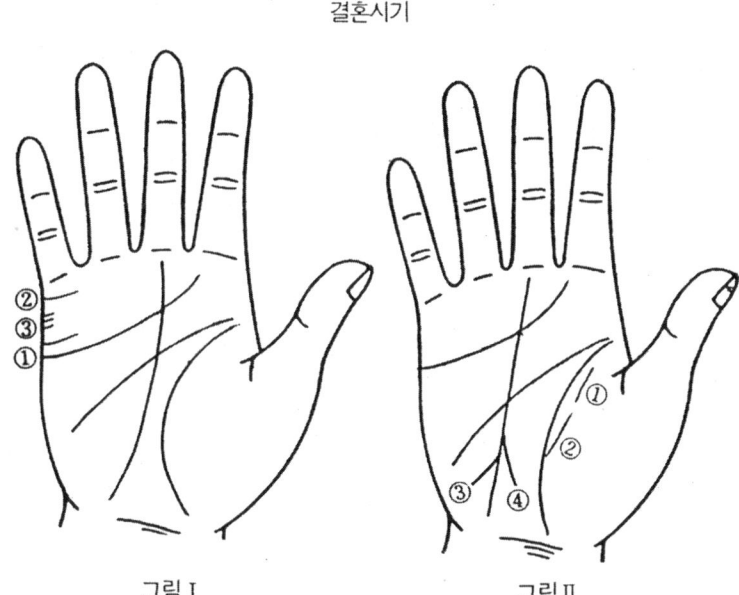

그림 I   그림 II

가락에 가까워질수록 만혼이다. 이런 사람은 무리하게 일찍 결혼시키면 반드시 부부 사이가 갈라진다. I의 ③과 같이 짧고 선명하지 않은 결혼선은 실현되지 않았던 약혼이나 연애 관계를 가리키고, 결혼선이 아주 약한 사람은 결혼을 해도 처나 남편으로서의 자격이 모자람을 나타낸다.

결혼선은 육친 이외의 이성으로부터 받는 애정을 가리키는 선으로, 이 선의 수가 많은 사람은 박애주의자이며 염복가이다.

조혼이냐 만혼이냐는 손의 언덕에 의해서도 추측된다. 성공구, 오목구, 상업구, 권력구가 잘 발달한 사람은 조혼이며 볼록구, 직업구가 잘 발달한 사람은 만혼의 경향이 있다.

결혼의 시기를 결혼선만으로 판단하는 것은 곤란하며, 정확

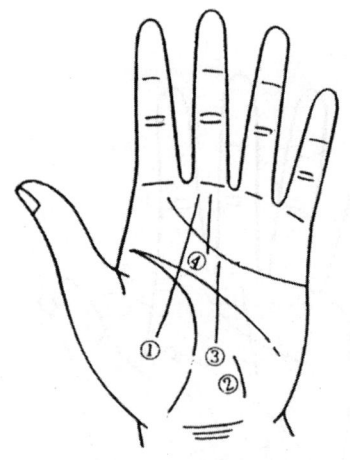

그림 Ⅲ

하게 보려면 영향선이나 직업선까지 읽어야 한다. 그림 Ⅱ의 ②처럼 영향선이 생명선에 합류하고 있는 점이 혼기일 수도 있다. 또 그림 Ⅱ의 ③④와 같이 직업선을 따라 영향선이 직업선에 흘러들어간 점이 그 사람의 결혼을 가리키기도 한다.

직업선이 엄지구 내부에서 올라가는 것은 배우자의 경제적인 도움을 받아서 성공의 첫발을 내딛는 것을 뜻하지만, 그림 Ⅲ의 ①처럼 생명선을 지나는 교차점의 연령이 결혼의 시기를 가리키는 수도 있다.

결혼의 시기를 직업선으로 볼 때, 그림 Ⅲ의 ②와 같이 직업선이 끊겨 있을 경우, 남자는 보통 사업이 막히는 것을 가리키지만, 여자는 이 무렵에 결혼을 하게 됨을 나타낸다.

말하자면, 지금까지 직업에 종사하고 있던 여자가 결혼을 하면서 직장을 그만두고 가정으로 들어가는 것으로 보면 된다.

그림 Ⅲ ③처럼 지금까지 없던 직업선이 시작되는 경우, 이 연령이 결혼의 시기를 가리키기도 한다. 더욱이 그림 Ⅲ ④와 같이 직업선이 끊겨 있을 경우, 남자는 전근이라든지 독립해서 회사를 설립하는 시기임을 가리키지만, 여자는 대부분 결혼 시기를 나타낸다.

(2) 결혼 장애

자기 나이선에서 교차할 때 가족 반대

가족의 반대나 가정 불화, 경제적 파탄 등이 원인이 되어 결혼을 방해받게 될 경우 그 징조는 손금에 어떻게 나타날까? 물론 확실한 판단을 내릴 만한 무엇인가가 나타나 있다고는 말하기 어렵지만, 몇 가지 요인을 생각해 보면 그림 I에서처럼 장애가 일어날 것을 나타내는 금을 보고 여러 가지 판단이 가능하다.

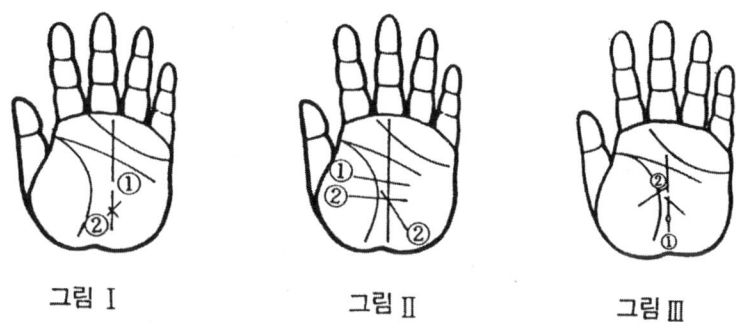

그림 I   그림 II   그림 III

우선 자신의 손을 보고 다음 사항을 주의해 관찰해 보자.

먼저 제1영향선이 그림II의 ①처럼 당신이나 당신 애인의 나이를 표시하는 부분에서 교차하고 있으면, 당신의 결혼은 가족의 반대에 부딪치거나 가족 가운데서 당신들의 결혼을 방해할 만한 불화가 생긴다.

이런 경우에 먼저 그 불화의 원인을 해결하지 않고서는 그 결혼은 성사될 수가 없다.

그러나 ②처럼 제2영향선이 교차되어 있으면 가족의 반대나 가정내의 불화 등을 제치고 용기있게 결혼을 하는 것이 좋다.

그런데 그림Ⅲ의 ①처럼 직업선 위에 고리 모양이 있으면 그 결혼은 어려우므로 아예 포기하는 것이 바람직하다.

또 그림Ⅲ의 ②처럼 직업선이 중단되어 있는 경우라면 결혼함으로써 일시적인 고통을 맛보긴 하지만 서로가 노력해 나가면 반드시 원만하고 알뜰한 결혼 생활이 약속된다.

(3) 결혼 생활

권력구에 X표 있으면 행복, 결혼선 끝이 위 아래로 나갈 때 이혼상.

인생에 있어 두 남녀의 만남처럼 중요한 것은 없다.

남자건 여자건 어떤 배필을 만나느냐에 따라서 그의 인생 항로가 순탄한가 불행한가가 결정되기 때문이다.

그러면 손금을 통해 장래의 결혼 생활에 관해 알아보자.

그림I에서 ①과 같이 결혼선이 선명하게 새겨져 있는 것은 견실하고 행복한 결혼 생활을 예지한다.

그림I의 ②와 같이 권력에 자그맣게 단독으로 X표시가 되어 있으면 행복의 정도가 한층 높다.

또 결혼신이 그림I의 ③과 같이 성격선 아래로 처져 있는 사람을 많이 볼 수 있는데 이런 수상은 본인이 배우자보다도 오래 산다는 것을 의미한다.

특히 이런 수상의 소유자는 결혼할 때 주변의 반대가 있지만 이를 무릅쓰고 자신보다도 지위가 낮은 사람과 결혼에 골인하는 경우가 많다.

그런데 이러한 결혼선의 기울기는 그 사람의 심경과 행동에 의해 점차 변하게 마련인데 결혼선이 그림I의 ④와 같이 성공

결혼 생활

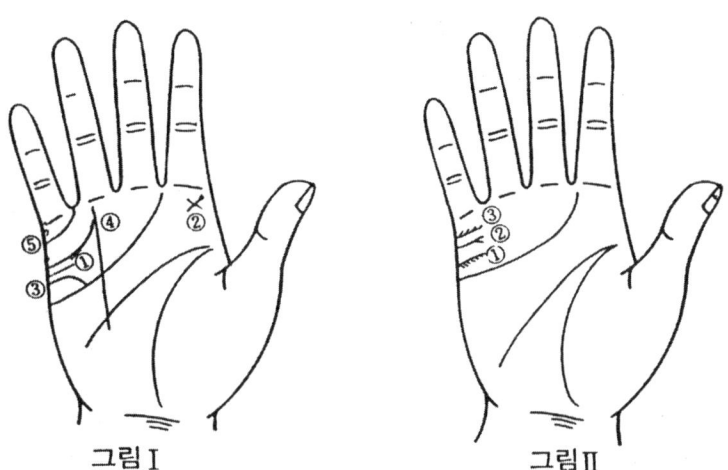

그림 I   그림 II

선과 만나는 경우는 결혼을 하면 자신보다 신분이 높은 배우자
를 만나 행복한 결혼 생활을 하게 된다.

이밖에 그림I의 ⑤와 같이 결혼선 위로 올라가는 수상은 여
자는 자기 주장이 강해 대개 독신으로 오래 살게 되고 결혼을
해도 고독한 결혼 생활을 하게 된다.

또한 그림II의 ①과 같이 결혼선에서 가느다란 선들이 아래
쪽으로 나타나 있는 경우는 결혼 생활이 비애와 실망으로 가득
차 있음을 나타내며 배우자의 병약함이 그 원인이 된다. 그림
II의 ③과 같이 결혼선 위쪽으로 잔주름이 많으면 행복한 결혼
생활이 약속된다.

끝으로 그림II의 ②와 같이 결혼선 끝이 위아래로 나뉘어 있
는 것은 이혼을 하게 되는 상이다. 이와 같은 결혼선의 소유자
에게는 반드시 부부의 위기가 찾아든다. 그러나 당사자들이 잘
의논하며 노력을 기울이면 이 징조는 소멸된다.

결혼선의 끝이 작게 갈라진 것은, 이혼에는 이르지 않으나 부부가 별거를 한다. 남편이 사업이나 유학으로 장기간에 걸쳐 외국에 가거나, 부인이 결핵 등의 요양을 위해서 오랫동안 입원하는 것을 암시하기도 한다. 이 징조는 이상하게도 사태가 발생하기 오래 전부터 나타난다.

그림 I의 ①처럼 결혼선 끝에 X자 표시가 있는 것은 배우자가 다치거나 갑자기 죽는다는 것을 나타내는 것이며 결혼선 도중에 '섬'이 생기는 것은 괴로움이며, '섬'이 계속되는 기간 동안 별거함을 나타내고 있다. 이 섬이 결혼선의 선단에 있으면 파경의 슬픔을 나타낸다.

결혼선이 작은 액운선으로 막혀 있거나 작은 선으로 끊겨져 있는 것은 결혼이 어떤 장애로 인해 실현될 수 없음을 말하며 문제가 해결되면 결혼선을 막고 있던 액운선은 사라지고, 결혼선은 빛이 난다.

그림 II의 ①과 같이 출발이 둘로 나뉘어져, 그 뒤 하나로 합류돼 있는 결혼선은, 무언가의 장해 때문에 두 사람의 연애는 답보상태이지만, 곧 결혼이 가능해져, 행복한 가정이 꾸려지는 징조이다.

그림 II의 ②와 같은 고리 모양을 이룬 결혼선은 불행한 결혼을 암시하는 것이다. 배우자의 질병으로 어두운 가정이 되기도 하고, 가정을 뒤로하고 서로 나돌아다녀 부부는 이름뿐이고, 말도 하지 않는 비참한 생황이 된다.

그림 III의 ①과 같이 도중에서 끊어진 결혼선은 출발은 화려하지만 어떤 원인으로 결혼 생활이 파탄에 이름을 암시한다.

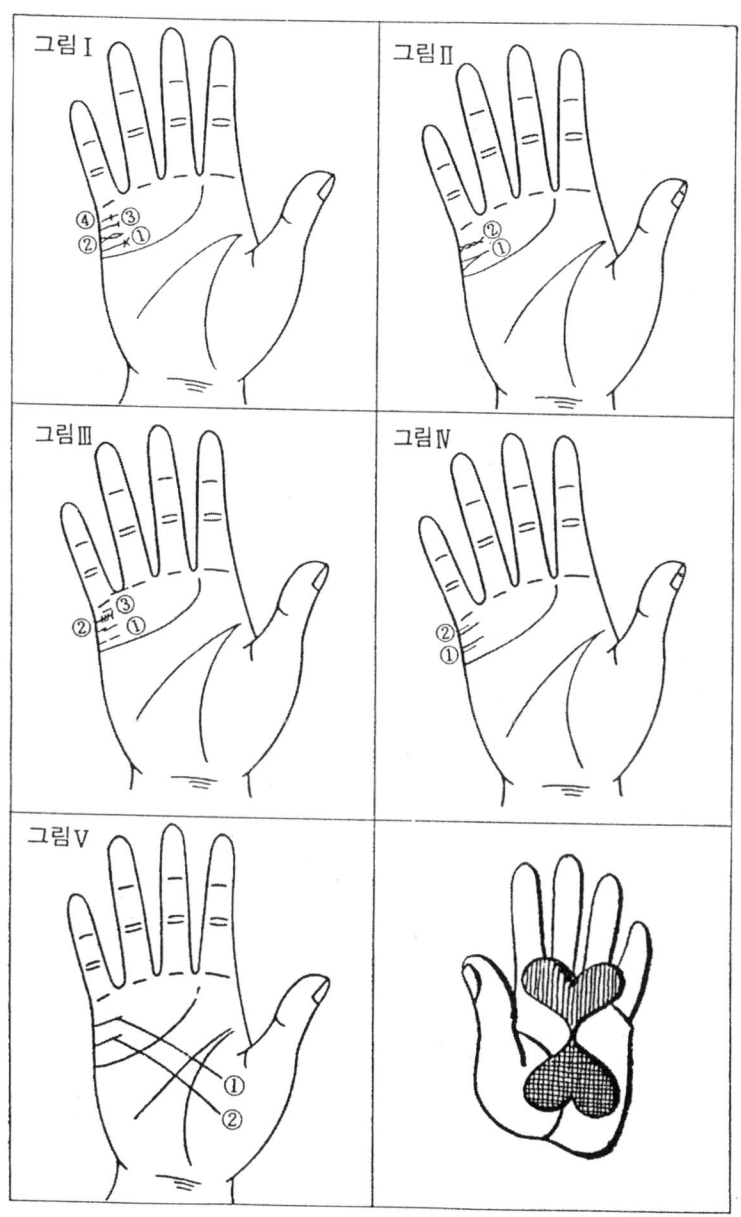

그림Ⅲ의 ②와 같이 결혼선이 끊겨 있어도 이중으로 되어 있을 때에는 한번 이별의 상태가 되지만 곧 옛날로 돌아가는 재결합의 징조이다.

그림Ⅲ의 ③과 같이 결혼선이 여러 개의 종선에 의해 격자형을 만드는 손을 볼 수가 있는데 이와 같은 손금은 독신 여성에게서 많이 볼 수 있고, 결혼 시기는 곧 나타나지 않음을 의미하고 있다.

이와 같은 모양의 결혼선을 가진 여성은 많은 남성에게서 구애를 받으며, 사교계에서 솜씨를 발휘해 화려하기는 하나 유혹도 많다.

결혼선이 그림Ⅳ의 ①과 같이 두 개의 선이 접근해서 위의 선이 강할 때도 있다. 이것은 남자에게서 보는 수가 많고, 어느 여성과 깊은 관계가 되며, 그 후 다시 훌륭한 여성이 나타나서 결혼하지만, 앞서의 여자와도 잊지 않고 관계가 계속됨을 가리킨다.

이것과는 반대로 그림Ⅳ의 ①처럼 위의 결혼선이 약한 경우는 결혼 후에 애인이 생겨, 본처 외에도 애인과 교제가 있음을 나타낸다.

결혼선이 그림Ⅴ의 ①처럼 제1오목구에서 나온 액운선과 부딪치는 경우 결혼을 제삼자가 방해함을 나타낸다. 그림Ⅴ의 ②와 같이 엄지구에서 나온 액운선과 부딪치는 경우는 결혼을 양친이나 근친자가 간섭하는 것이다. 그림Ⅴ의 ①은 동성 그림Ⅴ의 ②는 이성의 방해를 의미한다.

2. 연애

(1) 혈액형에 의한 연인 선택

다음의 표는 혈액형별 인간 관계에 있어서 좋고 나쁨을 나타내는 것이다.

혈액형＼혈액형	A형	B형	O형	AB형
A형	△	△	◎	○
B형	△	△	◎	○
O형	◎	◎	△	△
AB형	○	○	△	△

◎ 아주 좋음　　○ 양 호　　△ 노력이 필요

즉 연인 선택에 있어서 나와 연인과의 혈액형별 관계를 대길, 양호, 노력 필요 등 셋으로 분류하였다.

결혼이나 연인 선택에 활용하기 바란다.

혈액형별 인간 관계의 좋고 나쁨은 행복과 불행에도 영향을 미쳐 운명을 크게 좌우한다. 궁합을 볼 때 동양에서는 십간, 십이지, 별점 등에 의존하여 왔으나 아직 그 과학성이 입증되지 못하였으며 혈액형이나 수상에 의한 것은 과학적으로도 근거 있는 것이라 하겠다.

여기에서는 혈액형별 성격을 알아봄으로써 자기와 알맞은 상대가 어떤 형인지 보자.

혈액형은 1901년 의학자 란도슈다이나가 사람의 혈액을 다른 사람의 혈액에 섞어 응고되는 것을 발견하고 혈액 중의 항원 물질의 차이에 따라 혈액을 분류하여 A. B. AB. O형으로 나눔으로써 혈액형 분류 방식이 생겨났다.

혈액형은 일정한 법칙에 따라서 유전하며 친자 확인이나 수혈 가능 여부 등에 이용되고 있다. 맨처음 심리학자 옹구루데루에 의해서 혈액형이 개인 특유의 체질과 기본 성격을 나타냄을 알게 되었다.

혈액형으로 인간의 성격이나 궁합을 완벽하게 분류하기는 힘든 일이나 혈액형이 인간의 성격 결정에 깊은 관련이 있다는 것은 부정할 수 없는 사실이다.

각자가 갖고 태어난 혈액형을 알고 수혈 가능 여부를 판단함은 물론 인간 관계에 있어 본인과 잘 맞고[相生] 안 맞는[相克] 면을 활용하여 보다 알찬 삶을 이루는 데 도움을 얻도록 하자.

▪ A형의 성격

모든 면에 신중하고 책임감이 강하며 보수적인 완전주의자이다. 동정심도 있고 서비스 정신도 왕성하나 우유부단한 면이 있어 주위에 신경을 많이 쓴다.

속으론 겁이 많아 쓸데없는 걱정을 하고 사소한 일에도 끙끙대지만 고독에는 잘 견딘다. 신체적으로는 호흡기 계통, 소화기 계통, 관절 등이 약한 편이다.

▪ B형의 성격

작은 일에 무관심하고 자유 분방하여 속박당하는 것을 싫어한다. 독창적이며 저돌적인 행동력과 독단으로 일을 진행하는 타입이다.

아이디어가 풍부하며 이해가 빠르고 경솔한 면도 있으나 실패를 해도 기분 전환이 빠른 편이다.

신체적으로는 순환기 계통, 소화기 계통, 골격이 그다지 강하지 않다.

▪ AB형의 성격

대개 신경질적이며 냉정 담백한 합리주의형이다. 유순한 심성도 가지고 있어 부드럽고 실수가 없는 사귐성으로 협조심이 풍부하다.

비판력 분석력도 뛰어나고 봉사 정신도 왕성하지만 충동적인 면도 있어 일에 대한 집착력이 약하고, 상냥함과 냉담의 이중성을 지니고 있다. 신체적으로는 호흡기 계통, 내분비 계통, 복부에 조심해야 한다.

▪ O형의 성격

직감력과 집중력이 있고 투쟁심도 왕성하다. 깔끔한 천성을 지니고 있어 남을 위해 기꺼이 노력하며 목적 의식이 투철한 행동적인 현실주의자이다.

낭만적인 면도 있지만 선뜻 단념을 잘하고 자기 주장, 자기 표현이 강해서 우두머리 기질로 보이기 쉽다. 정열적이고 대담하지만 단순한 면도 있다.

신체적으로는 순환기 계통, 소화기 계통, 척추, 뼈 등에 특히 주의를 요한다.

(2) 손 모양과 연애운

철학자 아낙사고라스는 "사람이 만물의 영장인 것은 그 손이 훌륭하기 때문"이라고 했다.

그런데 손의 모양은 사람의 운명을 알아보는 데 기초가 되며 연애운도 손의 형상에 따라 다르게 나타난다.

실제적인 손(방형의 손)은 동정심이 많고 성실한데, 보람없는 연애는 하지 않는 대신 정말 좋은 상대가 나타나면 전력을 다해 연애에 열중한다.

활동적인 손(주걱형의 손)은 성격이 성실하고 쾌활해 애정을 나눔에 있어 시종 변함이 없다

예술적인 손(원추형의 손)은 성격이 신경질적인 편이다. 따라서 사랑을 찾아 헤매다가도 연애할 상대가 나타나면 그 이성을 애욕의 상대로만 생각한다.

특히 이런 형은 감정이 풍부하기 때문에 사랑을 하게 되면 깊이 빠져들어가기도 한다.

끝으로 공상적인 손(민감형)은 감정이 예민하고 사랑을 해도 정열적이다. 이런 사람은 '연애는 신성한 것'이라고 생각, 이른바 플라토닉러브를 추구하다가 연애를 결혼으로 이끌지 못하고 중도에서 끝내는 경우가 많다.

한편 손가락이 긴 사람은 재주가 있고 진취적인 기상이 풍부해 연애를 해도 상대에게 세심한 부분까지 신경을 쓴다.

반대로 손가락이 짧은 사람은 사물을 전체적으로 파악하는 능력이 있는 반면 보수적이어서 연애도 가문, 의식, 사회적인 지위를 따져가면서 한다.

(3) 연애 시기

연애의 시기는 생명선을 보고 직업선의 연령을 응용, 영향선의 위치로 판단해야 한다.

영향선이란 생명선을 따라서 생명선의 내부에 나타나는 가

는 선의 일종인데 직업선을 따라서 나타나는 작은 선도 영향선
으로 본다.

　특히 영향선은 손의 주요선
가운데 가장 미세한 선인데
주로 이성 관계를 나타내고
있다.

　그림의 ①과 같이 생명선이
시작되는 곳에 영향선이 나
타나 있으면, 어릴 때 어머니
가 아닌 유모로부터 정신적
인 감화를 많이 받았다는 것
을 알 수 있을 것이다. ②는
청년기에 해당하는 영향선인
데 이때의 영향선은 아름다

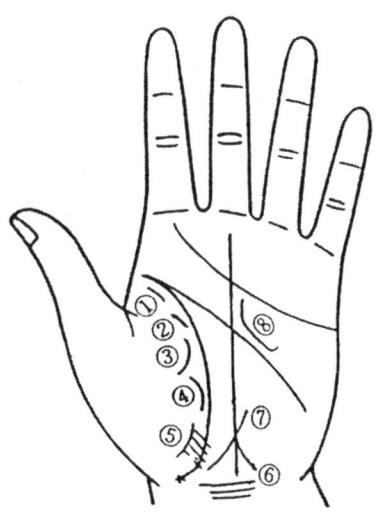

생명선에 나타난 이성 관계

운 로맨스가 꽃피는 것을 예고한다. ③은 밑으로 뻗어가면서
생명선과 점점 멀어져 가는데 이런 영향선은 애정이 점차 시들
어가는 상이다. ④는 생명선과 점점 붙어가고 있어 연인과의
애정 관계가 날이 갈수록 깊어가는 상이다. ⑤의 경우는 영향
선 밑에 여러 개의 선이 생명선을 자르고 있는데 이런 수상은
주색에 빠지기 쉬운 상이다. 또 ⑥과 같은 경우는 영향선이 직
업선과 만나고 있는데 이런 때는 곧 결혼하리라는 것을 의미한
다. ⑦의 경우는 직업선이 영향선을 자르고 있다. 이런 상은 아
직 결혼에 이르기엔 시기 상조임을 나타내는 것이다.

　끝으로 ⑧과 같이 영향선이 직업선과 평행하는 경우는 연애
도 결혼도 평행선을 달리는 상이다.

만약 여성에게서 ⑦⑧과 같은 영향선이 발견되면 상대 남성이 아무리 친절히 대하더라도 사실 그는 당신과 별로 결혼할 의지가 없다는 것을 의미한다.

(4) 생명선과 연애

인생 행로에서 먼 길을 함께 가줄 수 있는 동반자를 잘 만나느냐 못 만나느냐가, 모든 사람의 성공과 행복 그리고 실패와 불행을 좌우한다고 해도 지나친 말이 아니다.

그렇다면 일생 동안 서로 신뢰하면서 살아갈 당신의 연인은 어떤 수상을 가져야 할까?

무엇보다도 일생의 반려자는 몸이 튼튼해야 한다. 이런 사람의 수상은 생명선이 선명하고 엄지구가 두툼하다.

그림 I에서 보면, 엄지손가락을 감싸고 초생달과 같이 반원형을 그리는 ①-②-③과 같은 생명선이 이런 수상에 해당된다.

그러나 ①-④-③과 같은 형은 뻗어 나가는 힘이 약하기 때문에 체력이 약하고 성적 매력도 없으며 만사에 소극적이어서 반려자로선 부적당하다.

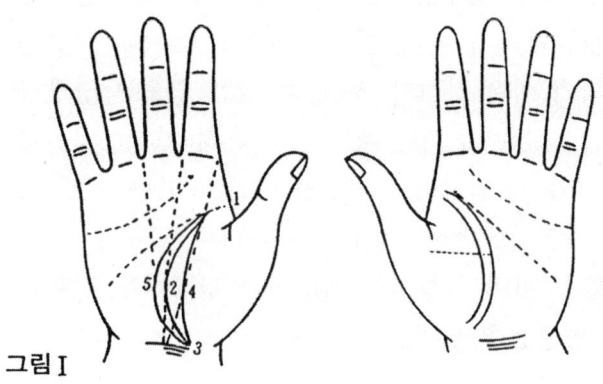

그림 I   그림 II

또 생명선이 ①-⑤-③형과 같이 힘차게 뻗어 있으면 조숙한 사람으로 정력이 강하며 만사에 활동적인 성격의 소유자다.

이를테면 여러 가지 사업에 손을 대어 노력 끝에 성공을 거두는 형이다. 그리고 그림 Ⅱ와 같이 생명선이 2개가 나타나 있으면 인내심이 강하고 생활력도 강하며 장수하는 상인데다 부귀도 함께 하므로 가장 좋은 반려자 상이다.

3. 특이한 사랑과 결혼

(1) 연하의 남성 사랑

최근 로스앤젤레스 타임스지의 보도에 의하면 미국 여성들이 연하의 남성을 좋아하며 결혼율도 23%로 급증하고 특히 35~44세는 41%에 이르고 있다고 한다.

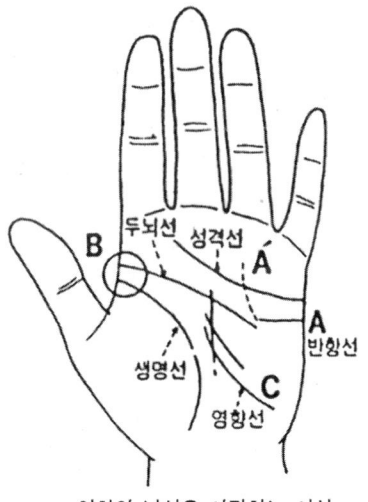

그러면 어떤 수상을 가진 여성이 연하의 남성을 좋아하나 보자.

그림에서 성격선의 밑에 있는 A처럼 수평으로 새겨져 있는 선을 수상학에서는 '반항선'이라고 한다. 이 반항선이 길게

연하의 남성을 사랑하는 여성

새겨져 있으면 반항심이 강하고 자신의 연애를 위해서는 가족간에 트러블이 있는 상이다. 양친 부모와 맞서 가출을 한다든지

하는 예도 있다. 연애 문제로 번뇌할 때도 자신이 해결할 기력
이 없어 주위의 반대에도 불구하고 사랑을 좇아가는 타입이다.

일반적으로 평범한 일에 있어서도 만족한 결과를 이뤄내지
못하고 자기 현시욕(顯示欲) 쪽으로 처리하는 사람이 많다.

그림의 B처럼 생명선과 두뇌선의 출발점이 떨어져 있는 여
성이 반항선이 있는 경우 연상이나 동년배의 남성보다는 대개
연하(年下)의 남성을 사랑하는 예가 많다. 이런 타입의 여성은
결혼 생활에 있어서도 남편보다 실권을 쥐고 있는 경우가 많고
집안일이나 금전관리면에 있어 특별한 실력을 발휘한다.

A의 반항선이 넷째손가락의 방향으로(그림의 점선방향)A
A'처럼 뻗어가는 경우는 자기의 연인을 리드하여 지도력이나
판단력을 행사하는 용기있는 사람이 많다. 그림의 C처럼 영향
선이 직업선과 교차하는 때에는 점이 있어도 최후까지 자기의
사랑을 실력으로 차지한다.

(2) 연상의 여성 사랑

연상(年上)의 여성을 사랑하는 남성의 수상을 알아보자.

연상의 여성을 찾는 남성은 두뇌선이 그림 A처럼 손바닥 바
깥쪽 볼록구를 향하여 뻗어가나 그 커브가 손목쪽으로 너무 휘
어져 있다. 이렇게 두뇌선이 밑으로 너무 처져 있으면 이곳이
상상의 언덕이므로 공상적인 일을 추구하는 성향이 있다. 그래
서 모성애(母性愛)적인 사랑을 기대하는 심리가 강하다. 이런
형의 남성은 생명선과 두뇌선의 출발점 부분이 B처럼 한동안
붙어 있다 떨어지거나 그 선이 깊고 진하다든지 두뇌선이 손목
쪽으로 밑으로 처져 있는 경우가 많다.

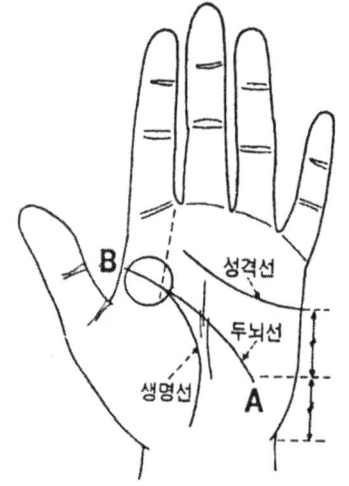

연상의 여성을 사랑하는 남성

이런 형은 어릴 적 마마보이로 자랐다든지 독자나 부모의 과보호로 양친에 대한 의뢰심이 강하다든지 낯가림이 있고 약간 내향적 성격이다. 이런 사람은 결혼도 연상형의 여성을 구하는 편이다. 연상형의 여성을 동경하는 사람은 입(口)이 큰 것이 특징이다. 코의 폭(幅)도 입의 길이 만큼이나 큰 남성은 연상의 모성적인 여성을 동경하는 마음이 강하다. 역으로 연하(年下)의 남성을 남편으로 선택하는 여성은 입(口)이 일반적으로 크다.

그렇다고 자식을 키우면서 자녀의 얼굴 중앙에 있는 입이 크다고 해서 섣불리 연상형(年上型)이라고 단정해서는 안 된다. 아이들의 입이 커도 성장하면서 체격이 점차 자라고 변화하기 때문이다.

수상으로 보았을 때 앞에서 설명한 것처럼 손금의 특징이 있고 입이나 코가 클 때는 '연상형(年上型)'의 경향이 두드러진다는 점을 잊지 말아야 한다.

(3) 조혼

성년이 되기가 무섭게 결혼에 골인하여 조혼(早婚)하는 예가 있다. 이를 수상에서 살펴보자. 그림은 조혼하는 사람의 수상을 도해로 분석해 본 것이다.

그림에서 E는 손목쪽에서 시작하여 직업선까지 맞닿은 비스듬한 영향선이다. 이 선은 남녀 관계를 말하는 선으로 직업선에 닿은 연령에 애인이 생겨 열렬한 연애를 하는 상이다. 그 선이 손바닥 바깥쪽에서 시작됐으므로 상대는 집안 사람이 소개한 사람이 아니고 자기 주의의 사람들이나 본인이 아는 사람과 관련이 있다. 그 시기를 놓치면 결혼의 찬스를 놓치게 된다. 이 E의 시점은 두뇌선과 직업선이 만나는 시점과 손목선의 중간 지점이다.(손목에서

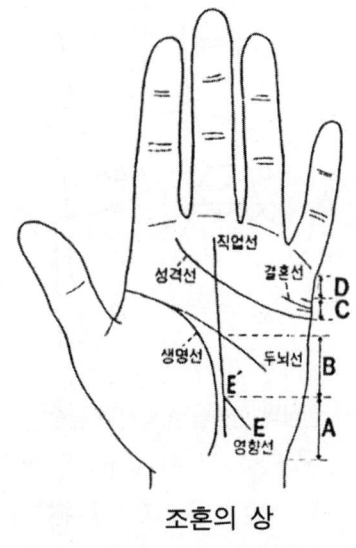

조혼의 상

E'까지 A, E'에서 두뇌선과 직업선 교차점까지의 거리 B, A =B)

A의 부분에 영향선 E와 같이 여러 개의 영향선이 직업선 부근에 있을 경우 20세 전후 결혼할 찬스가 있어 조혼의 상이라고 한다.

또한 결혼선을 보아서도 판단한다.

성격선과 새끼손가락 밑의 사이를 2등분하여 성격선 가까운 곳을 C, 새끼손가락 가까운 곳을 D로 한다.

이렇게 C와 D로 나누어 성격선 가까운 C의 부분에 결혼선이 있는 경우 조혼의 형상이다.

그림의 밑 A의 부분에 영향선이 없으나 C의 부분에 결혼선이 있으면 일찍 결혼을 못하고 때로는 늦게 결혼하는 예가 있다.

이런 타입의 사람은 20세부터 23세께가 이상적인 결혼 시기이므로 이때 결혼하는 것이 장래 행복을 위하여 필요한 것이다.

(4) 만혼

남자나 여자나 왠지 결혼이 늦어지고 한 해 두 해 지나다 보면 어언 30이 훨씬 넘게 되는 경우가 있다. 그런데 왜 결혼이 늦어질까? 수상으로 알아보자.

그림과 같이 두뇌선과 직업선 (운명선 : 가운뎃손가락을 향하여 뻗어가는 선)이 만나는 지점이 ㉮이다. 손목선에서부터 이 ㉮까지의 거리를 2등분하여 위쪽을 B, 아래쪽을 A로 표시했다.

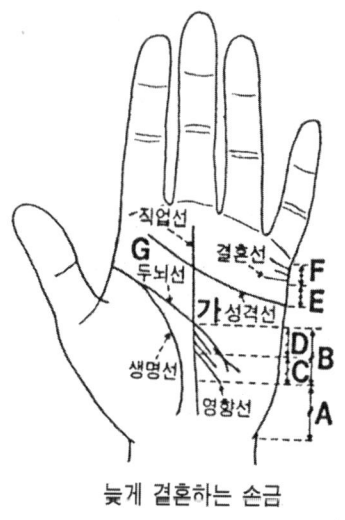

늦게 결혼하는 손금

그런데 또 B의 부분을 D와 C로 2등분했을 때 D의 부분에 손바닥 바깥쪽에서 직업선 쪽으로 뻗어오는 영향선이 많이 있다. 이것은 결혼을 늦게 해야 행복한 생을 살아갈 수 있음을 암시한다.

아마도 이 영향선의 시점인 27세경부터 결혼에 대하여 생각해 봄이 좋을 것이다. 또한 결혼선과 새끼손가락 부근의 F를 참고할 필요가 있다. 역시 결혼선이 E에 있지 않고 만혼을 표시하는 F에 있다.

G처럼 성격선이 긴 사람은 어떤 일에 대하여 대단히 정열적인 면이 있으나 남녀 관계에 있어서는 늦게 결혼하는 사람이

많다. 대인의 풍모를 갖춘 집중력이 강한 매력이 있는 사람이
나 이성에 대하여는 유난히 냉정한 태도를 보이는 사람이 많기
때문이다. 원래 마음 깊은 곳의 본심에는 그렇지 않아 호의를
가지고 있는데도 겉으로 나타내는 표정이나 태도는 속마음과
는 다르게 냉랭한 인상을 준다.

 그리고 그림의 D·C처럼 볼록구인기의 언덕에서 영향선이
길게 똑바로 뻗어올라가기는 하나 가운뎃손가락을 향하여 교
차하지 않는 경우는 사랑하는 사람이 있어도 여러 가지 장애가
생겨 결혼으로 골인하는 가능성이 적은 것이다.

손금과 건강·질병

제 1 장

손금과 체질 · 질병

1. 손금과 체질

세계보건헌장에서 밝힌 바에 의하면 '건강이란 신체적·정신
적·사회적으로도 완전한 건전 상태(健全狀態)에 있는 것을
말하며 단순히 질병에 걸려 있지 않다고 하는 소극적인 상태를
말하는 것은 아니다'라고 규정하고 있다.

혹자는 건강이란 병이 아닌 상태라고 설명하는 사람도 있어
이러한 정의는 까다롭게 느껴진다.

이런 정의에도 불구하고 우리들은 건강체에는 건강의 표지
(標識)가 있으며 누구나 병에 대한 의식은 비교적 확실하게 갖
고 있다.

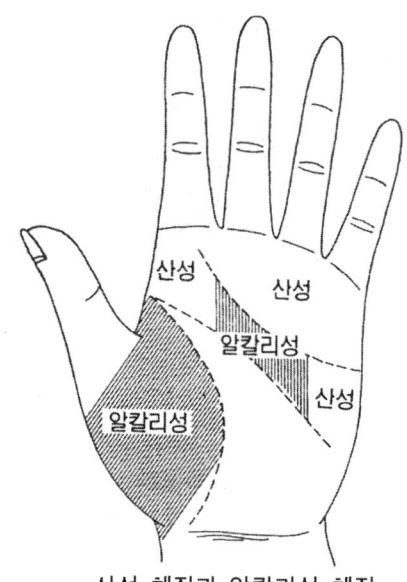

산성 체질과 알칼리성 체질

 몸과 마음이 건강하다면 피부, 머리털, 손톱, 손바닥 등의 색이나 윤이 건강한 빛깔을 나타내고 손금에도 건강한 표지가 새겨져 있다.

 그림은 서양에서 손금으로 몸의 체질을 판별하는 방법이다. 동양에서는 음양오행설에 근거하여 태음인, 소음인, 태양인, 소양인으로 구별한다. 음은 여성, 양은 남성으로 보나 태어난 날에 따라 남녀가 각각 음양이 다시 정해져 양과 음이 많고 적음에 따라 많으면 태(太) 적으면 소(小)를 써 양과 음을 구분하여 체질을 판단한다.

 그림의 판별법은 신체를 산성과 알칼리성으로 구분하여 산성이 차지하는 넓이가 클 때는 산성 체질, 알칼리성 쪽이 클 때는 알칼리성 체질로 분류하고 산과 알칼리가 균형이 잡히면 중성 체질이라 하여 건강한 상태를 나타낸다. 신체는 항상 산알칼리의 조절이 이루어져 중성을 유지하려고 하는 힘이 작용하고 있다.

 그러나 사람의 체질은 어느 한쪽으로 기울게 되어 있으며 이에 따라 건강한가, 몸의 균형이 흔들리고 있나 알 수 있다. 그 판별법은 다음과 같다.

 (1) 엄지손가락을 감싸고 있는 검은 사선 부분인 엄지구는 알칼리성의 대표이며 이 부분이 크고 풍만하면 체액의 축적된 예비알칼리는 풍부하다.

 (2) 성격선과 두뇌선의 중앙 부분 손바닥의 가운데 검은 사선 부분은 알칼리성이며 그 양쪽 바깥 부분은 산성이다.

 (3) 성격선보다 윗부분은 산성이며 두뇌선 밑의 흰부분도 산성이다. 산성 체질엔 고혈압이 많고 알칼리성 체질에는 저혈

압이 많다. 산성 체질은 동공이 크고 안구(眼球)가 안쪽으로 다가와 있고 알칼리성 체질은 그 반대이며 산성 체질은 대머리가 되기 쉽고 알칼리성 체질은 백발이 되기 쉽다.

2. 기(氣)

산소와 수소가 합하여 물이 되듯이 몸과 마음, 정신과 육체가 결합하여 인간의 생명체가 된다. 생명체는 살아 있는 유기체이며 사람의 기는 지정의(智情意) 셋으로 표현한다.

인간의 기가 플러스(+)와 양(陽)의 방향으로 나아가면 생명력이 발랄해지고, 마이너스(-)와 음의 방향으로 나아가면 생명력이 쇠약해진다.

그러면 사람의 몸에서 구분되는 지정의를 살펴보자.

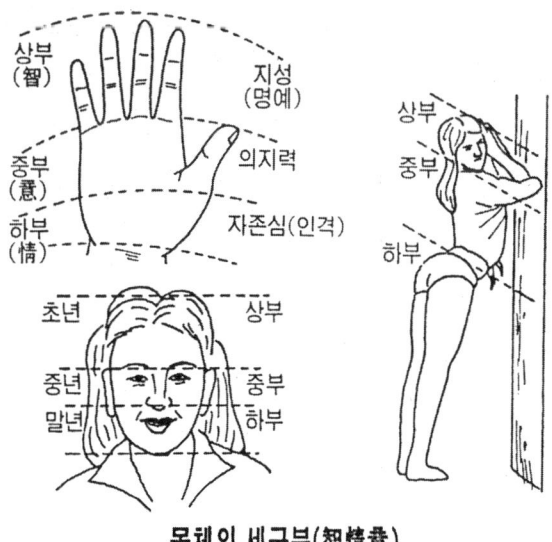

몸체의 세구분(智情意)

그림은 얼굴과 몸체 및 손을 구분한 것이다.

몸에서 상부는 목에서부터 머리까지이고 중부는 어깨 부위에서 배꼽까지이며, 하부는 배꼽에서 발까지이다. 이런 구분은 기능과 역할에 따른 것이다.

몸의 상부 기관에서 모든 뇌신경이 작용하여 하부 기관에 명령을 내리고 이에 따라 중부 기관에서 공장과 같은 기능을 하는 것이다.

손은 손가락, 손바닥, 손목의 세 부분으로 나뉜다.

상부는 손가락과 손톱, 지문이 있다. 이 부분이 발달되어 있으면 즉, 손 전체에 비해 손가락이 짧지 않고 손가락의 움직임이 둔하지 않으며 유연하고 손가락 마디가 단단한 모양을 하고 있으면 정신면에서 지능지수가 높고 대체적으로 학술 계통이나 종교 관련 일에 진출하는 경향이 있다.

중부는 엄지손가락 첫째마디부터 타원형으로 금을 그은 손바닥부분을 말한다. 현실의 직관성을 보는 데 이곳이 팽팽하고 살이 두툼하며 손바닥이 깊고 면적이 약간 넓은 모양을 가진 사람은 활동성이 있어 진취성과 공격성이 강하다. 모든 일에서 현실 적응이 잘된다.

하부는 손목에서 손가락뼈가 시작되는 곳이다. 즉 의식주를 비롯한 섹스 등 본능적인 면을 보는 곳인데 살가죽이 두껍고 엄지손가락이 단단하고 강력하게 생긴 형은 모든 사고방식이 다소 저급하다. 또 물질적인 이해 타산이 강하며 저급한 행위를 하게 되고 무엇이든지 자기 본위로 처리하려는 경향이 많은 사람이라 할 수 있다.

3. 질병이 나타나는 시기

　"하늘에는 헤아릴 수 없는 비바람이 있고(天有不測風雨) 사람에겐 아침저녁으로 화와 복이 있다(人有朝夕禍復)"는 말이 있다. 이처럼 일생을 살아가는 데에는 여러 가지 예기치 않은 일들이 발생한다.

　이때마다 사람들은 기뻐하기도 슬퍼하기도 하는데 운세가 좋고 나쁜 시기를 알 수만 있다면 기쁨은 더 큰 기쁨으로 발전시킬 수 있고, 슬픔은 최소한으로 줄일 수 있다고 하겠다. 이와 같은 여러 가지 일들이 생기는 시기, 즉 운명의 나이테(연령법)를 알아볼 수 있다면 액운을 미리 대처해 나갈 수 있는 것이다.

　손금은 역사의 기록처럼 과거를 새겨 놓고 시계처럼 현재를 말하지만 동시에 미래 환경의 변화에 대해서도 사전에 반응을 나타낸다. 질병이나 건강은 의사의 진단이나 의료기계의 시험으로 확인되기 전에 건강선이나 생명선, 직업선 등에 나타난다. 그러나 병원의 진단은 질병이 한참 깊어진 다음에야 확인된다.

　그러면 각선의 연령법을 알아보자.

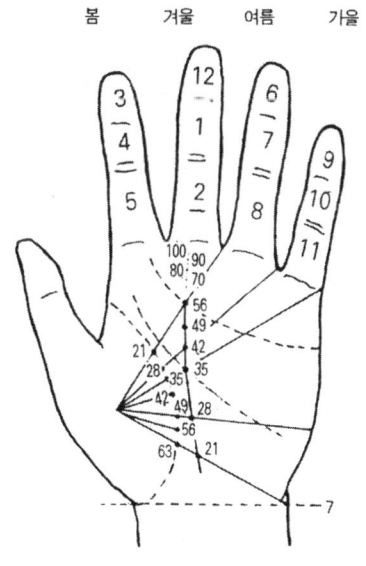

손바닥에 나타난 각선 연령법

그림을 보면 각선에 숫자가 적혀 있는데 이것이 그 사람의
운세나 질병의 연령(만연령) 시기를 나타내는 것이다.

① 생명선 : 영국 키로의 7진법으로, 출발점이 1세(만연령),
   끝이 100세이다.

② 두뇌선 : 출발점이 1세, 중앙부가 35세, 끝이 100세이다.

③ 성격선 : 출발점이 1세, 끝이 100세이다.

④ 직업선(운명선) : 손목을 7세로 하여 두뇌선과 마주치는
   점이 35세, 두뇌선과 성격선의 중앙을
   45세, 성격선과 만나는 점을 56세로 하
   고 끝을 100세로 한다.

⑤ 성공선 : 제2의 직업선(운명선)이라고도 하듯이 직업선과
   비슷하여 두뇌선이 약간 처진 경우 약간 연령을
   늦추어 판단할 경우가 있다.

그림은 앞에서 설명한 각선의 연령법(유년법 : 流年法) 중에
서 가장 중요한 생명선과 직업선으로 종합한 도표이다.

이 연령법에 의한 선에 의하여 질병이나 환경이 변하는 시
기, 또는 사업의 성패 결론 등을 알 수 있다. 물론 성격이 급한
사람과 느린 사람 등 개인차가 있을 수 있고 남방 민족과 북방
민족이 다르다. 그리고 젊었을 때보다 노년기의 1년이 더 짧게
나타나 있다.

일반적으로 건강상의 변화는 생명선에 나타나고 가정 생활
이나 직업, 사업 운세는 직업선에 나타나 있다. 예를 들어 생명
선의 35세 자리에 섬 모양이 있으면 이 시기에 오랜 기간 동안
중병을 앓을 것을 말하고 직업선의 35세경이 끊어져 있다면 직
업상 큰 변화가 있다는 것을 의미한다. 수상은 경험과학이다.

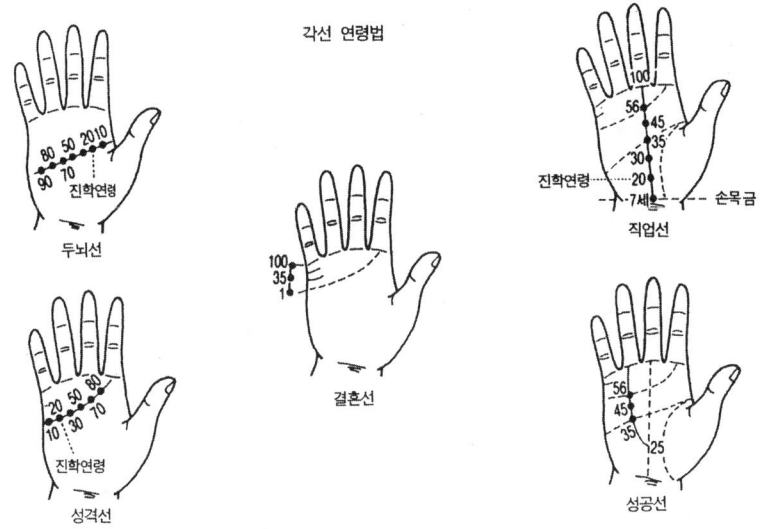

요는 많은 수상을 보고 어떤 질병에 속하는지 잘 살펴야 하고 숙달되어야 적중율이 높다.

4. 손의 크기와 질병

손의 크고 작음에 따라 성격이나 질병의 경향이 다르다.

일반적으로 손이 크고 두터운 사람은 성실하고 현실적이며 열심히 노력하는 끈기형이고 예술가가 많고 포용력이 있으며 정치가가 많고 체력이 왕성하여 폭음폭식하는 경향이 있어 십이지장궤양, 당뇨병, 고혈압에 걸릴 확률이 높고, 손이 작고 손의 두께가 얇은 사람은 허영심이 강하고 신경질적이며 직업에는 통찰력이 필요한 은행가, 경제평론가, 내과의사가 많은 타입이며 조심성이 많고 신경질적이어서 위장병, 간장병, 폐질환,

신경증에 걸리는 예가 많다.

5. 손가락·손톱과 건강

(1) 손가락과 건강

소크라테스의 제자였던 그리스의 철학자 플라톤은 '인간이란 깃털이 없는 두 다리를 가진 동물이다'라고 말했다. 그러자 통속의 철학자 심술쟁이 디오게네스는 어느 날 깃털을 모조리 뽑아버린 닭을 들고 나와서 '이것이 플라톤의 인간이다' 하면서 놀려댔다. 그래서 플라톤이 '손가락에 판판하고 납작한 손톱을 갖는 것'이라고 덧붙였다는 이야기가 있다. 플라톤의 정의는 인간의 본질을 지적하고 있는 것으로 손가락과 손톱, 발가락과 발톱은 인간이 서는 데 중요한 역할을 하며 건강을 알 수 있는 표시를 나타내는 곳이기도 하다.

그림과 같이 손의 다섯 손가락은 각각 다음과 같은 기관을 가리키는 대표이기도 하다.

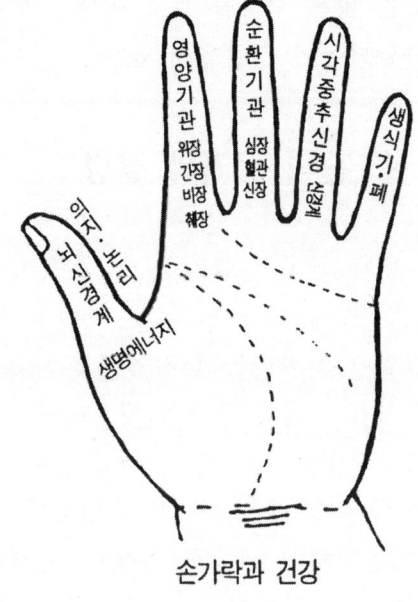

손가락과 건강

- 엄지손가락 : 생명의 본원(本源)에 관여하며 뇌와 신경계통 및 인체 내의 예비 알칼리를 표시한다. 정신 장애가 보이는 아이나 죽음이 임박한 환자는 엄지손가락에 힘이 없다.

- 둘째손가락(인지) : 물건을 가리키고 연지를 찍었던 손가락이어서 연지라는 다른 이름도 갖고 있다. 위장, 간장, 비장, 췌장 등 영양기관(營養器官)을 대표한다. 둘째손가락 밑의 살이 두툼한 사람은 독단적인 성격이고 무엇이든지 마구 먹어치우는 대식가이다.

- 가운뎃손가락(장지) : 심장, 혈관 등 순환기관과 신장을 대표한다.

- 약지(무명지) : 반지를 끼우는 손가락이다. 시각중추신경을 비롯한 신경 계통을 관장한다. 혈서를 쓸 때 깨무는 곳이 바로 이곳이다. 다른 손가락에 비해 쉽게 아물고 치료가 빨리 되는 곳이기 때문이다.

- 새끼손가락 : 생식기와 폐를 대표한다. 새끼손가락에 적당한 무게를 달아매어 운동하거나 다른 방법으로 단련하는 것은 정력 증강에도 도움이 되며 특히 왼손으로 글씨 연습을 하면 성적 능력이 향상된다. 새끼손가락으로 석유 18리터(한 말)를 들어올릴 수 있을 만큼 훈련하는 것이 이상적이라고 한다.

또한 손가락, 발가락에 곪는 병이 있을 경우에는 앞으로 설명하는 수족 운동이나 피부 호흡법을 실시하면 쉽게 나을 수 있다. 손가락에 질병이 생겼거나 다쳤을 경우, 치료의 난이(難易)도는 약지가 제일 낮고 다음은 둘째손가락, 그 다음은 가운

뎃손가락, 쉽게 아물지 않고 치료가 더디 되는 것이 엄지손가
락과 새끼손가락이다.

　손가락은 앞의 설명과 같이 다섯손가락이 제각기 내장기관
을 대표한다.

　이와 같이 신체 기관과 관련하여 엄지는 뇌신경계와 관련이
있고 체액, 혈액의 알칼리도를 관리하고 생명의 본원인 에너지
와도 관계되고 정신 상태와도 연관된다.

　엄지손가락을 안으로 하여 주먹을 쥐고 있으면 남에게 속임
을 당하지 않는다. 엄지의 끝마디인 말절은 의지력을, 다음 마
디는 논리(판단) 즉 지(智)를, 엄지를 감싸는 둥근 엄지구는
본능 즉 정(情)을 나타낸다. 이곳이 풍만하고 단단하면 정력도
훌륭하고 열심히 일하면 금전복도 있다. 엄지손가락이 손바닥
에 너무 근접해 있으면 질병에 대한 저항력이 약하고 지적 능
력도 부족하다.

　둘째 손가락은 육체적으로 간장, 위장, 비장, 췌장의 영양 기
관을 대표하고 지도력을 관리한다. 과식을 하면 이 둘째손가락
이 굳어진다. 그런데 오른쪽 손은 주로 간장, 왼쪽 손은 위에
관계한다.

　순환기관을 관리하는 가운뎃손가락은 심장, 신장, 혈관의 순
환기에 관계가 있고 내성적(內性的) 성질과 관련이 있다.

　넷째손가락인 약지는 신경계통과 시각중추신경을 대표하는
데 예술적 경향을 관리하며 사치의 손가락이라고도 한다. 반지
를 끼우기 때문이며 다섯손가락 중 일을 가장 적게 한다. 그러
나 간질병 환자나 벙어리 중에는 약지가 움직이지 않는 사람이
있다.

새끼손가락은 폐장, 생식기와 실무적 능력을 대표하고 소지
가 길고 발달된 사람은 웅변을 잘하고 사교적이며 활동적이다.
반면 소지가 짧거나 구부러진 사람은 사람을 배신하거나 속이
고 또한 무엇을 훔치는 경향이 있다. 그리고 새끼손가락이 발
달한 사람은 첩(妾)을 얻는 예도 많다.

이렇게 손가락은 신체의 각 기관과 연결되어 있어 건강과 밀
접한 관계에 있으며 오른쪽 대뇌와 관련이 있고, 왼손은 창의
적인 사고와 오른손은 왼쪽 대뇌와 관련이 있어 논리적인 사고
를 관장한다. 창의력을 필요로 하는 사람과 정력적인 삶을 원
하는 사람은 왼손을 발달시켜야 하는데 GRIP이나 호두 두 알
을 손에 쥐고 옛 사람들이 운동한 것도 우리가 알고 있는 바이
다.

또한 손가락 전체가 딱딱하여 뒤로 잘 젖혀지지 않는 사람은
보수적이며 생각하는 것이 경직적이고, 부드러워 잘 젖혀지면
사고의 신축성이 있어 어떤 일이고 대처하는 능력이 빠르다.

(2) 손톱과 건강

앞에서 그리스 통속의 철학자 디오게네스가 깃털을 모조리
뽑아버린 닭을 들고 나와 '이것이 플라톤의 인간이다' 하면서
놀려댄 이야기를 했다. 이 때 플라톤은 '인간이란 깃털이 없는
두 다리를 가진 동물이다'고 인간을 정의하고 '편편하고 납작
한 손톱을 갖는'이란 말을 덧붙였다고 한다. 플라톤의 이 말은
인간의 본질을 지적해 준다.

그가 말한 '편편한 손발톱' 중 손톱은 가늘고 세밀한 일을 하
기도 하며 손가락 끝을 보호하기 위해서 있고, 우리들의 건강

을 아는 지표(指標)가 된다.

그림과 같은 구조로 된 손톱은 반투명의 각질(角質)로 되어 있다. 건강한 손톱은 보기 좋은 빛깔을 띠고 잘 부러지지 않는다. 너무 연하지도 않으며 지나치게 짧지도 않고 넓지도 않으며 충분히 적당한 탄력성을 가지고 있다.

그런데 사람의 신체 중에서 가장 진화가 잘 된 부분이 손인데 비하여 손톱만은 어느 의미에서 퇴화했다고도 볼 수 있다.

인간이 에덴 동산에서 살림을 시작한 이래 문명이 발달되기 전에는 손톱이 날카로운 무기로써 사용되었다. 지금도 어린아이들은 싸울 때 손톱으로 할퀸다. 그러나 현재는 그 역할이

손톱의 구조

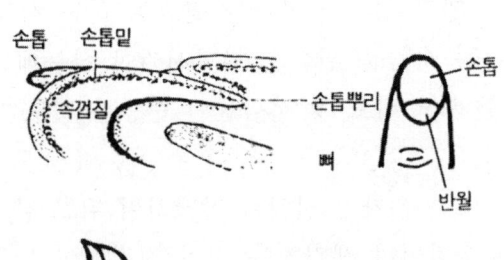

①알코올중독자의 손톱 결핵형의 손톱

손의 보호 범주를 벗어나지 못하고 있다.

정상적인 손톱은 손가락의 셋째마디뼈(第三之骨)의 반쯤 되고 손톱을 에워싼 양쪽 둘레는 평행하여 보기 좋게 솟아오른다. 이와 반대되는 손톱은 무언가 장애가 침범하기 쉬운 손톱이라고 보아야 할 것이다. 손톱은 작은 선(腺)과 관(管)에 의하여 영양을 취한다. 영양에 지장이 생기면 민감하게 반응, 모양을 바꾸어 문제가 있음을 보여준다. 그러면 문제가 있는 비정상적인 손톱의 변형 형태에 대하여 하나하나 알아보자.

▪ 알코올 중독자의 손톱

대개 엄지손가락에 많이 나타나는데 그림 ①과 같이 손톱의 가운데 부분이 움푹(凹) 들어가고 주위가 뒤집혀서 마치 스푼과 같은 모양이다. 대개 유전적이라고 하며 옛날에는 엄지손가락 손톱 위에 쑥뜸을 해 치료했다고 전해진다.

▪ 결핵형의 손톱

그림 ②와 같이 마치 바가지를 엎어 놓은 형태이다. 또는 ③과 같이 조개껍질을 엎어 놓은 모양이다. 예로부터 이런 손톱은 신체의 어느 부분에 결핵균이 침범하기 쉽다고 한다.

(3) 손톱과 질병

여자의 큰 무기의 하나는 눈물이요, 다른 하나는 손톱이란 옛 우스갯소리가 있다. 손톱으로 자기를 방어하고 상대를 공격할 때도 무기의 한가지로 쓴다는 이야기이다.

손톱은 그 역할이 인체에서 큰 비중을 차지하지 않으나 정상적인 건강 상태일 때는 보기 좋은 빛깔을 하고 몸에 이상이 생기면 모양을 바꾸어 빨리 제모습을 찾게 해달라고 신호를 보낸다.

그림 ①처럼 매우 작은 손톱은 신경의 지각 과민과 영양 장애로 인해 쇠약한 상태를 나타낸다.

②와 같이 비대한 형은 지각 마비를 나타내는 일이 있다.

③처럼 긴 손톱은 폐나 흉부 질환에 걸리기 쉬운 체질을 나타내며 ④와 같이 짧은 손톱을 가진 사람은 심장병이나 노이로제에 걸리기 쉬운 체질이다.

⑤의 삼각형은 뇌척수의 장애나 중풍에 걸리기 쉬우며 ⑥의 경우처럼 손톱이 좁으면 튼튼하지는 못하지만 강한 정신력으로 건강을 지키고 있는 사람이라고 볼 수 있다.

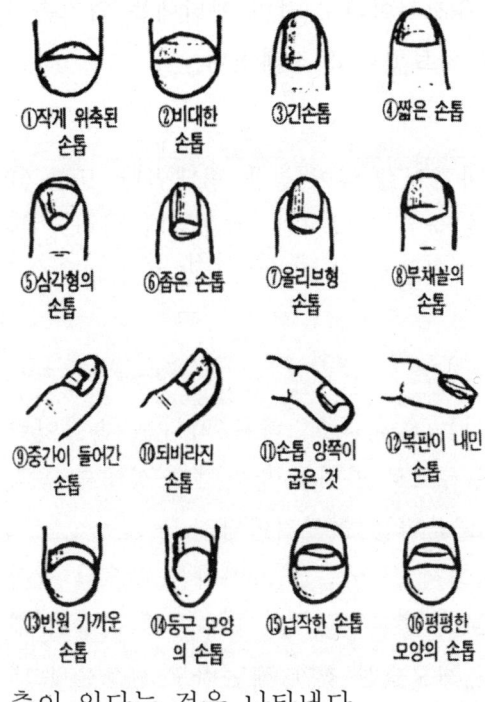

①작게 위축된 손톱 ②비대한 손톱 ③긴손톱 ④짧은 손톱

⑤삼각형의 손톱 ⑥좁은 손톱 ⑦올리브형 손톱 ⑧부채꼴의 손톱

⑨중간이 들어간 손톱 ⑩되바라진 손톱 ⑪손톱 양쪽이 굽은 것 ⑫복판이 내민 손톱

⑬반원 가까운 손톱 ⑭둥근 모양의 손톱 ⑮납작한 손톱 ⑯평평한 모양의 손톱

⑦처럼 올리브형은 동맥계통이 약하거나 척수의 병에 걸리기 쉬운 경향이 있다.

⑧의 부채꼴 모양은 황달이나 간장병에 걸리기 쉽다.

⑨처럼 중간이 들어간 형은 기생충이 있음을 말해주며 또한 코가 가렵다고 한다.

⑩처럼 뒤로 바라진 모양은 십이지장충이 있다는 것을 나타낸다.

⑪처럼 손끝 양쪽 옆의 가장자리가 굽은 형은 동맥경화증이나 암의 전조일 경우가 많다.

⑫처럼 둘째손가락의 복판이 튀어 올라서 맹수의 발톱 형태일 때는 폐결핵의 징후이다.

⑬과 같은 반원형의 모양은 신장의 기능 장애를 나타낸다.

⑭처럼 원통형으로 모양이 둥글게 변한 것은 암에 걸리기 쉬운 체질을 보여준다.

⑮처럼 손톱끝이 납작해진 것은 임파선의 질병 또는 기관의 무력증을 나타낸다.

⑯처럼 평평한 모양은 나력(癩瀝)이나 인후의 질병에 걸리기 쉽다.

이상 여러 가지 변형된 손톱의 모양을 설명했으나 이외에도 더 많은 형태가 있다. 모두 정상적인 건강 상태가 아니고 질병의 징후가 있거나 병에 감염되기 쉬운 체질이다.

⑰처럼 복판이 심하게 불룩 나온 손톱은 간장 장애의 징후로 보아서 무방하다. 인후(咽喉)의 질환에 걸리기 쉽다.

⑱과 같은 정면에서 볼 때 부채 모양의 손톱은 중풍에 걸리기 쉬운 사람이다. 여기서 뇌졸중 상태의 발작으로 쓰러진 경우 손톱의 반달이 크고 선명하게 그려져 있으면 뇌일혈, 이것이 없으면 중풍인 것이다.

또 위장이 나쁠 경우(건강선 등으로 판정한다) 만약 손톱에 반달이 나와 있으면 위궤양, 그렇지 않을 경우는 십이지장궤양이라고 판정해도 틀림이 없다. '손톱의 반달이 크고 작은 것은

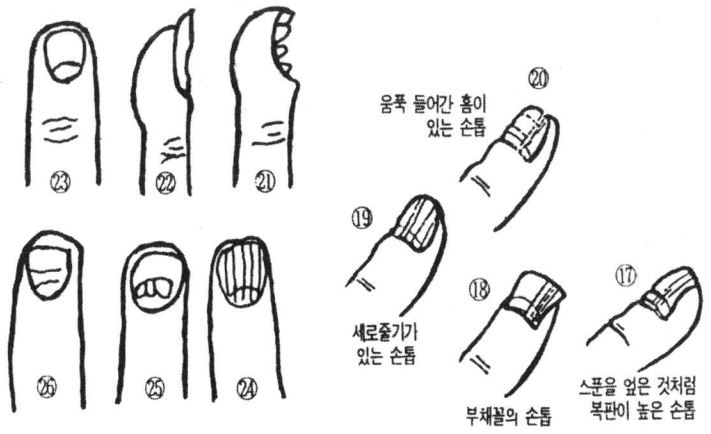

움푹 들어간 홈이 있는 손톱 ⑳

세로줄기가 있는 손톱 ⑲

부채꼴의 손톱 ⑱

스푼을 엎은 것처럼 복판이 높은 손톱 ⑰

건강의 바로미터가 될 수 없다'는 말은 잘못이며, '건강 판단의 하나의 조건은 된다'는 말이 실정에 가깝고 그 진실은 위에서 말한 바와 같다.

⑲와 같은 세로줄기가 있는 부러지기 쉬운 손톱은 피부와 심장이 약하고, 장(腸)의 무력증(無力症)을 나타내고 있다. 풍욕이나 온냉욕으로 피부와 심장을 단련하면 이 징후가 사라지는 것이 흥미깊다.

⑳처럼 움푹 들어간 홈이 있는 손톱은 기생충의 번식을 나타내며, 장(腸)의 마비를 가리키는 징후이기도 하다.

이것이 엄지손가락에 있으면 정신 침체를 가리키며 인지(人指)에 있으면 피부발진(皮膚發疹), 중지(中指)의 경우는 요산(尿酸)의 근육정체(筋肉停滯), 약지(藥指)의 경우는 눈병(眼病)·기관지염·호흡기 등의 장애, 소지의 경우는 인후질환·신경통·담즙으로 인한 질환에 걸리기 쉽다.

• 탈장병과 치질의 손톱

손톱의 표면에 옆으로 깊은 줄이 생겨서 손톱의 측면에서 보면 그림 ㉑과 같이 된 것은 탈장에 번민하는 상이다. 손톱의 표면이 움푹 패여서 옆으로 보면 그림 ㉒와 같은 사람은 치질이 있는 상이다.

• 기생충이 있는 사람의 손톱

손톱끝의 표면이 부스러지거나 혹은 아주 엷어져서 그림 ㉓과 같이 된 사람은 장내(臟內)에 기생충이 많이 있어서 영양을 기생충에게 빼앗기고 있는 상태를 가리킨다.

▪ 위장병의 손톱

몸이 건강하면 손톱의 표면이 윤택하고, 만일 무슨 병이든지 있게 되면 신체에 이상이 생겨서 바로 손톱에 나타나게 된다. 호흡기 계통이나 신경쇠약에 걸리면 많은 세로줄이 나타난다는 것은 이미 말한 바이다.

담배를 많이 피우는 사람은 니코친으로 인해서 위장(胃腸)을 해치기 때문에 그림 ㉔와 같이 가는 입자 같은 반점을 띤 세로줄이 나타난다. 만일 다른 원인으로라도 위장병이 있는 사람도 마찬가지로 세로줄이 생긴다.

▪ 가로줄과 건강

중병을 앓고 난 직후에는 손톱의 표면에 반드시 한 개의 가로선이 그림 ㉖과 같이 나타난다. 이 가로선은 처음에는 손톱 밑에서 생기지만 손톱이 자람에 따라 이 선도 차츰 위로 올라가 그림 ㉖과 같이 점점 손끝으로 올라간다. 손톱이 밑에서부터 끝까지 크는 기간은 젊은 청년기는 5개월, 30대는 6개월, 40대는 7개월, 50대는 8개월이 걸리게 된다.

그러므로 가로선의 위치를 보아서 몇 달 전에 중병을 앓았는가를 알 수가 있다.

(4) 손톱의 모양

손톱에 대한 연구는 고대 그리스에서부터 행해졌다고 한다. 손톱은 변화가 많으며 건강과 질병의 양태를 보여준다.

건강할 때는 건강의 표식이 있고 건강치 못하거나 신체가 피로하면 바로 증상을 나타내는 것이 손톱이나, 역사적 고찰로는 신체중에서 손톱이(물론 맹장도 퇴화한다고 한다) 유난히 퇴화된 것으로 보고 있다.

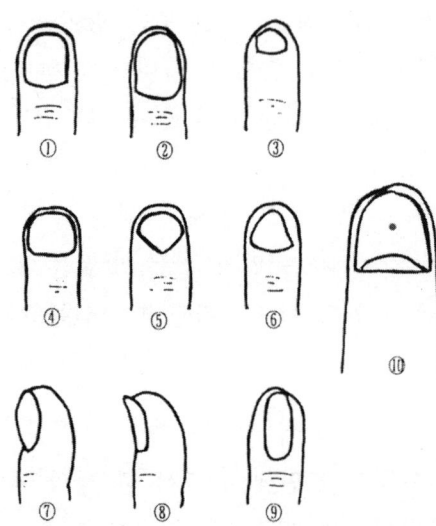

그림 ①은 보통크기의 손톱이다. 길고 폭도 넓고 색도 핑크색으로 손톱의 질도 좋으며 신체의 컨디션도 양호한 건강한 손톱이다.

그림 ②는 아주 긴 손톱이다. 손가락·전체에 비하여 큰 손톱이다. 신경질과 호흡기의 질환에 주의해야 한다.

그림 ③은 작고 짧은 손톱이다. 심장이나 혈압 또는 신체의 하부(아래쪽)에 약점이 있다.

그림 ④는 폭이 넓은 손톱이다. 이런 타입은 심장이나 혈압 질환에 조심해야 한다.

그림 ⑤는 역삼각형의 손톱이다. 허약 체질인 사람에게 많고 빈혈기가 있고 저항력이 약하다.

그림 ⑥은 삼각형의 손톱이다. 인후나 장이 약하거나 감기에 걸리는 타입이다.

그림 ⑦은 스푼형으로 호흡기가 나빠질 가능성이 있다.

그림 ⑧은 스푼의 반대형으로 동맥경화에 주의해야 한다. 편식으로 인한 영양 부족이 있다.

그림 ⑨는 길고 가는 손톱이다. 척추 카리에스(뼈의 염증)나 골(骨)의 병기가 있는 상이다.

그림 ⑩은 손톱에 흰 점이 있다. 하나나 둘이 있는 것은 행운의 표시이다. 그러나 복수로 여러 개 있을 때는 규소나 칼슘 부족, 정신적 피로가 한계점에 달했다는 것을 나타낸다.

- 새끼 손톱의 흰 반점 : 부동산이나 돈버는 일 또는 자손의 행운.
- 약지손톱의 흰 반점 : 금전이나 명성, 배우자의 행운.
- 중지손톱의 흰 반점 : 여행이나 정신적 원조의 행운.
- 검지(둘째손가락)손톱의 흰 반점 : 어떤 일이나 희망에 나타난 행운.
- 엄지손톱의 흰 반점 : 애정 관계나 연인의 출현을 알리는 행운.

이상과 같이 흰 반점은 길조이나 나타나서 없어지는 데 걸리는 시간은 약 4개월 가량이다. 이것이 행운의 기간이다.

<손가락과 손톱>

- 그림 ①처럼 손가락 관절(關節 : 매듭)이 불거진 사람은 지능이 우수한 사람이나 반면에 신경질적인 점도 있다.
- 그림 ②처럼 손의 관절이 매끈하게 보기 좋은 사람은 감정적인 동시에 직감력이 풍부하며 미적 감각이 발달하고 예술적 천분이 있다.
- 그림 ③과 같이 엄지손가락이 길고 큰 형(長大型)은 성격이 영웅적이며 독립심이 강하고 통솔력이 있다. 또한 지략도 뛰어나고 의지도 강하여 영웅호걸의 상이라 하겠다.
- 그림 ④처럼 엄지가 짧고 작은 형(短小型)은 의지가 약하며 격정적이어서 고집을 내세우지 못하고 상대의 감언이

설에 속기 쉬
워 큰 일을 해
내기 힘들다.

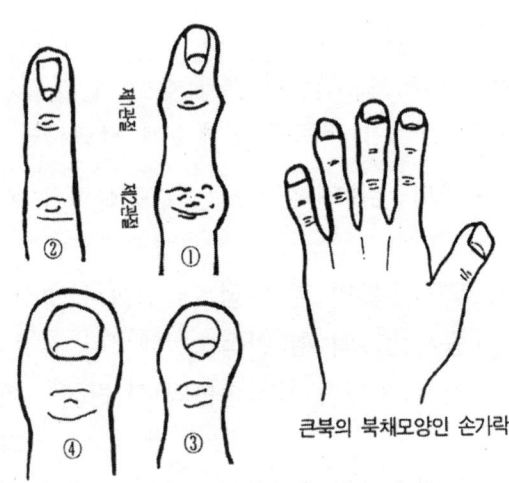

큰북의 북채모양인 손가락

- 넓고 짧은 형
  (廣短型) : 손
  가락의 폭이 넓
  고 엄지가 짧
  은 형은 속박
  을 싫어하고 현
  실에 반감을 갖

기 쉬운 불평객이다. 특히 손끝이 뾰족하고 긴 사람은 유신
론자로 신(종교)을 믿는 사람이 많아 현실적이기보다 환상
적이며 손끝이 넓고 짧은 사람은 유물론자로 물질지상 주
의자이다.

- 북채 모양의 손가락 : 폐결핵이 만성으로 되면 피의 순환
  에 장애를 가져오고 손가락끝이 비대팽창해서 큰북의 북
  채 모양 혹은 몽둥이 모양이 되는 일이 많다. 손톱은 독특
  한 변형을 하는 까닭에 '히포크라테스의 손톱'이라고도 불
  리운다.

<손톱의 빛깔>

- 연한 손톱은 스태미너의 부족, 단단하고 부러지기 쉬운 손
  톱은 빈혈증을 나타낸다. 운모(雲母)와 같은 손톱을 가진
  사람에게는 기생충이 있는 경우가 많다.
- 번들번들하며 빛이 나는 손톱은 갑상선 기능이 격렬한 것
  을 나타내며 창백하여 푸른 빛이 도는 손톱은 빈혈, 흰 빛

깔의 손톱은 순환계의 고장에 따른 충혈을 나타내는 징조
이다. 손톱의 빛깔이 짙고 옅고 갖가지 빛깔을 하고 있을
때에는 정맥계통에 고장이 있음을 나타낸다.

- 손톱에 많은 백반점이 나타나는 것은 규소(硅素)나 칼슘
의 부족을 말하며 이는 대부분 기생충의 번식으로 인한 것
이다. 이런 사람은 신경질적이며 피로하기 쉽고 만성변비
로 고생하는 사람이 많다.

　　비타민 C를 식사중에 충분히 섭취해서 피하출혈을 완전
히 멈추게 하고 장에 늘어붙어 있는 숙변(宿便 : 배내똥)
을 배제하면 기생충은 자라지 못한다. 또 순생야채식을 3
주 정도 계속하면 구충제보다 더 효과적이다.

<손가락과 성격>

　손의 언덕이 각기 의미가 있
는 것처럼 손가락 하나하나에
도 특성이 있다. 특히 손가락
에는 그 사람의 선천적 정신과
성격이 나타나 있다.
　손가락이 긴 경우 그 의미가
강하다.

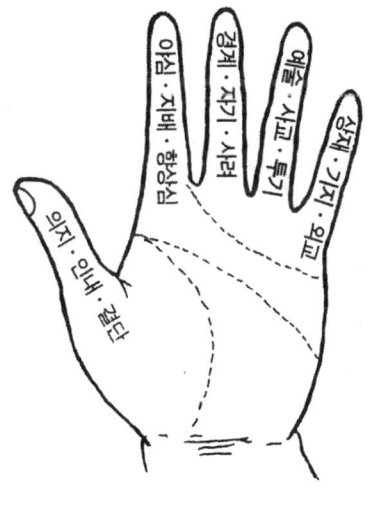

① 엄지손가락 : 의지력, 인내
　력을 나타내고 크고 긴 경
　우 역경을 이기고 자신의
　운명을 열어가는 힘이 있
　다.

② 검지(둘째손가락) : 지배력, 야심, 자존심을 나타낸다. 긴

손가락인 경우 프라이드가 강하고 리더십이 있는 타입이다.
③ 중지(가운뎃손가락) : 자기 경계심을 의미한다. 긴 경우
신경질적인 사람이 많고 자신의 칼라(색깔)를 감추는 면
이 있다.
④ 약지(무명지, 넷째손가락) : 미적 감각이 있으며 예술적인
손가락이다. 미적 감각이 우수하고 로맨티스트이며 긴 경
우 승부운이 강하다고 할 수 있다.
⑤ 소지(새끼손가락) : 상업 수완이 있는 손가락이다. 긴 경우
금전 운이 강하고 기회를 포착하는 기민함이 있다.

6. 건강선과 질병

의학의 시조 히포크라테스는 '자연이 낫게 하고 의사가 처치
(處置)한다'고 말했다. 그러나 잘 듣는 약일수록 부작용도 강
하여 그것이 끼치는 피해도 크고 깊다. 약품의 공해와 우리를
에워싸고 있는 환경 공해 속에서 몸을 지키기 위하여 손을 쓰
지 않을 수 없다.
손금에 의한 진단법 중 선강선에 대하여 알아보자. 그림
①~⑤선은 건강선이다. 없는 것이 좋으며 있더라도 끊어지거
나 이상한 모양을 하고 있으면 건강을 나타내는 것이 아니라
차라리 질병을 표시하는 선이라고 보아야 한다.
그러므로 없는 것이 가장 좋다고 할 수 있으며 ①은 일반적
인 건강한 선이다. 이 선이 크고 굵으며 반듯하게 뻗어 있으면
재력도 있고 명성도 얻는다. 그래서 일명 명성선(名聲線)이라
고도 한다.

②는 구불구불한 선이다. 신장이나 소화기계통이 약한 것을 말한다.

③은 토막토막 끊어진 것이다. 간장병이 있다는 징조이며 소화기계통과도 관계 있다.

④는 길쭉한 고구마형 또는 눈목자(目) 모양으로 호흡기계통이 약한 것을 의미한다.

⑤는 주렁주렁 엮은 고리 모양의 것이다. 이것은 흉부 질환이나 신장 장애가 되기 쉬운 것을 나타낸다.

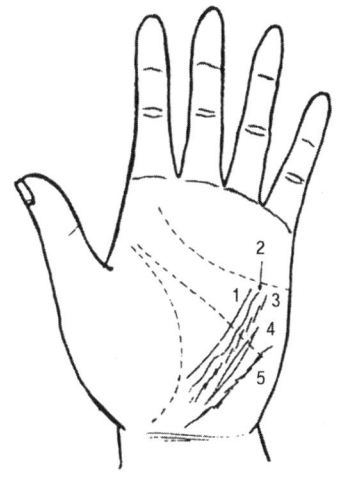

건강선에서 본 건강상태

이런 선들은 오장육부의 허약에서 비롯되어 얼굴의 일부분 또는 이목구비의 어느 부분에 찰색의 이상이 생기면 손에 나타나는 것이다. 그 모양이 있다고 하여 질병이 깊어졌다기보다 이제 체내에서 진행되고 있는 초기의 증상일 수도 있으며 그 선이 깊고 길며 심한 경우 직업선(운명선)이나 건강선에도 장애가 보이면 중증일 수도 있다. 이런 초기의 증상이 나타났을 때 이에 대처하고 건강에 유의하여 과학적인 식생활과 올바른 건강 관리에 힘쓰면 초기에는 쉽게 치료되어 이 선이 없어지는 경우도 많이 있다.

7. 장수하는 손금

미국의 대부호 록펠러 1세(98세에 작고), 노벨상을 수상한

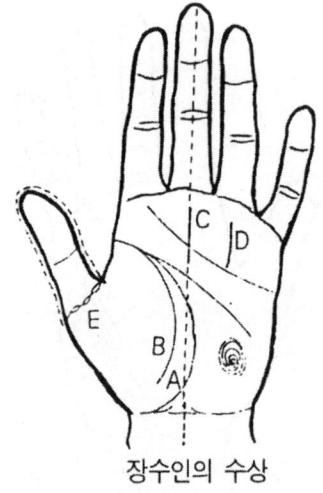

장수인의 수상

인도의 시인 타고르(82세), 수상을 4번 지낸 영국의 정치가 글래드스턴(89세) 등은 역사상 유명 인물이면서 장수했다.

장수한 사람의 손금은 어떤 것일까?

이 질문의 해답을 찾기 위하여 필자는 외국의 많은 문헌을 찾아보고 주위의 많은 사람의 손을 보았다. 그런데 고향 마을에 90세까지 장수하는 할머니가 있어 찾아가 보니 과연 특징 있는 손금이었다. 바로 도표에 나타난 장수의 수상이 그것이다.

생명선의 곡선이 A의 모양인 경우 활처럼 크게 휘어져 손목선 근처까지 길게 뻗었으며 선상에 흠이 없다. 또 가운뎃손가락의 중심에서 밑으로 직선을 그었을 때 그 선 밖으로 생명선의 커브가 나간 상태를 보게 된다.

A 생명선의 경우 신체의 활력이 양호하다는 것을 말해준다.

B 같은 생명선이 또하나 있다. 이것은 이중생명선이다. 이런 타입의 사람은 체질이 강하며 생체 에너지가 풍부하고 특히 병균이 침범해도 저항력이 강하고 피로 회복 시간도 빠르다.

또한 3대선인 생명선, 두뇌선, 성격선이 깊고 선명해야 한다.

여성의 경우 새끼손가락 밑에 있는 성격선의 출발점이 하나이고 손목쪽 생명선의 말단에 솜털처럼 가는 선이 없이 쪼개지지 않고 선이 하나일 때는 오래 살 수 있다.

물론 남자나 여자의 경우 건강한 체력을 가지고 있는 타입이

수없이 많다. 기본 3대선 말고도 그림 C의 직업선, D의 성공선처럼 나이든 노년기의 부분이 굵고 선명하면 오래 살고 손목선이 뚜렷하면 몸이 튼튼하다.

그림 E처럼 엄지손가락의 뿌리밑에 그어진 선이 혼란스럽지 않고 똑바르게 그어져 있어야 잔병없이 장수한다.

예부터 수(壽)는 오복(壽, 富, 康寧, 有好德, 高終命) 중에서도 으뜸으로 꼽았다. 또한 재산을 잃으면 작은 것을 잃고 건강을 잃으면 인생의 전부를 잃어버린다는 말도 있다.

그러면 이렇게 귀중한 건강을 타고나지 못했다면 달리 뭐 좋은 방법이 없을까?

앞으로 장수를 방해하는 요소를 다시 설명하는 기회가 있겠지만 그 장애 요소에 따라 혹은 질병의 유형에 따라 의학상의 처방이 다르듯이 손금에 따를 대안에도 차이가 있다.

생명선에 건강의 적신호가 나타나면 일상 생활에서 과로를 피하고 절제된 생활을 해야 하며 규치적인 운동, 과학적인 식생활(자연식)을 계속해야 함은 필수적인 것이다.

8. 섬

섬은 사방이 바다로 둘러싸인 곳인데 수상에서 섬은 단독으로 있는 것보다는 다른 선의 중간이나 말단에 타원형 혹은 길다란 고구마형으로 나타나 그 선의 의미를 축소시키고 건강과 운명상 문제가 있음을 암시한다. 지금까지 계속 생명선의 문제에 있어 질병과 관계 있는 것만 언급하고 있는데 과연 건강한 손금은 어떤 것인지 알아본 다음 병마에 대하여 살펴보자.

섬과 병마

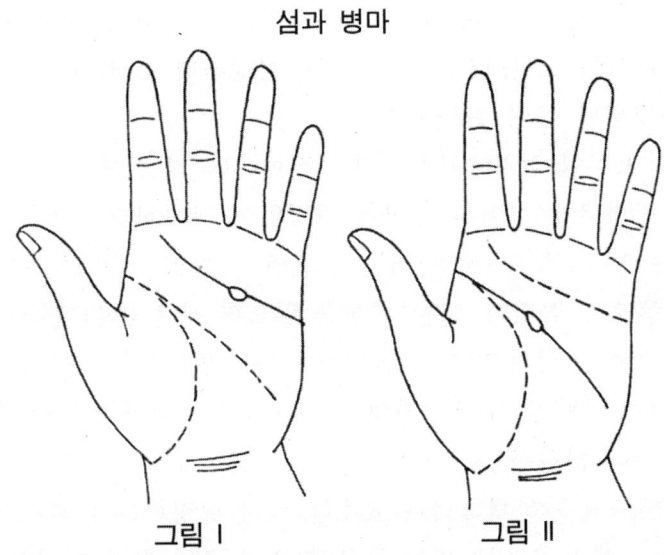

그림 Ⅰ   그림 Ⅱ

사람의 건강을 지배하는 피부, 영양, 4지 및 정신이 일정한 조화를 유지하면서 손금에도 어느 정도 표시가 나타난다. 이 표시가 없는 것은 병적인 손이라 할 수 있다.

먼저 손바닥의 빛깔은 보기 좋은 연분홍빛이 된다. 다음 손금이 뚜렷하게 새겨져 있어야 한다.

셋째로 손의 모양이 어느 것에 속하는 것일지라도 각각 균형을 지니고, 활발하게 움직여져야 한다.

넷째로 손바닥의 언덕이 풍만하고 흉상이 없어야 한다.

다섯째로 손바닥에 정맥이 불거져 드러나 보이는 것이 없어야 한다.

여섯째로 손톱이 정상의 모양을 지니고 흰 손톱이 명료하게 나타나 있어야 한다.

일곱째로 손바닥의 기색이 밝아야 한다.

이와 같은 표시가 없는 손금은 이상(異常)이며 병적인 상태라고 할 수 있다.

이 중에서 섬이 형성되어 병적인 경우를 보자. 일설에 의하면 가운뎃손가락 아래에 있으면 심장, 신장, 혈관 등의 질병을, 무명지(제4지) 아래에 있으면 눈이나 안신경의 장해를, 새끼손가락(제5지) 아래에 있으면 생식기나 폐장의 기능이 좋지 않음을 뜻하는 것이라고 되어 있다. 그런데 많은 수상 연구가들은 성격금상의 섬 모양은 순환기 계통의 약점을 뜻하는 경우가 많다고 말하고 있다.

그리고 호흡기의 장해는 생명선에 나타나고 눈이나 신경계의 장해는 두뇌선에 나타나는 때가 많다는 것이다.

그림Ⅱ처럼 두뇌선의 섬 모양은 십중팔구 눈의 병을 의미한다. 안병이라고 하더라도 돌림병 같은 일시적인 것은 수상에 나타나지 않는다.

따라서 두뇌선의 섬은 아질저인 것이라고 볼 수 있다. 이를테면 백내장이나 망막박리라든가 결핵성 안병 등 일상의 건강에 상당한 영향을 미치는 안병인 경우가 많다.

9. 질병·재난의 상

허약 체질의 상

질병이 있으며 체질적으로 약한 사람이다. 이런 사람은 미래를 위하여 지금부터 몸을 튼튼히 하는 노력을 할 필요가 있다.

그림 ①은 생명선의 말단에 여러 개의 지선이 있다. 무엇을 하든 피로가 쉽게 오고 신체 조절이 무너지고 신경질도 있고

번뇌에 빠지는 사람이다. 낙천
적인 마음을 갖는 것이 좋다.

②는 말단에 밑으로 뻗은 지
선이 양쪽에 있다. 출생하면서
체질이 튼튼하지 못했고 저항력
도 떨어지고 특히 노년에 질병
이 날로 악화되는 타입이다. 규
칙적인 생활 뿐 아니라 편식하
지 말고 영양을 취해야 한다.

③은 쇠사슬 모형이다. 신체
가 허약하여 무리해서는 안 되

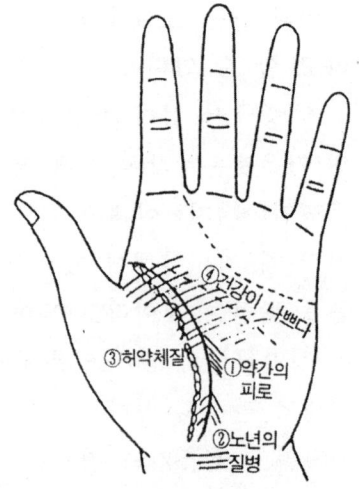

허약 체질의 상

는 체질이다. 성적으로 약해지고 생활 의욕도 부족하다.

④는 손 전체의 바닥에 나타난 가는 가로선이다. 엄지손가락
밑부터 손의 중앙으로 향하여 가는 선들이 무수히 나와 있다. 신
체 조절이 깨어졌음을 말한다.

급성 질환의 위험이 있는 상

과도한 노동은 나이들면서 스
트레스가 쌓이게 하는 문제가 있
는 행위이다. 갑자기 큰 병이 엄
습하는 비즈니스맨이 급증하고
있다. 늦기 전에 손을 써서 이런
위험 신호를 체크해 봐야 한다.

그림 ①은 건강선상에 검은
반점이 나타나 있다. 내장의 급
성질환을 나타낸다. 반점은 수술

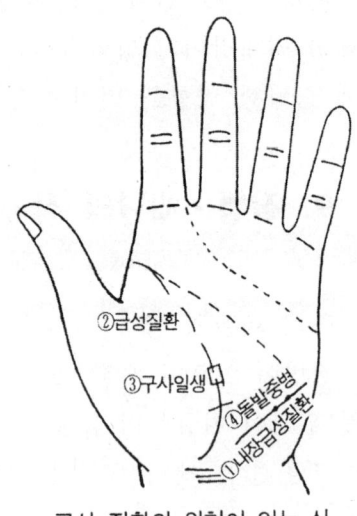

급성 질환의 위험이 있는 상

할 필요가 있는 중병일 가능성이 있다. 충분히 주의해야 한다.

②는 생명선이 끊어져 있다. 급성의 중병이다. 끊어진 간격이 크면 병의 증상이 중하고 오래 걸린다. 양손에 이 표시가 있다면 생명에 위험이 있으므로 예방 치료의 필요성이 있다.

부상이나 재난의 상

우리 주위에는 예기치 못한 일이 자주 일어난다. 길을 걷다 차와 충돌한다든지 지진이나 우레·화재가 일어난다든지, 또는 인재에 가까운 육·해·공·다리·지하의 사고에 이르기까지 많은 재난이 도사리고 있다. 이 표식이 수상에 있다.

그림 ①은 두뇌선에 X(십자형) 표시가 있나. 두뇌선이 끊어졌다든지 십자형이 있다면

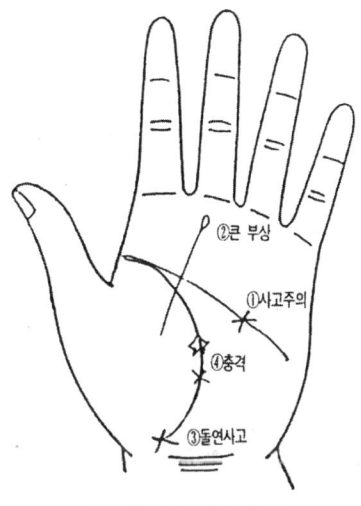

부상이나 재난의 상

사고를 만나면 혈압으로 인한 중풍의 위험도 있다.

②는 직업구의 섬형에서 밑으로 뻗은 선이 생명선을 자르고 있다. 돌발적인 사고로 생명을 가늠하는 큰 부상이 있음을 말한다.

③은 생명선의 끝에 십자형이 있다. 가로막은 횡선이 있다면 돌발적인 사고로 부상의 위험이 있다.

④는 생명선에 별형과 십자형이 있다. 돌발적인 충격을 나타내고 부상을 당하거나 전염병에 걸리는 경우도 있다. 미리 처치하는 것이 어려움을 막는 길이다.

10. 혈액형과 질병

	A형	B형	O형	AB형
미국인	39.9%	13.5%	42.9%	5.1%
영국인	42.4%	8.3%	47.9%	1.4%
일본인	37.7%	22.2%	30.9%	9.3%
중국인	25.1%	34.2%	30.7%	10.0%
※한국인	34.3%	27.1%	27.3%	11.3%

각국의 혈액형 분포를 비교하면 위의 표와 같다.

(1) O형의 기본 기질

직선적인 사고와 행동이 특성이다. 생활력이 왕성하고 매사에 적극적이며 마음먹은 일에는 돌진하는 스타일의 현실주의자에 속한다. 자기의 주장을 당당히 말하는 개방적 기질이며 개성이 강하다. 그러나 지나치게 단순한 면이 있어 실수도 적지 않으나 쉽게 훌훌 털고 일어서는 면이 있다.

O형의 질병 ― 소화성 궤양이 많다.　　(영국)
　　　　　　　　폐암 발생률이 높다.　　(미국, 영국)
　　　　　　　　심근경색, 심장병　　　　(미국)
　　　　　　　　순환기계통, 척추뼈에 조심해야 한다.

(2) A형의 기본 기질

신경이 섬세하여 매사에 꼼꼼하게 임하는 형인데, 주의를 지나치게 의식하는 나머지 자기의 의견이나 욕구를 지나치게 억제한다. 억제력 탓으로 밖으로 드러나지 않지만 반면에 내면에서는 강렬한 감정을 품고 지내게 된다. 속으로는 지기 싫어하는 감정이 있어 의외로 타협을 잘하지 않는다. 태어날 때부터 치밀과 신중을 앞세워 완전주의를 지향하는 경향이 있다.

A형의 질병 — 위암 발생률이 높다.　(일본, 한국).

호흡기 계통, 소화기 계통, 관절이 약한 경향 이 있다.

(3) B형의 기본 기질

A형과는 대조적으로 주위의 눈을 거의 의식하지 않으려 한다. 간섭이나 규제를 싫어하고 멋대로 행동하려는 경향이 있어 방종으로 흐르기 쉬우나 창의력이 풍부하다.

개방적인 면이 매력이긴 하지만 신중성의 결여로 인간 관계에서 상처를 입기 쉽다.

B형의 질병 — 노이로제(신경쇠약증), 순환기, 소화기 계통.

(4) AB형의 기본 기질

권력의지가 적고 취미 생활에 만족하는 형으로서, 사람과 사회에 대해 일정한 거리를 두고 지내려 한다.

정서적으로 냉정하고 비현실적인 낭만파 기질이 있다. 남과 다투기를 애써 피하는 편이고, 남의 일에 제3자적 입장에서 조종역을 곧잘 한다.

AB형의 질병 — 수인성 전염병의 경향이 있다.

내분비 계통, 복부에 조심해야 한다.

제 2 장

건강 진단

1. 질병 진단

(1) 진단 ①

사람의 건강 진단 방법을 한의학에서는 망진법(望診法)과 절진법(切診法)으로 크게 나눈다.

망진법이란 환자의 전신을 두루 살펴보고 그 보행의 상태, 피부의 색깔, 골격의 대소, 신체의 동작 및 체질, 얼굴색, 눈의 움직임, 귀·눈·입·코·눈썹·입술의 위치, 긴장, 이완, 손금의 변화 등을 육안으로 관망하여 병이 어디에 있으며 어느 정도인가 알아내는 방법이다. 이것을 반복하여 숙달되면 병의 태반을 망진법으로 알아낼 수 있다고 한다.

또한 맥진법(절진법)은 의사가 직접 환자의 몸에 손을 대고 질병을 판정하는 것인데 일명 맥진(脈診), 박진(搏診), 사지맥(四肢脈), 복진(腹診)이라고도 하며 이 절진(切診 : 診脈)은 오장육부의 생사길흉을 결정하고 그 증거로 음양, 허실, 표피,

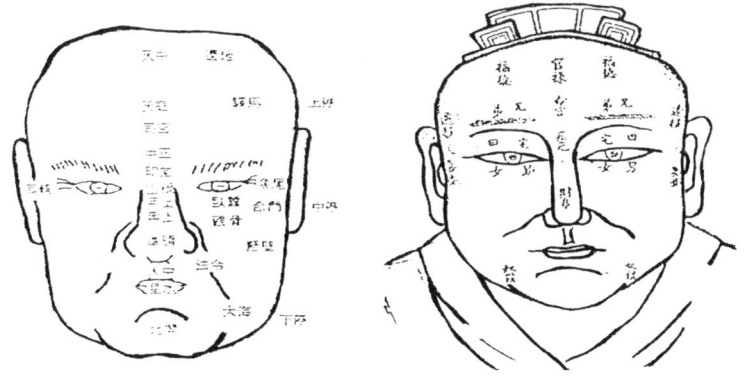

한열을 단정하여 병의 근원을 찾아내며 호흡의 완급에 따라 폐의 허실을 알고 음식의 다소에 의하여 위의 허실을 관찰한다.

▶ 오장육부란?

① 오장은 간장, 심장, 비장, 폐, 신장을 말한다.

- 목(木) : 간(肝), 음, 丁×壬, 양合, 木
- 화(火) : 심(心), 양, 戊×癸, 음合, 火
- 토(土) : 비(脾), 양, 甲×己, 음合, 土
- 금(金) : 폐(肺), 음, 乙×庚, 양合, 金
- 수(水) : 신(腎), 양, 丙×辛, 음合, 水

(사주 오행의 천간합에서 정한다)

② 육부

- 목(木) : 간장부부, 담(膽), 巳×亥, 木
- 화(火) : 심장부부, 소장(小腸), 子×午, 火
- 토(土) : 비장부부, 위(胃), 丑×未, 土
- 금(金) : 폐장부부, 대장(大腸), 卯×酉, 金
- 수(水) : 신장부부, 방광(膀胱), ×戌,水
- 화(火) : 우신장부부, 삼초(三焦), 寅申合火

(육부는 지지의 충(沖)에서 결정한다)

③ 오장과 육부

- 목장(木臟) : 간(肝), 목부(木腑) : 담(膽)
- 화장(火臟) : 심(心), 화부(火腑) : 소장(小腸)
- 토장(土臟) : 비(脾), 토부(土腑) : 위(胃)
- 금장(金臟) : 폐(肺), 금부(金腑) : 대장(大腸)
- 수장(水臟) : 신(腎), 수부(水腑) : 방광(膀胱)

진맥에 의한 질병 판단은 위의 오장육부의 허실에 따라 판정한다.

(2) 진단 ②

질병 진단 방법으로 자신이 할 수 있는 망진법 중 신체의 각 부분과 손금에 의하여 판정하는 부분을 살펴보자.

① 얼굴을 보고 아는 병

- 얼굴의 부종(浮腫)은 각기, 심장, 신장 등이 약한 것이다.
- 뺨이 붉은 것은 심장의 열이나 폐결핵의 상이다.
- 미간이 흰 것은 정신과로다.
- 눈동자가 황색이면 황달이다.
- 입술이 검으면 심장이 약하다.
- 간이 약하면 얼굴빛이 푸르고 잘 노한다.
- 심장이 약하면 얼굴이 붉고 잘 웃는다.
- 비장이 약하면 얼굴이 황색이고 자주 트림한다.
- 폐가 약하면 얼굴이 희고 쉬 슬퍼한다.
- 신장이 나쁘면 얼굴이 검고 자주 하품한다.
- 이마가 푸르면 복통이 있다.
- 이마에 반점이 있으면 임신 또는 자궁병이나 폐결핵이다.
- 이마에 광택이 있으면 중병이라도 회복된다.
- 얼굴에 광택이 없고 치근이 검으면 죽는다.
- 얼굴이 검고 입술이 푸르거나 얼굴이 푸르고 입술이 검으면 죽는다.
- 발병하여 바로 얼굴에 붉은 반점이 나타나면 죽는다.

② 피부를 보고 아는 병

- 피부가 창백하면 심장이 약하고 빈혈이거나 십이지장충, 위병, 결핵이나 악성종양(암)이다.
- 피부색이 노라면 황달이다.
- 얼굴 피부의 부종은 빈혈, 심장, 신장, 각기, 결핵의 징조다.

③ 코를 보고 아는 병

- 코끝의 자색·남색은 심장질환이다.
- 코가 창백한 것은 빈혈이다.
- 콧물이 증가하는 것은 축농증이다.
- 코끝의 붉은 홍조는 동창이나 주독(酒毒)이다.

④ 귀를 보고 아는 병

- 귀의 색이 밝지 못하면 순환기 장애이다.
- 귀는 신장에 관련이 있다. 정력이 쇠하면 귀에서 소리가 나고(귀울음) 멀리서 나는 소리를 잘 못 듣는다.
- 왼쪽 귀가 먹은 것은 분노한데 기인하며 이는 여자에게 많다.
- 오른쪽 귀가 먹은 것은 색욕(色慾)으로 인한 것이며 남자에게 많다.

⑤ 색깔을 보고 아는 병

- 환자의 손바닥에 점차 홍색이 나타나면 병이 회복된다.
- 인당에 암흑색이 나타나면 병이 발생한다.
- 코의 년상(年上)이나 수상(壽相)이 푸르거나 검은 빛이 나타나면 병이 난다.
- 얼굴이 푸르면 순환기 장애이다.
- 입술이 흑색이면 치질이 있는 수도 있다.

2. 질병의 유형

(1) 암

전쟁의 영웅 프랑스 나폴레옹의 가계(家系)에는 위궤양이나 위암으로 사망한 사람이 7명이나 있었다고 전해진다.

당시 무인(武人)들이 오른손을 항상 신체중 위(胃)가 있는 부분 중완(中脘)부에 대고 왼손으로 지휘도를 쥐고 턱을 앞으로 내민 자세는 위암에 잘 걸리는 사람의 모습으로 풀이하고 있다. 이렇게 역사속에서 정체가 드러나기 시작한 암이 이름을 갖게 된 것은 오래된 이야기다.

암을 영어로 캔서(Cancer)라고 하는 것은 라틴어로 게(蟹)라는 의미이며 돋아나는 암세포가 마치 게의 집게발처럼 뻗어서 조직을 파괴하고 전신을 좀먹어 들어가는 점을 들어 그리스 의학자 히포크라테스가 명명한 것이라고 한다.

의학의 원조가 이름진 이 암이 이제 우리 가까이 있는 것이다.

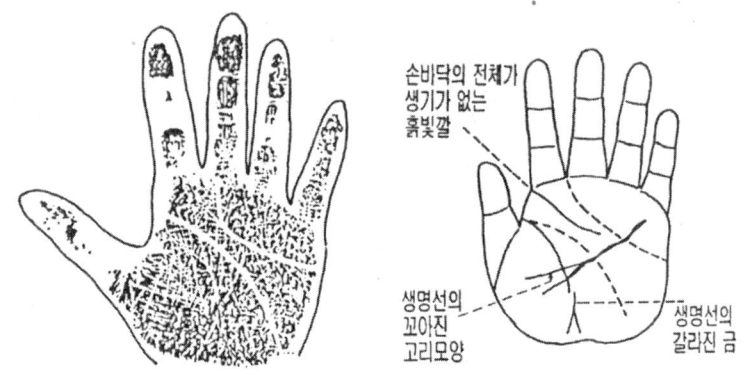

암환자의 손금

한국인의 사망 원인도 암, 중풍, 뇌혈관 질환, 교통 사고 등의 순이라고 한다.

일 년에 거의 3십여만 명이 이 병으로 사망한다니 정말로 무서운 질병이 아닐 수 없다. 그런데 이 병의 주발병 원인은 비타민C 부족과 사람이 동물과 다르게 항상 옷을 입고 있어서 체내의 산소 공급이 부족, 일산화탄소가 많아서 일어나는 것이다. 외국의 의학자들은 의학적인 처치나 풍욕법(風浴法) 등 옷을 벗고 하는 운동으로 피부에 산소를 보급하거나 조기에 발견하여 치료하는 것이 최선이라고 한다.

그런데 문제는 이 병이 초기에 자각 증상이나 통증이 없어 쉽사리 발견되지 않는다는 점이다. 그러면 이 병을 미리 알 수는 없을까?

물론 손금엔 초기부터 미리 나타나고 있다. 미국의 수상학자 월터 소렐은 생명선의 말단에 나타나는 꼬아진 고리 모양을 암의 징후라고 말하고 있으며 그림과 같이 암환자의 손바닥 사진을 찍어 그것을 입증하고 있다.

환자의 경우 생기가 없는 손바닥이며 독소 해독 때문에 간장이 지쳐 얼굴이 누런 황달 증상이 겹치고 점차 손과 얼굴이 흙빛으로 변한다. 손바닥이 유달리 반짝거리는 경우도 있으며 생명선이 끊어진 예도 있다. 다른 손금이 조화되어 있으면 회복되는 예도 있으나 이 중병 증상의 표시가 나타난 초기는 쉽게 고칠 수도 있다. 점차 깊어져 의학 진단으로도 나타나면 상당히 중증의 상태이다. 미리 손금으로 체크하여 과학적인 생활과 생야채식 등 식이요법으로 예방하거나 치료함이 긴요하다.

(2) 고혈압(뇌일혈)

40세 이상의 성인에게서 최대의 공포는 고혈압과 뇌일혈, 협심증이다.

미국에서는 심장병이 사망 원인의 1위를 차지하고 암이 2위, 뇌일혈이 3위로 되어 있으나 일본은 1971년부터 뇌일혈이 톱으로 되었다. 우리 나라는 뇌일혈이 사망 원인 중 3위로 되어 있는데 그 병적인 증상이 손금에는 뚜렷하게 나타나고 있다.

고혈압은 산성 체질이므로 그림과 같이 손가락이 엄지손가락 쪽으로 기울어지고 손톱의 반달이 크게 나타나 손톱 길이의 1/3까지 될 때도 있다.

성격선 ㉮㉯가 두뇌선 ㉰㉱에 비해서 뚜렷하고 선명하게 되어 있는 경우가 많으며 가운뎃손가락의 밑 직업구나 손바닥의 밑 바깥쪽에 별 모양의 선이나 흐린 곳이 많다. 생명선은 병이 발작되는 연령에 ㉲처럼 터져 있거나 ㉳㉴처럼 장애선이 나타난다. ㉵처럼 두뇌선을 뚫고 올라가는 건강신이 두뇌신 지점에

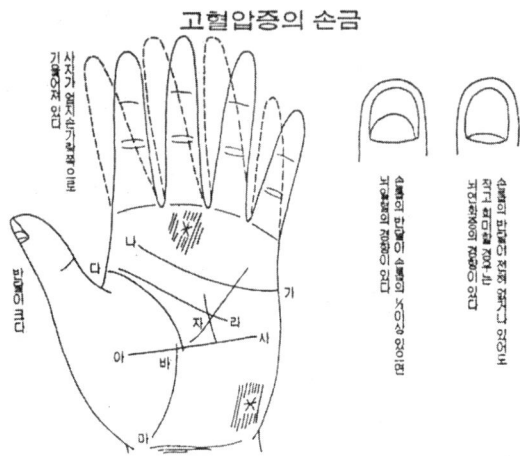

고혈압증의 손금

서 다시 자르는 선으로 나타나 별 모양의 형태를 이룰 때는 발작의 위험이 크다.

혈압은 혈액의 점성도(粘性度)와 관계가 있는데 점성도 높고 낮음이 손가락의 반달에도 나타난다.

반달은 손톱 길이의 1/3이하로 흐리지 않고 또렷한 것이 좋다. 이 반달은 장의 흡수와 관계가 있다. 반달이 지나치게 많이 나온 사람은 뇌일혈의 염려가 있고 지나치게 작거나 전혀 없는 사람은 뇌연화증(腦軟化症), 급성폐렴이나 류머티즘, 통풍(痛風), 위장 질환 등에 걸릴 염려가 있다. 이런 것은 조기에 알아차려 대책을 세울 수 있다. 고혈압은 싱겁게 먹고 과식을 피하면 장기적으로 치료가 가능하며 순생야채식, 단식, 냉온욕, 풍욕, 감차, 생수를 마시는 것, 발과 다리의 교정법과 하체를 유연하게 하는 방법 등이 효과를 가져온다고 한다.

그런데 손금 중에서 특이한 막쥔손금을 가진 사람 중 성공구나 직업구의 언덕이 거대한 사람은 기질이 두목형이지만 체질은 다혈질이고 식사는 폭음폭식형 대식가이므로 뇌일혈에 주의하여야 한다. 이런 형은 위장이 튼튼하고 식욕이 왕성하여 자칫 폭음폭식하기 쉽고 또 체질도 산성에 기울기 쉬우며 특히 변비의 경향이 있어 이 변비가 뇌일혈의 발작에 박차를 가한다.

(3) 위장병

독일의 철학자 니체는 운명을 사랑하라고 했으며 동양의 전통 사상도 순천자(順天者)는 존(存)이요 역천자(逆天者)는 망(亡)한다고 해왔다.

사람의 건강도 자연의 섭리대로 산다면 한결 질병의 고통으로부터 해방될 수 있다. 그러면 건강과는 다른 질병의 표시인 위병에 대하여 알아보자.

생명선이 물결 모양인 경우에는 순환기 계통이 약하고 그림과 같이 쇠사슬 모양인 경우에는 소화기 계통에 약점이 있다.

두뇌선이 짧고 선명하지 못하며 건강선이 토막토막인 것은 만성소화불량이다. 위장병인 사람은 손바닥의 중앙부가 어두운 청색(靑色)을 지니고 있으나 이것은 정맥이 불건전해서 긴장하고 있는 것을 나

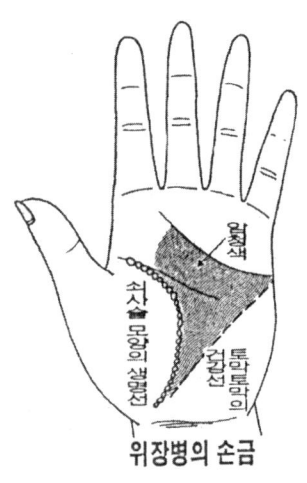

위장병의 손금

타내며 장의 정맥도 부어 있기 때문에 장(腸)의 기능도 활발하지 못하다는 것을 의미하고 있다. 정맥의 울혈(鬱血)을 가져오면 숙변(宿便 : 배설되지 않고 오랫동안 장 속에 머물러 있는 변)이 생기게 되며 손바닥의 빛깔이 밝지 못하다.

깡마른 깐깐한 손은 소화기 계통이 약한 것을 나타낸다. 생명선을 따라서 그 선의 안쪽이 푸른빛이 있는 것은 오른쪽이면 맹장의 주변 부위, 왼쪽이면 결장(結腸)에 숙변이 있다.

그래서 오른손에 나타나는 푸른빛의 숙변은 위나 췌장, 비장에 이상이 있고, 왼쪽손에 푸른빛의 숙변은 간장이나 담낭에 장애를 가져온다.

위하수인 사람은 앞뒤로 얇고 가늘고 긴 얼굴이고 손도 가늘고 긴 경우가 많고, 담낭이나 담석증인 사람은 얼굴의 폭이 넓

고 살이 많으며 손가락도 짧은 사람이 많다.

(4) 위암(胃癌)

생활이 풍족해지고 산업화가 진행되는 데 따라 국내에도 위암 환자가 현저하게 늘어나는 경향이 있다. 의학의 발달로 진단이 용이해진 까닭도 있을 것이다. 노년기에 많고 남자가 여자보다 비율적으로 높다. 암세포는 소리없이 퍼져 생명을 위협한다.

위암은 초기에 이렇다 할 증상을 느끼지 못하여 위장점막에서 암세포가 자라고 있음을 알 수 없기 때문에 더욱 두려운 병이다. 자각 증상이라고 해야 약을 먹어도 잘 낫지 않고 배가 더부룩하고 식욕이 떨어진다는 것 정도이다. 위암은 조기 검진을 받고 수술하면 90퍼센트 이상 완치가 가능하다고 한다. 그러나 증상을 느끼지 못하는데 병원에 가서 검진을 받으려는 사람은 매우 드물다.

위암의 초기 증상이란 대체로 위가 조금 아프거나 구역질이 난다. 특히 위에 통증을 느낄 때는 식사 직후이거나 속이 비어 있을 때이다. 속쓰림이 때로 있고 트림을 자주 한다. 그런데 이런 증상은 위염이나 위궤양일 때도 비슷하게 나타나므로 분별이 쉽지 않다.

진단 방법의 보다 구체적인 것은,
1. 빈혈이 나타난다.
   어느 정도 암이 진행되면 위에서 출혈이 일어나 변에 피가 섞여 나온다.
   하혈과 함께 빈혈을 가중시킨다.

2. 식욕이 떨어지고 체중이 줄기 시작한다.

위의 활동이 나빠지며 소화력이 뚝 떨어지고 체중이 준다. 암세포가 영양을 빼앗아 먹는다.

3. 식전 식후와 관계없이 통증을 느낀다.

가슴이 아프기 때문에 협심증이 아닌가 잘못 알기 쉽다.

4. 손으로 응어리가 만져진다.

상당히 진행된 상태이다. 이미 때늦은 경우도 있다.

5. 대변에 피나 점액이 섞여서 검게 나온다.

그러나 위암은 조기에 내시경 검사나 수상으로 발견하여 치료한다면 보통 재발할 염려가 없다고 한다. 특히 위암은 식생활 습관을 통하여 예방하여야 하는데,

첫   째   주식인 쌀은 현미와 잡곡으로 바꾸고 질산염 계통의 방부제가 있는 식품, 특히 소시지 종류를 피해야 한다.

둘   째   비료를 많이 쓰는 채소가 위험하며,

셋   째   맵고 자극성이 강하거나 소금이 많이 들어간 식품이 좋지 않으며,

넷   째   불에 구운 고기 특히 탄 음식이 몸에 해롭다(튀긴 고기는 좋다).

다섯째   암 예방 식품으로는 참기름과 두부, 양배추 등이 좋고 냉장고를 사용하여 신선한 식품을 섭취하면 위암 예방에 큰 도움이 된다.

여섯째   생야채, 과일과 우유를 마셔 위벽을 튼튼하게 하면 위암을 예방할 수 있다.

일곱째   불규칙한 식습관과 지나치게 뜨거운 음식이나 음료,

흡연은 해롭다.

여덟째 빨리 먹거나 밤에 먹는 음식, 알코올을 즐기는 습관
은 위험하다.

▶ 환자의 증세 (40대 가정 주부)

가정 주부인 환자는 40대인데 몇 년 전부터 특별히 과로를 하
지 않았는데도 쉽게 피로를 느끼고 배의 한 복판에 무언지 묵직
함이 느껴지고 오목가슴에 불쾌감을 느꼈으며 무엇을 먹어도
소화가 시원치 않고 가끔 토하기도 했으나 별로 심각하게 여기
지 않고 소화제와 활명수만 계속 먹었다. 아무래도 심상치가 않
아 가까운 병원에서 진찰해 보니 위에 약간의 염증이 있다고 하
여 약도 복용하고 한약, 보약도 먹었으나 전혀 호전되지 않았다.
그러더니 체중이 서서히 줄어들고 눈이 쾡하여 종합병원을 찾
아가 정밀 검사를 받은 바 위암이라는 청천 벽력이 떨어졌다.
그 즉시 암 제거 수술을 받았고 비교적 조기에 발견한 것이었기
에 다행히도 2개월 후 무사히 퇴원하여 요양하고 있다.

▶ 수상의 표시

그림 ①과 같이 생명선의 말단 부분이 여러 갈래로 나누어져
있고 쪼개진 선들이 손목 쪽으로 향하여 밑으로 뻗고 있다. 체
력 소모를 나타낸다.

위궤양(胃潰瘍 : 위 피부의 점막이 헐어서 짓무르는 것)이
있을 때도 생명선의 말단이 많은 선으로 갈라져 있다.

②는 가상적인 표시인데 병이 점차 깊어져 암이 되면 ①의
곳에 타원형의 섬이 생기거나 생명선을 가로지르는 횡선이 나
타나 중병을 표시해 준다.

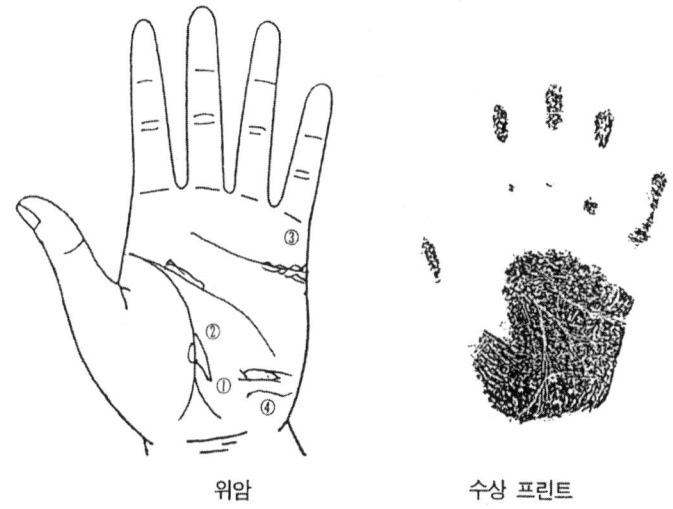

위암　　　　　　수상 프린트

③은 성격선이 출발점 조금 지나서 잔 선들이 엉켜 마치 조그만 점들이 모여 있고 내향적 성격으로 불안정한 마음의 상태여서 소화가 잘 안 되고 위의 통증이나 곱똥을 누기 쉽다.

④는 손바다 바깥쪽 볼록구에 가로지르는 횡선들이 여러 개 있다. 과로로 체력이 약하므로 영양 흡수가 나쁘고 피로를 느끼기 쉽다.

(5) 간암

간암은 우리 나라의 경우 B형 및 C형 간염바이러스에 의한 경우가 95퍼센트 이상이며 이 간염바이러스의 만성 보균자, 특히 만성 간염이(만성 20년 암 발생률 35퍼센트) 간경화를 오랫동안 앓고 있던 사람에게서 잘 발생한다. 간암은 진단시 이미 심하게 진행되었거나 간기능 저하가 심하여 치료가 어려운 경우가 많으므로 초기에 발견하는 노력이 중요하다.

우리 주위에서 임성민 씨가 간경변으로 방송인 김경태 씨가 간암으로 사망한 가슴아픈 기억이 있다.

사망 원인도 위암에 이어 간암이 벌써 수위를 차지하고 있다. 국민의 알코올 섭취가 가히 세계적이라니 자연 간암에 걸리는 음주자가 많을 수밖에 없다.

간암은 자각 증상이 없는 것이 특징이어서(8할 정도 발생해도 발견이 어렵다) '침묵의 장기'라고도 하며, 발견하기가 쉽지 않다. 그러나 날로 검사 방법이 발달하고 수술이나 치료법도 과학화하여 주기적으로 진찰만 받는다면 중병이 되기 전에 치료가 가능하다.

▶ **원인 : B형이나 C형 간염이 위험인자, 흡연자, 과음 폭음자에게 빈번하다.**

▶ **초기 증상으로는**

◇ 식욕 부진, 전신 권태, 어깨가 뻐근하다.

◇ 간이 있는 명치 쪽이 무지근하게 아프다.

◇ 암이 점차 진행하면 명치와 오른쪽 윗배에 둔탁한 통증이 느껴진다.

◇ 술을 마신 후 뒤끝이 좋지 않고 머리기 산뜻하지 못하며 때로는 졸려서 생활에 지장을 준다.

◇ 눈이 노래지고 구토가 있다.

◇ 명치 우측에 통증이 있고 우측 늑골 밑에서 손으로 간장이 만져지는 감이 있다.

◇ 체중이 감소한다.

◇ 거미 모양의 혈관이 배 표면에 부각된다.

◇배가 부어오른다.

◇손바닥이 붉다.

◇배에 물이 차 오른다.

▶ **간암 예방 음주법**

◇술을 마시기 전에 안주를 먹고 공복의 상태에서는 한번에 많은 양의 술을 마시지 않는다.

◇안주는 육류와 고단백질이 좋다.

◇도수 높은 술을 마실 때는 주량의 배가 넘는 물을 마셔 희석시키고 빨리 술을 몸밖으로 배출하도록 노력한다.

◇생리 기간 중에 여성은 간을 쉬게 하고 술을 금하는 것이 좋다.

▶ **조기 발견법** : 초음파 검사, 피 검사

▶ **환자의 증상(60세 남성)**

환자는 학창 시절 열심히 공부만 하다 일류 직장에 합격하여 10년 넘게 일하다 보니 이제 새로운 기분도 없고 업무도 파악하여 매너리즘에 빠졌다. 친구들과 어울려 가끔 포커나 화투놀이를 했으나 그런 것에도 재미를 느끼지 못하고 뒤늦게 술을 배워 어느덧 애주가가 되었다. 한 잔 두 잔 이젠 술맛을 제법 안다고 생각했는데 정기 진찰시 의사가 술을 절제하라고 했으나 술 마시는 재미까지 없다면 무슨 재미로 사느냐고 항변하며 여전히 주당 대열에 끼어서 지냈다. 급기야 5년 전에 간경변이 되었는데 이제는 별수없이 주량을 반으로 줄였다. 그러나 웬일인지 몸에 열이 있어 입원하니 간종양 수술을 해야 한다고 하

여 수술을 하고 퇴원하여 1년이 지나고부터 체력이 회복되었
다. 질병의 고통에 슬픈 눈물과 회복되어 기쁨의 눈물을 맛보
았다.

▶간암(수술 전의 수상)

사람의 건강과 오장육부의 상태를 보여주는 생명선상에 ①
과 같이 말단에 섬형이 있다. 60대 중반쯤의 암을 나타내는 표
식이다.

②는 성격과 가정 생활을 나타내는 성격선에 조그만 섬이 얽
혀 있다. 이는 간장암이나 간경변에 걸린 환자가 정맥류의 파
열로 피를 토하는 토혈(吐血)을 예고한다.

③은 두뇌선이 끝나는 지점에 두 개의 가로지르는 횡선, 즉
장애선이 있다.

혈관에 이상이 있다는 의미인데 수술 후에는 대개 없어진다.

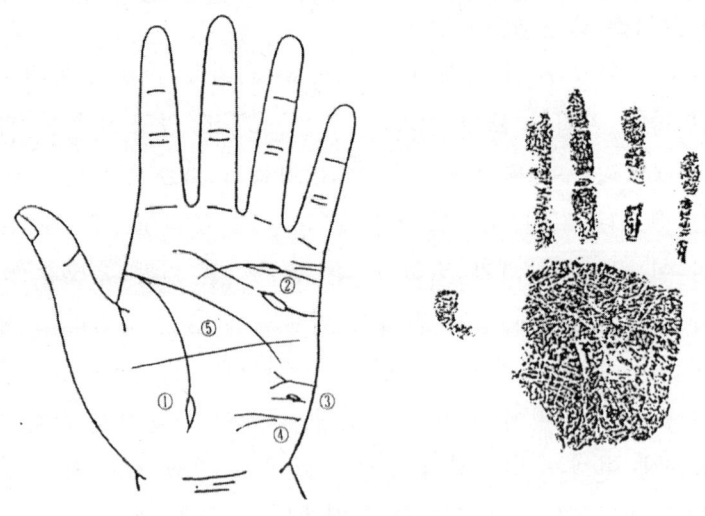

간암 수술 전

④는 손바닥 밑 볼록구에 전신의 건강이 쇠약하다는 표시이다.

⑤는 생명선을 가로지르는 횡선의 장애선이 손바닥 복판에 보인다. 이것은 중병의 표시인데 심장도 쇠약하다는 전조로 이 선이 더 깊게 새겨지면 심장에 문제가 있고 위험이 따른다.

▶ 간암의 수술 후의 수상(2년 후)

수술 전에는 선들이 꼬이고 군데군데 작은 섬형이 선 위에 있었는데 수술 후와 비교하여 많은 차이점이 있다.

그림 ①은 성격선에 있던 2개의 섬이 수술 후에 사라졌다.

②는 혈관과 심장의 쇠약을 표시했던 선이 없어졌다.

③은 수술 후 식도 정맥류가 정상을 찾자 없어졌다.

④는 건강 쇠약선인데 수술로 간장의 일부를 절제 제거하였으므로 조혈 기능이 감소하여 다소의 빈혈 증상이 있어 아직은 정상이 아니므로 흔적이 남아 있다. 호전될 때까지 술과 섹스를 금하는 것이 좋다.

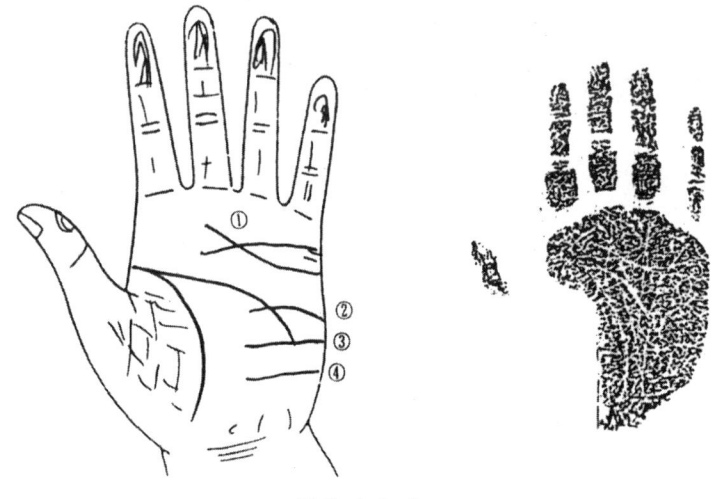

간암 수술 후

(6) 유방암

유방암은 양쪽 유방이 동시에 변화가 있는 일이란 거의 없다.

한쪽만 응어리가 있다면 유방암을 의식해 볼 필요가 있다. 즉 유방암의 특징적인 자각 증상은 아프지 않은 멍울이 유방 속이나 그 부근에 있는 것이다. 응어리는 손끝으로 만져 보면 딱딱한 편이고 주변의 부드러운 피부와 경계를 뚜렷이 하여 이리저리 움직이는 특징을 갖고 있다.

암이 유두(젖꼭지) 근처에 생긴 경우는 때로 피가 섞인 갈색의 분비물이 브래지어에 묻는다. 유방암은 아무런 통증이 없다. 유방이 아픈 경우는 유선염일 때이다.

유방암은 응어리가 작을수록 완치가 가능하다고 한다. 응어리가 1cm 이내면 95퍼센트 정도 완치된다. 2cm 정도는 90퍼센트 정도 완치. 2cm가 넘으면 생존율은 매우 낮다.

유방암은 한 곳에 머물지 않고 딴 곳으로 퍼져 나가는데 특히 겨드랑이의 림프절이 중계 지점이다. 유방암에 잘 걸리는 여성은 유전적인 경향, 독신, 만혼, 출산 경험이 없는 여성, 출산 회수가 적은 여성, 임신 중절 수술을 자주 한 여성에게 많이 발생한다고 한다.

그리고 유방암의 예방에는 남편의 유방 마사지가 가장 효과적이라고 하며 과음하면 유방암에는 아주 해롭다고 한다.

또한 지방이 많고 칼로리가 높은 식사와 알코올과 흡연은 암을 촉진한다고 한다.

잘 걸리는 사람은 유선염에 걸린 경험이 있거나 고령이고 초산인 사람이다.

▶ **예방에 좋은 식품**

해초류 : 다시마, 미역, 김을 무침이나 튀각, 국 등으로 만들
어 먹거나 그 즙을 먹는다.

율　무 : 세포의 비정상적인 발달을 억제한다. 임산부는 먹지
말고 비만 체질이나 냉증, 저혈압인 사람은 좋다.

무화과 : 암을 억제하는 성분이 있다. 열매를 먹거나 줄기와
잎으로 즙을 내 먹는다.

고구마 생즙 : 암을 억제한다.

살구씨, 복숭아씨, 버찌씨를 달여 물을 마시거나 가루로 만
들어 먹어도 좋다.(살구씨는 독성이 있으므로 과다 복용은
금물이다.)

▶ **환자의 증세**

남편이 부인의 유방을 애무하던 중 유방의 한쪽에서 콩알만
한 멍울을 발견했다. 서둘러 병원에 가려 했으나 이런 저런 일
로 차일피일하다 40여 일 후에 병원에 가서 수술을 하고 방사
선 치료를 받고 20일 후에 퇴원했다.

아이를 셋이나 낳고 아무 탈없이 살고 있었는데 어머니가 70
세경 유방암으로 사망하여 혹 유전되지 않을까 해서 첫아이 때
는 신경을 썼다.

금번의 조기 발견도 이를 걱정한 남편의 배려에서 쉽게 발견
했고 수술함으로써 성공한 예인데 5년이 지났는데도 이상이
없다. 5년 이내에 재발이 없으면 10년 정도까지 무사하며 그
후는 재발 가능성이 높다고 한다.

증　세 : 멍울이나 움푹 들어간 곳이 만져짐. 젖꼭지의 변화.

발견법 : 맘모그램 검사.

예방법 : 금주, 운동, 과일·채소의 다량 섭취.

▶수상의 표시

그림 ①은 생명선이다. 48세경 수술한 흔적을 보여주는 비스
듬히 옆으로 1센치 정도 길고 깊게 생명선을 가로질러 끊고 있
다. 그 후 생명선이 힘차게 밑으로 뻗어 가고 있다. 수명이 길
다는 표시이다.

②는 직업선이 48세경에 짧은 기간 동안 공백이다. 수술 후
의 수개월간 요양 기간을 보여준다. 유방암은 직업선의 하부에
대개 섬형이 있는 예가 많은데 이 경우는 조기 발견하여 암을
제거하였으므로 섬의 흔적이 사라진 예이다.

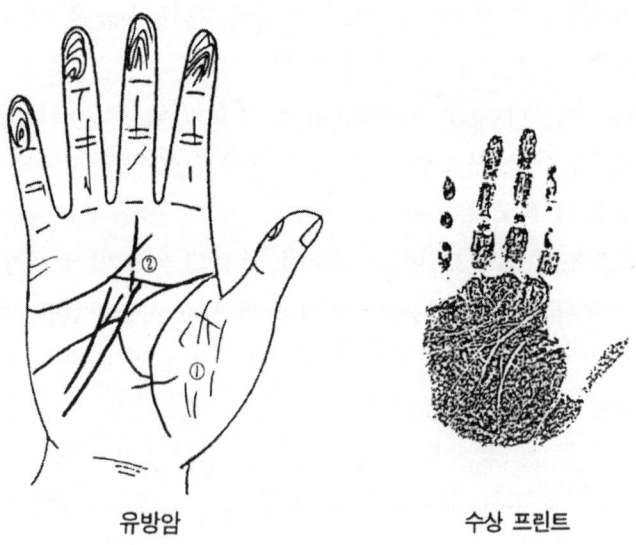

유방암   수상 프린트

(7) 간장병·간암

간장과 신장은 인체에서 가장 소중한 장기이다. 그 중 간장은 '침묵의 장기'라고 불리고 병이 상당히 진행되기까지는 자각 증상이 나타나지 않기 때문에 처치가 어렵다. 간장의 기능이 건전하게 되면 혈액은 맑아지고 건강도 현저하게 좋아진다. 낙천적이며 희망에 넘치고 얼굴도 밝고 몸집도 좋고 알맞게 살이 쪄서 혈색도 좋다. 간장은 놀라운 해독 능력을 갖고 있으나 혹사하면 녹초가 되어서 간경변이 되고 만다. 외국의 문헌에 의하면 '하루 평균 6홉의 청주를 15년간 계속해서 마시면 90% 가까운 사람이 간경변이 된다'고 밝히고 있다.

그러면 이 간장병이 손에 어떻게 나타나나 살펴보자. 그림과 같이 성격선이 쇠사슬 모양이 되거나 새끼손가락 아래에서 끊어지고 많은 장애선이 감정선과 교차하여 손톱이 바둑알처럼 둥글고 광택이 나며 건강선이 물결 모양으로 꾸불꾸불하게 구부러져 있거나 선명하지 못한 것은 간장병을 나타낸다. 새끼손가락밑 상업구가 어둡고 잡선으로 둘러싸여 있는 것은 담즙성 장애나 황달 등을 나타낸다. 또한 손바닥의 빛깔이 고르지 못하며 붉거나 흰빛, 자줏빛이 뒤섞여 있는 것은

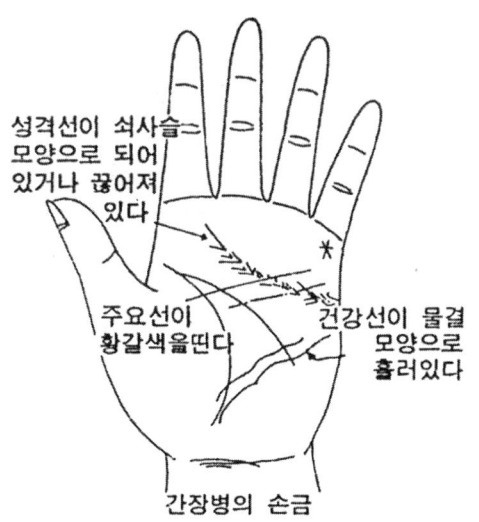

성격선이 쇠사슬
모양으로 되어
있거나 끊어져
있다

주요선이
황갈색을띤다

건강선이 물결
모양으로
흘러있다

간장병의 손금

간장 질환을 나타내는 것이다.

위장이 나쁘다고 호소하는 사람도 간장에 고장을 일으키고 있을 때가 많다.

손으로 보면 오른손 둘째손가락이 왼손 둘째손가락보다 빛깔이 거무스레하여졌을 때는 간장이 나쁘며 그 반대는 위에 장애가 있다. 얼룩이 모양으로 황색에서 담갈색의 색소 침착이 손바닥에 보이면 간장의 염증이며 손바닥이나 엄지나 새끼손가락의 끝에 둥글고 팽팽한 부분이 밝은 빨간 빛깔이 되어 있거나 손톱이 '흰손톱'이라고 해서 끝만 약간 핑크빛일 뿐 나머지는 하얗게 되면 간장의 만성 질환이 의심스럽다.

(8) 신장병

인체의 노폐물 처리 기관은 신장이다. 이 기관이 고장나면 온몸이 붓는 부종(浮腫)이 생기고 제 기능을 다하지 못한다. 즉 신장병이 되는 것이다.

신장병에는 신장염, 네프로제, 신경변 등이 있고 신장염에는 급성과 만성이 있다. 급성신장염의 원인은 주로 세균의 감염이나 근본적으로는 발의 고장과 비타민 C의 결핍이 원인이다.

심장병이나 각기(脚氣)는 주로 발이 붓는데 신장병은 얼굴이 붓고 자고 나면 부어 있는 것이 보통이다.

그림에서 손바닥밑 볼록구는 수상학상 물과 관계가 있는 곳인데 이곳의 별은 수난사고(水難事故)나 몸의 부종의 징후이다. 생명선이 얇은 사람도 발이 약하고 세균에 감염되기 쉽고 신장이 나빠지기 쉽다.

신장병은 가운뎃손가락이 부어 있고 직업구가 그림과 같이

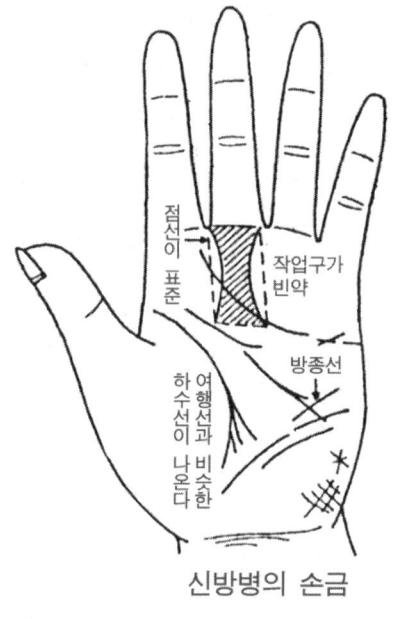

점선이 표준

작업구가 빈약

하수선이 여행선과 비슷한 나온다

방종선

신방병의 손금

빈약하며 생명선의 말단에 밑으로 뻗어 있는 수술 모양 지선이 여행선 비슷하게 하수선(下垂線)이 생기고 성생활의 문란에서 오는 방종선이 여러 개 종횡으로 교차하여 나타난다. 또한 성격선과 두뇌선이 흐트러져 있다.

목욕하고 난 다음 손에 잔주름이 생기는 사람은 부어 있으며 신장에 부담이 되는 것이다. 그리고 자고 나서 손을 쥐어 부어 있으면 전날 저녁 짠 음식이나 과식한 증거이며 이것이 계속되면 신장에 부담이 된다.

신장 관계 질병의 치료는 첫째, 발의 고장을 고치고 둘째, 생수를 충분히 마시고 셋째, 수면 자세를 바르게 하고 넷째, 비타민 C를 녹차나 감차로 충분히 공급하여야 한다.

(9) 당뇨병

심리학자 프로이트는 건강에 관하여 '증상 즉 질병'이라고 했다. 몸에 어떤 이상한 증상이 나타나면 이것이 곧 체내에 질병이 있다는 의미라는 것이다.

중병이든 경증이든 수상에는 초기부터 그 표시가 나타나고 있다.

그러면 당뇨병은 어떻게 나타나는지 알아보자.

그림과 같이 생명선의 끝이 여행선처럼 쪼개져 있으며 이것은 발이 약해지는 것을 나타낸다. 손바닥 바깥쪽 즉 볼록구에 단독으로 가로지르는 선이 있다. 손바닥과 엄지구에 붉은 반점(그림에 검은 점으로 표시되어 있다)이나 그물 모양처럼 생긴 혈관이 보이는 것(모세혈관의 확장), 이런 사람은 후두부(後頭部)에도 빨간 반문(班紋)이 보인다. 손바

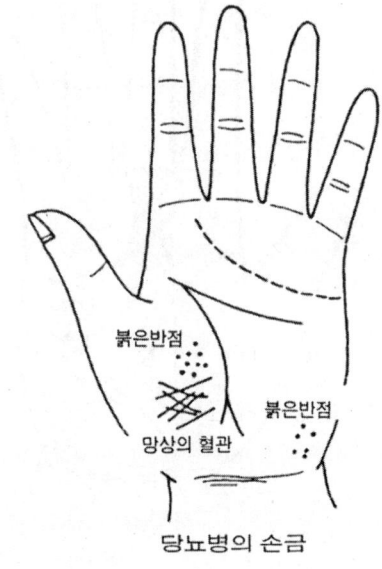

당뇨병의 손금

닥밑 볼록구가 부풀어오르거나 활 모양의 선이 나타난다.

다리가 약한 것은 수분이나 생야채의 부족, 영양의 과잉에 기인한다.

손톱이 독수리의 부리와 같이 구부러지는 것은 체내의 칼슘이 당분에 의해서 빼앗기기 때문이며 발가락이 검어지며 손발톱이 빠지는 것은 당뇨병성괴저라고 한다. 당뇨병은 대개 초기에는 목이 마르고 소변이 불어나고 식욕이 당겨서 단것이나 과자가 먹고 싶어진다.

또한 이 병은 진행하면서 성 능력도 쇠퇴하는데 설탕·생과자·단팥죽 등의 과식과 육류나 지방분의 과잉 섭취에 원인이 있고 생야채식, 생수 및 비타민 등이 부족할 때 일어난다고 한다.

생야채식으로 비타민 C를 공급하고 냉온욕, 풍욕 등을 하면 쇠퇴한 성 능력이나 약해진 시력도 회복된다고 의학자들은 밝히고 있다.

(10) 자궁암(子宮癌)

자궁암에는 자궁경부암과 자궁체암의 두 종류가 있는데 자궁경부암이 90퍼센트로 높은 비율을 차지하고 있다. 자궁이란 골반의 가운데 방광과 직장의 사이에 있는 수정란을 양육하는 생식기관이다. 자궁암도 초기에 집에서 발견하기는 비교적 어렵고 정기적인 검사를 받음으로써 큰 일을 미연에 방지할 수 있다. 한편 자궁체암은 자궁 깊숙한 곳에서 발생하기 때문에 초기에 발견하기는 여간 어렵지 않다.

다음 항목에 해당하는 사람은 정기 검사 이외에 평소 주의하여 조금이라도 출혈이 있다든지 하면 정밀 검사를 받으라고 권하고 싶다.

◇갱년기(更年期) 이후 뚱뚱한 사람
◇생리 개시 연령이 늦고 월경이 불순한 사람
◇결혼 후 오랫동안 외국에서 생활한 사람

일설에는 자궁암은 부부간의 성생활에 있어 남편의 정력이 너무 강하여 잦은 성생활에 부인이 따라가지 못하여 몸이 쇠약해지고 성생활에서 오는 비타민 부족 특히 비타민 C의 부족도 한 원인이라는 말도 있다.

▶ 자궁암의 자기 진단

자궁암은 40세 이상에서 많이 발생하며 기본 증상은 응어리
와 출혈이다.

출혈이 있으면 암종이 어느 정도쯤 진행되고 있다고 보아야
한다.

1. 냉이 많아지고 부정기적 출혈이 있다.

월경과 관계없는 출혈인데 대개 성 관계 후 출혈이 있고 폐
경 후 월경 시작으로 착각하는 수도 있다.

2. 핏빛이 핑크색이거나 암갈색일 때도 있다. 팬티에 약간 묻
어 있는 예도 있다. 본격적인 출혈이 있기 전의 전조 현상이다.

3. 악취가 난다. 암이 진행하면서 출혈과 분비물이 심해지고
궤양도 악화되며 악취를 발생한다.

4. 허리가 아프다. 초기보다 진행된 후의 증상이며 부종과 함
께 오줌관이 막히는 일도 있다.

5. 성교 상대자가 많은 여성에게 잘 걸린다. 매춘부나 혼외
정사가 많은 여인에게서 많이 발생하고 두 번 결혼한 여성, 이
혼한 여성의 비율이 높다.

▶ 수상의 표시(40대 가정 주부)

젊어서부터 건강에 신경을 쓰던 중 40대에 접어들어 성 행위
시 출혈이 나타나는 것을 보고 자궁암이 걱정이 되어 그 즉시
입원하여 수술을 받고 퇴원했다. 그 후 한동안 별 걱정없이 지
내고 있었는데 2년 후에 다시 검진을 받으니 재발했다는 것이
었다. 부득이 재차 입원하여 임파선을 제거하는 대수술을 받았
다. 그 후에도 항암제 주사와 방사선 치료를 계속 받아 왔으나
45세경 복부에 통증이 있어 알아보니 암세포가 전이되었다는

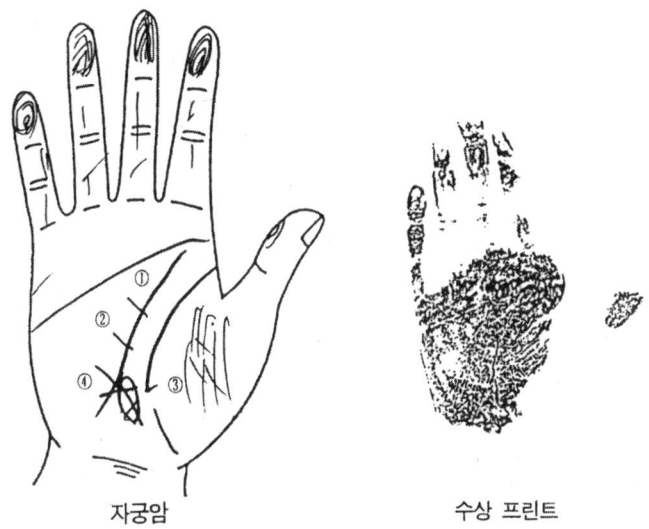

자궁암   수상 프린트

것이다. 또 입원하여 영양제와 진통제 주사를 맞으면서 치료하였으나 다시 재기하지 못하고 사망했다.

그림 ①은 40세경 첫 번째 자궁암 수술을 받을 때를 보여주는 선이다.

②는 42세 때의 2차 수술을 나타낸다.

③ 자궁암을 보여주는 섬이다.

④는 45세경 사망한 시기이다.

(11) 자궁근종

(20대 직장 여성)

자궁은 점막과 근육층으로 되어 있는데 자궁의 근육층에 혹이 생긴 것이 자궁근종이다. 원인은 정확히 규명되지 않았지만 30세 이상의 여성에게 많은 것으로 보아 호르몬 분비와 체질에 관계가 깊은 것으로 알려지고 있다. 자각 증상이 초기에는 없

고 진전됨에 따라 월경 과다,
부정 출혈, 월경통, 빈혈 등이
나타나고 잦은 소변, 변비가
있으며 근종이 클 경우 수술을
받아야 한다.

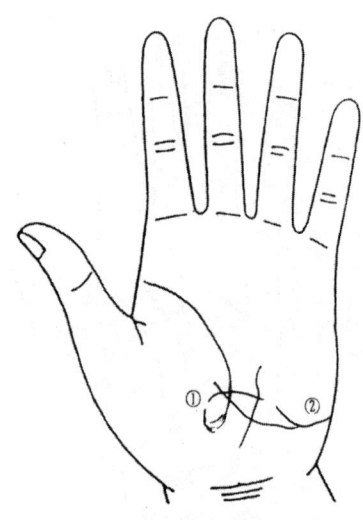

자궁근종

▶ 치료와 예방

1. 출혈이 심할 때 : 연꽃 열
   매를 가루로 만들어 하루
   3회 정도 마시면 좋은 효
   과가 있다.

2. 잘 말린 맨드라미꽃을 달
   여 공복시 마시면 부정 출혈을 멎게 하는 데 효과가 있다.

3. 목이버섯은 피를 맑게 하는 성분이 있어 나쁜 피를 정화
   시키고 혈액 순환을 촉진시킨다.

▶ 증상

평범한 여성으로 직장에 근무하는데 가끔 배에 복통이 있었다.
그러나 바로 사라지곤 하여 크게 걱정하지 않고 지냈다. 그
런데 다른 사람보다 첫 월경을 늦게 시작하고 전부터 복부에
이상한 느낌이 있었던 것으로 기억하는데 어느 날 근무중에 배
의 통증이 심하여 병원을 찾아가 진단을 받으니 자궁근종이라
는 것이었다

여성의 경우 어디가 아파도 대개 혼자 참고 누구와 잘 이야
기하지 않는 습성이 있는 데다 병원 가기도 꺼려하고 병이 깊
어져야 진찰을 받으므로 병을 키우는 예가 허다하다. 이 경우

도 마찬가지로 늦게 발견된 예이다.

▶ 수상의 표시

생명선의 끝에 그림 ①처럼 선이 둘로 갈라지고 있다. 생명선의 본선과 비슷한 정도의 지선이다. 혈행이 불순한 증상을 말한다.

그림 ②는 손바닥 밑 볼록구(월구, 月丘)에 크게 가로지르는 횡선이 뻗어 생명선까지 가 있다. 자궁근종이 진행하는 징조이다.

(12) 불임증

세계 인구의 동태를 보면 몇 개의 유형으로 나눌 수 있다. 아시아·아프리카 등 개발 도상국은 다산다사형(多產多死型), 동남 유럽 및 중남미 등에서 볼 수 있는 다산소사형(多產少死型), 북서 유럽의 소산다사형(少產多死型) 및 미국·캐나다 등지의 소산소사형(少產少死型) 등이다.

이중 인구 증가에 큰 몫을 차지하고 있는 것은 의료 수준의 향상으로 사망률이 저하되고 있는 중남미 및 아시아·아프리카의 개도국이다. 우리 나라는 예로부터 아기가 태어난 지 7일째가 되면 '이렛날'이라 하여 금줄과 삼신상을 걸고 가까운 친척과 이웃들을 불러다가 음식을 함께 먹는다. 7은 양의 수 가운데 가장 길하다는 속신이 우리 생활 속에 깊이 자리잡고 있다.

이렇게 아기의 출산을 기리는데 어린애를 낳지 못하는 안타까운 불임의 여성도 있다.

불임증은 부부가 결혼 생활을 하면서 피임을 하지 않았는데도 2년 이상이 지나도 임신이 되지 않는 경우를 말한다. 건강한 부부인 경우 임신 확률은 1년 이내 90퍼센트 정도라고 한다.

그 원인은 호르몬 계통에 이상이 있거나 난관이나 자궁 등에 병이 있어 난관이 약해지거나 좁아져서 정자나 수정란이 통과할 수 없거나 질이나 자궁경관의 질병으로 이상이 있을 때이며 남성이 불임인 경우도 적지 않다. 이럴 때 정밀 검사를 받아 치료하면 임신이 되는 예도 많다.

▶ 불임증에 좋은 식품

1. 불경불순시 : 검정 콩가루가 좋다(단백질과 비타민 B_1, B_2 가 많다).
2. 강장 효과와 혈액 순환을 촉진하는 우엉을 음식 반찬으로 먹거나 술로 담가 마시면 좋다.
3. 비만으로 불임시 신진대사 촉진, 자양, 강장, 이뇨 작용, 월경 불순물을 치료하는 율무즙이 좋다(단백질, 철분, 비타민 B가 많다).
4. 당귀뿌리 달인 물은 월경 불순, 신경 불안에 효과가 좋다.

▶ 불임의 원인

남성이 불임시

   1. 성교 자체에 이상이 있을 수 있다.

   2. 정자의 생산이 없거나 부족할 경우이다.

   3. 정자의 통로에 이상이 있는 예이다.

여성 불임시

   1. 난관의 이상

2. 배란의 이상

3. 자궁경부의 이상

4. 자궁 내막증

5. 자궁 체부의 이상

※여성이 임신했을 때 흡연하면 언청이 출산의 확률이 높다고 한다.

▶ 수상의 표시(40대 가정 주부)

수상을 보면 생명선과 두뇌선의 출발점이 떨어져 있다. 태어날 때부터 여장 남자라고 칭할 정도로 기가 세고 성격이 자유분방하여 상대에게 호감을 사서 가끔 연애도 즐기게 되었다. 옷도 세련되게 입고 체격도 미끈하여 뭇 남성들의 호감을 샀다. 시골에서 서울로 올라와 개인 양장점을 운영하였고 20세경 만난 처음 상대와는 2년 정도 동거하다 두 번 정도 낙태 수술

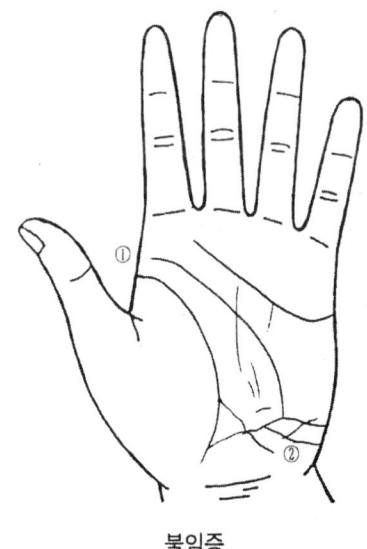

불임증

도 하였지만 결혼에 이르지는 못했나.

30세경에 새로운 남자를 만나 결혼하였으나 아이가 없어 병원에 가 보니 자궁이 상하여 불임의 상태라고 한다. 치료 방법이 없고 자연히 회복되는 것을 기대할 수밖에 없다고 한다. 현재의 남편은 혼전의 낙태 사실을 모르고 있어 숨막힐 지경이다.

그림① 생명선과 두뇌선이

떨어져 있다. 순발력이 있고 남자다운 자유 분방한 성격으로 끊고 맺음이 분명한 기질을 나타낸다.

②는 손바닥 밑 볼록구 쪽에 크게 나타난 물결 모양(波形)의 가로지르는 횡선이 있다. 두 번의 낙태 수술로 인해 애를 얻고자 욕심을 냈을 때 자궁의 피로가 원인이 되어 임신이 되지 않는다.

이 횡선이나 건강선은 몸의 피로가 회복되고 건강이 좋아지면 없어지는 예가 많다.

(13) 난소암(卵巢癌)

암은 특별한 자각 증상이 없다. 수상에는 초기에도 부분적으로 나타나 경고하며 보여 주지만 다른 방법으로는 조기에 발견하기가 어렵다. 증상이 있어 병원에 가면 이미 상태가 많이 진행되었거나 말기에 가깝다. 그러므로 정기적인 검진이나 수상에 나타난 표식으로 체크하는 방법이 바람직하다.

난소암은 20세 전후에 많이 발생하며 유전적인 영향도 있다고 한다. 수상으로 초기에 발견하여 수술한다면 생존의 확률은 한층 높아진다.

처음은 언제나 복부가 약간 불룩해지거나 부풀어오른 정도이며 큰 통증이 그다지 느껴

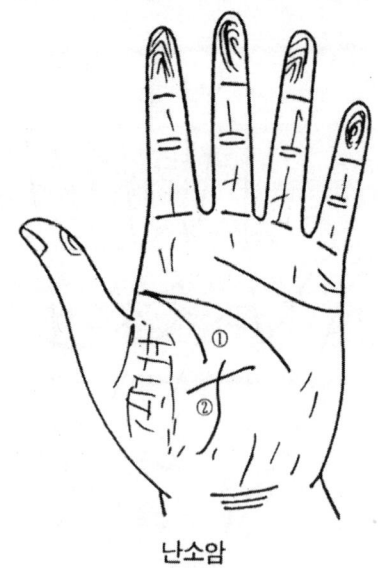

난소암

지지 않는다. 부인과에 가서 전문적 진찰을 받아도 이 때는 이미 상당한 기간이 경과되어 종양(Tumor : 몸에 생기는 병적 조직의 증식물, 저절로 증대하는 성질이 있고 양성과 악성으로 나뉜다)이 복부 전체에 널리 퍼진 경우가 많기 때문에 발견이 늦어지면 수술을 한다 해도 성공률이 떨어진다. 수술 후에도 2년 정도 화학 요법을 쓰고 그 후 5년 정도 관찰 점검하는 장기간을 요하는 질병이다.

난소암의 원인은 아직 해명되지 않고 있다. 미혼, 비만, 당뇨병 등이 있다든지 흡연의 습관이 있는 사람에게 많다. 동물성 지방의 섭취가 지나친 것도 하나의 원인이라는 설도 있다.

예방법 : 경구 피임약의 복용이 발병률을 낮춘다.

▶ 수상의 표시(20대 여대생)

난소암은 경과가 빠르기 때문에 암의 특징이 나타나자마자 사망하는 예가 많다. 이번 경우도 발병에서 사망까지 40일의 단기간이었다.

그림① 생명선인데 20세경에 끊어져 있다. 생명이 위험하다는 것을 나타낸다.

② 생명선을 가로지르는 횡선이다. 중병으로 수술한 선이다. 급사했기 때문에 다른 선이 보이지 않는다.

(14) 부인병

여성의 자궁이나 남성의 생식기는 새끼손가락과 성격선의 시발점에서 이상 유무나 질병의 징후를 발견할 수 있고 손바닥의 색이나 생명선의 모양에 따라 그 건강 여부를 판단할 수 있다.

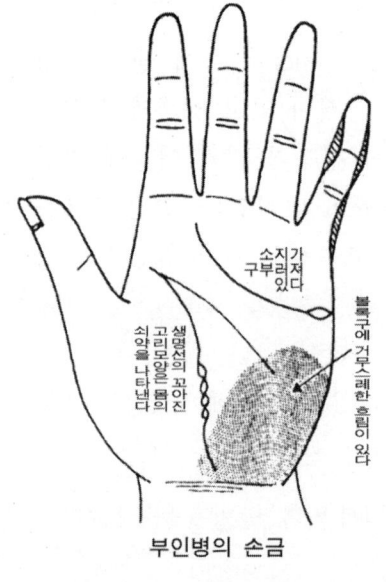

부인병의 손금

새끼손가락이 작은 여자는 생식 기관계에 고장이 있다는 말이 있지만 실제에 있어 새끼손가락이 작아도 아이를 여럿 낳는 사람도 있어 반드시 그렇다고는 할 수 없다. 다만 새끼손가락이 작은 여인은 일반적으로 아기를 적게 낳거나 아이가 허약하거나 하며 설사 튼튼하고 좋은 아기를 낳았다 하더라도 떨어져 살게 되는 운명에 있다고 전해진다. 새끼손가락이 그림처럼 구부러진 여성은 자궁이나 난소에 약점이 있다. 또한 그림과 같이 성격선의 시발점에 섬과 같은 것이 연결되어 있는 상은 성 기능이 좋지 않음을 나타낸다.

남성의 경우는 양기가 부족할 뿐 아니라 호르몬 분비도 좋지 않아 임신이 되기 쉽지 않다. 여성도 이 위치에 섬이 연결되어 있으면 처녀 시절부터 생리가 불순하지만 생리를 전후하여 통증이 생기며 때에 따라 냉증도 있다. 결혼 후 비록 임신이 되었다 하더라도 자연 유산을 하는 경우가 많고 유산이 안 되더라도 태반(胎盤)이 약해 출혈이 생기기도 한다. 불감증이 있는 여성이 있기도 하다. 손바닥의 볼록구가 그림처럼 거무스레하게 흐려져서 나타나는 것은 자궁의 질환을 뜻한다. 언제 병이 나느냐 하는 것은 생명선의 고리 모양을 나이테에 따라 연령

계산을 하면 그 시기에 발병한다는 것을 알 수 있다. 자궁암은 남편의 정력이 너무 센 데 아내가 거기 따라갈 수 없고 비타민 C가 부족하면 걸리기 쉽다.

(15) 심장병

일반적으로 손바닥이나 얼굴이 지나치게 붉은 것은 심장의 고장을 의미한다. 자줏빛의 손바닥은 순환기 장애이다.

심장병의 경우는 손가락끝까지 피가 잘 순환하지 않기 때문에 손가락 끝이 마비되기 쉬우며 그 때문에 그림처럼 성격선이 폭넓게 푸른빛이 돌아온다.

성격선이 가닥가닥 흩어

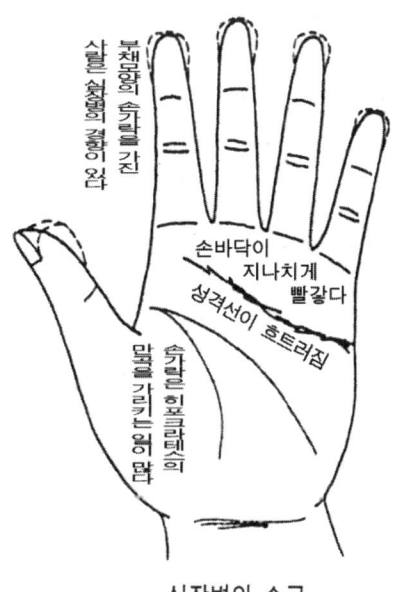

심장병의 손금

지거나 쇠사슬 모양이나 물결 모양이 되는 일도 있다. 이렇게 심장 관계는 주로 성격선에 나타나고 있어 성격선을 일명 심장선(Heart Line)이라고도 부른다.

그리고 생명선의 끝이 가늘게 되고 젊은 나이에 심근경색 등으로 사망하는 경우에는 생명선의 사망 연령의 부분이 갈라져 있다. 동양철학인 음양오행설에서는 음의 화(火)를 심장이라고 보는데 이 화(火)의 날에 태어난 사람이 불을 끄는 물(水)이 강하게 대운이나 세운에 몰려오면 심장에 병이 생긴다. 특히 정해일(丁亥日·일본왕 明治의 출생일·심장에 문제 있었음)에 태어난 사람은 심장이 약하니 항상 조심하여야 한다.

의학상 손은 심방(心房)에, 발은 심실(心室)에 그리고 왼쪽 발은 심장의 왼쪽에, 오른쪽 발은 심장의 오른쪽에 관계가 있다고 한다. 오른쪽 발의 고장은 오른쪽 심방을 해치고 폐로 흘러가는 혈액의 장애가 된다. 왼쪽 발의 장애는 왼쪽 심실을 해치고 동맥의 피가 전신으로 배급되는 기관에 장애가 된다.

또한 셋째손가락밑 성격선에 반점이 갑자기 나타나면 심장에 쇼크가 있으니 무리하지 말아야 한다.

(16) 에이즈·성병

몇 해전 '세계 AIDS날'이라고 하여 파리에서 제1회 에이즈 국제 정상회의가 열리고 온 지구촌이 이 날 행사로 떠들썩하였다.

전에 미국에선 미남 배우가 이 병으로 사망하고 최근엔 세계적인 스포츠 스타가 이 병에 걸렸다고 매스컴이 보도하고 있다.

하늘의 형벌이라고까지 하는 불치의 병인 이 괴물은 우리 생활 주변에 또 하나 등장하여 인간에게 가공할 공포를 주고 있다.

문란하고 비정상적인 성생활이나 수혈 기타 혈액을 통하여 감염된다는데 신체가 어떤 상태일 때 침입하며 어떤 모양으로 손금에 나타나는지, 각종 성병은 손에 어떤 표시를 해 놓는지 궁금하지 않을 수 없다.

그림과 같은 예가 에이즈나 성병의 손금이다.

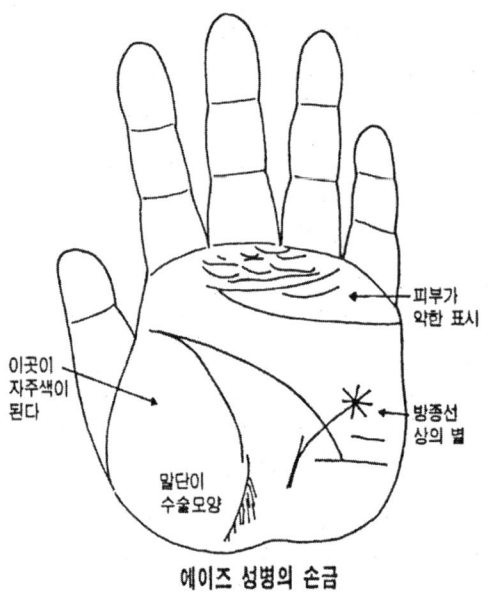

에이즈 성병의 손금

일본의 카시오 박사가 밝히기를 '성격선의 폭이 넓어지고 그 색이 창백해 보일 때는 에이즈나 성병에 감염된 것이다. 그리고 무리한 성생활의 표시로 방종선상에 성문(星紋) 즉 별 표시도 보인다.

그리고 생명선의 끝 부분이 자주색으로 변하고 생명선이 끊어졌다 이어진 곳이 있고 가운뎃손가락 및 성격선 위에 피부가 약하다는 표시로 가로금이 여러 개 보이기 시작한다. 그것은 순환기 계통의 병원체가 침입하면 그것을 쫓아내기 위하여 생체(生體)는 노력을 하게 되며 그 때문에 순환기를 관장하는 가운뎃손가락의 뿌리에 주름(가로선)이 생기는 것이다'고 했듯이 성병의 징후를 알 수 있다.

또한 성병으로 임파(淋巴) 계통이 부어 있으면 엄지손가락 옆 생명선의 출발점 옆 살의 두둑한 곳이 유난히 단단한 봉오리같이 생겨서 부풀어오른다.

그리고 병원체가 쉽게 침입하는 경우는 생명선이 짧을 경우이다. 세균에 감염되기 쉽다. 그래서 생명선이 짧으면 단명하다고도 하나 꼭 그런 것은 아니다. 장수를 표시하는 선이 그 선 이외에도 있기 때문이다.

그러나 이렇게 표시가 나타나는 중병도 예방 대책은 있다고 한다.

피부 점막에 상처가 없으면 설혹 감염의 기회가 있어도 병원체가 침입할 수 없다고 한다. 상처가 나는 것은 피하 출혈이며 비타민 C의 부족이 원인이어서 평소 생야채식으로 비타민을 충분히 공급하고 과학적 생활과 운동 및 정상적인 성생활로 감염을 막을 수 있다고 한다.

제 3 편

수상의 종합

제 1 장

수상 보는 법

1. 운명의 기복 ①

10여 년 전 어느 날 목발을 짚은 여인이 헐레벌떡 찾아왔다. 몇 년 전 손금을 보고 예언한 내용이 신통하게도 맞아 병원 침대에 누워 있다가 도저히 미래가 답답하여 견딜 수 없어 몰래 병원을 빠져나왔다고 했다. 최모 변호사의 이종동생인 이 여인은 당시 고급 레스토랑을 경영하고 있었는데 남녀가 차를 타고 가다 교통 사고를 당하여 입원했다는 것이다.

이렇게 사람이 살다 보면 여러 가지 시련에 부딪힐 때가 많다. 시련에 부딪혔을 때 어떻게 이를 극복하고 생을 이어나갈 것인가 하는 문제는 큰 고민이 아닐 수 없다. 대개의 경우 운명에 기복이 있게 마련이다.

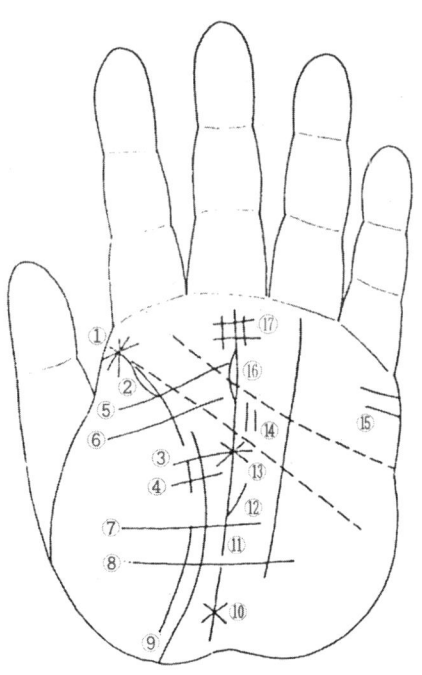

그러나 사람에게는 성공의 기회가 일생에 세 번은 찾아온다고 한다. 이때를 잘 활용해야 성공한다.

그러면 왜 이런 시련이 다가오며, 이 액운을 극복하는 방법은 무엇인가 알아보자.

액운선에는 여러 가지가 있다. 삼대주요선(생명선,

두뇌선, 성격선)에 있는 경우와 직업선, 성공선, 결혼선, 건강
선 등에 나타나는 예와 같이 다양하다.

액운선은 장애선이라고도 하는데 주로 선이나 금에 무늬로
나타나거나 혹은 선을 90도 각도로 자르는 것이다.

그림의 ① 생명선의 출발점에 있는 별 모양은 인생의 행운을
의미한다. ② 섬 모양은 육체적 긴장, 고통의 기간을 나타낸다.
③ 선의 파열은 질병 쇼크의 시기이다. ④ 사각형은 생명의 위
협으로부터 몸을 지켜 어려움이 극복됨을 나타낸다. ⑤ 액운선
이 생명선, 성격선을 뚫는 경우 애정에 의해 운이 방해되는 것
이다. ⑥ 액운선이 생명선 두뇌선을 자르는 경우 바보스런 행
동으로 운이 방해됨을 나타낸다. ⑦ 액운선이 직업선을 가로지
르는 예로 금전상의 문제로 고난을 겪을 운명이다. 극복해야
할 장애이다. ⑧ 성공선을 가르는 예 : 명성, 인기에 상처를 입
는다. ⑨ 제2생명선 : 곤란을 극복할 수 있다. 생명선과 평행하
면 국외 추방 후의 성공을 의미한다.(나폴레옹Ⅲ세) ⑩ 직업선
을 양쪽에서 끊고 교차하는 예 : 운명의 변화 ⑪ 직업선 파괴
(사이가 끊어짐) ⑫ 생의 변화와 고통형 표시 : 성공적 새로운
사업을 뜻한다. 영국 수상 글래드스턴. (장관이 됨) 작가 정비
석 씨(자유부인 히트)가 가졌있다. ⑬ 별형 : 물질의 손실(노박
사, 투기사의 경우) ⑭ 직업선에 평행한 삭은선 : 행운과 협력
자를 얻게 되고 결혼의 가능성도 있다. ⑮ 깊은 애정과 결혼
생활을 의미한다. ⑯ 직업선상의 섬 : 고난의 기간. (특히 애정
문제, 돈 문제, 직업상의 문제) ⑰ 정방형 표시 : 어려움에 처하
나 극복될 수 있음을 의미한다.

2. 운명의 기복 ②

인생을 살아가면서 우연히 만나게 되는 운명상의 액운이나 곤란은 액운선을 보면 알 수 있다.

액운선은 다른 주요선을 직각으로 가로지르는 선이다. 액운선은 그 사람의 운명상의 장애를 나타낸다. 주요선을 자르는 위치가 장애의 시기이며 액운선이 클수록 장애의 강도도 큰 것을 나타낸다.

이 액운의 시기에는 당사자의 성격적인 결함이나 건강의 원인으로 정신 상태에 혼란이 있어 사물에 대한 판단력이 흐려져 일을 그르치거나 알 수 없는 힘에 의해 일을 망치거나 재앙이 닥치는 경우이다.

생명선은 엄지를 둘러싸고 손목쪽으로 타원형을 그리며 달리는 선을 말하고 건강이나 질병의 상태를 보여주며 다른 선과 함께 수명을 읽을 수도 있다.

①은 생명선이 진학 연령에 끊어져 있다. 이 시기에 생명에 중한 사태가 발생하여 진학이나 다른 일이 좌절된다.

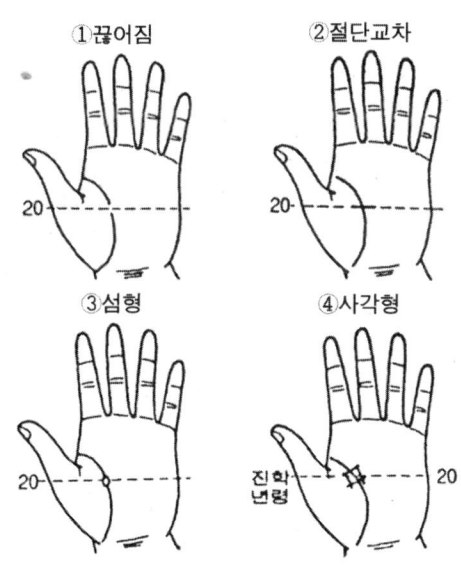

생명선상의 액운

②는 생명선을 다른 선이 옆으로 끊고 있다. 이때는 일시적인 병으로 진학이 곤란하게 된다.

③은 생명선상의 섬이다. 만성적인 병으로 신체가 허약하여 진학이 수포로 돌아감을 나타낸다.

④는 생명선상에 사각형의 격자형이 있는 예인데 생명이 위험한 사태에서 구해지는 의미이며 진학은 곤란하나 질병은 후에 치료된다.

액운은 각 사람에게 우연히 임하는 일로 대부분 피할 수 없는 숙명적인 것을 가리킨다. 이 액운의 기간에는 가정 생활·직업·금전 등에 있어 문제가 생기고 본인이 희망하는 대로 모든 일이 이루어지지 않는 것을 말한다.

3. 운명의 기복 ③

그림 ①과 같이 생명선과 두뇌선을 자르는 액운선은 무엇보다도 사고력이 둔해지는 결과를 가져온다.

②는 액운선이 생명선과 두뇌선·직업선까지 자르는 경우다. 이때에는 유산 상속이나 진학 문제가 걸려 물의를 일으키거나 운명을 좌우하는 가족끼리의 갈등이 있음을 나타낸다.

③ 제1 오목구에서 나온 액운선이 생명선을 자르는 경우 동성(同姓)끼리의 방해를 의미하며 이 경우에는 직업선이나 성격선을 자르는 경우가 거의 없다.

④는 생명선을 자르는 액운선이 엄지구(손가락밑 살이 도톰한 곳)까지 도달한 경우는 이성의 방해를 의미하여 이 액운선이 결혼선까지 미치는 때에는 이성의 방해가 원인이 되어 결혼

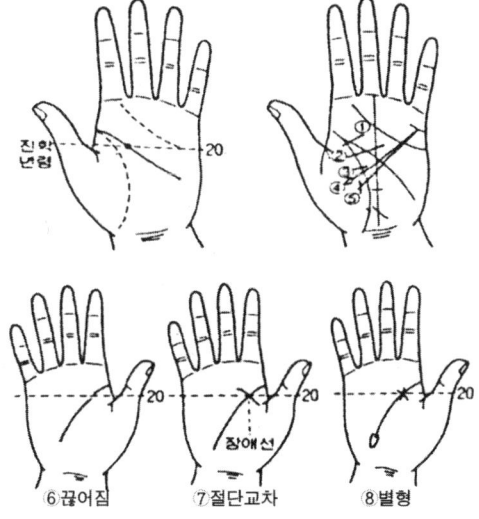

두뇌, 신경 및 운세를 보는 두뇌선상의 액운

에 지장을 가져옴을 나타낸다. 또한 엄지구 내에 섬형이 있는 경우에는 삼각 관계로 인해 연인과 헤어짐을 의미한다. 엄지구 내의 섬형의 액운선이 성격선을 자르는 경우 비위 사건 발생이 많음을 볼 수 있다.

⑤는 영향선으로부터 나오는 액운선이 결혼선에 미치는 경우 헤어진 연인의 묵은 상처가 방해가 되어 결혼 성사에 어려움을 겪게 된다.

⑥은 두뇌선이 갈라진 예이다. 이때에 두뇌의 부상으로 정신적인 타격으로 인해 진학이 좌절되는 것을 의미한다.

⑦의 두뇌선을 가로지르는 액운선은 사상상 계획성의 장해 또는 뇌병 중풍 등으로 일이 좌절되는 것을 의미한다.

⑧은 별형으로 머리의 상처로 일이 수포로 돌아감을 나타낸다.

별형이나 십자형(XEP)은 상처를 입는 것을 예고하며 별형이 십자형보다 일층 중상이며 상처 부위는 얼굴이다.

⑧의 말단의 섬형은 히틀러에게 있었던 것으로 우수한 두뇌의 조울증을 말한다.

4. 운명의 기복 ④

그림 ①과 같이 두뇌선이 시작되는 부근에 쇠사슬 모양이 있
는 경우 어려서 심신이 허약했기 때문에 자기 단련을 필요로
하는 건강상의 장애를 뜻한다. 즉 젊은 시절은 무기력, 기억력
이 약한 신경 쇠약으로 진학이 곤란하게 되거나 나이들어서는
직업상 가정 생활의 어려움이 야기된다.

②는 두뇌선의 출발점을 지나 바로 섬형이 있는 예이다. 두뇌
를 극도로 많이 사용하여 신경의 피로를 나타내고 섬형의 기간
동안 신경쇠약(노이로제)의 증세를 나타낸다. 약지 밑의 섬형
은 눈병을 의미하는 경우가 많다. ③은 두뇌선이 토막토막 끊어진 경우 의지력이나 집중력이 약해 쉬 피로해져 목적한 일이 이루어지지 않는다.

④는 두뇌선에 빗살 같은 하향지선군(下向支線群)을 가진

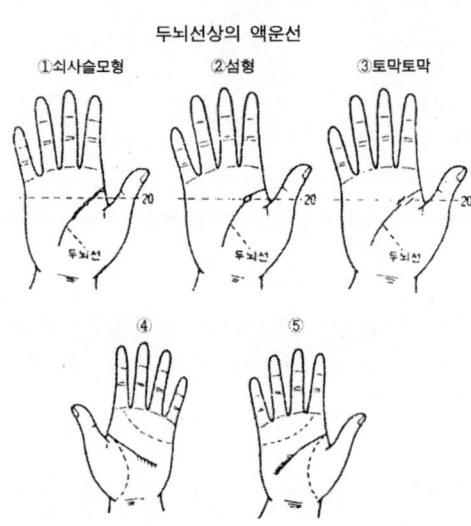

두뇌선상의 액운선
①쇠사슬모형   ②섬형   ③토막토막
④   ⑤

타입으로 성격이 우선 음침하다. 아니면 극단적일 만큼 내성적
인 성격의 소유자이다.

매사에 소극적인 것은 말할 나위도 없고 특히 이성(異性)에
대해서는 용기 부족으로 사랑의 고백은커녕 대화도 제대로 나

누지 못한다. 참으로 보기 안타까울 정도로 딱한 사람이다. 웃는 사람에게는 복이 온다는 말이 있다. 항상 웃는 얼굴로 매사에 적극적인 태도를 가지고 나아가면 이 지선들이 없어진다. 이 지선들이 있으면 입학, 취직, 영전 같은 것을 바라기 힘들다.

⑤는 상향지선이다. 이 타입은 첫째 일에 대한 의욕이 왕성하다. 감투 정신이 강하여 남이 어려워하는 일도 문제없이 해낸다. 물론 이성(異性)에 대해서도 공격형이다.

5. 운명의 기복 ⑤

인생 행로에는 예기치 못한 일이 일어난다. 푸시킨도 "세월이 그대를 속일지라도 결코 슬퍼하거나 노하지 말리. 슬픔의 날을 참고 견디면 반드시 기쁨의 날이 다시 찾아오리라…"라고 했다.

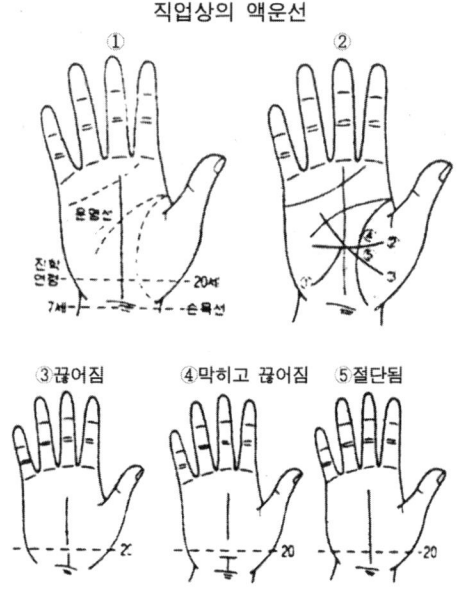

직업상의 액운선

액운은 여러 형태가 있지만 직업선상의 액운은 놀라울 정도로 정확하게 운명에 영향을 미친다.

그림(2)의 ①의 영향선이 액운선 ②를 만나

직업선과 같이 잘린 경우는 경제적 이유로 연애가 깨어지는 것
을 나타낸다.

③과 같이 액운선을 끊는 경우 건강상의 이유로 연인과 헤어
짐을 의미한다.

인생 행로는 복잡하고 기괴해서 상식적으로 생각할 수 없는
일이 끊임없이 일어난다. 그때에 손은 여러 개의 선이 뒤범벅
이 되어 있는 경우가 보통이고 선의 강약이나 빛깔로 판단하여
야 한다.

이 그림(2)의 ④⑤의 경우는 그 해당 연령 시기에 장애가 엄
습함을 말하며 남자의 경우 주로 여난(女難)을 의미한다.

(3)은 직업선이 끊어진 예이다. 실패, 실의, 운명상 변화로
진학이 방해된다. 위에 선이 있으니까 다시 운세는 호전된다.

(4)는 직업선이 막히고 끊어진 예이다. 운명상의 대변화가
발생하고 실의가 겹쳐 한동안 운명이 정체된다.

(5)는 직업선을 절단한 경우이다. 실패와 변화로 가정이 흔
들리고 진학이 곤란하고 더 위에 있으면 취직이나 직업상 곤란
이 닥친다.

6. 운명의 기복 ⑥

(1)의 ①과 같이 직업구(가운뎃손가락밑)밑에서 선이 끊어
진 경우 종교상의 문제, 질병 재해 또는 경제 상태의 악화, 가
족의 간섭, 우발적이고 불가항력적인 일로 연애 관계나 결혼
생활이 깨어지는 것을 나타낸다.

②처럼 성공구(약지밑)밑이 끊어진 경우는 본인이 제멋대로

행동한 것이 원인이 되어 연애 관계나 결혼 생활이 깨어지는 것을 의미한다.

이런 사람은 격정적인 기질이 많고 연애를 해도 한 사람을 상대로 오래오래 사귀기 곤란하다.

③은 상업구(새끼손가락밑)밑이 파열된 상태로 본인의 타산적 성격이 원인이 되어 연애 관계나 결혼 생활에 파탄을 가져오게 됨을 나타낸다.

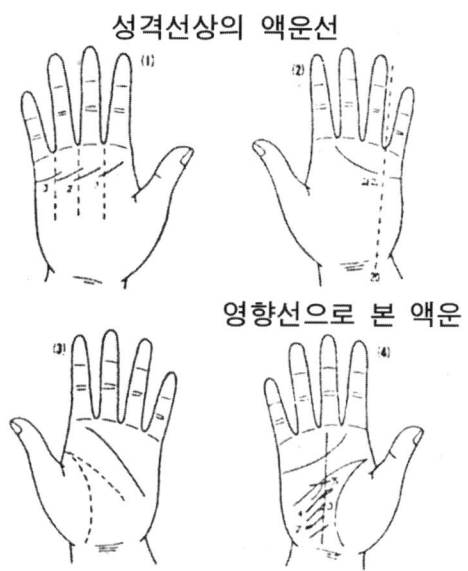

성격선상의 액운선

영향선으로 본 액운

(2)는 성격선이 파괴된 것이다.

감정 차이로 실연당하거나 가정이 풍파를 만나며 자기 본위 또는 인색하여 비련을 맛보고 파탄하는 경우 진학이 좌절되고 그 위에 있으면 승진이나 취업도 제대로 되지 않는다.

(3)은 성격선이 월구에서 검지밑에 미치고 있다. 극단적인 감상가 과대망상가이다.

(4)의 ①은 손의 외선(外線)으로부터의 가는 선이다. 타인의 소개로 알게 된 사람이나 이성의 간섭으로 경제적, 시간적, 정신적 손해를 보게 된다. 직업선을 끊고 지나가는 경우, 결혼에 이르지 못한다.

②는 과거 연애 사건의 비밀을 나타내기도 하고 출생의 비밀

을 의미한다.

③은 결혼 상대자가 변심하는 것을 나타내며 애인이 영원한 사랑을 맹세하였으나 애정에 진실이 없음을 의미한다.

④는 연애가 불행하게 끝남을 예고한다. 따라서 일상 생활에 큰 영향을 받기 때문에 불운을 초래함을 나타낸다.

⑤는 영향선이 액운선에 의해 직업선상에서 정지되는 경우이다. 주위의 사정이나 간섭을 나타내며 결혼에 골인하지 못함을 의미한다.

7. 운명의 기복 ⑦

영향선과 기타선상의 액운 영향선은 원래 생명선이나 직업선을 따라서 나타나는 가느다란 선이다.

형태에 따라 다를 수 있으나 일반적으로 불같이 끈질기게 접근하는 생애에 큰 영향을 끼치는 이성 또는 은인을 나타낸다.

그림 ①은 영향선이 직업선을 교차 절단하는 예이다. 가족 아닌 다른 사람의 영향으로 목적한 일이 실패하는 것을 말한다. 연령에 따라 진학이나 직업상 승신 또는 취업상의 일이 수포로 돌아가는 것이다.

②직업선을 그물같이 여러 곳에서 영향선이 가로막고 있는 형태이다. 운세가 막히는 예이다. 경제적 또는 가정 형편 때문에 어렸을 때 학업을 계속 못하거나 성장하여서는 직업상의 일이 막히는 경우이다.

③은 직업선이 손목 즉 엄지손가락 밑에서 뻗어나온 영향선이 절단하는 예이다.

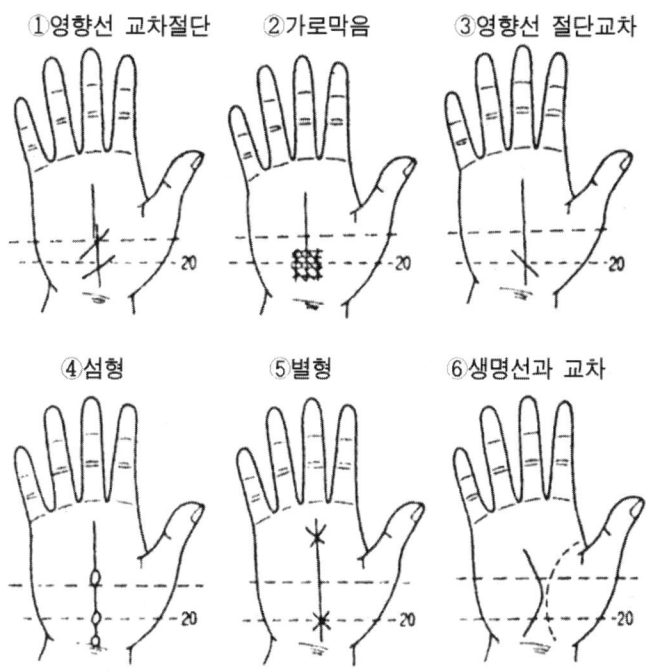

①영향선 교차절단 ②가로막음 ③영향선 절단교차

④섬형 ⑤별형 ⑥생명선과 교차

①번과는 다른 방향에서 선을 끊는 영향선이다. 가족의 영향으로 목적한 일이 실패로 돌아가 실의를 겪게 되는 것이다.

④손목 근처에서 직업선상에 섬이 있는 예이다. 진학 연령의 섬은 그 당시 가정 불운으로 진학을 포기해야 되는 경우이며 섬형의 기간 연령이 지나야 운이 열린다.

⑤는 직업선상에 나타난 별이다.

이 별은 모양을 이루기 아주 힘들게 많은 선이 한 점에 모인 형태인데 직업선상의 별은 그 외의 사고나 재난을 의미하며 이 문제로 모든 것이 수포로 돌아가고 피해를 입게 된다.

⑥은 가족의 생계 때문에 일이 좌절되는 예이다.

8. 운명의 기복 ⑧

실패는 성공의 어머니라는 말이 있다.

우리가 일평생을 살다 보면 예기치 못하던 어려움이나 금전 상의 문제가 발생하는 때가 종종 있게 마련이다. 그러나 이러한 장애에 부딪힐 때는 이를 극복해야 하며 이러한 과정을 통해 한때의 실패를 끝내 성공으로 이끌어 가는 노력이 필요하다고 본다.

그러면 우리에게 부귀를 가져다주는 성공선에 액운이 어떻게 나타날까?

그림에서 ①과 같이 여러 개가 똑같이 줄지어 있는 경우는 협력자가 많으나 이들 선 가운데 한 개는 뚜렷하고 다른 것이 약하게 나타나 있어 어떤 사업을 해도 계획에서 그치고 말게 된다.

그림 ②와 같이 성공선의 중간이 섬 모양으로 생겨 있으면 불명예나 금전상의 손실을 가져오는 상이다. 특히 이런 상은 재산 증식 목적으로 토지나 주식을 사들였다가 가격이 떨어져 손해를 보게 된다. 그림 ③은 성공선이 중간에서 끊어져 있는데

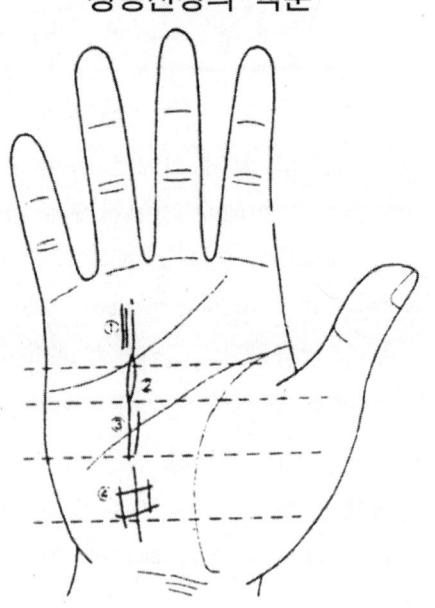

성공선상의 액운

이런 경우는 끊어진 시기에 좌천되는 상이다. 더욱이 승진이 어려운 손금이다.

그림 ④는 성공선과 같이 끊어진 곳이 4각형으로 둘러싸여 있더라도 자기의 명예와 지위를 지킬 수 있는 힘을 가지고 있음을 암시하고 있다.

어떤 수상학자는 모든 장애는 성공을 잉태한다고 말하기도 한다. 그런데 성공선상 중 하나 특이한 것은 직업선이나 다른 선의 경우 별형은 액운을 동반하는 것이나 성공선상의 별형은 특별한 아이디어나 본인의 노력으로 감격적인 환희와 기쁨을 맛보고 부와 명성을 갖게 된다는 것이다. 이 점을 유의하여 판단해야 정확하게 운명을 예지할 수 있다.

9. 불운에 처했을 때의 손금

우리의 삶 가운데는 행운과 불운이 엇바뀌어 오고 있다. 이는 인간의 자기 관리와도 연관이 있지만 운명이라는 보이지 않는 손의 힘이 미치고 있는 것이다.

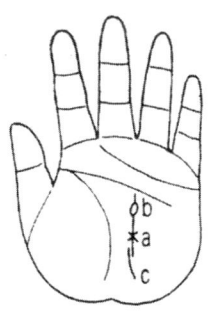

Ⅰ 불운할 때의 손금

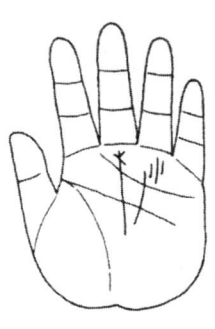

Ⅱ 노후에 쪼들릴 손금

과연 행운·불운은 무엇으로 판단하나? 자기의 나이를 보여주는 직업선을 보자.

Ⅰ의 C처럼 직업선이 곧바로 뻗어 올랐으면 머지않아 반드시 노력의 열매가 맺

어진다. 더욱이 연령을 표시하는 직업선 부분 바로 옆에 나란히 또다른 선이 있으면 문제없이 승격하게 된다.

a처럼 직업선이 곧바로 나가고 그 위에 십자형의 선이 그어져 있으면 지금 강력한 경쟁자와 다투고 있음을 말해준다. 그러나 그 경쟁에서 이기게 될 것이므로 경쟁자에 신경을 쓰지 않아도 좋다.

b처럼 직업선 위에 섬형의 선이 있으면 그 기간 중 슬럼프에 빠져 있으므로 무엇을 하든 불리한 결과를 가져오게 된다. 이런 경우에는 당분간은 조용히 시기를 기다리며 개운법에 힘쓰는 것이 좋다.

직업선이 중단되어 있으면 현재 하고 있는 일에 싫증이 났거나 아니면 일에 대한 불만이 많음을 나타낸다. 이런 경우 보다 보람있는 일로 바꾸는 편이 좋을 것이다.

Ⅱ와 같이 성격선을 가로질러 올라간 그 위의 직업선과 성공선은 정년 후 즉 노년의 생활을 말해 준다.

① 직업선이 뚜렷하고 생명선의 끝에 나쁜 표시가 없으면 노년이 행복하다. ② 직업선이 중도에서 끊어져 갈라져 있으면 집안에 문제가 많거나 금전적으로 어렵다. 직업선이 성격선 위쪽에 전혀 없으면 평범한 노후가 된다.

10. 운명의 시련

사람이 살다 보면 셰익스피어의 작품에 나오는 햄릿과 같이 '죽느냐 사느냐. 그것이 문제로다(To be or Not to be, That's a question)' 하고 독백을 되풀이해야 하는 경우가 많다.

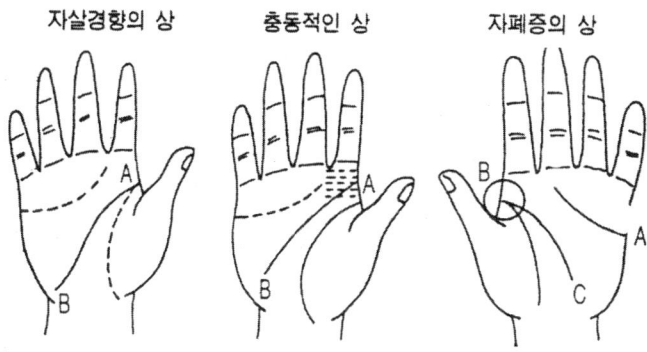

삶의 의지가 약한 사람들

　사업하다 어려움에 직면해 부도가 난 기업가, 불의의 사고를 당하여 절망에 빠진 사람, 대학 입시에서 떨어진 학생 등등 운명의 시련에 봉착한 사람이 많이 있다.

　시련에 봉착했을 때 어떻게 시련을 극복하고 생을 이어나갈 것인가 하는 문제는 큰 고민이 아닐 수 없다.

　그러나 사람에게는 운명의 기복이 있게 마련이어서 좋은 일이 계속되다가도 갑자기 나쁜 일이 닥쳐오기도 한다.

　보통 사람에게는 3번쯤 성공의 기회가 찾아온다고 한다.

　수상을 보다 보면 공상이 많고 감정이 격하기 쉬운 사람이 있다. 이런 사람은 매사에 충동적으로 행동하고 심지어는 자살을 기도하는 일도 있다.

　그림과 같이 두뇌선이 곡선을 그리면서 길게 손바닥의 끝 볼록구, 즉 신비와 상상의 언덕까지 처져 있거나 생명선이 축 처져 있는 상이 이에 해당된다.

　또한 이런 상은 열등 의식이 강해 자폐 증상을 보이기도 한다. 여하튼 입시는 물론이고 취업의 길도 좁기 때문에 이 좁은

문을 들어서지 못하는 사람들이 있게 마련이다. 햄릿의 고민이 우리의 고민이요 사회의 고민인 것이다.

한번 실패했다고 하여 이에 집착하면 다음 기회를 놓치게 된다. 약자는 운명의 힘 앞에 굴복하고 강자는 스스로 운명을 개척한다. 여러 가지 방법을 통해 운명의 해결 방안을 제시하는 경우도 있지만 그렇지 못한 경우도 있다.

그림과 같이 두뇌선이 밑으로 너무 처져 있는 사람은 감정적이고 정신적으로 약한 면이 있다. 격정적인 시기에는 마음을 안정시킬 수 있는 음식이나 약품(한약 또는 양약), 또는 운동 등을 병행시키도록 해야 한다. 문명사회의 큰 질병의 하나인 스트레스는 마음의 상처를 주기 쉬우므로 이를 치유하는 데 힘써야 한다.

우리는 입시나 취업에서 떨어진 젊은이들을 위로하고 다음에 올 행운을 잡기 위해 노력하도록 격려해야겠다.

11. 액운과 불운의 예

인생의 큰 문제에 직면할 때(부도 · 불명예 · 사법 처리)

우리 삶의 여정 속에는 좋은 일만 있는 것은 아니다. 따뜻하고 온화한 날씨가 있는가 하면 비바람치고 폭풍우 몰아치는 때도 있다. 요즘 어려운 중소 기업이 많다.

이러한 인생의 운명을 판단함에는 각자의 태어난 생년월일로 따지는 사주팔자가 있으나 이는 같은 시(두 시간 대에 태어난 사람은 운명이 동일하다고 간주)에 태어난 사람이 최근 우리 나라의 경우 150명을 넘는다. 그러므로 사주로 따지는 운명의 팔자는 맞는 사람과 맞지 않는 사람으로 나누어진다. 그렇게 판단이 개인에 따라 어려우므로 이 항목에서는 수상에 의하여 인생의 큰 문제를 풀어 보고자 한다.

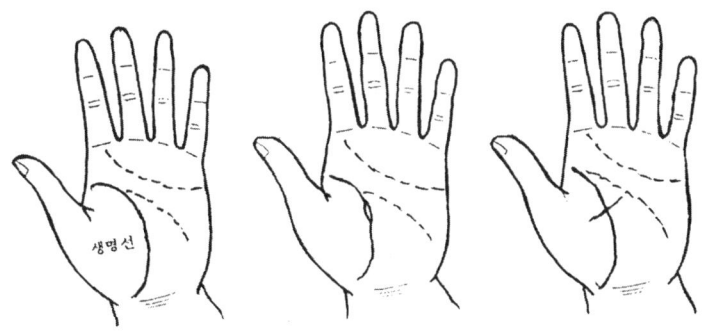

①어떤 때 사업이 막혀 경영난을 겪고 부도가 나는가? 미리 알아서 선후책을 강구할 수는 없을까?

인생 문제의 가장 어려운 사건은 수상에 정확히 나타난다.

경영이 어렵거나 부도가 나는 경우는 다음 예와 같이 운명의 힘이 약할 때이다. 좌우 양손에 나타나는 어려움의 유형이 여러 가지 있으나 대표적인 예만 열거한다.

1) 공통 사항 : 기본 3대선인 생명선, 두뇌선, 성격선에 장애선이 있다. 이 때 고난을 겪는다.

생명선상의 장애선이다. 두뇌선, 성격선도 비슷하다.

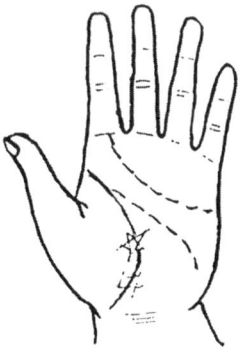

2) 직업선이나 성공선에 장애선이 있어 사업 경영에 어려움
이 있다. 심하면 부도가 난다. (전에 공직자 숙청 당시 숙청 대
상자는 100% 장애선이 있었다.)

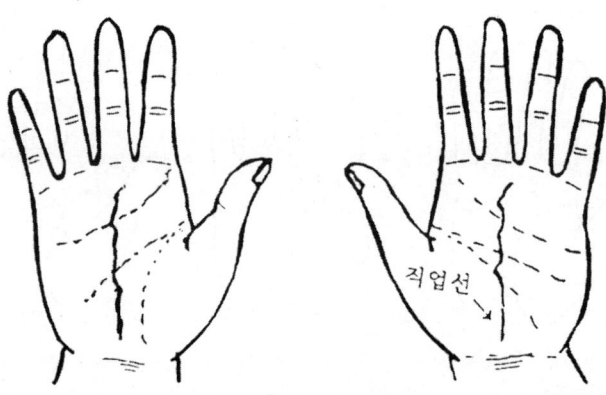

(직업선이나 성공선이 흔들리고 있다) 불안정, 사업이 막힌
다.
　(왼손은 끊어지고 오른손은 장애선이 있다)
　사업 애로, 부도 가능성

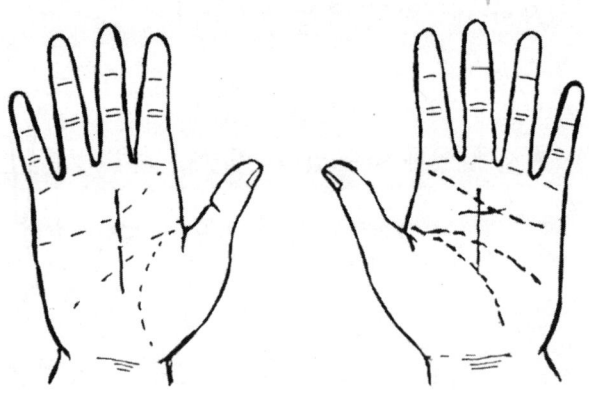

(왼손 섬 오른손 장애선)
부도 위험성

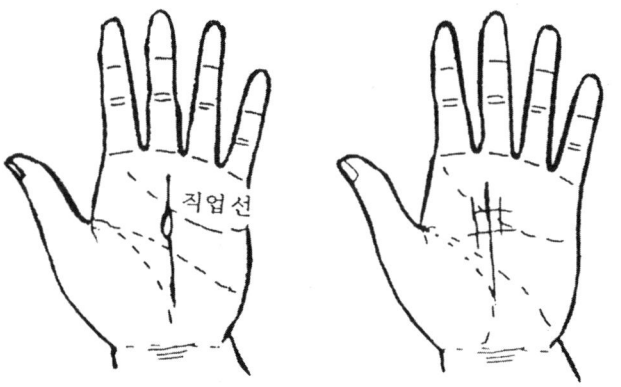

(왼손 장애선 오른손 끊어짐)
사업 정지

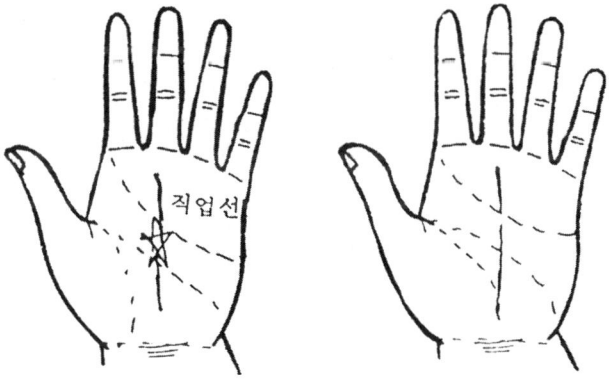

(양손 모두 장애선)

부도, 사업 정지

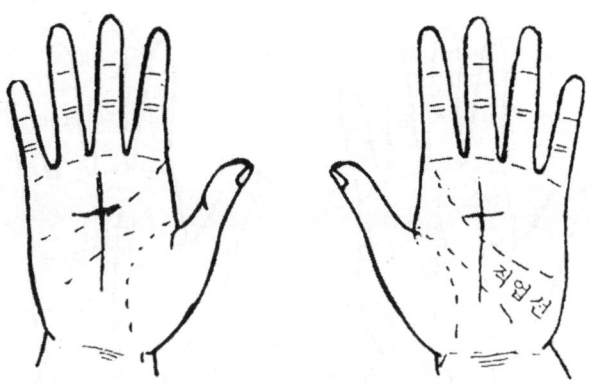

(직업선 정지, 장애선이 가로막고 있다)

사업 정지, 파멸

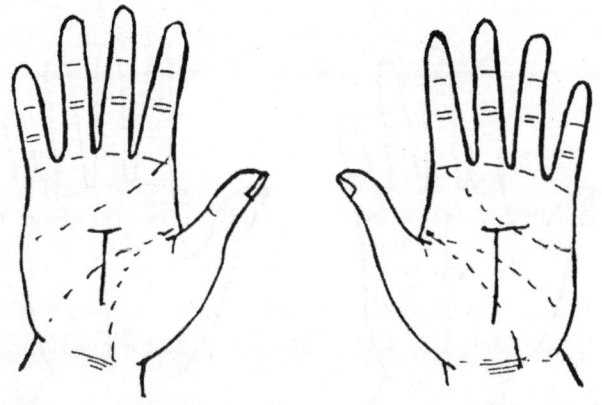

②어떤 때 부정 부패나 범죄가 탄로나서 불명예로 면직되거나 사법 처리(감옥행)되는가?

1) 역시 기본 삼대선에 장애가 있을 때이다.(①과 같음) 인생 최악의 상태이다. 그 후의 운명이 아주 운이 좋은 경우 1년

이내에 회복되나 그렇지 않으면 오랜 기간 동안 고생한다.

2) 직업선·성공선에 장애가 있을 때이다.

(왼손 오른손 장애선)

경영 악화, 부도 위험성, 부정 탄로

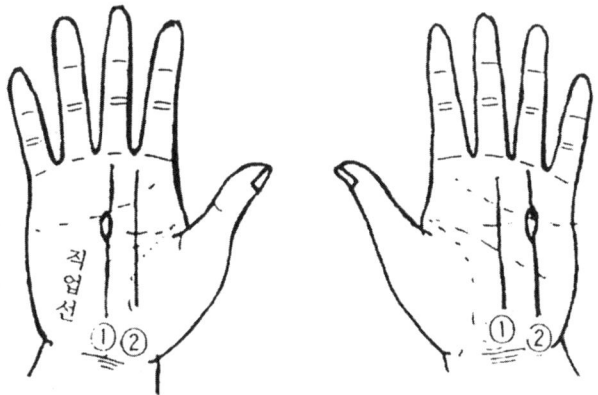

(직업선 양손 모두 정지)

사업 정지, 불명에 퇴지,

(서민호 대중당 당수)

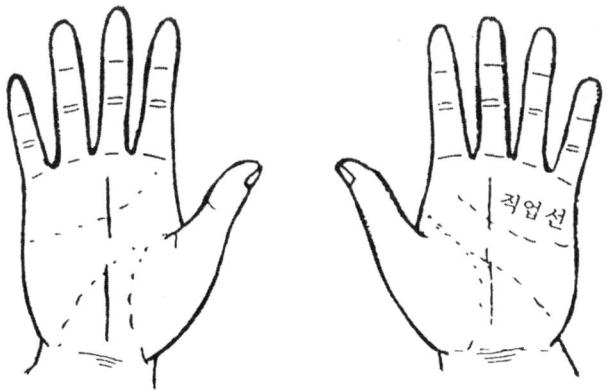

(왼손 끊어지고 오른손 장애선)
사법 처리 위험성, 부정 탄로

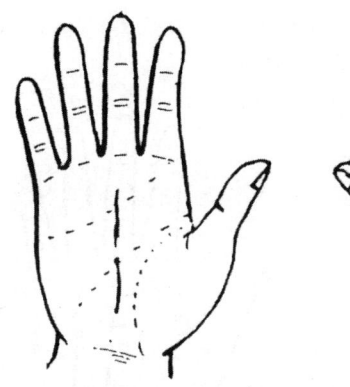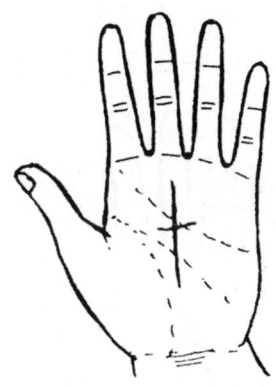

(양손 장애선)
부정 탄로, 사법 처리

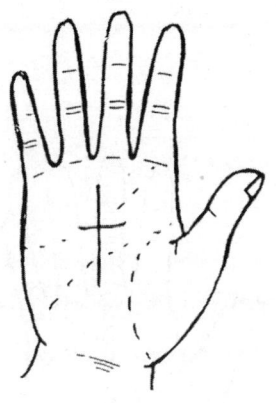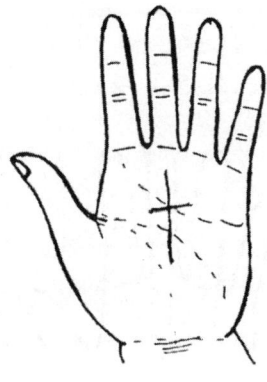

(양손 모두 직업선 정지)

부정 탄로, 불명예, 회복 불능

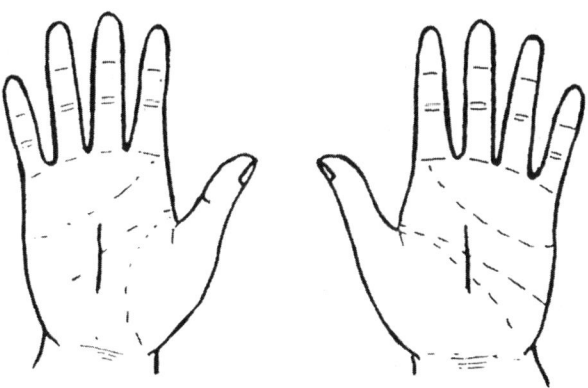

(양손 모두 직업선 정지, 장애선 가로막고 있다)

부정 탄로, 사법 처리 파멸

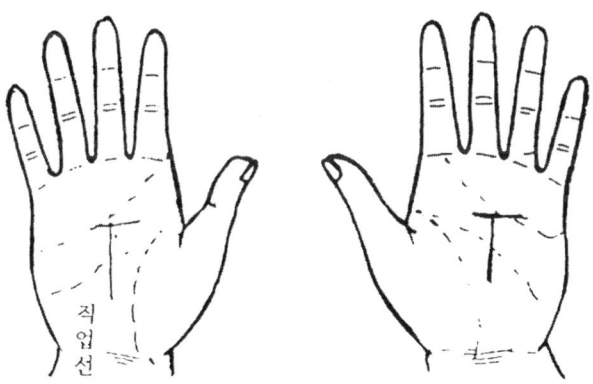

(직업선이 정지하고 십자형이 가로막고 있다)

불명예, 사형이나 자살 - 뭇솔리니, 마타하리형

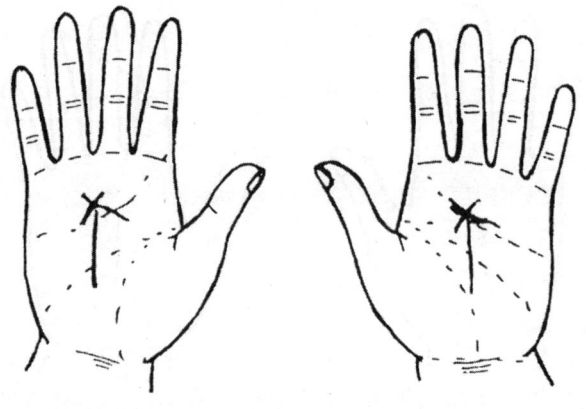

제 2 장

종합적 운세

1. 명예·돈·권력

'성공한다'는 말 자체는 그 사람이 성공의 가치 기준을 어디에 두느냐에 따라서 크게 달라지게 된다.

성공의 가치 기준을 명예·돈·권력에 국한시켜 보면 반드시 한 가지 공통점을 갖고 있는 것을 알 수 있다. 다시 말해서 야구 선수로 유명한 이종범과 국무총리 사이에는 아무런 공통

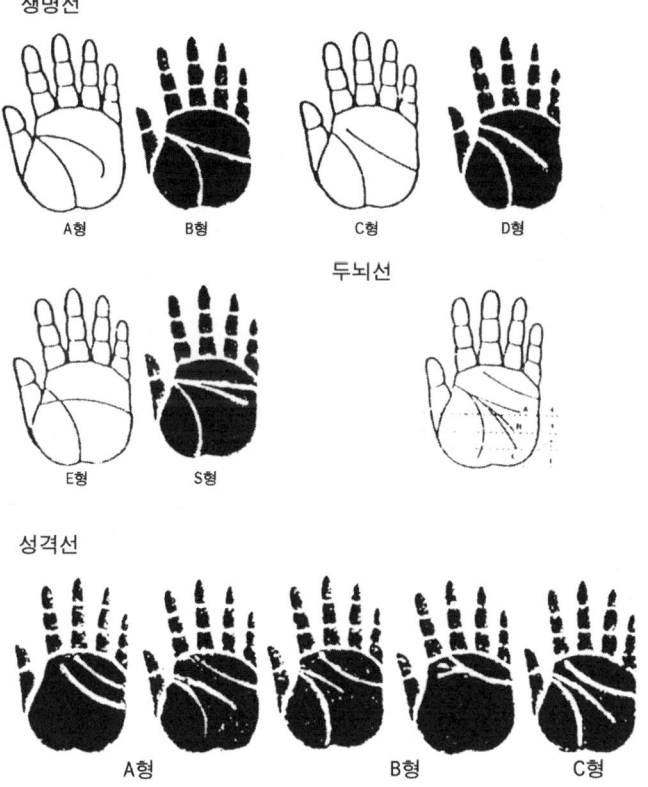

생명선

A형   B형   C형   D형

두뇌선

E형   S형

성격선

A형   B형   C형

점이 없는 것 같지만 많은 사람들에게 그 이름이 알려져 있다는 점에서 비슷하다.

또 미국의 젊은 대통령 클린턴과 가수 마이클 잭슨 사이에는 그들이 모두 미국인이라는 점 이외에는 비슷한 점이 없지만 이 지구상의 많은 사람들로부터 인기를 얻고 있다는 공통점을 갖고 있다.

여하튼 성공 인물과 유명 인사들의 수상을 분석해 본 결과 성격선의 형은 C형이 절반을 차지하고 있는데 특히 스포츠, 예능, 실업계 인사들 가운데 C형의 사람이 많다. C형은 그림과 같이 성격선이 둘째손가락밑까지 길게 뻗은 형이다. 그리고 생명선의 형은 C형과 B형이 많고 특히 정치가, 예능인, 실업가 가운데 이런 타입이 많다.

그런데 공직자와 금융 기관의 임직원이나 교사들은 생명선이 두뇌선과 같은 점에서 출발한 A형이고 생명선이 한동안 붙어 있다가 나누어진 B형이 가장 많다.

또 성격선은 그렇게 길지는 않지만 가운뎃손가락밑까지 뻗어 있고 두뇌선은 약간 길게 뻗어간 B형과 곧바로 짧게 끝난 A형이 많다.

특히 간부급 공직자들은 위로 올라갈수록 성격선이 둘째손가락 검지 밑까지 뻗어간 C형이 많은 것이 특징이다.

이는 감정 상태가 안정되어 있고 섬세하며 대인 관계가 부드러워야 한다는 것을 말해주고 있다.

지금은 사회가 다기화되어 복잡하지만 옛날에는 단순했다. 직업은 글을 읽어 과거에 급제함으로써 관직을 갖는 것이 첫째였고 농업, 공업, 상업은 그 다음이었다.

관직인 공직자의 수상은 직업선이 명확하고 장애선없이 가운뎃손가락을 향하여 힘차게 뻗어 있어야 높은 지위까지 올라갈 수 있다.

2. 협력자와 조언자가 많은 상

직업선(운명선 : 손목쪽에서 중지를 향하여 뻗어 올라가는 선)을 주의하여 잘 보면 짧은 주름이 있다. 이 주름선은 직업선의 의미를 강하게 한다. 이 주름이 있으면 하고 있는 일에 협력자가 나타나거나 실현 불가능하다고 생각하는 일이 주위의 원조와 협력으로 성사되는 찬스가 있다.

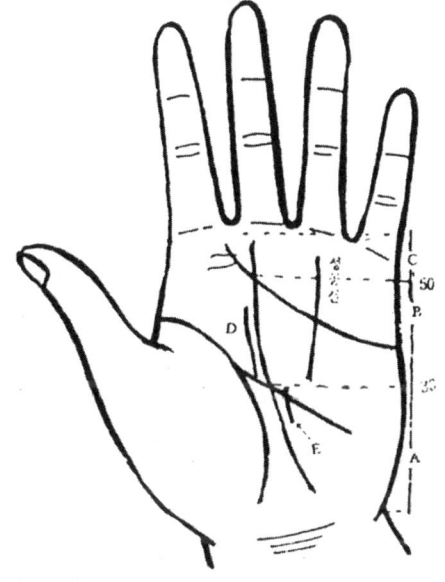

A부분은 30세 이하, B부분은 30세 이상 50세까지, C부분은 50세 이상을 표시하는 도표이다. 자신이 해결하기 어려운 문제가 있을 때 이 연령의 부분에 직업선과 평행하는 잔주름선이 있으면 연장자(윗사람)나 믿을 만한 사람과 상의해 보는 게 좋다.

그림의 D처럼 짧은 주름선이 직업선의 엄지손가락쪽에 있을 때는 자기 자신이 타인의 원조를 받는다든지 가족의 자금 원조를 받게 된다. 즉 운의 도움이 있다.

그림의 E는 짧은 주름선이 직업선의 약지(무명지)쪽에 있다. 이 때는 아주 큰일에 있어 협력자나 조언자가 있다는 것을 나타낸다 이 때 성공선이 확실하고 명료하게 나타나 있으면 정신적·물질적으로 뿐 아니라 자금도 도움을 받는 운이 있다고 볼 수 있다.

3.운세가 강한 자

그림은 운세가 강한 자의 상이다.

손은 두꺼운 편이고 손바닥의 언덕은 두툼하며 눈에 띄게 세로선이 많다.

①은 생명선이 크고 깊다. 생명 에너지가 풍부하고 강력한 힘이 있는 사람이다. 생명선이 엄지를 감싸고 큰 타원형의 포물선을 그리며 활처럼 엄지구의 땅을 넓게 할수록 건강체이다.

②는 직업선이 힘차고 명료하다. 이것은 큰 힘이 있는 상이다.

그러나 지도자의 타입이라고 과신하지 말라.

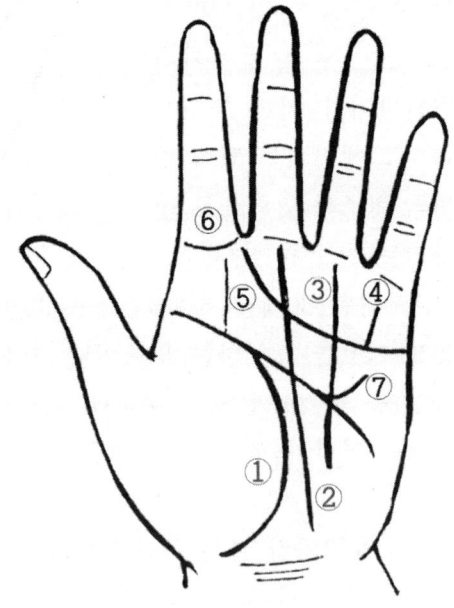

③은 성공선이 길고 명확하다. 사회적 평가와 명성을 얻어 성공하는 대길상이다. 이런 상을 가진 사람과 잘 어울리는 것이 좋다.

④⑤⑥⑦도 대길상이며 운이 좋은 사람이다.

④는 사업선이다. 긴 안목으로 보아 길한 징조다.

⑤는 발전선이다 어떤 일에도 굴하지 않고 전진하며 참고 계속 노력하는 선이다.

⑥은 좀처럼 보기 드문 대길상이다. 무슨 일을 하든 솜씨 좋게 해치우는 리더 타입의 사람이다.

⑦은 이재 능력이 뛰어난 사람이며 의식의 걱정이 없다.

4. 생명선과 운세

생명선, 두뇌선, 성격선, 식업선의 4대 기본선이 성격이나 운세의 6할에서 8할까지 차지한다. 자세한 것은 각 선의 설명 항목을 참조하기 바란다.

그림 ①은 최강운(最強運 : TOP)의 상이다. 선이 크고 힘차며 명확하고 손의 중앙까지 뻗어간 사람은 대단히 튼

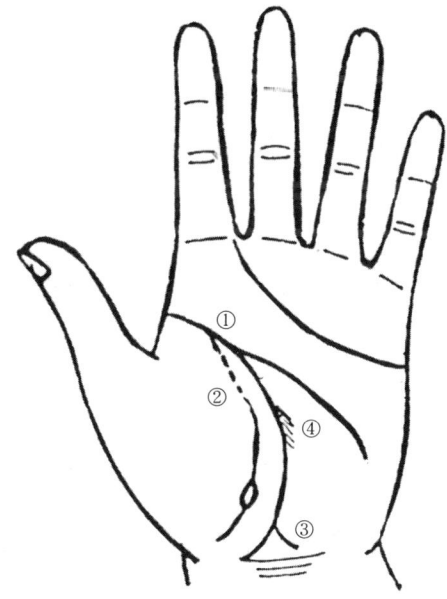

364 손금 좀 봅시다

튼하며 강한 생명체 에너지를 갖고 있어 역경을 역경으로 느끼지 않는다.

②는 생명선이 가늘고 군데군데 끊겨 있다. 위험 신호이다. 섬이 있는 사람은 그 시기에 신체 조절 능력이 깨어져 기력이 쇠잔해지며 끊어진 곳에 또 하나의 부선(副線)이 있다면 튼튼한 몸이다.

③은 만년(晩年)에 주의해야 되는 상이다. 환경의 변화로 건강 상태가 일시적으로 쇠약해진다. 젊어서부터 절제하며 주의해야 한다.

④는 조금만 일해도 곧 피로해지는 스트레스선이다. 몸이 지쳤다는 표시이다. 신체의 휴식을 취해야 한다. 기분 전환으로 여행하는 것도 좋다.

5. 두뇌선과 성격

이 선으로 성격과 성질을 알 수 있다. 두뇌선과 성격선의 거리가 가까우면 다분히 현실주의적으로 계산하고 사물을 논리적으로 따지는 면이 강하다. 한쪽의 두뇌선이 밑으로 향하여 생명선과 가까우면 로맨티스트로 문학이나 종교를 좋아하며 공상력이 있다.

그림 ①은 표준형의 생명선이다. 생명선과 두뇌선이 시작되는 점이 같은 장소이다. 상식적인 사람이고 밸런스 감각도 좋으나 아기자기한 재미가 부족한 사람이기도 하다.

②는 두뇌선이 끊어졌으나 겹친 형이다. 세련되지 못한 형으로 기분이 꺾이어 안정감이 없는 사람이다. 불평 불만하는 것

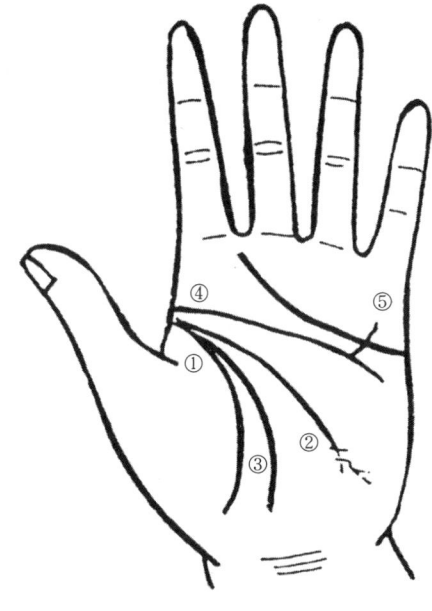

은 주의해야 한다.

③은 두뇌선이 밑으로 향하면서 너무 생명선에 근접해 있다. 꿈꾸는 사람이다. 소설을 좋아하고 자신의 세계에 안주하는 형으로 이과나 수학은 힘들다.

④처럼 두뇌선이 생명선의 위에 떨어져서 성격선에 근접하여 출발한 형은 대담한 형이나 합리주의자이며 진보 발전의 희망이 있는 사람이다.

⑤는 두뇌선의 두 개의 지선 중 하나가 상업구를 향하여 위로 뻗어 있다. 이재의 능력이 있는 상업 수완과 재능의 소유자이다.

6. 성격선과 인품

성격선으로는 냉담한 사람인가, 연애를 잘하는 사람인가 등등을 알 수 있다.

그림①은 표준선으로 균형 감각이 있는 성품이다.(성격선 참조)

②는 성격선이 길고 그 끝이 두 개로 쪼개져 있다. 감수성이

강하고 애정도 깊은 사
람이다. 온화하고 부드
러운 점이 있으며 사람
을 포용하나 대신 신중
하고 결단이 늦고 미혹
에 넘어가는 예도 있다.
끝의 쪼개진 두 선 중
밑으로 향한 선은 여성
문제가 있을 수 있는 형
상이다.

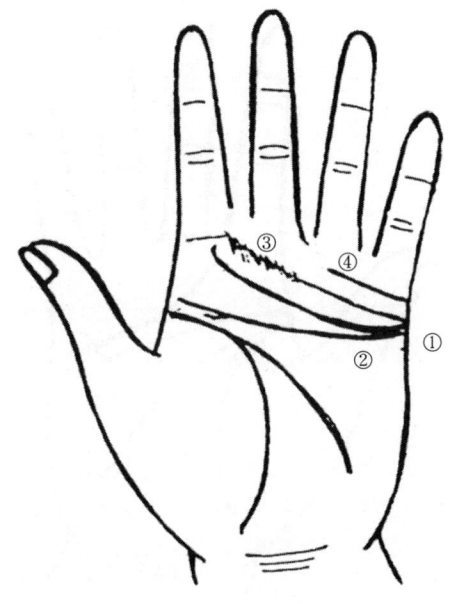

③은 겹친 두 개의 성
격선이다. 감수성이 풍
부하고 때로는 고뇌하
는 바도 있지만 예술적 감각이 우수하다. 애정이 풍부하여 사
람들로부터 사랑을 받고 끝의 지선이 밑으로 향한 때에는 성적
으로 강하고 애정이 담백하다.

④는 성격선이 아주 짧은 상태이다. 냉랭한 느낌을 주며 정
에 움직이는 일이 적다. 아주 현실적이어서 구체적으로 자신에
게 플러스가 되어야 움직인다. 타인을 위한 것은 조금도 없으
며 자기 중심적인 사람이다.

7. 직업선의 길흉(吉凶)

직업선은 크고 긴 것이 길상이다. 이미 직업선 항목에서 설
명했지만 간략히 다시 살펴보자.

①은 가지친 선이 없이 곧게 직업구의 중지를 향하여 뻗어간 직업선이다. 두뇌가 명석하고 노력한 일은 관철시키는 사람으로 대단한 길상이다. 단 직업선이 너무 생명선 가까이 근접하여 뻗어가면 유년 시절 환경의 고난과 어려움이 따른다. 그렇지 않으면 이런 상은 언제나 명랑하고 이상을 향하여 노력하는 박력 있는 사람이다.

②는 직업선이 엄지구 내에서 시작하여 직업구에 도달하고 있다. 부모나 형제가 실업가이기 때문에 친척의 힘이 도움이 되어 사업을 승계한다든지 부동산을 손에 넣게 되는 상인데 친척과의 커뮤니케이션이 대단히 중요하다.

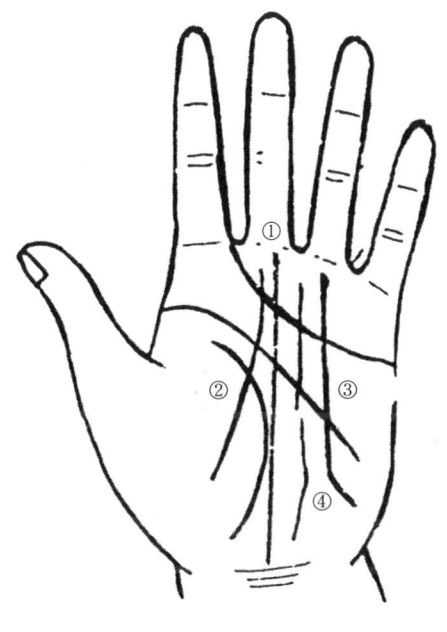

③은 직업선이 볼록구에서 출발하며 중지밑에 도달하였다. 친구나 일과 관계 있는 자로부터 여러 가지 형태의 협력과 원조를 받게 되고 행운을 쥐는 타입이다. 인덕이 있다. 이런 사람은 인간 관계를 잘 유지하는 것이 개운의 포인트이다.

④는 도중에 끊어진 직업선이다. 끊어진 시기(그림은 32세경)에 직장이 변하고 결혼하여 행운이 따르는 타입이다. 선이 끊어졌을 때는 의지가 약하게 됨을 나타내준다.

8. 개운기(開運期)

(1) 형태 ①

인생에는 세 번 기회가 온다고 한다. 걱정이 있든 없든 성공하고 못하는 것은 수상에 나타난 개운기 즉 운이 열리는 시기를 기회로 삼아 분발하느냐 못하느냐에 달렸다.

개운기를 찾는 방법은 두 가지가 있는데 하나는 생명선이 뻗어가는 중에 있는 세로선을 보고 판단하는 것이요, 또 하나는 직업선의 지선을 보고 알 수 있는 것이다.

생명선을 먼저 보자.

생명선은 전체선을 그림처럼 반으로 구분하여 중간지점을 40세로 하고 검지와 중지 사이의 밑을 20세로 하고 20세와 40세의 중간 지점을 30세로 하여 그림처럼 구분한다. 이렇게 연령을 평균적으로 하는데 사람에 따라 다소의 오차는 있다.

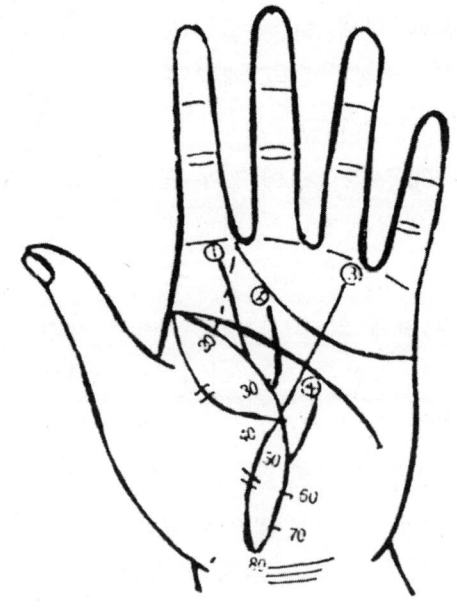

그림 ①은 25세경 생명선에서 세로선이 나와 있다. 한결같이 굳은 마음으로 계획을 세워

일을 시작하고 노력하면 행운을 거머쥐는 제1개운기이다.

②는 32세경 승진한다든지 주위의 환경이 유리하게 변화하는 개운기이다.

③은 40세경 금전운이 좋고 집안 환경이 좋아져 비약 발전하고 내집(주택)을 장만하는 시기이다.

④는 52세경 책임자가 되어 독립하는 개운기이다.

위의 내용은 기본적인 개운기를 보는 것이고 실제적으로는 다른 선도 참고하여 종합적으로 판단해야 한다.

(2) 형태 ②

직업선(운명선)에서 나온 지선을 보고 개운기를 찾는 방법이다.

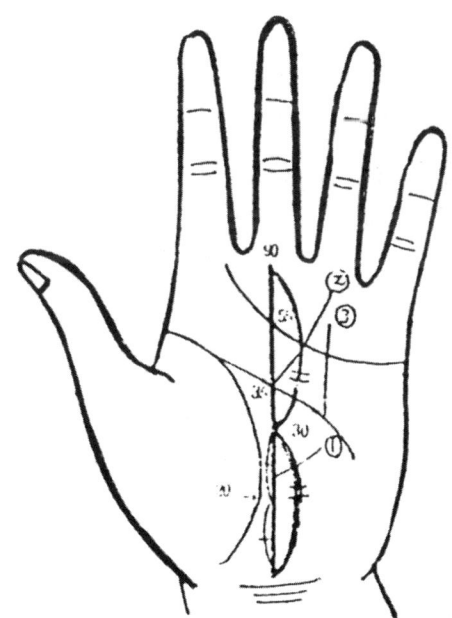

손목을 기점으로 중지 밑까지 선을 그어 직업선으로 하고 연령은 전체를 90세로 하고 이 선의 중간 지점을 30세로 한다. 30세와 손목의 중간점은 20세, 두뇌선과 직업선이 마주치는 점을 35세, 성격선과 마주치는 점을 55세로 하여 개운 시기를 찾는다.(연령은 만연령이다)

성공선은 직업선에 준

하여 판단한다.

그림①은 20세와 30세 사이에서 지선이 나와 있다. 23세경인데 성공구를 향하여 명확한 지선이 상승하고 있다. 두 가지 목전의 일에 도전하여 성취되는 것을 암시한다. 그 해에 결혼하여 운세가 열리는 행운의 표시이다.

②는 35세경에 지선이 나와 성공구에 닿고 있다. 전직하여 새로운 분야에서 행운을 잡는다. 결혼을 안 했으면 결혼에 골인한다는 표시이다.

③은 35세경 두뇌선에서 상승하는 성공선이다. 성공이 좀더 확실해질 뿐 아니라 사회적 평가와 명성을 얻게 된다는 의미이다.

9. 여행운(旅行運)

옛날의 비싸고 화려한 여행보다 요즘은 수수하고 소탈한 여행을 즐기는 시대에 들어왔다고 볼 수 있다.

그러나 여행중에 자잘한 사고나 지상에 떠들썩한 대형참사가 잇따르고 있어 불안하다. 육·해·공 사고에 이어 지하 땅속에서까지 문제가 일어나고 있다. 이런 슬픈 소식에 앞서 여행자는 미리 자신의 여행운을 보는 것도 좋은 것이다.

그림①은 생명선의 손목 근처에서 가지친 여행선이다. 이 선이 나오면 가까운 시일 안에 여행의 찬스가 오거나 출장 기회가 있어 생활 환경이 변화되는 것을 예고한다.

②는 손바닥 바깥 볼록구 근처에서 나온 가로선이다. 손바닥 복판을 향하여 뻗어가는 이 선은 여행선의 일종으로 가까운 시일 내에 여행의 기회가 주어지는 것을 나타낸다. 이 선이 손목을

향하며 커브를 그리는
경우 사고가 있을 수도
있으니 되도록 나가지
말아야 한다. 이런 상에
4각형의 무늬가 있다면
여행중에 재난을 당하나
무사히 여행을 마치고
돌아올 수 있다고 본다.

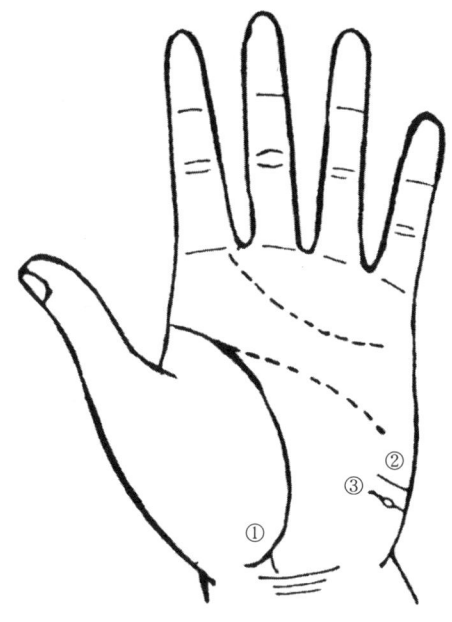

③은 여행선에 섬형이
있다. ①②의 여행선에
도 섬형이 있다면 여행
도중 트러블이 있다는
표시이다.

10. 해외 생활운(海外生活運)

짧은 해외 여행은 2, 3주간 즐기면서 밖에 나가는 것이지만
장기의 유학이나 출장, 또 해외 근무는 생활 풍습과 언어, 습관
과 환경이 다른 곳에서 생활하는 것이다. 모든 게 크게 변화한
그곳에서 열심히 일을 해야지 장기 해외 체류라고 하여 걱정해
봐야 아무 소용이 없다.

그림①은 손목쪽을 향한 크고 긴 여행선이다. 생명선의 끝에
서 둘로 쪼개진 것인데 장기간의 여행과 해외 유학, 해외 근무
또는 이주운을 암시한다.

한 달 정도 조국을 떠나는 것이 아니고 해외에서 공부하거나

근무해야 하는 고뇌의
상이다. 손에 이런 상이
있고 섬형의 이상이 없
다면 결행하는 것이 좋
다.

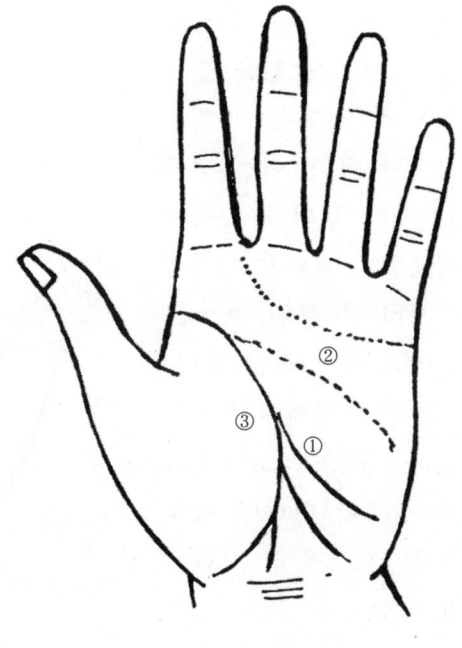

②는 생명선에서 볼
록구를 향하여 뻗은 긴
지선이다. 모험심이 왕
성하고 활동적인 사람
이기 때문에 이런 상은
자신의 고향을 떠나 먼
곳에 가서 혼자 생활하
는 타입이다. 국내에서
멀리 가는 것과 먼 해외
로 가는 케이스가 있는데 선에 혼란한 것이 없다면 성공하여
고향에 금의환향하는 것을 암시한다.

③은 생명선의 아래로 비슷한 커브를 그리며 나온 지선이다.
이런 사람은 생활 장소가 두 군데 있다는 의미이다. 국내와 해
외에서 활약하는 사람이다.

11. 기타

(1) 잔주름이 많고 적은 상

얼굴 모습으로 사람을 판단하기 어려울 때가 종종 있다. 얼굴

을 보면 섬세한 상이나
신경질적인 사람이 있
으며 수상을 감정해도
주름이 적어 대담한데
궁시렁궁시렁 늘 걱정
하는 타입이나 활동적
인 사람이 있다. 체력으
로 승부를 거는 스포츠
선수는 손에 잔주름이
없는 사람이 많고 대신
야구 선수처럼 손바닥
에 굳은 살이 군데군데
있어 손금을 읽기가 힘

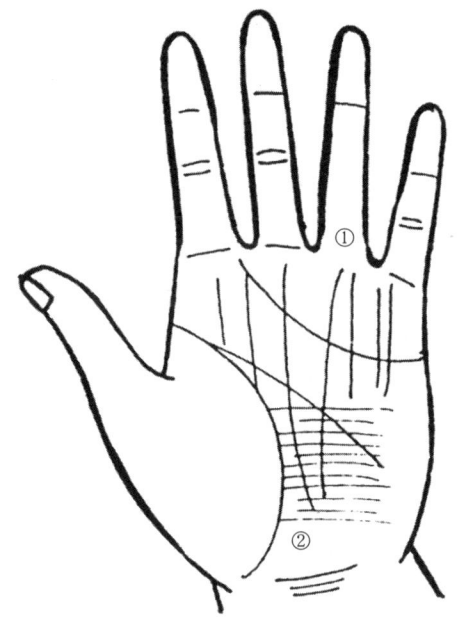

든 사람도 있다. 활동을 즐기는 사람은 방안에 있는 것이 고통
일 수도 있다. 손에 주름이 많으면 데리케이트한 감수성이 강
한 사람으로 볼 수 있고 신중하고 냉정하나 결단력이 부족하여
때를 놓치는 예도 있다.

그림 ①은 세로주름이 많다. 세로선의 주름은 기본적으로 행
운선이라고 부른다. 손끝은 하늘이요 손목쪽은 땅이므로 이 세
로선은 대지에서 하늘까지 향한 운기가 가득찬 것을 의미한다.
성공을 거두는 상이다.

②는 가로주름이 많다. 마이너스선이다. 하늘을 향한 에너지
(운기: 運氣)를 막는 선이다. 마이너스라는 비판적인 운세이므
로 이것이 나타나면 주의하여야 한다.

(2) 영감이 예민한 상

얼마 전 텔레비전에 스푼을 구부리고 시계를 멈추게 하는 초능력을 가진 사람이 나온 적이 있어 초능력에 관해 비상한 관심이 쏠렸다. 요즘 초능력이나 신비한 체험을 하는 사람이 늘어나고 있다.

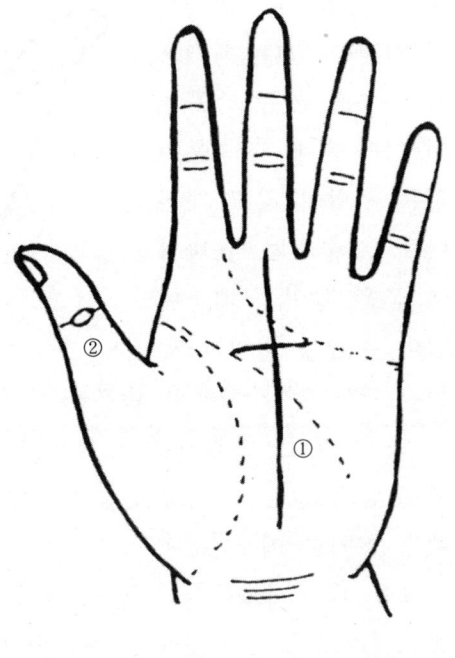

신비적인 것은 눈에 보이지 않는 존재이나 세상 사람들의 흥미를 끌고 있으며 또한 흥미로운 것이다. 자신에게 영감이 있다든지 신비한 힘이 있다든지 하면 누구든지 이런 자연계의 기를 가질 수 있다. 당신의 손에 다음과 같은 상이 있으면 신앙심이 두텁고 영적인 능력이 우수하다고 말할 수 있다.

그림 ①은 신비십자형(神秘十字型)이다. 성격선과 두뇌선의 사이에 있는 가로선이 직업선과 교차되고 있다. 돈독한 신앙심을 갖고 있으며 신비적인 능력을 타고난 사람이다. 이런 상의 사람은 큰 변화나 강한 운을 소유한 사람이라고 말할 수 있으며 사고나 조난을 당해도 혼자 구조된다. 매일의 신앙심이 좋은 결과를 가져온다. 이런 상은 대부분의 경우 선조의 음덕이 쌓였다든지 천지의 영이 항상 돌보기 때문에 행운이 있는 것이다.

②는 엄지손가락의 제1관절에 있는 눈과 같은 형이다. 일명 부처의 눈(佛眼)이라고도 하는데 옛부터 이것이 있는 사람은 영감과 신통력이 있다고 전해진다. 이런 상의 사람은 사물을 훤히 꿰뚫어 보기 때문에 이 영기를 좋은 방향에 쓰도록 하여야 한다.

(3) 손의 기호와 무늬

손의 기본선에는 여러 형태의 기호나 무늬가 있다. 중요한 것은 기본선을 이해해야 다음 7가지 기호의 뜻을 이해할 수 있다는 것이다.

그림 ①은 그물형(Net Type : 十字型)으로 주로 엄지구에 나타난다 정이 깊은 것을 말하고 엄지구 이외에는 그 장소에 따라 다르지만 운기를 약하게 한다.

②는 별형으로 기본적으로 대길운이다. 행복한 결혼을 의미한다.

③은 지선이다. 직업선에서 가지친 선으로 운이 크게 열림을 뜻하

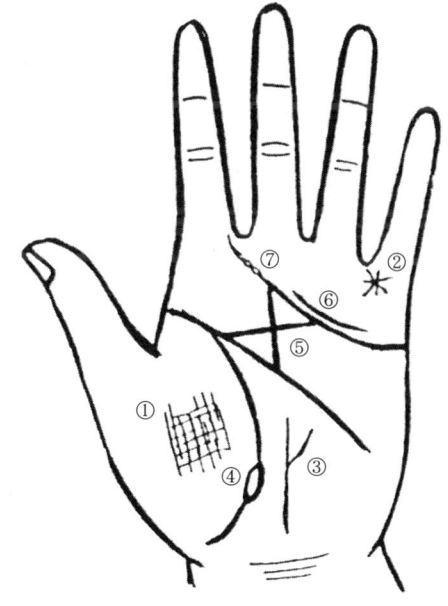

고 사이드비즈니스(副業)에서 성공하여 가정이 안정되고 지금
보다 힘이 넘치는 표시이다.

④는 생명선의 가운데쪽에 있는 섬인데 선의 힘을 악화시키
기 때문에 상당히 큰 섬이며 중병의 위험성이 있다.

⑤는 신비십자형이다. 불가사의한 십자이기 때문에 흉한 것
이 아니다. 이렇게 선과 선의 중간 지점에 정십자형으로 직각
을 이루면 십자형이 되는데 이 경우 영적인 세계를 이해하고
영감이 있으며 피뢰침과 같이 어떤 어려움이 와도 신의 가호로
극복되는 상이다. 이것은 조강의 음덕이 있어 혈통에 따라 생
기는 좋은 상이다.

⑥은 이중성격선이다. 기본선의 옆에 있는 선으로 겹치는 시
기는 한층 기본선의 의미를 강하게 한다.

⑦은 쇠사슬 모형이다. 선의 의미를 약하게 하나 성격선의
경우는 상냥하고 우아한 표시로 해석한다.

제 3 장

연령별 수상

　사람이 돈을 모으는 것도 시기가 있다. 물론 어떤 사람은 일생 동안 재물운이 따라다니기도 하지만 대개 수상을 보면 20대, 30대, 40~50대로 나누어 재운이 따르고 있다.

　20대에 돈을 모으는 사람은 그림①과 같이 직업선의 20대 지점 즉 두뇌선과 직업선이 교차되는 곳으로부터 아래쪽 부분이 끊어지거나 구부러지지 않고 곧바로 뻗어 있다. 그러나 이것만 가지고는 안 된다.

　그림 ①에서처럼 생명선에서 둘째손가락을 향해 위로 올라간 잔선(발전선)이 많으면 20대에 돈을 많이 벌고 모으게 된다. 30대에 돈을 벌 사람을 보면 직업선의 30대를 의미하는 부분 즉 그림 ②에서 보듯이 두뇌선과 직업선이 교차하고 있는 부근에서 직업선이 일직선이요, 엄지손가락 쪽에서 뻗어나온 영향선과 교차하고 있지 않다. 이때 영향선과 부딪히거나 선을 끊고 지나가면 직업상 변화나 운명의 곤란한 점이 나타나 돈이 모이지 않고 지출이 많아지게 된다. 즉 장애선이나 영향선이 직업선에 닿지 않아야 돈이 모인다. 특히 성공선이 직업선과

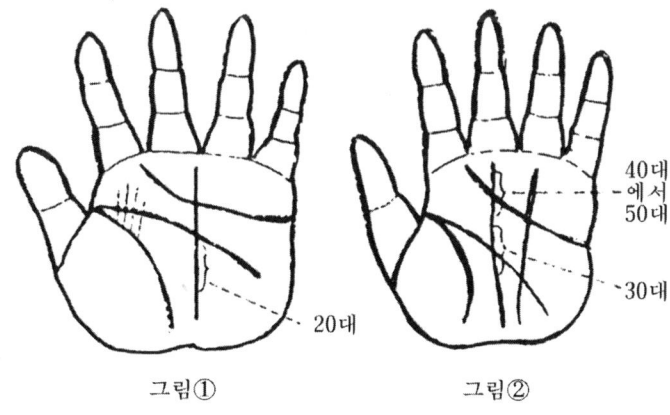

그림①　　　　　그림②

평행으로 곧바로 뻗어간다면 30대에 돈벌 수 있는 확률이 높다.

40대에서 50대에 걸쳐 재운이 있는 사람의 수상은 직업선에서 40~50대의 부분 즉 그림 ②에서 보듯이 성격선과 직업선이 교차하고 있는 곳으로부터 위쪽의 직업선이 일직선으로 되어 있다. 여기에 더하여 성공선이 있으면 40~50대에 재복이 틀림없이 온다. 그러나 성공선이 여러 갈래로 나누어져 있으면 비록 돈은 잘 벌어들여도 곧 나가버린다. 그래서 성공선을 일명 사치선이라고도 부른다. 인기인이나 연예인이 성공선이 여러 갈래 있다면 인기 유지를 위하여 몸치장 즉 사치를 해야 하고 또 유지 비용이 많이 지출되는 것을 나타낸다. 그렇지만 이 여러 갈래의 성공선은 다른 사람과 큰 마찰없이 인간 관계를 잘 유지함을 의미해서 조화선이라고도 부른다.

직업선의 도중에 십자형의 선이나 가로지르는 장애선이 나타나 있으면 뜻하지 않은 재산상의 손실이나 어려운 점이 있어 지출이 늘어나거나 직업상 변화가 발생한다. 때로는 그간 쌓은 주춧돌이 무너져 새로 하나하나 벽돌을 쌓듯 출발을 해야 하는 예도 있다.

1. 유아기(1세~10세)

사람의 인격 형성이나 운명이 과연 유전적인 것이냐 혹은 후천적인 것이냐의 논란이 학자간에 많다. 필자는 인간의 성공이나 운명의 작용은 선천적·유전적인 면과 후천적인 환경과 본인의 노력에 의하여 형성되고 관리된다는 다수의 학설을 존중

하며 그 철학 위에서 운명을 조감하고 그를 개선하는 입장에서
이론을 전개하고자 한다.

동양 전래의 교육 철학인 맹모삼천(孟母三遷 : 맹자 어머니
가 자식 교육을 위하여 세 번 이사)만 봐도 맹자가 어렸을 때
공동 묘지 근처에서 살고 있을 때는 상여 나갈 때 외치는 소리
나 장송곡을 즐겨 부르고 묘지가 놀이터여서 삶과 죽음에 대한
회의를 갖게 되자 그 어머니는 상업 도시로 이사했다. 이번에
는 저자거리의 장사하는 사람들의 흉내를 내고 이기적(利己
的)이 되었다. 그래서 이번에는 학교 근처로 이사했다. 그제서
야 학문에 열중하며 부모 마음을 흡족하게 하여 훌륭한 사람이
되었다는 이야기다.

이는 사람의 성장 과정에서 후천적인 환경의 중요함을 깨우
쳐 주는 교훈이다. 또 하나의 중국 고사에도 양자강 유역의 오
렌지를 황하 유역에 심으면 탱자가 된다는 말이 있다.

서양에도 '오스트리아에서 태어난 아이를 모스크바에 데려다
키우면 공산주의자가 되고 뉴욕에서 기르면 민주주의자가 되
고 자라서 뉴욕 양키즈의 팬이 된다'는 후천적 환경의 중요함
을 역설하는 말이 있다.

이렇듯 어렸을 때의 부모의 교육은 아주 중요하다. 또한 부
모의 건강도 아이에게 전해진다.(B형 간염은 90% 전염된다)

① 그림과 같이 어렸을 때는 손바닥에 생명선, 두뇌선, 성격
선 등 주요 삼대선만 있고 다른 선이 별로 없다. 특히 직업선
은 성장하면서 본인의 의지력, 표현력이 길러지면서 함께 자란
다. 그리고 유아기에는 설혹 직업선이나 다른 선이 있어도 환
경과 본인의 두뇌 작용에 따라 없어지기도 하고 다시 나타나는

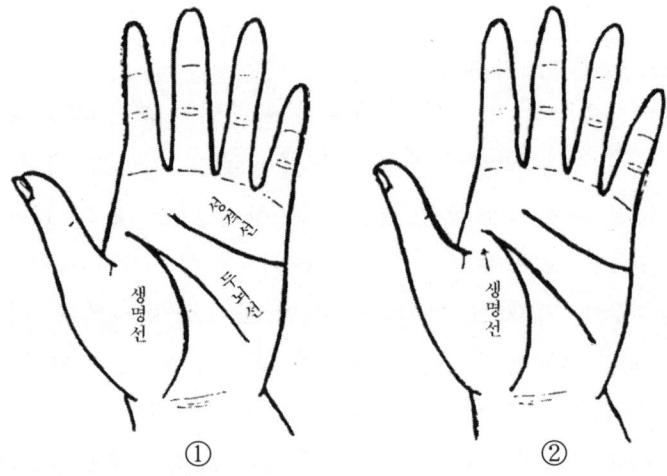

① ②

등 변화를 되풀이한다.

② 생명선의 출발점이 깨끗하다. 건강한 어린이다.

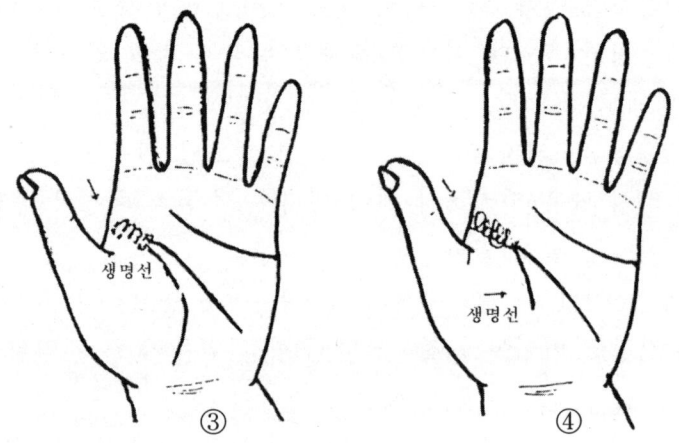

③ ④

③ 생명선의 출발점이 뒤엉켜 있다. 잔병이 많고 허약한 어린이다.

④ 소아마비나 중병의 유아이다. 생명선의 출발점이 뒤엉켜 있고 뻗어가는 생명선이 중도에서 그치고 짧다.

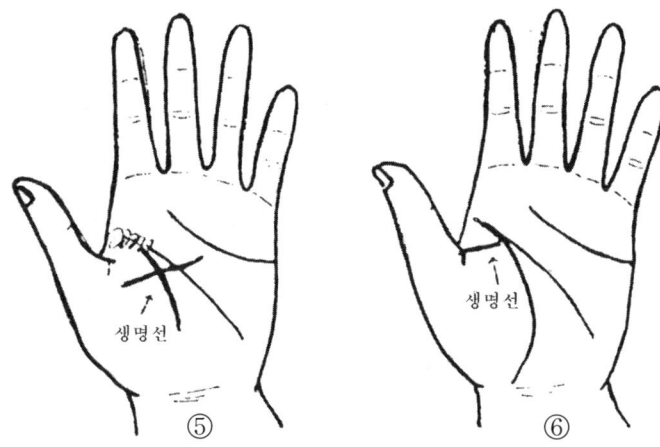

⑤ 중병을 앓는 어린이다. 생명선의 출발점이 엉켜 있고 그후 섬이 있거나 선을 가로지르는 횡선이 있다. 이는 생명이 위태로움을 나타낸다. 황달이나 기타 질병의 예방이나 조기 치료에 힘써야 한다. 그리고 시기를 맞춰 예방주사를 맞히고 건강기록부(육아일기)를 비치하여 어린이의 성장 과정을 체크하는 것도 좋은 방법이다.

⑥ 우량아이다. 어렸을 때 몸이 튼튼하여 정신과 육체가 모두 건전한 것을 반영한다.

⑦ 천재 교육 : 태교부터 시작하여 어린이의 출생 순간부터 좋은 음악을 들려준다든지 훌륭한 성공 잠언을 담은 Tape을 들려주는 것은 아주 좋다. TV도 나쁜 영향을 주는 것은 삼간다. 14세

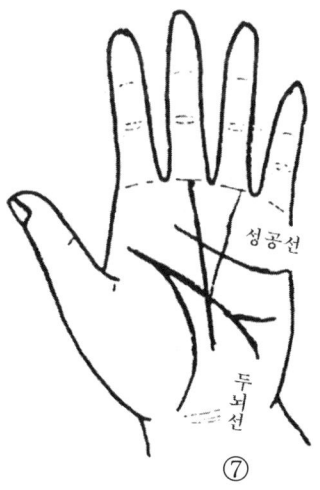

정도까지는 자녀의 성격 형성이나 지능 발달, 건강에 환경이나 부모의 역할이 지대한 영향을 미친다.

2. 학생 시절(11세~24세)

이 때는 부모 슬하에서 마음껏 뛰놀며 몸과 마음을 단련하고 학업에 열중하며 인격 도야를 연마함은 물론 후회 없는 학창 시절을 보내도록 열과 성을 쏟을 때이다. 이 시기를 어떻게 보냈느냐에 따라 인생 전반의 성공과 실패가 가름된다.

그림 ①의 시점이 11세~24세경인 학생 시절의 연령이다.

따뜻하고 온화한 날씨가 계속되다가도 비바람이 치고 때로는 차가운 계절이 다가와 움츠리며 봄을 기다리듯이 우리의 삶도 얄궂은 운명의 장난인지 잘 풀리는 듯하다가도 어느덧 앞길이 막히고 불운이 닥칠 때가 있다. 이 슬럼프의 시기가 바로 우리 삶의 철학을 재음미하고 우리 생활의 일대 전환이 필요한 때이다.

인생이 고달프고 어렵다고 하여 낙심하지 말며 어려움 속에서도 최선을 다하다 보면 언젠가는 운이 트여 따뜻한 운명의 날이 온다는 것을 잊지 말아야 한다. 그리고 지금 잘나간다고 어리석게도 자만한다면 어느 날 불행이 자기도 모르게 찾아오게 된다. 부디 이것을 잊지 말고 항상 겸손해야 할 것이다. 생에 관한 공자님의 좋은 말씀이 있어 여기에 소개한다.

▶인생 교훈
'군자는 모름지기 세 가지 경계할 것이 있으니(君子有三戒)
첫째는 나이 어릴 때는 혈기가 정하여지지 않았는지라 여색을

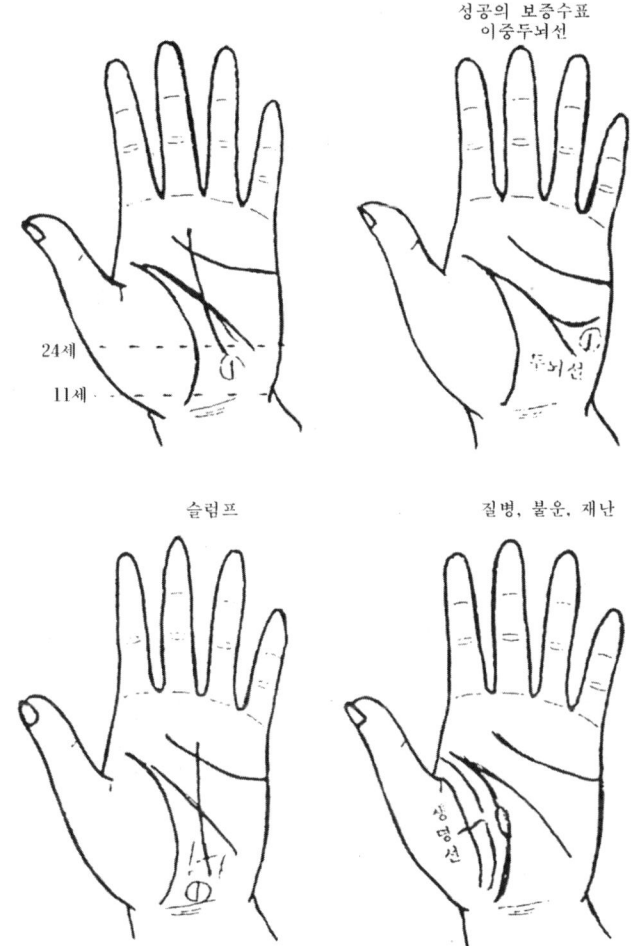

성공의 보증수표
이중두뇌선

24세

11세

두뇌선

슬럼프

질병, 불운, 재난

상명선

경계할 것이며(小之時 血氣未定 戒之在色), 둘째는 몸이 장성함
에 이르러서는 혈기가 바야흐로 강성한지라 쟁투(싸움)하는 일
을 경계할 것이며(及其壯也 血氣方剛 戒之在鬪), 셋째는 몸이
늙음에 이르러서는 얻으려는 것을 경계하여야 할지니라(及其老
也 血氣旣衰 戒之在得)'

3. 20대(25세~30세)

이 때가 바로 사회로 나가는 인생의 첫 출발점이다. 학업을
마치고 사회에 첫발을 디디는 시점이다(혹은 군에 입대하는 사
람도 있다). 이 세대는 취업도 하고 생의 반려자와 결혼을 하여
안정된 생활의 보금자리를 만들어야 하는 중대한 시기이다.

우선 먼저 취업에 관하여 알아보자.

그림 ①과 같이 주요 기본 삼대선인 생명선, 두뇌선, 성격선
이 장애선이 없이 깨끗하여야 한다.

이런 상은 의지가 확고하고 정신적, 육체적으로 건강한 사람
이다. 그림 ②처럼 생명선에 섬이나 횡단선인 장애선이 있다면
건강 때문에 문제가 생겨 취업의 길에 지장이 있다. 두뇌선에
도 똑같이 문제가 있다면 두뇌를 잘못 써서 취업의 길에 장애
가 있고 성격선에 장애선이 있다면 애정 문제나 성격 때문에
인생의 중대 시기인 취업의 문턱에서 좌절을 겪게 된다.

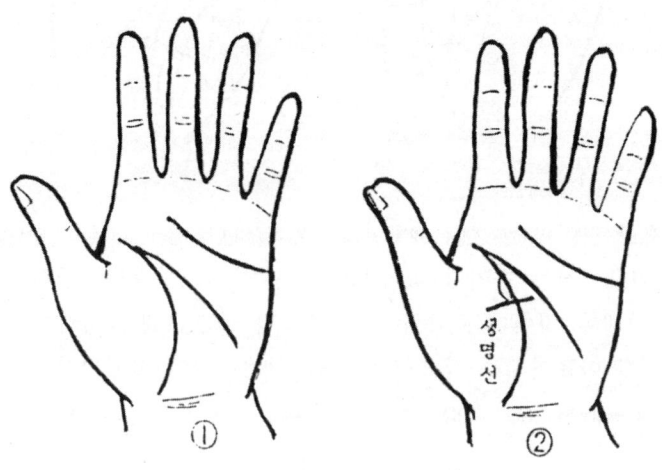

또한 그림 ③처럼 직업선(운명선)이 취업 연령 시점 부근에서 중지를 향하여 뻗어가면 길상이며 취업의 길이 열린다. 그러나 반대로 직업선이 아직 없다면 확실하고 떳떳한 내세울 만한 직장이 없이 본인의 육체를 써서 하는 노동으로 생을 이어가거나 특별히 하는 일이 없이 소일(消日)하는 형상이다. 그리

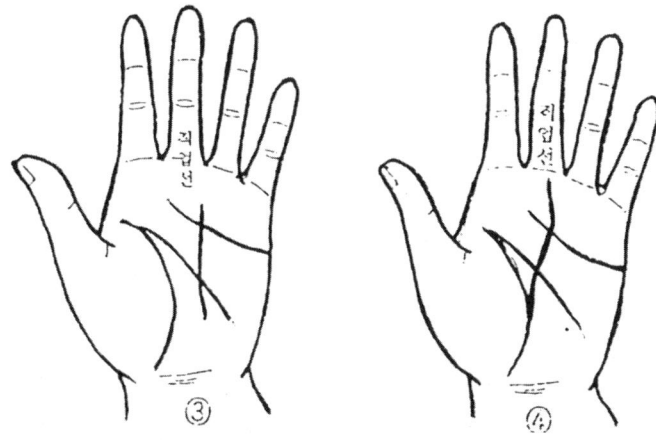

③　　　　④

고 직업선이 취업 연령 이전부터 뻗어가 있다면 본인의 의지나 생에 대한 확고한 생활력이 있어 발전하며 이것이 힘차면 승진도 쉽게 된다.

직업선이 ④처럼 생명선에서 일찍이 출발하면 자수성가형이다.

일찍부터 본인의 노력으로 가계(家系)의 살림을 꾸려야 하는 형편이다(근면해야 성공하는 상).

⑤는 직업선이 볼록의 언덕에서 위를 향하여 뻗어가고 있다. 주로 인기인에게서 볼 수 있는 상으로 불특정 다수인의 사랑과 인기를 차지하며 살아가는 인기 직업인이다. 타인의 도움도 인

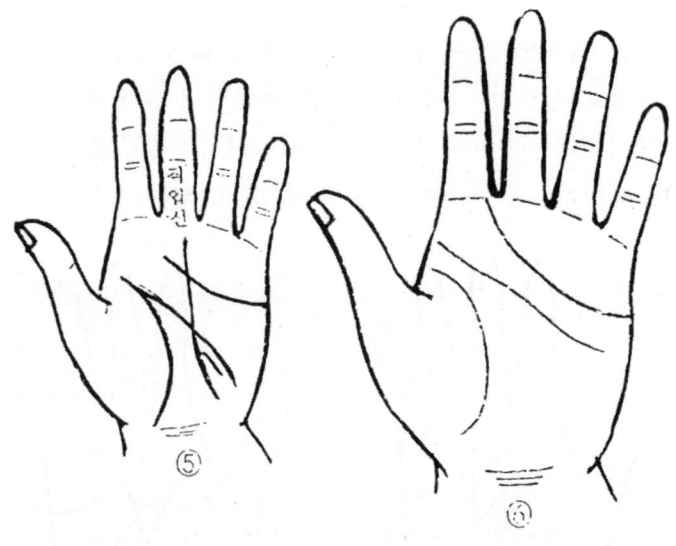

생에서 많다(대인 관계를 잘해야 인생에서 성공하는 상).

⑥은 생명선과 두뇌선의 시작점이 떨어져 있고 직업선이 손목 중간 지점 위에서 출발하여 위로 뻗어가고 있다. 스포츠맨, 정치가, 실업가 등에서 볼 수 있는 상이며 본인의 줄기찬 노력으로 성공하는 상이다.

⑦은 직업선이 하나가 아니고 둘 이상이 짝을 지어 위로 향하고 있다. 정치인, 실업가, 의사 등에게서 볼 수 있는 길상이다. 대발전을 약속하며 명예와 부가 함께 하는 드문 귀상이다.

⑧은 두뇌선이 두 개 있는 이중 두뇌선을 가진 사람이다. 이중 두뇌선은 성공의 보증수표라고 하여 인생에서 머리로 성공을 거두는 길상이다.

다음 결혼에 대하여 알아보자.

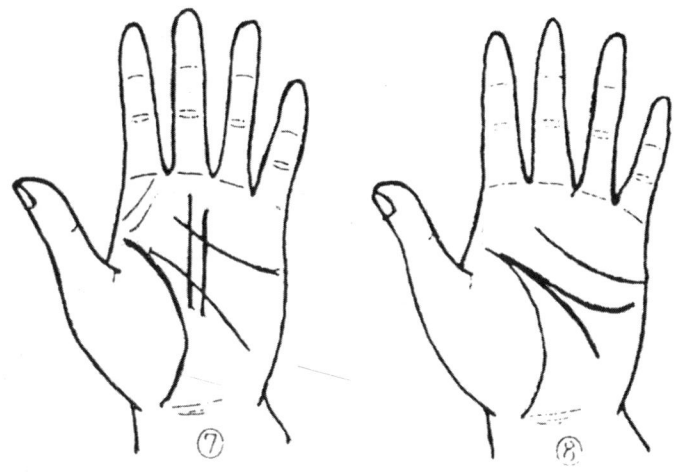

결혼에 관하여는 직업선(운명선)과 성격선, 결혼선을 다 함께 보아서 판단해야 한다. '연애와 결혼'에 나와 있는 결혼의 상은 결혼 적령이 되면 배필을 만나 결혼하여 행복한 생활을 하게 된다. 그러나 이러한 결혼 생활에 예기치 못한 슬픔이나 좌절, 실연이나 이별 등의 쓰라림도 있다.

그림 ⑨처럼 직업선상의 연령에 장애선이나 섬 또는 별이 있다면 연애나 결혼에서 아픔을 맛볼 수 있다. 사귀던 애인과 결합이 안 되고 헤어지거나 이별의 슬픔이 있을 수 있다. 이 이별에는 살아서 헤어지는 것과 불의의 재난이나 사고로 숨지는 예도 포함된다.

그림 ⑩은 직업선상의 섬형이다. 이 섬의 기간 동안은 모든 일에 정체가 있고 여성인 경우 강간이나 괴로움을 당할 수도 있고 기혼자인 경우 주위 친인척이나 친지의 핍박으로 괴로움을 겪는 시기임을 예고한다.

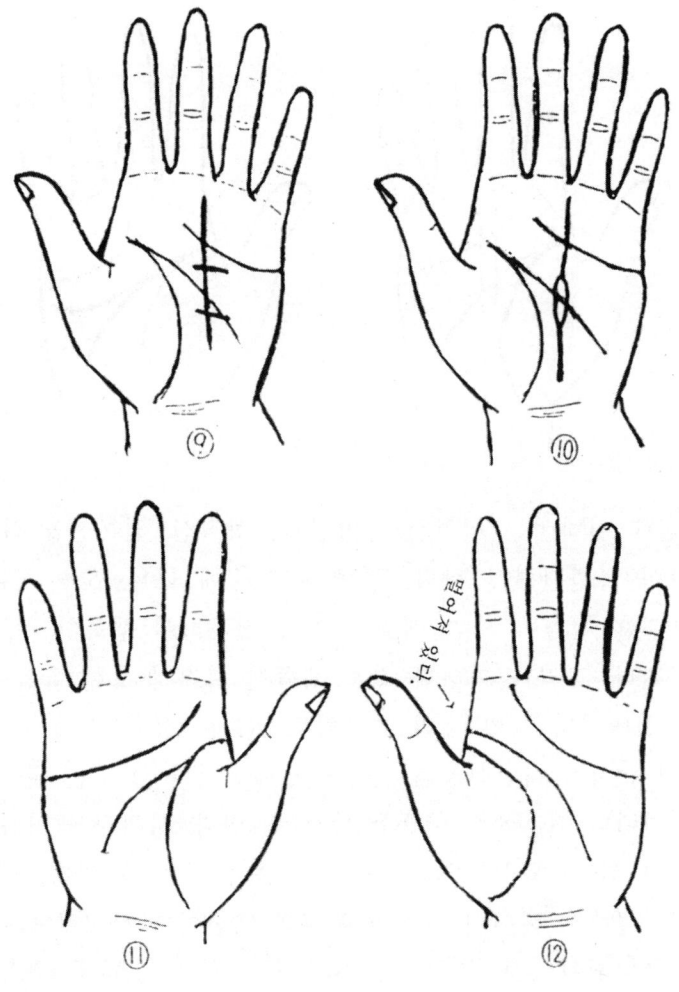

결혼선이므

　　그림⑪⑫⑬⑭에서와 같이 여자인 경우 좌우 양쪽 손 중 한쪽 손은 생명선과 두뇌선이 떨어져 있고 다른 손은 붙어 있는 형으로 양쪽 손의 출발점이 다를 경우는 결혼 생활에 애로가 있을 수 있다. 결혼선에 이혼이나 별거 또는 사별의 형이 있거나 성격선에 결혼 생활의 파탄을 알리는 장애선이 있고 직업선

(운명선)에 장애선이 있는 연령과 서로 합치되면 대개 이 연령
에 이혼하거나 이별의 슬픔이 있게 된다.

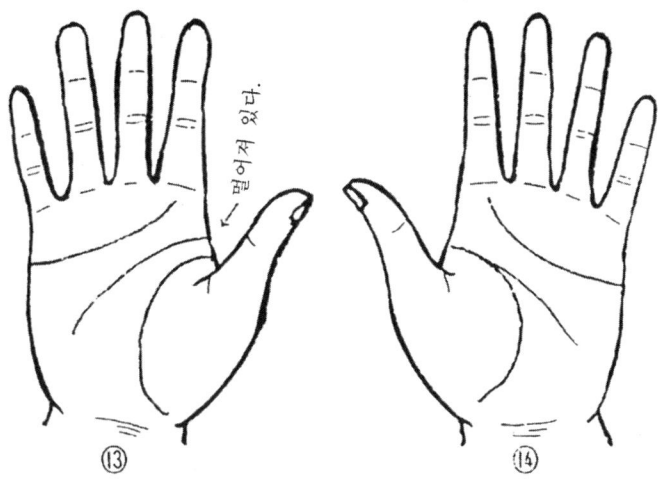

⑬   ⑭

4. 성장기(31세~50세)

인생의 황금기인 이 시기는 마음껏 일하고 줄기차게 노력하
여 목표한 성공을 쟁취하는 때이다.

하버드대학은 '성공 비결에서 성공은 그 의지에 좌우된다고
발표하였다. 아무리 목표나 계획이 훌륭하여도 그것을 이루려
고 실행하는 노력의 의지가 부족하다면 그만큼 성공에 가까이
가기가 어려운 것이다.

이 30대에는 열심히 일하면서 미래의 꿈의 의지를 키워 욕망
을 구체화하고, 샐러리맨은 그 직장에서 승진하고 발전하며,
본인의 독자적인 사업을 하고 싶은 사람은 탈(脫) 샐러리맨 계

획을 실천에 옮겨 본인의 조촐한 사업터를 마련하고 혼신의 힘
을 기울여 매진할 때이다. 그러나 그 가는 길에는 빛나는 보랏
빛 성공만 있는 것은 아니다. 좌절과 실의의 날이 있을 수 있
으며 실패하고 다시 일어서야 하는 아픔도 있을 수 있다. 이
때 실로 실패를 넘고 일어설 수 있는 용기가 필요하다.

이 시기에는 성공 철학이나 건강을 위한 꾸준한 운동이나,
정신과 건강 양면에 걸쳐 나름대로 매일매일 실천하는 생활 관
습을 만들 필요가 있다.

인생 코스를 달리는 마라톤 선수같이 전체 여정을 감안하여
페이스를 조절하고 완급을 적절히 배분하며 뛰어야 한다. 긴
코스를 단거리로 착각하여 일시에 온 힘을 기울이면 절반도 못
가서 지쳐 쓰러지는 예도 있다.

신발끈도 단단히 잘 매고 중간 중간 갈증을 해소하는 음료도
마셔야 한다. 이때 욕심을 부려 너무 일시에 다량의 물을 마셔
문제가 생기면 곤란하다. 사업이나 직장에서도 같은 이치로 과
욕은 금물이다. 늦지만 안정속의 성장을 도모해야 한다.

이상을 살펴보면 성장기에는 큰 인생의 이벤트가 집중되어
있다. 직장에서 승진하고 내 집도 장만하고 결혼하며 단위 기
구의 장을 맡게 되고 자녀를 출산하여 교육에 신경쓰는 아주
중요한 시기이다.

이 시기에 탈(脫) 샐러리맨으로 독자 사업을 경영하는 예도
있다. 또 슬럼프나 불의의 사고도 있을 수 있다. 독자 사업의
실패, 재기 등 복잡다난한 복합적인 사건이 발생하는 세대이
다.

그림 ①은 결혼의 한 예이다. 직업선(운명선)에 영향선이 좌

또는 우에서 부딪치고 있다. 결혼에 골인하는 것을 나타낸다.

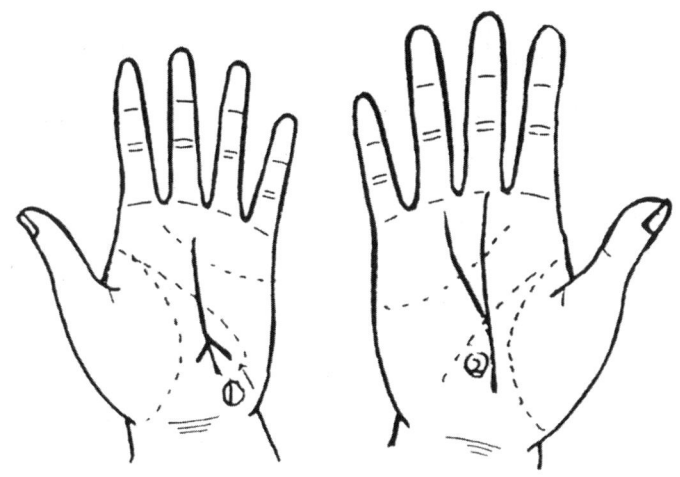

　그림 ②는 직업선에서 성공선이 가지쳐서 뻗어가고 있다. 집을 장만하거나 주업이나 부업에서 큰 돈이 벌리고 행운이 찾아오는 시점을 나타낸다.

　사업을 확장할 것인가? 나아갈 때인가? 물러설 때인가? 본인의 능력과 수상에 나타난 운명의 나침반이 가리키는 미래를 잘 예지하여 판단하고 결단을 내려야 한다.

성공과 실패의 판단

　그림 ①은 왼손과 오른손의 직업선을 그린 것이다. 성장기인 31세~50세의 나이를 말하는 직업선에 장애가 없다. 나이들면 점차 발전하는 길상이다. 약간의 확장은 좋다.

　그림 ②는 왼손의 직업선에 장애가 있고 오른손에는 문제점이 없다.

　왼손은 가족 및 자기 환경과 선천적인 면을 반영하고 오른손

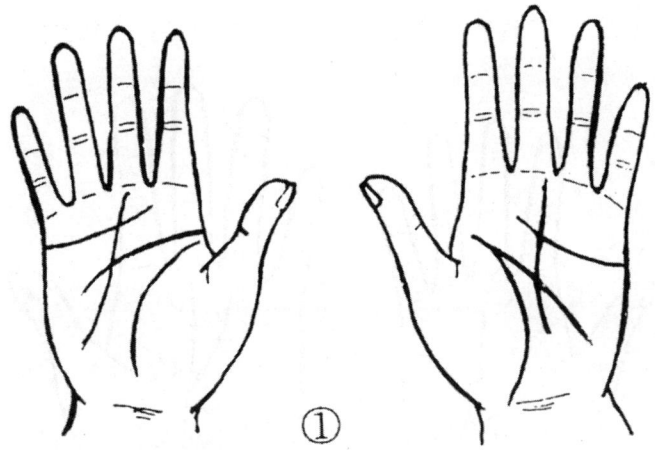

①

은 본인의 노력, 두뇌, 후천적인 환경을 나타낸다. 왼손에 장애가 있으나 오른손에 나쁜 액운이 없으므로 노력하면 극복되고 손해나 어려움을 경감시킬 수 있다. 약간의 어려움이나 손해나 변화가 있을 수 있다. 혹 부모나 가족, 친지의 질병이나 사고, 사망 등이 있을 수도 있다.

그림 ③은 왼손 직업선에는 문제가 없고 오른손의 직업선에

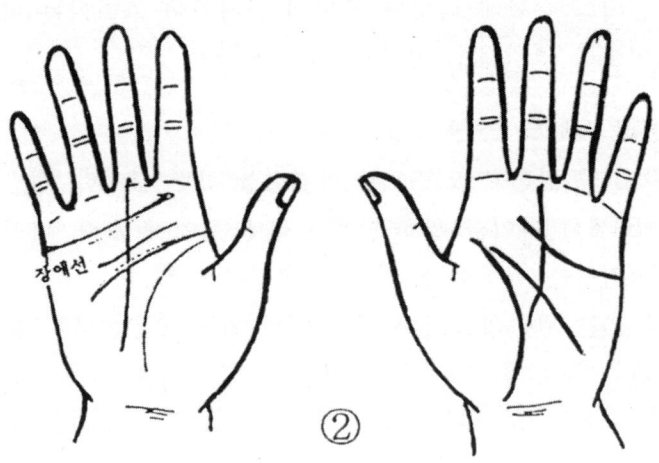

②

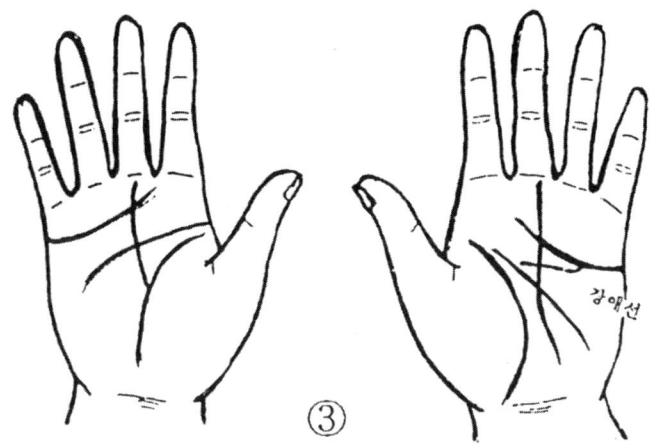

③

장애선이 있다. 이 시기가 인생의 변화기이다. 장애선은 때로 직업상·운명상의 변화를 의미하기도 한다. 한 직장에 있던 어떤 사람이 자의 반, 타의 반으로 다른 직장으로 옮기지 않으면 안 되는 경우이다. 그러나 타의(他意) 쪽이 강하고 그리고 이 장애의 시기에는 생의 문제도 있을 수 있다. 직장에서의 상사나 부하와의 마찰, 가정에서의 트러블, 금전 문제, 건강 문제, 이성과의 애정 문제의 파탄 등이 있을 수 있다. 각 항목의 정확한 내용을 보려면 건강 문제는 생명선과 건강선을, 본인 판단의 잘못은 두뇌선을, 애정 문제는 결혼선과 성격선을, 금전 문제는 성공선과 사업선을, 기타 문제는 여행선 등 손바닥의 연관되는 다른 선도 참고해서 판단해야 명확한 결론이 나온다.

이 시기는 자녀의 교육 문제로 고통을 겪기도 한다. 사업에서는 확장은 금물이며 현상 유지에 힘쓰고 가능하면 무리하던 것은 정리하여 단순화해야 활로가 열릴 수 있다.

그림 ④는 양쪽 손의 직업선에 장애선이 있다. 숙명적인 환

경(운명)의 어려움이다. 솔직히 이 양쪽에 나와 있는 장애선은
개운법으로도 기타 다른 방법으로도 물리치기 어려운 타고난
숙명적인 아마 자연의 섭리인지 모른다. 개운법 항목에 나와
있듯이 대난(大難: 매우 곤란함)을 소난(小難: 적은 어려움)으
로 경감할 수는 있으나 무난(無難)으로 바꿀 수는 없다.

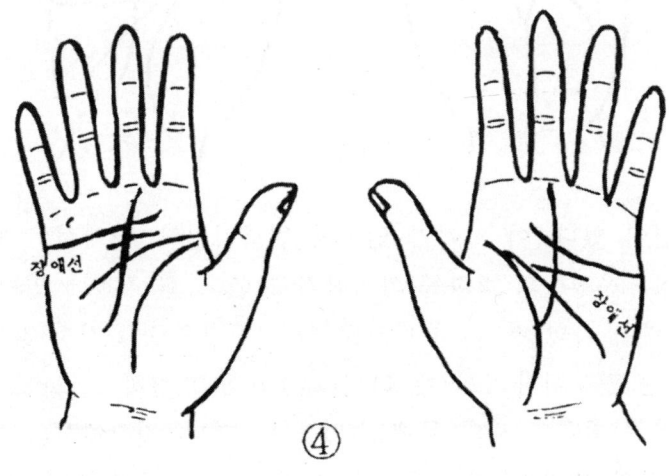

그림 속 손 그림에는 "장애선"이라는 글자가 표기되어 있다.

④

　이 시기는 어떤 환경에서든 움직이면 점점 늪에 빠지게 되므
로 강태공마냥 곧은 낚시를 물가에 드리우고 무위도식하며 때
를 기다려야 한다.
　사업의 확장은 절대 불가하며 과감히 정리하여 단순화하고
금전, 시간, 정력의 낭비를 최소화해야 한다. 무슨 일을 도모하
면 처음은 화려한 듯하나 전혀 열매가 맺지 않고 본인의 판단
과 정반대의 결과가 나온다. 승진도 안 되고 좌천되며 가정의
트러블은 극에 달해 이 시기에는 별거보다 이혼의 확률이 높
다. 그러나 멀리 서로 떨어져 있다든지 하여 그 시기만 피하면
좋아지는 예도 드물게 있다. 자녀는 좋은 학교에 들어가지 못

하며 남에게 빌려 준 돈은 날개를 달고 날아가 버린다. 건강도 극도로 나빠지며 입원하는 예도 많고 불의의 사고로 큰 문제가 되는 예는 허다하다. 불운의 악마가 건강, 가족, 사업, 직장, 금전, 기타 등등 모든 곳에 침범하여 곳곳에서 세 가지 이상의 어려움이 생긴다.

다른 선(생명선, 성공선, 건강선)에도 문제가 있을 때는 사망하거나 사업이 물거품이 된다.

그림 ⑤는 양쪽 손 모두 뻗어가던 직업선에 가지가 쳐져 무명지 쪽으로 뻗어 가고 있다.

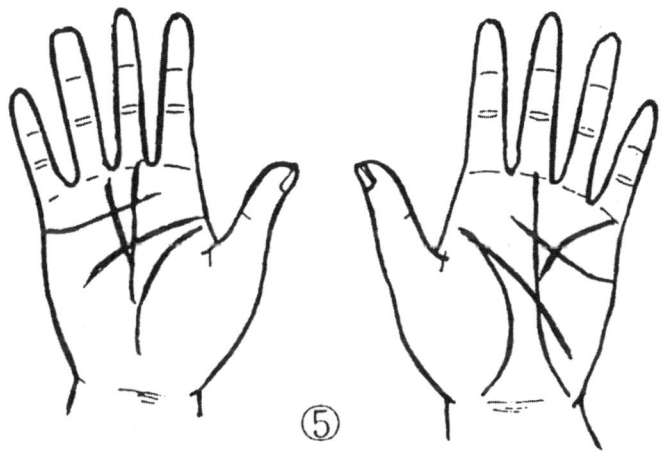

⑤

사업 확장과 새로운 사업 개척의 시기이다. 과감히 투자하고 최선을 다하면 좋은 결과가 온다. 집을 장만하거나 아파트 당첨이 있을 수 있고 새로운 삶의 수입이 열리는 개운의 시기이다. 승진이나 영전은 바로 이 시기이다.

그림 ⑥은 직업선이 두 개 나와 있다. 이 때는 영광의 시기이다. 국회의원이나 지자체 등 정치에 입문해도 당선된다. 모든 일이 순조롭고 사업이 점점 발전되는 시기이다. 투자는 열매를 거두고 어디서나 본인의 의견이 채택된다. 발전을 알리는 길운의 시대이다.

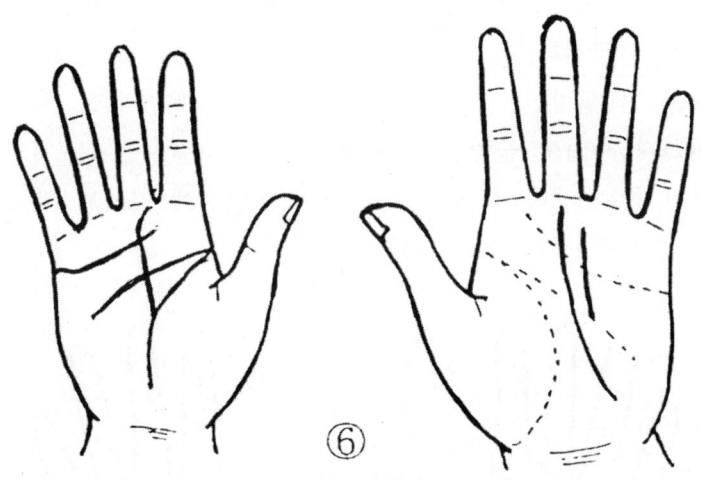

다음은 이 시기에 일어날 수 있는 불운의 유형에 대하여 알아보자.

이 불운 관계는 주로 직업선에 해당되며 부분적으로 생명선, 성격선, 성공선, 사업선, 여행선, 결혼선 등에도 적용된다.

액운의 유형(자세한 내용은 앞의 액운과 불운 항목 참조)

그림 ①은 직업선에 장애선이 있다(주로 오른손). 해당 연령에 변화를 의미하고 인생 모든 문제에 어려움이 있다.

그림 ②은 성장기에 섬형이 있다. 건강, 애정, 금전, 직업상의 문제들이 불운하고 정체되는 시기이다.

그림 ③은 뻗어가는 직업선이 성장기에 중지되어 있다. 지출이 많아 소득은 호주머니로 들어가지 않는다. 아예 소득이 없

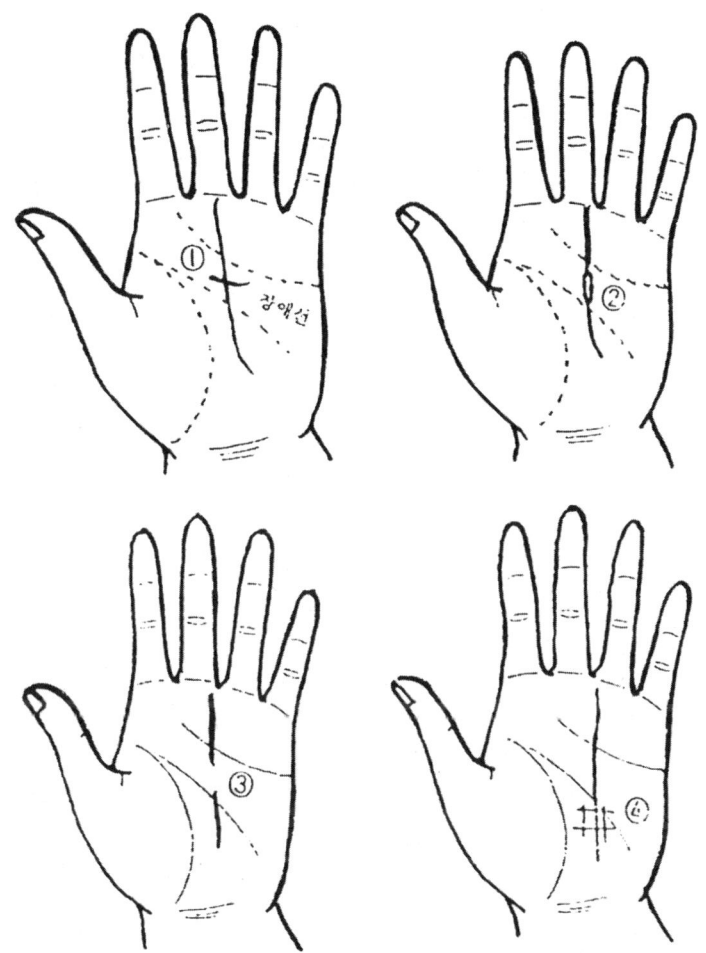

이 쉬는 예도 허다하다. 모든 일의 중단을 의미한다.

　그림 ④는 직업선상의 사각형의 장애선이다. 어려움이 있으
나 선의 연결과 끊는 가로선이 중첩되어 있어 결국은 회복된다
는 표시이다. 몇 년간 정체가 있으나 다시 활로가 열리게 된다.

　그림 ⑤는 별이 있다. 극복하기 어려운 시련이다.

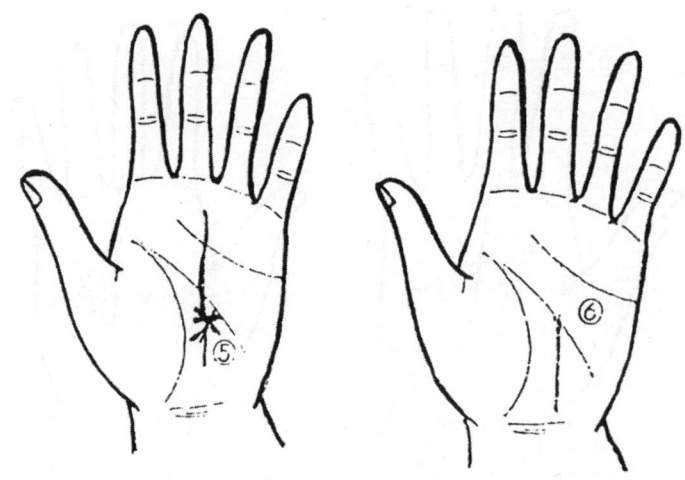

　그림 ⑥은 직업선이 끝이 나고 성장기의 어느 연령에서 없어졌다. 인생을 하직할 수도 있고 후반의 운이 불운하여 모든 재산을 다 날리게 되고 망하는 형태이다. 일찍이 정신차려 정리하고 축소하고 수습하여 후손에게 마이너스가 되지 않도록 배려함이 현명하다. 재산을 잃고 명예가 실추되어 뺨맞는 일도 있다.

　그림 ⑦은 액운이 겹친 형태이다. 인생의 장애가 중복되어 오는 경우이다. 3년 주기 혹은 5년, 7년, 10년 주기로 다가오는 사람이 있다. 이런 형태는 처음 시작되는 시점부터 마지막 장애선이 끝나는 시점까지 모든 일이 여의치 않은 불운의 한 시대로 함께 보아야 한다. 즉 성장기에 장애선이 겹쳐 있다면 만사불성 시작만 있지 결과가 없는 것으로 보아야 한다.

　그림 ⑧은 ⑦의 단면과 같이 장애선이 겹쳐 액운이 되풀이되는 형이다.

　장애선의 사이 기간이 3년 정도일지라도 처음부터 끝나는 3

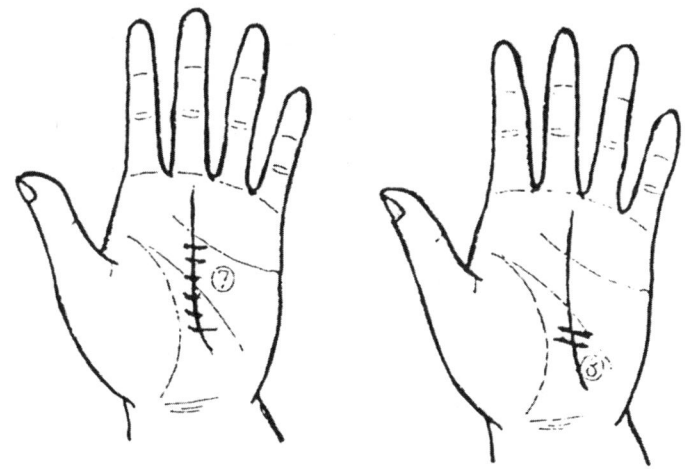

년까지 일이 성사되지 않는 불운의 시기이다. 재기는 액운이 끝나는 시점부터 생각해야 한다.

불운속의 희망

그림 ①은 직입신이 뻗어가다 징애신이 있고 그 후부디 선이 강해지고 있다. 불운이 끝나고 나면 발전하는 희망의 상이다.

그림 ②는 직업선상에 장애선이 있고 그 위에 직업선과 또 하나의 가지친 직업선이 뻗어가고 있다. 행운의 선으로 불운을

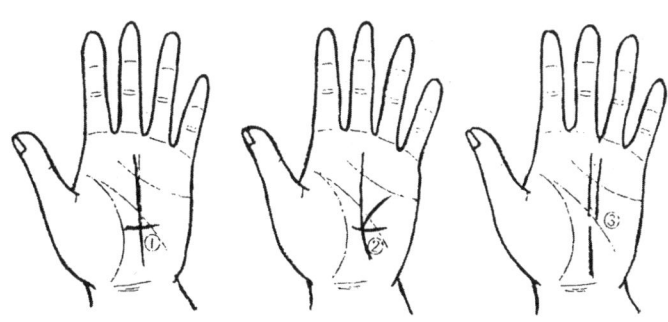

거치고 나면 행운이 찾아와 대발전하는 상이다. 여기의 장애선에 섬형이 있을 경우도 마찬가지이다.

그림 ③은 직업선이 중도에 끊어지고 그 위에는 두 개의 직업선이 뻗어가고 있다. 이 또한 행운의 표시이다. 인생 공백의 시간이 지나고 나면 자금 유통도 잘 되고 사업도 확장하여 또 다른 업체를 키울 수 있고 샐러리맨은 발전되며 부업 소득도 커지고 정치에 야망이 있는 사람은 이 시기부터 국회의원이나 지자체제의 장에 입후보하면 당선된다.

성장기의 유의 사항

인생에는 세 번의 찬스가 있다고 한다. 현재 불운하다고 낙심하지 말고 어떤 위치에 있든 맡은 바 일에 열심히 하다 보면 언제 그랬냐는 듯이 행운의 여신이 찾아온다. 어려울 때일수록 개운법에 나와 있는 여러 가지 방법 즉 마음의 평정(합심법), 건강과 잠재력 증진 운동법(배복운동, 온냉욕, 물고기운동, 금식 등)을 생활화해야 할 것이다.

식생활 개선(소식 정량)

정신적 안정법(비술법, 영매법, 부적법) 등에 힘쓰면 앞으로 다가오는 날에 기필코 노력의 결과를 서둔다는 사실을 알아야 한다. in-put하면 out-put이 있다는 자연 법칙 즉 심고 거두는 법칙이 바로 이 개운법이다. 너무 광적으로 종교에 매달려 허송 세월하지 말고 맡은 일에 열심히 하는 것이 바로 운을 여는 길이다. 어느 산중 어느 건물 무슨 형상 밑에서 누구를 부르고 외친다고 되는 것이 아니다. 주어진 자기 위치에서 맡은 일에 성실하면 바로 그것이 하늘의 섭리를 실천하는 것이다.

여성의 경우

① 자녀를 천재로 키우는 개운법과 수상 개선 방법을 활용하여 훌륭하게 키운다.

② 광적인 신앙은 금물이다. 성격선이 짧으면 가정도 팽개치고 거리로 기관으로 무슨 종교 집단으로 오락가락한다. .가정주부는 주부의 몫을 해야 한다.

③ 산모의 경우 젖이 많다고 젖이 안 나오게 하는 주사는 금물이다. 15년 20년이 지나면 유방에 종기나 악성 종양이 될 가능성이 많다.

④ 혼기를 놓치거나 이혼녀의 경우

성적인 면을 견디지 못하여 주사를 맞고 잠자는 동안 호르몬을 배출하는(성교시와 같은 체험) 것은 10년~20년이 되면 자궁에 이상이 생길 수 있다.

⑤ 남성의 성욕이 강하여 여성이 따라가지 못하고 피곤에 지칠 때 비타민 부족 뿐 아니라 온몸의 균형이 깨지고 마침내 자궁에 병이 생길 수 있다. 밸런스를 맞추도록 힘써야 한다.(남성 성욕 감퇴, 여성 건강과 성욕 증진법 활용)

5. 50대(51세~60세)

인생을 마무리하는 시기로 이 때는 특히 건강면이 중요하다. 또한 불의의 재난도 있을 수 있는 연령이다.

건강은 본인의 생활 환경과 유전적인 면이 크게 지배한다.

그림 ①은 가계의 혈통에 특별한 질병(암, 기타 질병)이 있었다든지 또는 대대로 내려오는 유전 비슷한 병적인 요소는 후

손에게 이어지는 예가 많다. 남성에게서 남성으로 유전되는 동성 유전과 여성에서 남성으로 남성에게서 여성에게로 유전되는 반성유전(反性유전 : 남녀 반대로 후손에게 유전된다. 백내장 등)이 있다.

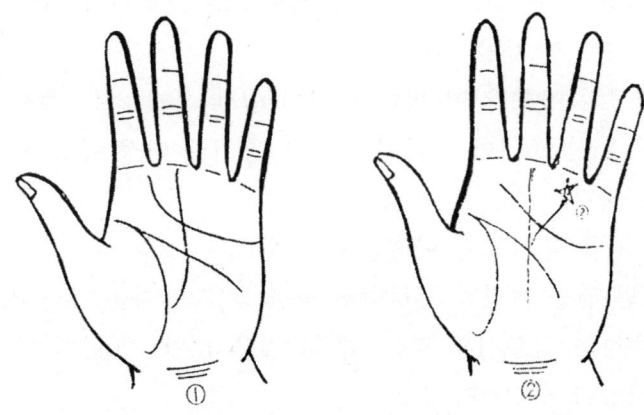

양손의 직업선이 깨끗하여 장애선이 없고 생명선도 활처럼 휘어져 건강하다. 후천적인 건강을 반영하는 건강선에 이상이 없다면 건강상 문제가 없다. 건강선은 후천적으로 자라나므로 생명선이 아무리 건강해도 문제가 있을 수 있다.

그림 ②는 생활 환경 즉 술·담배나 특별한 음식 기호품 또는 사업장이 매연이나 중금속을 취급하는 곳이면 그와 관련된 질병이 있을 수 있다.

성공선 상에 별 모양의 무늬가 있다. 나이 들어 명예와 부, 영광을 누리는 상이다 자녀도 잘되어 행복한 생활이 있다.

그림 ③은 별 모양 비슷한 상이다. 자녀복이 있고 사업상 잘 풀리는 상이다. 만년에 다복한 상이다.

일생을 살면서 유아기, 학생 시절, 성장 과정 중 특별한 질병

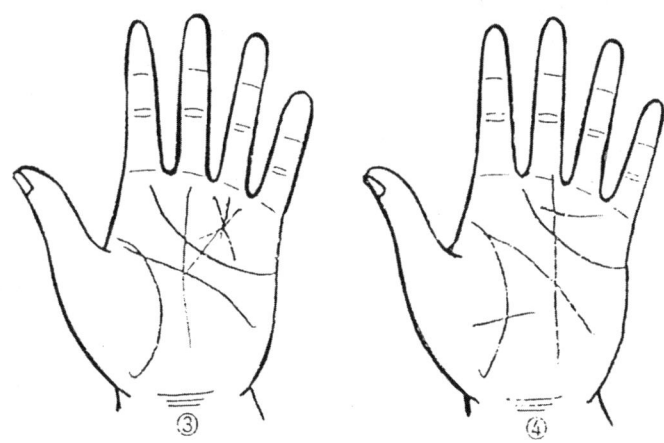

에 감염되어 치료를 했으나 그 후 문제점이 있을 수 있다. 이 곳이 건강의 취약점이다.

그림 ④는 생명선상의 50대 연령에 장애선이 있다. 건강면이나 불의의 사고가 있을 수 있다.

그림 ⑤는 생명선상의 50대 연령에 장애선이 있고 직업선상

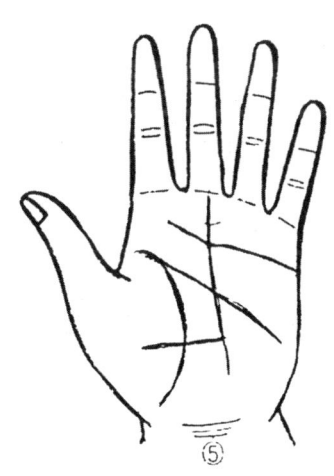

에 장애선이 같은 연령에 있다. 이 시기가 위험하다. 질병, 사고, 재난 등이 있을 수 있고 생명의 위험도 따른다.

다른 내용은 (4) 성장기와 비슷하다. 공자 말씀에 몸이 늙음에 이르러서는 혈기가 이미 쇠한지라 욕심내어 얻으려는 것을 경계하라는 말에 해당된다.(及其老也血氣旣衰 戒之在得)

6. 60대(61세~일생)

일생을 정리하는 때로 공자의 욕심내어 얻으려는 것을 경계하라는 말씀에 해당되는 시기이다.(戒之在得)

건강상 중병이 있어 천국행 열차표를 이미 구입하고 차 시간을 기다리는 시점이다. 호랑이는 죽어 가죽을 남기고 사람은

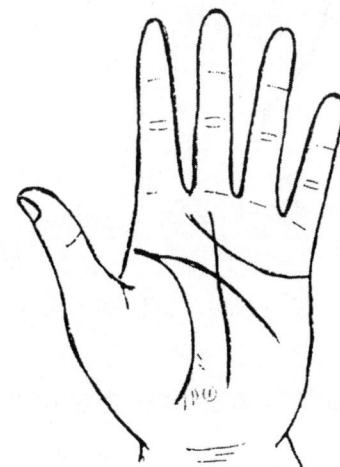

죽어 이름을 남긴다는 말을 음미해 볼 필요가 있다.

모든 것을 아름답게 정리하는 마음가짐이 좋으며 그간 살면서 얻은 귀중한 일생의 교훈을 후손에게 들려주고 유언을 미리 한다든지(녹음) 재산을 일부 사회 환원하거나 복지 사업에 투자하는 등 뜻있는 길도 모색할 필요가 있다.

운명 철학인 사주(四柱)에서는 본인의 운이 남아 있을 때 사망해야 후손에게 보탬이 된다고 했으며 본인의 선한 일이 하늘에 미쳐 '적선지가에 필유여경'이라는 옛말과 같이 적선을 많이 했다면 후손에게 축복이 있을 것이다.

이 시기에는 손에 질병이나 건강, 생명에 관한 것이 뚜렷이 나타나 있다.

그림 ①은 직업선도 끝나고 건강선에도 끝에 가는 선이 나와 있거나 연령이 이미 다 되어 있다.

제 4 장

여러 가지 실제 수상 해설

1. 수상 비화

손 사진만 보고 범인 밝혀

영국의 유명한 수상가 키로가 경험한 재미있는 이야기가 우리들의 흥미를 끈다.

이. 이야기는 당시 신문에 대서 특필될 정도로 화제를 모았었다고 한다.

키로는 미국 여행을 하고 있을 때 뉴욕의 한 신문 기자로부터 손의 모양이 찍힌 한 장의 사진을 건네 받았다.

키로에게 사진을 주고 그 신문 기자는 대뜸 사진의 수상을 봐 달라고 부탁했다. 물론 손의 주인공이 누구인지는 밝히지도 않았다.

키로는 사진을 보면서 곧 주인공의 수상에 대해 말하기 시작했다.

"수상으로 미루어 보아, 이 사람은 젊어서 신앙심이 두터운 종교가였던 것 같군요. 아마도 주일학교의 선생으로 있다가 후에는 과학이나 의학 방면으로 진출한 듯합니다."

키로는 설명을 계속했다.

"그러나 이 사람은 큰 범죄를 저지르고 곧 종신형을 선고받을 수상을 갖고 있습니다."

그런데 다음날 키로의 이 예언이 뉴욕의 한 신문에 크게 실리면서 커다란 센세이션을 불러일으켰다.

왜냐하면 이 수상의 주인공은 시카고의 의사로 범죄 단체로부터 많은 돈을 받고 자기의 환자를 독살한 살인범이었다. 사

람들은 모두 그가 사형을 선고받으리라고 믿고 있었는데 키로
는 종신형을 선고받는다고 예언했기 때문이다.

1심에서의 판결은 사형이었다. 그러자 많은 사람들의 관심은
키로의 예언이 과연 맞을 것인가 하는 데에 더욱 집중되었다.
그런데 끝내 이 범인의 최종 판결은 키로의 예언과는 달리 사
형으로 확정되었고, 그는 전기의자에 앉아야만 할 신세였다.

사람들은 키로의 예언이 들어맞지 않았다면서 그를 엉터리
수상가라고 비난했다.

이때 전혀 뜻밖의 일이 벌어졌다. 최고재판소가 재판 과정에
서 미비점을 발견하고 처형을 중지시켰던 것이다. 그래서 재판
은 처음부터 다시 진행되었고, 결국 그는 종신형을 선고받았다.

키로의 예언이 적중한 것이다.

2. 특수형의 운세

(1) 신비 십자형

신비 십자형은 두뇌선과 성격선 사이에 +자 형으로 교차하
는 모양으로, 직업선 상에 교차하는 선이 두뇌선과 성격선에
걸려 있으면서 직업선과 직각을 이루는 선이다.

이 선의 소유자는 형이상(形而上)의 세계를 이해하며 보통
사람이 인지하는 것보다 고차원의 세계를 인식하는 재능이 있
다. 영적 능력이나 종교적 사고, 신비적 사상에 심취하는 경향
이 있는데 이 십자형은 신의 가호가 한층 더 강한 사람을 지칭
한다.

　세계의 유명한 수상가들은 이 십자형의 소유자가, 생애 중
40대 중반 혹은 인생의 어떤 특수한 경우 생사의 기로에서 신
의 도움으로 가호를 받는 경우가 있다고 말하고 있다. 이 십자
형의 소유자는 신이 택한 백성이라고 지칭하는 사람도 있으나
근거는 없다.

　그러나 필자의 경험에 의하면, 십자형의 사람은 종교적 신비
사상과 영적인 세계를 이해는 하나 일생에서 신의 가호를 받을
만한 곤혹이나 어려움, 즉 어떤 커다란 변화를 반드시 겪게 됨
을 암시한다고 할 수 있다.

(2) 특수한 손금형

① 포물선형 : 운명의 상승 하강이 포물선의 곡선과 흡사하여
　　초년, 중년 계속 상승하다 중년 이후 계속 하향하는 형.
② 상승곡선형 : 직업선을 향하여 다른 운명이 다가와 부와
　　권력을 쥐는 형.
③ 등잔불형 : 가물거리는 불꽃 같은 운명. 행여 바람이 불까
　　봐 마음 죄는 형.
④ 불꽃형 : 일단 상승 운명이 다가오면 불꽃이 어둠을 밝히
　　듯 갑자기 좋아지고 재물과 명성이 다가오는 형.
⑤ 트리형 : 나무의 가지같이 잎사귀의 줄기같이 올라갈수록
　　무성하게 번성하는 운세.
⑥ 화살형 : 운명의 상승기에 적이나 상대와 부딪치기만 하
　　면 쓰러뜨리는 강운의 소유자형.
⑦ V형 : 직업선과 성공선이 마치 V자형으로 상승하는 이
　　시기는 돈과 명예 권력이 다 함께 오는 시기.

포물선형	상승곡선형	등잔불형	불꽃형
트리형 (樹型)	화살형	V형	급살형
천금문형	삼발이형	맨발형	
			특수한 손금형

⑧ 급살형 : 상승기에는 천하를 호령하나 몰락시에는 참변을 당하고 마는 권세형.

⑨ 천금문형 : 직업선이 손목부터 중지 제3관절까지 똑바로 뻗어있는 형. 천하를 손에 쥘 수 있는 형.

⑩ 삼발이형 : 억만장자형의 이칭. 삼발이같이 운명의 상승선이 세 개로 돋아 뻗은 형.

⑪ 맨발형 : 발에 양말이나 그물을 걸치지 않은 모양. 주요 삼선인 생명선, 두뇌선, 성격선만 있고 다른 선은 보이지 않는 것으로 바둑판만 있고 알이 없어 그 세력을 분간키 어려운 형. 자신의 피나는 노력으로 맨발로 뛰어가는 형.

3. 직업선과 성공선 비교

직업선 ①과 성공선 ②와는 비슷한 점이 있으나 다른 점도
많다.

참고로 두 선을 비교해 보자.

<비슷한 점>

① 직업선이나 성공선 다
같이 손바닥을 세로로 올라
가는 선으로 종선은 신경이
가지런히 정돈되어 있음을
아는 하나의 지표인 바 두
선 모두가 신경의 조화를 가
리키는 것이다.

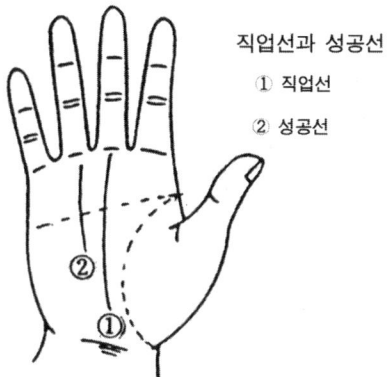

직업선과 성공선
① 직업선
② 성공선

② 두 선이 다 노력과 정
비례하지는 않으나 서로 관계는 있다.

③ 두 선이 다 있는 사람은 유종의 미는 거두나 스스로 노력
하여 열매를 맺음을 의미한다.

<다른 점>

① 직업선은 중지 밑 부분으로 올라가고 성공선은 무명지 밑
으로 올라간다.

② 직업선은 대부분 노력 및 개운법의 실시에 따라 손바닥에
선명하게 새겨지나 성공선은 반드시 노력만으로 나타나는 것
은 아니다.

③ 직업선은 밑에서부터 죽순처럼 위로 뻗어 올라가나 성공

선은 고드름이나 석순처럼 위에서부터 밑으로 내려온다.

④ 직업선은 본인들의 노력이 반영되어서 이루어지나 성공선은 본인의 노력과 조상의 음덕이 자손에게 꽃피는 것으로 생각되는 경우가 많다.

⑤ 직업선은 실력을 가리키고, 성공선은 그 실력의 사회적 평가를 나타낸다. 직업선이 곧고 선명하면서 성공선도 더욱 좋다면, 실력도 있고 그것을 사회적으로 인정을 받는 행운아이다.

4. 매력적인 손금

일반적으로 성격선의 아래위로 지선이 많은 것은(①) 다산(多産)을 의미하며, 많은 자녀를 두게 된다. 게다가 윗입술이 두껍고 위로 약간 치켜 올라간 사람이 성적 기교가 훌륭하다고 할 수 있고, 관능선 매혹선(②)이 있으면 이성에 대한 관심이 매우 크고 왕성하다. 여기에 호색선(③)이 더해지면 약간은 곤란한 음란의 상이라고도 할 수 있다. 항상 여자 뒤꽁무니에 붙어다니는 사람이라고나 할까? 이런 사람은 좋은 음식이나 인격적인 대접으로는 만족을 얻지 못하고 오로지 상대에게서 욕정을 채워야 한다.

• 매혹선(②)은 일명 에로스선·관능선이라고도 칭한다.

감수성이 예민하고 성에 관해서 민감하며 이성에 대한 관심이 강한 사람에게서 나타난다. 미각, 색채감 등 미적 감각이 발달하였다. 이것이 호색선과 함께 있는 경우 실제로 육욕적 행동

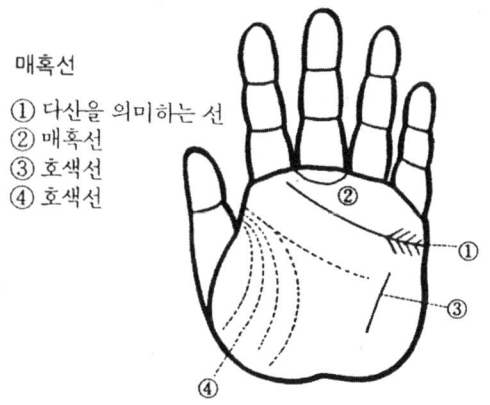

매혹선

① 다산을 의미하는 선
② 매혹선
③ 호색선
④ 호색선

력이 왕성하며 극단적인 경우 음란한 예가 많다. 이런 사람은 단순한 sex가 아니라 여러 가지 테크닉을 구사하며 충만된 만족을 얻기 위해 노력하는 사람이다.

▪ 호색선(③, ④)은 육체적 발달이 원인이 되어 이성을 좋아함을 나타내며 정신적 충격이 원인이 되어 이성에 깊이 관심을 갖는 것을 나타낸다.

▪ 매혹선을 가진 대표적 인물로는 그 유명한 마타하리를 꼽을 수 있다. 그 여자는 고급 매춘부로 많은 재산을 갖고 있었으며 제1차 세계 대전시 독일의 스파이로 활약한 미인이었다. 육감적 매력과 악마와 같은 간계를 섰던 여걸로 국방부장관, 내무부장관 등 다수의 고관을 조정하여 기밀을 탐지하였다. 그녀는 운명선의 말단에 X인이 있었다. 이런 사람의 배꼽은 아래로 숙여진 경우가 대부분이고 색은 약간 검은 편에 속한다.

제 5 장

실제 수상 보는 법

1. 실제 수상 보는 법

지금까지 각 장에서 설명하였던 것들을 실례를 들어 실제로 수상 보는 방법을 소개하겠다.

영국 처칠 수상의 고문이던 천재 수상가 키로는 '왼쪽 손은 갖고 태어난 것이며, 오른쪽 손은 스스로 만든 것이다'라고 말하고 있다. 필립스는 "왼손은 본인의 성격이나 유전 경향의 안내 역할을 하며, 오른손은 생활의 역사를 전한다"라고 말하고 있다. 바로 그대로이다. 왼쪽손이 빈약하고 오른손이 훌륭한 사람은 본인의 노력에 의해 빛나는 성공을 맞이할 것이며 반대로 왼손보다도 오른손이 빈약한 사람은 태만과 게으름, 무지, 병 등에 의해 운명이 쇠퇴함을 가리킨다.

만약에 왼쪽 손의 두뇌선이 밑으로 처지고, 오른손 두뇌선이 옆으로 뻗어 있을 경우, 이 사람은 꿈 많은 낭만주의자로 데이났으나 환경의 변화에 순응해서 사고 방식도 행동도 실제적이 되어 현실가로서 살아간다는 것을 나타내는 것이다. 만약에 좌우 양쪽 손의 연령에 액운선이 있을 때는, 그 시기에는 대부분 결정적으로 장해를 만나는 것을 뜻한다. 액운선이 왼쪽에만 있고, 오른손에 없을 경우는 원래 일어날 장해를 지혜와 노력에 의해서 피할 수 있다는 것을 가리키며, 액운선이 왼쪽에 없고, 오른쪽 손에만 있을 때는, 그 장해는 자신의 행동에 의해서 초래됨을 말해 주는 것이다.

2. 재능을 보는 법

아래 그림은 문학가 K씨의 수상이다.

우선 눈에 띄는 것은 두뇌선이 두 줄인 것이다. 이것은 이중 두뇌선의 전형으로 곁에 강하게 나타나는 것은 그림에서 ①-②의 재능이다.

두뇌선의 출발점이 생명선과 떨어져 있고 또 다른 두뇌선 (그림③-④)은 생명선과 붙어 있는데, 아는 귀신도 무서워하는 대담함과 물 한 방울도 새지 않는 세심함을 나타낸다. 화술에 능하고 어학에 재주가 있어 노력하면 단시일 내에 어학을 마스터하여 외국인과 동일하게 읽고 쓰고 유창하게 말할 수 있을 것이다.

재능을 보는 법

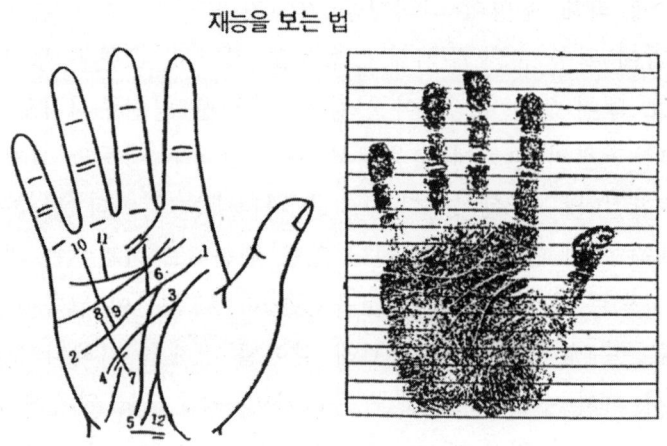

직업선(⑤-⑥)이 있어 실력도 있는 한편 성공선(⑦, ⑧, ⑨, ⑩, ⑪)도 분명히 새겨져 있다. 이것은 그의 출중한 능력과 표현하는 수완을 나타냄과 동시에 인기도 있어 실력에 비해 상당

히 높은 평가를 받는 운이 억세게 좋은 사나이라는 것을 말해
준다.

여행선(⑫)은 매사가 바쁘고 동분서주하지 않으면 안 될 처
지에 놓여진다는 것을 암시한다.

3. 성격을 보는 실례

아래 그림은 파일럿 D씨의 손이다.

성격을 보는 법

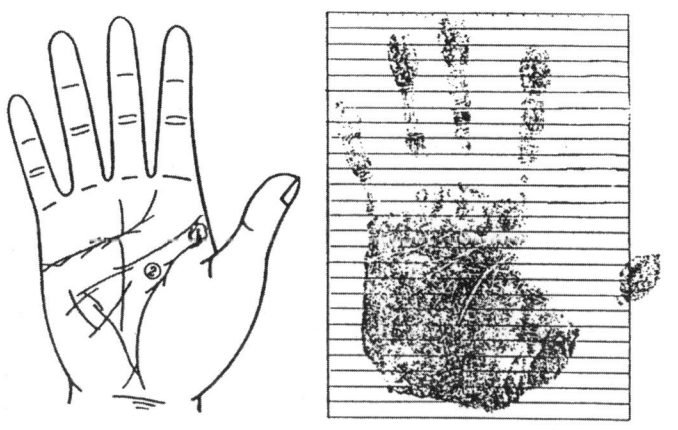

이 사람은 특수 항공 훈련을 받은 훌륭한 비행 기술을 소유
한 사람으로 그의 수상은 ①과 같이 두뇌선이 생명선과 떨어져
대담함을 가리키고 있으며 동시에 ②와 같이 두뇌선의 보조선
이 보여 세심함을 나타내는 것은 흥미로운 점이다.

①의 대담함은 다분히 선천적인 것이며 ②의 세심함은 후천
적인 훈련에 의한 것이다.

가끔, 수상이 과연 맞느냐는 질문을 받으면 필자는 맞는 것이 아니고 맞추는 것이라고 답하고 있다.

과학의 진수를 다한 권총도 기술의 차이에 따라 명중률이 다르듯이 수상도 연구와 관찰력의 깊고 얕음에 따라 결과가 다를 수 있다. 수상을 오래 연구하다 보면 생각지도 못한 것을 알게 된다. 더욱이 이 파일럿 D씨의 감정선은 쇠사슬 모양을 하고 있고 또한 검지와 중지 사이에 들어가 있는데 이는 희로애락의 정이 많고 윗사람에게는 절대 복종하는 충실한 성격임을 말해 주고 있다.

대담하면서 세심하며 게다가 헌신적인 충실함까지 더해졌다면 가히 파일럿의 이상형이라고 할 수 있겠다.

4. 운명을 보는 실례

다음의 그림은 외국 배우 L씨의 손인데 생명선에 이상함이

운명을 보는 법

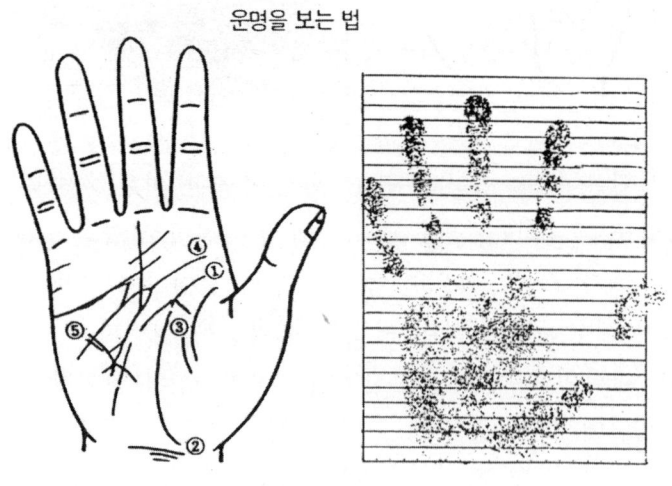

보여 '80년 3월 20일부터 4월 5일까지 생명의 위험이 있으니 조심하고 자동차 운전에 세심한 주의를 기울이라고 했다.

5. 돈복을 보는 실례

아래 그림은 사업체를 경영하는 한모 사장의 손금이다. 한씨는 외모는 부드럽고 온화하나 면도칼처럼 민완한 사람이란 것이 수상에서 뚜렷하게 나타난다.

돈복을 보는 법

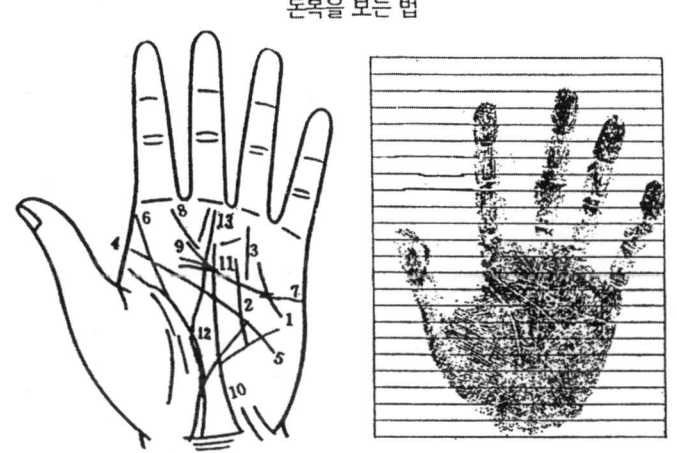

비스듬히 옆으로 뻗은 두뇌선(④-⑤)은 매우 길고 바늘을 조각한 것처럼 깊다. 두뇌선의 출발점 4는 생명선과 떨어져 있고 심사 숙고하면 기발한 재주도 부릴 수 있는 성격의 소유자이다. 발전선 6이 있는 것으로 보아 굉장한 야심가라고 할 수 있겠다.

성격선 ⑦-⑧을 보면 지선이 있어 엄지구 쪽으로 향하고 있다.

이것은 마음이 약하다는 것을 암시한다. 대회사의 사장이지만 평판과는 달리 본질적으로 선량하고 인정에 약하며 순진한 사람이다.

직업선 ⑩, ⑪, ⑫의 힘이 강하고 동시에 성공선(①, ②, ③)도 선명하게 새겨져 있어 돈복이 크다는 것을 잘 알 수 있다. 현재 대회사를 경영하며 나날이 발전하고 있으니 그의 돈복은 좋을 수밖에 없다. 총애선 ⑩도 있어 그를 잘 아는 사람으로부터는 사랑을 받는다.

돈 버는 것은 이와 같이 타고난 재능에 노력이 뒤따라야 한다.

6. 연애 관계를 보는 실례

아래 그림은 연예인 이모씨의 손금이다. 바로 눈에 띄는 것은 성격선이 두 개라는 사실이다.

연애 관계를 보는 법

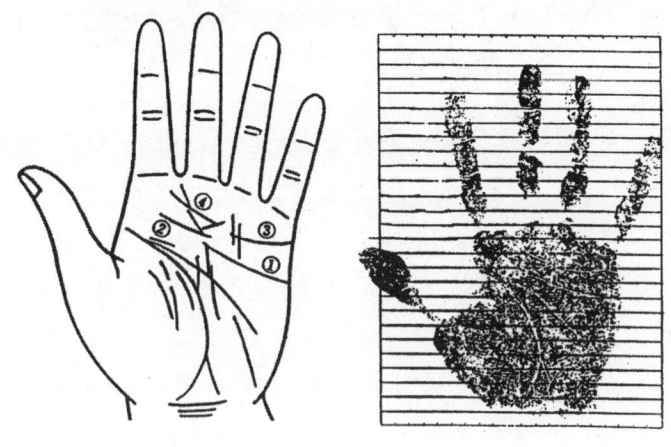

이런 성격선(①②③④)을 소유한 사람은 강건한 내장 기관의 혜택을 받고 어떤 역경에도 좌절하지 않는 불사신 같은 면이 있다. 그러나 운명적으로는 두 번 결혼하는 상황에 놓이게 되며 이에 관한 예는 꽤 많다. 또 이중성격선의 남성은 본처 외에도 많은 애인이 생기기 쉽고 연애 사건이 많다. 엄지구가 커서 정력이 좋아 연애 문제로 시끄러워지긴 하지만 애욕에 빠지느냐 그렇지 않느냐 하는 것은 본인의 마음가짐에 달려 있다.

7. 결혼운을 보는 실례

아래 그림은 가수 김모씨의 손이다. 1980년 결혼하고 사랑을 맹세하였으나 5년 후 마음이 여리어 파국의 괴로움을 보게 됐다.

결혼운을 보는 법

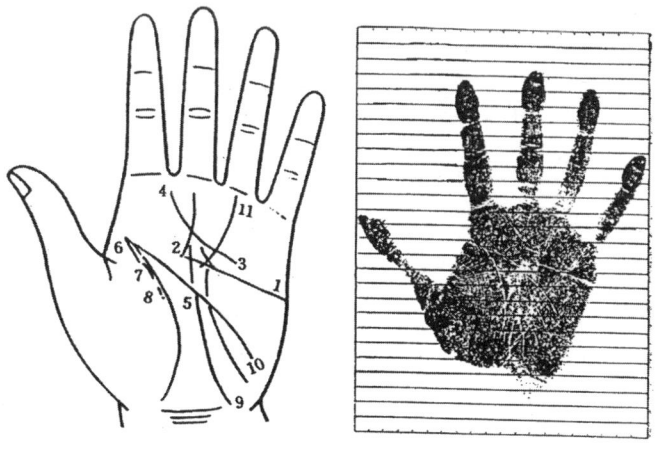

성격선은 이중성격선의 변형으로 흐트러져 있고 직업선도 ⑤에서 갈라져 있는데 이는 김씨와 결혼이 한 번은 반드시 파경에 이를 운명에 있음을 나타내는 것이다. 이것은 남편이나 부인이 나빠서가 아니고 한 번은 거쳐야 되는 숙명인 것이다.

영향선(⑥, ⑦, ⑧)이 있어 이혼을 하여도 곧 슬픔을 잊을 새로운 연인을 우연히 만날 수 있으며, 이혼하게 되면 그 이전부터 결혼선은 흐트러져 앞부분의 끝이 갈라지는데 슬픔이 엷어지면 이 흐트러짐도 사라지게 된다.

좋은 두뇌선이 있고 또한 직업선(⑨, ⑩)이 볼록구에서 올라가 있어 인기 직업에 적합하고 제3자의 도움으로 성공할 상이다.

성공선(⑪)도 있어 돈에도 물질에도 불편하지 않게 되며 재혼을 하면 애정면에서도 잘 어울릴 것이 틀림없다. 두뇌선이 밑으로 처져 있어 인정도 있고 권력구(검지밑)가 커 지도력도 있으며 알뜰한 주부형임을 나타내고 있다.

8. 건강을 보는 실례

아래 그림은 지리학자 김모씨의 손이다.

한눈으로 알 수 있듯이 성격선(①, ②)이 ③부분에서 흐트러져 있고 생명선도 ④, ⑤와 같이 길지만 건강선 ⑦, ⑧에 의해 ⑥에서 끊겨 있다. 김씨는 건강선이 생명선을 자른 연령 때에 당뇨병으로 실명하고 타계(他界)했다. 두뇌선도 이중으로 근사하여 인생은 지금부터라고 할 무렵에 생명이 끝난 것이 유감이다.

건강을 보는 법

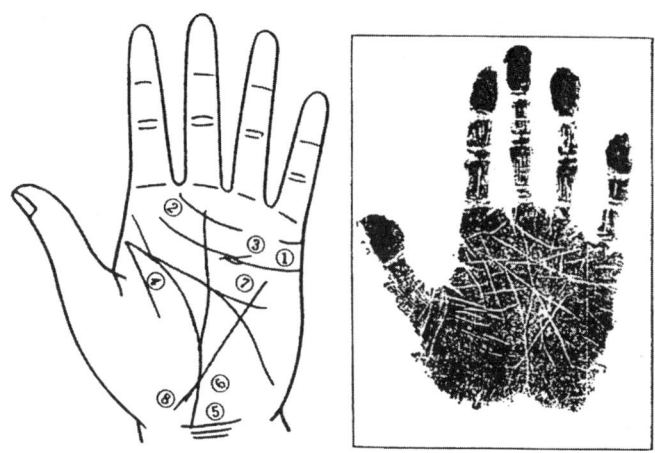

아래의 그림은 가정주부 이선자 씨의 손이다.

이 사람의 생명선 ①, ②에는 섬이 많다. 이는 건강이 좋지 않았음을 나타내며 건강선 ③, ④가 생명선을 자른 점(⑤)에서 죽었다.

1985년 6월 20일 직장암으로 사망했는데 장이 나쁘다는 것

건강을 보는 법

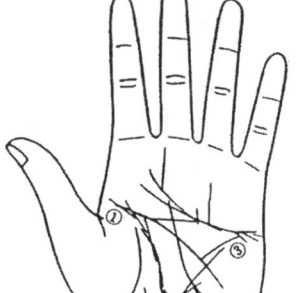
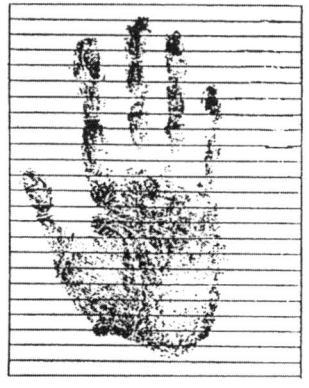

은 건강선의 모양에서도 알 수 있다.

이 두 가지 경우는 아깝게 타계한 예이다. 건강선이 생명선을 끊기 전 적어도 5~10년쯤 양생법을 실시했다면 이 위기를 극복할 수 있었다. 또 죽기 직전에라도 그 위험한 시기에 가족 전원이 협력하여 적절한 조치를 취했다면 생명을 구할 수는 있었을 것이다.

9. 수명을 보는 실례

다음 그림은 기계 공장에 근무하는 S씨의 손이다.

수명을 보는 법

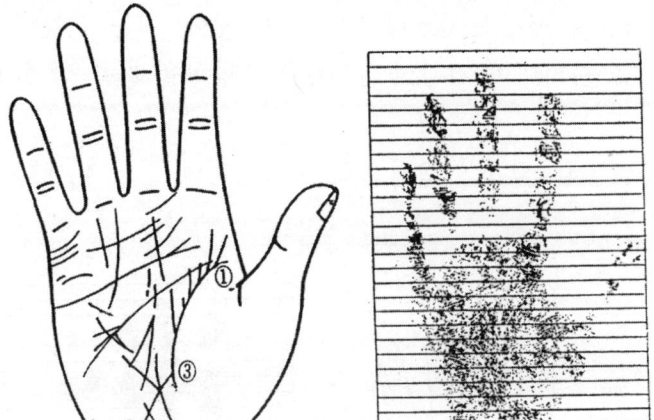

생명선 ①, ②는 길지만 ③에서 여행선과 교차하며 그 밑부분엔 활력이 없다. 이것은 외출 중 사고에 의해 목숨을 잃을 징조이다.

이 사람은 일류대학 공대 출신으로 다정다감하고 쾌활하였으나 30대 초 1983년 2월 3일 밤 10시 20분에 자동차 사고로 즉사했다. 이 사람 역시 손금에 그려진 것과 같이 약혼자가 있었으나 예식을 마치지 못하고 갑작스런 사고로 생명이 끝나고 만 예이다.

10. 적합한 직업을 보는 실례

다음 그림은 주산의 천재 K씨의 손이다.

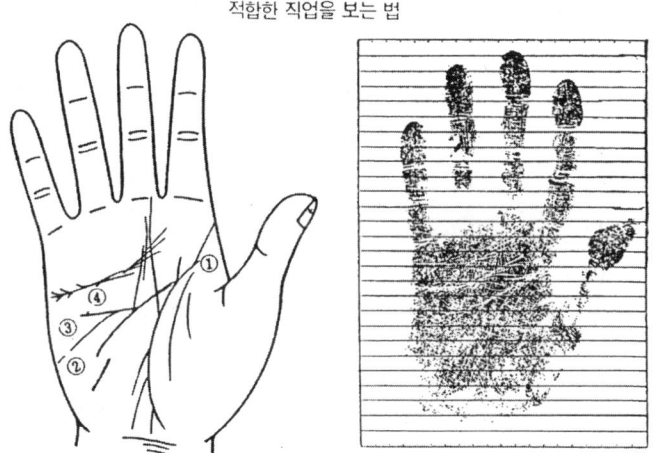

적합한 직업을 보는 법

그림에서도 분명한 것처럼 두뇌선(①-②, ①-③, ①-④)이 독특한 형상을 하고 있으며 그중 하나는 옆으로 길게 뻗어 손 바깥쪽에 이르고 있다. 주산 연습도 많이 했겠지만 이 사람의 수리(數理) 능력은 하늘이 내린 재능이다. 적합한 직업이라면 역시 수리 관계, 경리 부문의 직업이 좋다.

11. 운명의 장애를 보는 실례

다음 그림은 건축가 D씨의 손이다.

운명의 장애를 보는 법

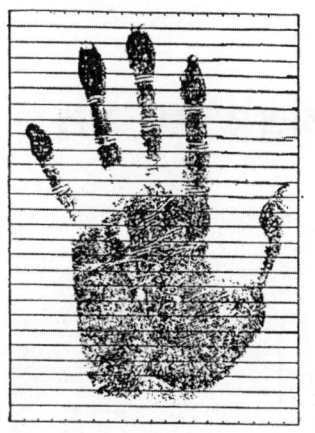

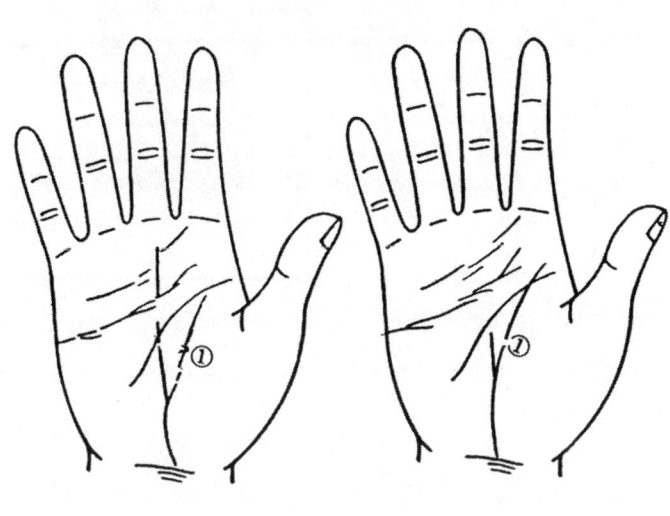

그림 I   그림 II

그림 I의 ①에 생명선이 끊겨 있는 것은 그가 25세의 겨울 반대파에게 복수를 단도로 찔렸을 때의 자국이다. 1980년 고교시절엔 생명선이 그림Ⅱ와 같이 끊어져 있었고 엄지구는 더 컸었다. 끊긴 모양은 기본편에서 해설한 바와 같이 회복이 어려운 형상이다. 사고 직후에 그의 수상을 보았을 때도 그림Ⅱ와 같은 모양이었다. 2년 전부터 생명선이 잘린 곳에서 위아래에 보조선이 늘어나고 지금은 그림 I의 형상까지 회복되었다.

D씨는, 엄지구가 크게 융기(隆起)하여 있는데다가 생명력이 월등하게 강했던 것이 생명을 구하게 된 큰 힘이 되었던 것으로 판단된다.

제 6 장

유형별 손금 보기

1. 이상을 추구하는 정열가

이 손에서는 먼저 성격선에 유의한다. 수상 감정에 있어서는 특이한 선에서 특이한 부분으로 보아 가는 것이 무엇보다도 중요하다. 그 특이한 것은 그 사람의 운명적 특성을 대표하고 있다.

이 손의 성격선은 ⑤⑥과 ⑤⑦로 끝에서 둘로 나누어졌는데 이것은 진보적 이상적인 면을 추구하는 정열을 가슴 깊이 지니고 있음을 의미한다.

또 직업선은 ⑧⑨와 ⑩⑪로 두 개나 있는데 이 두 개의 직업선이 모두 대단한 노력가임을 말해 주고 있다. ⑫의 지점에서 직업선이 절단되어 있는 것은 43세에서 45세에 걸쳐 환경의 변화로 인해 고초를 겪은 흔적을 말해주고 있다.

정열가   성실파

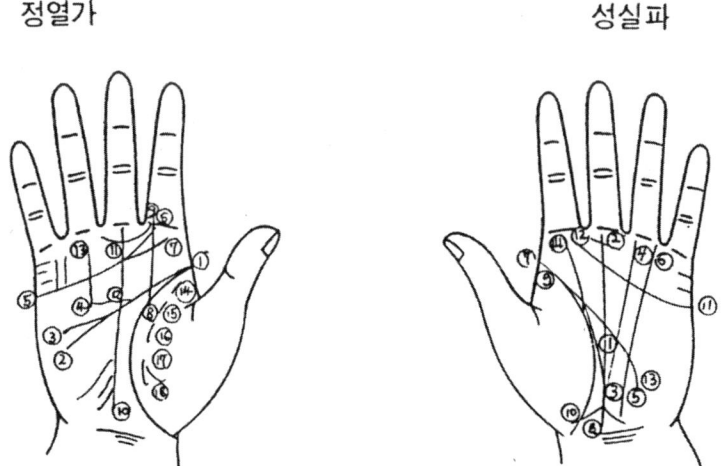

다음은 매혹선(金星)에 주의를 하도록 한다. 불완전하기는 하나 매혹선임에는 틀림이 없다. 이는 감수성이 강하고, 신경이 예민하고, 희로애락의 기복이 심하고 외곬인 데가 있다. 그런 반면 색채 감각이 뛰어나고, 미각과 성감에 역시 예민하다. 이같이 매혹선이 상징하는 의미는 다양하다.

다음은 생명선상에 영향선이 여러 개 있음에 유의한다. 이것은 음으로 양으로 도와주는 사람이 있음을 의미한다.

그 밖에도 동산(動産)을 의미하는 성공선과 부동산(不動産)을 의미하는 사업선이 있다.

게다가 두뇌선 또한 여간 좋지가 않다.

그림에서 보듯 ①③과 ①⑤를 연결하는 직선을 긋고 각(角) ③①⑤를 2등분하듯이 달리고 있는 두뇌선의 지선 ①④는 상황을 재빨리 감지하는 실무에 뛰어난 사람임을 말해 주고 있다. 정신적인 것보다도 현실적인 것에 보다 흥미를 가지는 사람으로 개성이 강할 뿐만 아니라 의지력 또한 강하여 일을 처리하는 수완이 뛰어나다.

거기에 상상력과 미적 정서를 상징하는 두뇌선(본선) ①② 가 길게 뻗어 있어 두뇌선 ①③과 ①④가 지니고 있는 단점을 보충(補充)하여 줌으로써 현실적 이상형(現實的 理想型)을 구성하고 있다. 따라서 이 손은 기교를 존중하는 타입이라고 할 수 있다.

2. 불철주야 노력하는 성실파

이 수상에서 주의깊게 보아야 할 것은 직업선과 성공선 그리고 사업선이 모두 생명선 또는 그 근처에서 출발하고 있다는 점이다.

이것은 현재의 영광도 재운도 모두 땀흘려 일한 자신의 노력의 결과임을 말해주고 있다.

생명선 ⑦번은 깊게 패어 있고 거기에다가 제 2생명선까지 있어 특이한 건강체를 나타내며 장해를 뛰어넘고 일로 매진하는 지구력 역시 강함을 말해 준다.

직업선·성공선·사업선의 구성이 생명선을 기반으로 하여 끝으로 올라갈수록 부채처럼 벌어지고 있어 명성(名聲)이나 금전운이 만년에 갈수록 왕성해짐을 알 수 있다.

성격선 ⑪⑫ 또한 깊어 심장이 여간 튼튼하지 않음을 나타내는데, 여기에서 심장이 강하다는 것은 육체적 심장이 강함을 의미한다.

두뇌선은 길게 경사를 이루면서 밑으로 내리뻗고 있어 이론을 초월한 로맨티시스트이다. 발전선 또한 선명하여 왕성한 정력과 만년의 명성·금운을 뒷받침하므로 현재에 만족하지 않고 분투 노력하는 사람임을 말해주고 있다.

담배를 쉽게 끊을 수 있다든지 술을 힘 안 들이고 절제할 수 있는 사람의 손에서는 반드시라고 할 만큼 좋은 발전선을 볼 수 있다.

3. 동분서주 일만 하는 여행선

증권으로 성공한 사람의 수상이다.

첫째 두뇌선 ①②는 재기가 있고 기억력 또한 비상함을 말해

주고 있다. 그러면서 손바닥을 가로지르고 있는 형도 아니요,
그렇다고 볼록구 쪽으로 길게 처진 것도 아니다.

이같은 두뇌선은 사물의 핵심을 파악하는 힘이 강하여 남이
수년을 걸려서 파악할 일을 즉각 판단해 내는 비상한 능력을
가지고 있을 뿐만 아니라 별다른 노력을 요하지 않고도 쉽게
목표 달성을 수행해 내는 특별한 재능의 소유자이다.

성격선 ③④는 권력구의 상부에까지 달하고 있어 이상형(理
想型)인 사람임을 말해주고 있고 매력선 ⑤⑥은 색채와 미각
에 민감한 사람임을 말해주고 있다. 그러나 잔소리가 심하고
신경질을 잘 내는 사람인 것도 틀림없다.

생명선 ⑥⑦에서 나와 있는 분명한 여행선 ⑧은 자리가 따뜻
할 사이 없이 동분서주해야 하는 운명을 의미하고 있다.

이 수상에서는 그림과 같이 많은 액운선을 갖고 있다. 수도
생활을 하는 사람에게는 액운선이 나타나는 율이 적다.

따라서 액운선이 많다는 것은 그만큼 생존 경쟁이 심한 세파
속에서 이리 부대끼고 저리 부대끼면서 분투 노력하는 사람임
을 말해주고 있다. 중책을 맡고 있는 사람일수록 큰일을 하고
있는 사람이나 액운선을 많이 가지고 있다고 판단을 해도 거의
틀리지 않는다.

4. 목적 달성하는 강한 신념

생명선 ①②가 엄지구를 둘러싸듯이 달리다가 끝에서 몇 가
닥 볼록구쪽으로 방향을 돌리고 있다. 이와 같은 생명선의 소
유자는 잠시도 가만히 앉아 있지를 못하는 사람이다.

다른 선이 나쁘면 방랑객임을 의미하기도 하나 여기서는 사업 일로 인해 잠시도 방구들이 따뜻할 사이가 없음을 말하고 있다.

일만 하는 여행선   신념형

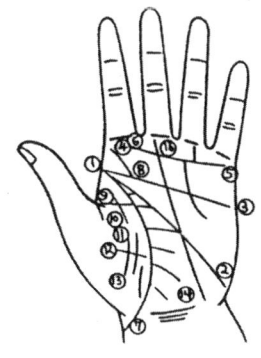   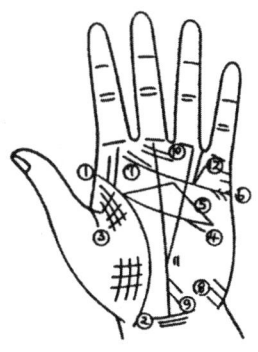

두뇌선 ③④는 모두 이중 두뇌선으로 ③④ · ③⑤ 두 두뇌선 모두 오목구를 향하고 있다. 이와 같은 이중 두뇌선은 초지를 관철하는 강렬한 신념을 마음속에 지니고 있음을 말해주고 있다. 주위의 간섭이 아무리 극성스러워도 한번 먹은 결심은 끝까지 밀고 나간다. 그리고 그렇게 하더라도 이같은 두뇌선은 실패를 가져오는 일이 없는 역량과 운세를 선천적으로 지니고 있다. 이중 두뇌선의 방향이 정반대일 때는 이와는 다른 뜻을 가지게 된다.

성격선 ⑥⑦은 권력구의 중앙부에 달하고 있다. 이 성격선을 가진 사람은 어떠한 일에서나 완벽을 기하려고 하는 사람이다.

거기다가 성격선의 기점 ⑥의 부분이 사슬 모양을 이루고 있으므로 위트 및 유머가 풍부하고 음악이나 회화 등 예술에 대해서도 수준 이상의 감상 능력을 지니고 있음을 말해 준다.

⑧은 총애선(寵愛線)이다. 많은 사람들로부터 사랑을 받고 있는 증거이다.

직업선과 성공선도 그림에서 보듯 이상적이다.

이 두 선(직업선, 성공선)의 콤비는 나이를 먹을수록 더욱더 명성과 금전운이 왕성해짐을 뜻한다.

결혼은 초혼에 실패하고 두 번 결혼할 상이다.

5. 지혜의 표상 분투형

손의 특징을 보면 첫째가 두뇌선이 ③④와 ③⑤로 이중 두뇌선을 이루고 있다. 원래 이중 두뇌선은 '이지선 쌍동(理智線雙童)'이란 말이 있을 정도로 빼어나고 성격이 지극히 섬세하며 과단 신속함과 동시에 분투력이 강하다.

그런데 이 손의 두뇌선은 그같은 이중두뇌선의 특징을 대단히 강하게 나타내고 있다. 즉 ③④는 뛰어난 아이디어맨임을 강조하고 있고 ③⑤는 과단성과 실천력을 상징한다.

거기에다가 ⑥와 같은 신비십자문(神秘十字紋)을 볼 수 있어 사고의 차원이 보통 사람보다 월등 높음을 알 수 있다. 또 성격선이 비교적 짧은 형태로 나타나 있는데 이것은 사리 판단에 정확(正確) 냉정(冷靜)함을 말해 준다.

그러면서도 냉정 일변도의 사람이 아니라는 것을 성격선의 하향지선이 말해주고 있다. 이 하향지선은 원래 비관, 감정적인 무기력 그리고 눈물이 많음을 의미하고 있으나 ⑦⑧과 같이 짧은 축에 드는 성격선에 있어서는 냉혹, 냉정한 성격을 무마시키기도 한다.

분투형   특수 두뇌선

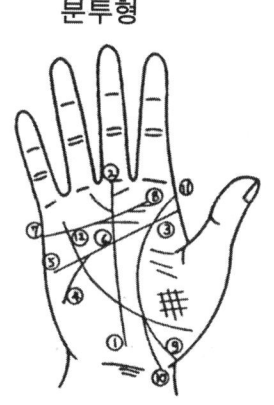 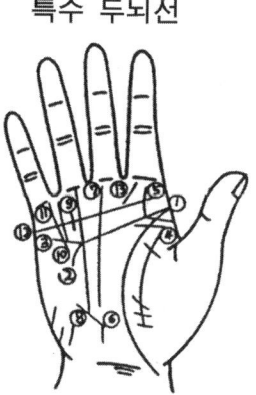

생명선 ③⑨는 선명한 직선으로 달리고 있고 여행선 ⑩은 강한 발전선 ⑪과 대조를 이루면서 고매한 이상을 위해 잠시도 쉴새없이 동분서주, 노력하고 있는 사람임을 말해주고 있다.

단 한 가지 결함이 있다면 건강선이 생명선의 말단을 끊고 있다는 점이다. 이와 같은 선은 차라리 없는 것만 못하다.

다시 말하면 이 손은 자신의 노력이나 세 3사의 시원으로 성공했다기보다 이중 두뇌선의 공덕으로 성공한 케이스라는 데에 유의할 필요가 있다.

6. 사람 잘 활용하는 특수 두뇌선

이 손의 두드러진 특징은 이중 두뇌선에 있다. 이중 두뇌선에는 방향이 같은 형과 반대인 형 두 가지가 있다. 이 수상의 두뇌선은 후자에 속한다.

즉 ①②는 로맨틱한 성정(性情)을, ①③는 경제 관념이 날카롭고 금전적인 면에 인연이 깊은 운세를 지니고 있다. 이 중

어느 선이 좋고 나쁘다를 판단하기는 어렵고 각 선마다 장단점이 있다.

①③과 같은 두뇌선은 타인의 재능을 잘 활용할 수 있는 소질을 의미하고 있다. 이는 사장이나 기업주로서 고용인을 많이 두고 있는 사람이라면 돈을 주고라도 사고 싶은 선임에 틀림이 없을 것이다.

그리고 이 손의 두뇌선의 특징은 두뇌선의 기점 ④가 생명선의 내부로 파고들고 있는 점이다. 이것은 경계심이 극도로 발달해 있음을 의미하고 있는데 ①②가 가리키는 로맨틱한 성정을 성격의 일면에 가지고 있는 것은 틀림없으나 그것은 일을 떠났을 때의 이야기이고 일에 임해서는 빈틈을 보이지 않는 사람임을 말해주고 있다.

이 손의 주인공은 어느 저명한 회사의 사장인데 발전선 ⑤가 있으므로 해서 회사의 발전을 어느 누구보다도 바라고 또 분투노력하고 있을 것이 틀림없다.

직업선 ⑥⑦도 나무랄 데가 없다. 생성발전(生成發展)을 약속하고 있을 뿐만 아니라 성공선 ⑧⑨ 또한 선명하여 금전운과 명성을 아울러 보증받고 있음을 말해 주고 있다.

사업선 ⑩은 재산에 관한 운세가 강함을 의미하며, 특히 부동산과 인연이 깊다.

성격선도 좋고 제1지와 제2지 사이에서 원을 그리며 뻗은 금은 원래 이성(異性)에게 친절한 성정을 의미하고 있으나 경우에 따라서는 이 이성을 손아래사람(부하)이나 약자(弱者)로 바꾸어 놓을 수도 있다. 이와 같은 선을 가지고 있으면 이성, 부하, 약자에게 친절한 사람이다.

이밖에도 제2생명선과 총애선이 있다.

7. 특이한 두뇌선

대단히 긴 두뇌선을 가진 수상이다. 그림에서 보듯 두뇌선 ①②는 볼록구 하부에까지 늘어져 있다. 이같이 긴 두뇌선을 가진 사람은 그다지 흔하지 않다.

이런 두뇌선을 가진 사람은 학자적인 치밀한 두뇌를 가진 동시에 체계적·조직적 사고의 소유자이기도 하다.

거기에다가 두뇌선의 기점 ①이 생명선에서 많이 떨어져 있고 지선 ⑤가 생명선 안으로 파고들고 있다. 이는 일을 계획함에 있어 용의주도하여 사업가로서 최적의 자질을 갖추었다고 할 수 있다.

돌다리를 두들겨 건너는 성격인 동시에 대담함을 동시에 가시고 있는 손으로 일견 보순된 성격을 가진 사람 같으나 세심한 계획을 세운 후 틀림이 없다 생각되면 시저처럼 루비콘강도 건널 수 있는 용기를 발휘하는 사람이다.

그러나 이와 같이 긴 두뇌선을 가지고 있는 사람은 성격이 너무나 예리하고 상상력 또한 지나치게 발달해 있기 때문에 미리 걱정을 하는 경향이 있다. 그리고 노이로제나 불면증에 걸리기 쉬운 타입이다.

생명선 ③④가 길어 강건한 신체를 타고난 사람임을 알 수 있다. 또 생명선 말단의 하향지선군이 평소 건강 관리에 여간 신경을 쓰지 않는 사람임을 말해주고 있다.

직업선 ⑩⑪이 엄지구 하부 생명선에서 출발하고 있어 기개가 대단한데 거기에 다시 발전선 ⑥이 있어 목표를 멀리 두고 잠시도 쉬는 일이 없이 매진하는 사람이기도 하다.

그리고 성격선의 기점 ⑦이 사슬 모양을 하고 있는 것으로 보아 유머와 위트를 좋아하는 사람임이 틀림없고 성격선의 지선 ⑨가 생명선 쪽으로 내리뻗고 있기 때문에 보기와는 달리 눈물이 많은 사람이기도 하다. 그리고 이 손에서는 늦게 출발된 성공선 사업선을 볼 수 있다.

8. 숫자 감각에 뛰어난 두뇌선

사람의 손바닥도 여러 부분이 조화를 이루고 있으면 우선 인격이 원만하고 보통 이상의 행운을 지니게 된다.

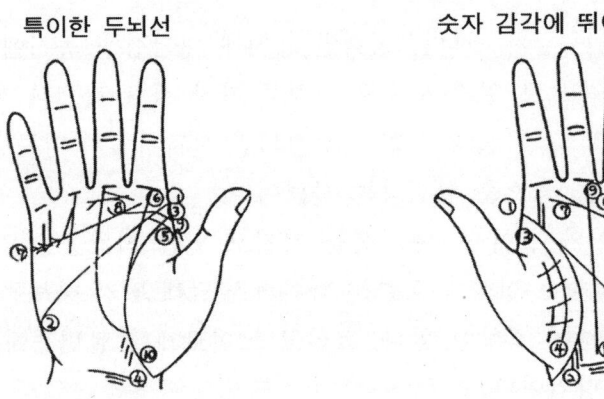

특이한 두뇌선　　　　　숫자 감각에 뛰어난 선

생명선 ①②는 엄지구를 완전히 둘러싸고 있다. 거기다가 부생명선 ③④가 생명금을 보좌하고 있다.

이러한 경우는 열에 열이면 강인한 체력과 내구력을 지니고 있다. 실제로 이 손의 주인공은 금융계에 투신한 이래 초인적인 노력으로 많은 경쟁자를 물리치고 출세 가도를 질주해 온 경력의 소유자이다.

①⑤처럼 손바닥 중앙을 가로지르다시피 하면서 길게 달리고 있는 두뇌선은 상황을 재빨리 파악, 이를 곧 실리면에 이용하는 투철한 두뇌의 소유자라는 것이다. 그리고 두뇌선의 기점 ①이 생명선 안으로 파고들고 있는 것은 경계심이 극단적으로 강함을 의미하고 있다. 따라서 무슨 일을 시작하든간에 제2선 제3선을 미리 쳐 놓지 않고는 절대로 손을 대지 않는다.

그만큼 행동을 시작하는 데 있어 신중할 뿐만 아니라 경쟁 경합에 있어서도 이쪽에서 먼저 선수를 치는 일이 절대로 없다.

성격선 ⑥⑦은 이상추구형(理想追求型)이다. 직업선 ⑧⑨는 일직선으로 곧장 뻗은 형으로 강한 행운을 보증받고 있는 사람임을 말해 주고 있다. 성공선 ⑩도 선명하여 그칠 줄 모르는 활동과 명성, 금전운을 약속받는 데에 큰 역할을 하고 있다.

그러나 만년에 이르러 체력의 쇠약이 급속도로 닥쳐올 염려가 있으므로 건강 관리에 각별히 주의할 필요가 있다(생명선 말단의 하향지선).

9. 지배자의 역량이 뚜렷함

첫눈에 벌써 좋은 수상이란 것을 알 수 있다.

두뇌선 ①②가 강하게 똑바로 달리고 있고 게다가 기점이 생명금에서 떨어져 출발하고 있다. 이것은 지배력(支配力)이 남 몇 배 강함을 말해 주고 있는데 거기에 운명선 직업선 ⑦⑧ 또한 자수성가할 사람임을 말해주고 있다.

이같은 직업선을 가진 사람은 잠시도 쉴 줄 모르는 노력가이긴 하나 만년까지는 노력한 만큼의 보람밖에 거두지 못한다.

성공선 ⑤가 비교적 늦게 나타나 있는 것을 볼 수 있기 때문이다.

그러나 그 수가 하나가 아니고 세 개나 된다. 이것은 다방면에 걸쳐 명성이 만만치 않음을 말해 주고 있는데 대개 성공선이 세 개나 네 개가 되면 상(賞)복이 있다.

이 방면에서 상을 타고 저 방면에서도 상을 타서 그 이름이 다방면으로 알려지게 되는 것이라고나 할까, 그리고 사업선 ⑥도 하나가 아니고 두 개이다. 사업선이 두 개 이상인 경우에는 대개 의약 관계에 종사하는 예가 많다.

한편 성격선 ③④는 검지와 장지 사이로 흘러들고 있다. 이런 사람은 헌신적인 정신의 소유자로 통하고 있으나 자신이 하는 일과 운명을 같이 하는 사람으로 판단하기도 한다.

여성인 경우에는 남편과 운명을 같이 하는 헌신적인 여성이라고 할 수 있다.

10. 유종의 미가 두드러지는 만년형

'공격은 최대의 방어'라는 말도 있지만 오목구의 소유자는 절대 먼저 공격으로 나가는 일은 하지 않는 대신 일단 적의 공격을 받으면 철저히 분쇄하는 용기의 투사다.

이 말을 달리 표현한다면 착수까지는 이모저모로 보다 유리하고 완전한 방법을 모색하느라 많은 시간을 필요로 하지만 일

지배자형

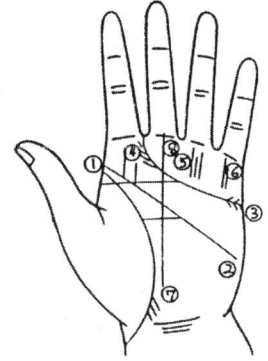

만년형

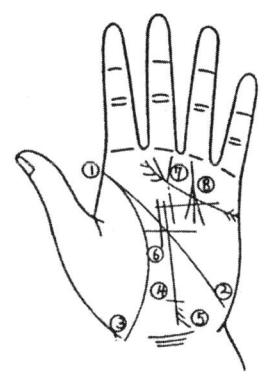

단 방침이 결정되면 중도에 이를 변동하는 일이 없고 끝까지 밀고 나가는 실력자임을 의미한다.

①②와 같은 두뇌선을 가진 사람은 약속을 절대로 어기는 일이 없다.

생명선 ①③ 또한 흠잡을 데가 없으나 건강선 ④가 생명선을 끊고 있으므로 일에 너무 충실하다 몸을 혹사하여 스스로 체력의 소모를 불러올 우려가 있다.

기점 ⑤에서 구부러져 올라가고 있는 직업선은 나이 어려서 이미 힘겨운 고생을 겪었음을 말해 주고 있는데 32세 35세경에도 액운을 만난 흔적을 볼 수 있다.

그리고 ⑥처럼 직업선을 중심으로 4자를 이루고 있는 것은 운명적인 변동에서 구사일생(九死一生)으로 재기한 사실이 있었음을 말해 준다.

그러나 직업선 ⑦과 성공선 ⑧이 선명함으로 설사 그 동안 부침·기복이 심했다 하더라도 만년에 가서 유종의 미를 거두어 명성과 부를 한 몸에 차지하게 될 것을 약속받고 있다.

11. 요점

엄지구는 건강 경보. 끊어지면 고혈압, 별 모양 위암

혈압이 높아지면 엄지구만 특히 적자색(赤紫色)을 띠게 된다. 이 정도가 되면 건강의 공습 경보라고 보아도 무방하다.

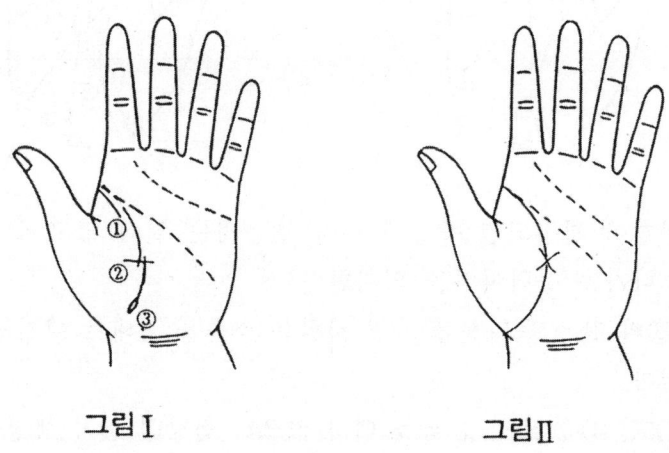

그림 I   그림 II

일반적으로 뇌일혈로 쓰러질 가능성은 생명선상에 나타난다.

그림 I의 ①은 고혈압, ②는 뇌출혈의 가능성을 암시한다. 반대로 그 뒤의 선이 강하면 불편하나 생명을 잃게 되지는 않는다.

그리고 오른손의 엄지구가 변색하면 왼쪽 뇌가 위태롭고 왼손의 엄지구가 변색하면 오른쪽 뇌의 출혈을 암시한다.

엄지구가 푸른 빛을 띠면 그 색이 나타난 쪽의 장(腸)에 숙변(宿便)이 있음을 말하고 ③은 졸도사(卒倒死)를 의미한다.

생명선상에 그림 II와 같은 별 모양이 있으면 음식을 위로 제대로 보내지 못함을 암시한다. 이러한 증세를 가져오는 병으로 비교적 조기에 나타나는 것은 위암(胃癌)·후두암(喉頭癌) 등 소화기 계통의 암이다.

관상학에서는 법령이 양 입꼬리로 흘러들 경우 이를 아사상 (餓死相)이라고 한다. 그런데 굶주려 죽는 것도 아사이기는 하지만, 실제로 굶주려 죽는 예는 드물다. 생명선상에 별이 있으면 그 뒤의 생명선은 반드시라고 할 정도로 약하다.

(1) 정사와 치정범 성격선의 특수형

성격선과 두뇌선의 사이가 넓으면 넓을수록 도량이 넓고 포용력이 있다.

그런데 그림I의 A처럼 성격선이 두뇌선에 극단적으로 접근해 있을 때는 하나만 알고 둘을 모르는 성격의 소유자이다. 이 같은 성격을 가진 사람하고 사랑을 하면 이해라는 것이 도무지 없을 뿐 아니라 질릴 정도로 간섭이 심하다. 또, 한번 사랑했다 하면 생명이 끊어지는 한이 있더라두 끝까지 사랑을 위하여 싸우는 사람이다. 사랑을 이루지 못할 때는 정사(情死)도 사양하지 않는다. 청춘 남녀의 정사의 경우 성격선은 대개 A와 같은 상을 하고 있다. 이런 성격선을 가진 사람은 한번 애욕이 불타오르면 물불을 가리지 않고 덤비는 성격의 소유자로 치정범 (痴情犯)의 손에서 흔히 볼 수 있다.

(2) 자녀의 수와 건강을 말해주는 자녀선

그림Ⅱ의 A처럼 결혼선에서 상승하는 작은 선을 자녀선이라고 한다. 자녀선의 수는 자녀의 수를 의미한다.

거꾸로 된 Y자형의 자녀선은 불가피한 사정으로 어린 자식

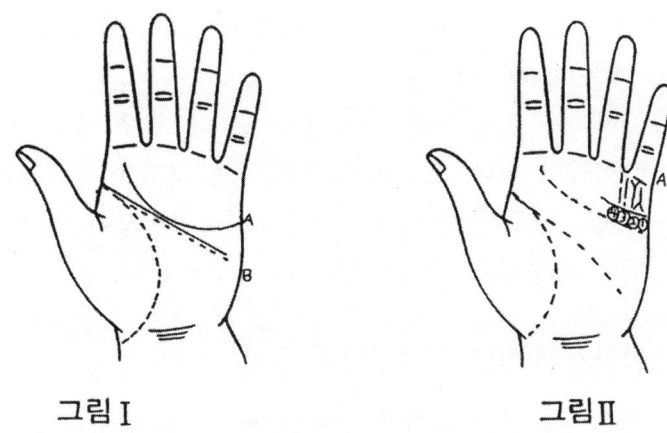

그림 I   그림 II

과 생이별하게 됨을 의미한다. ②처럼 Y자형의 자녀선은 자식이 성장한 후에 생이별을 하게 됨을 말한다. ③처럼 아래가 명확하게 끊어진 자녀선은 어려서 참변을 당하게 됨을 의미하고, ④처럼 위가 명확하게 끊어진 자녀선은 자식이 성장해서 참변을 당하게 되는 것이다.

자녀선은 아들과 딸을 구별하지 않고 나타난다. 단 아들은 강하게 나타나고 딸은 약하게 나타나는 것이 다를 뿐이다. 따라서 딸의 자녀선은 자세히 보지 않고는 놓쳐버리기가 쉽다.

(3) 성감. 다산형. 가족 계획시 없어지는 생식선

생식 능력(生殖能力) 즉, 자녀 출산 능력의 강약을 보는 곳이다. ①과 같이 지선이 많으면 생식 능력이 강하다고 본다. 생식 능력이 강하면 자연 다산(多産)을 하게 된다. 사실 ①과 같은 지선을 가진 사람으로 자식이 없는 사람은 없다.

결혼한 부부가 모두 ①과 같은 지선이 전혀 없을 때는 양자를 삼을 도리밖에 없다. 남편의 손에는 지선이 있고 부인의 손

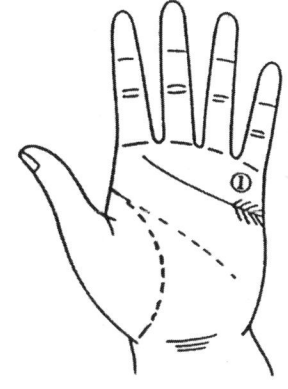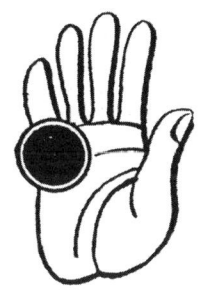

에만 지선이 없을 때는 부인이 모르는 자식을 남편이 숨기고 있지 않나 한번쯤 의심해 볼만도 하다.

또 자식이 없다가도 ①과 같은 지선을 가진 여성과 재혼을 해서 자식을 얻는 예가 허다하다.

이 선은 피임 수술을 하거나 가족 계획을 실시하면 없어진다.

생식선은 높은 확률을 보여 주고 있다.

섬과 병마

성격선상-순환기 계통 질병

생명선상-호흡기 계통 질병

두되선상-신경 계통 질병

그림 I처럼 성격선상에 섬(島)이 있는 경우를 보게 된다.

일설에 의하면 가운뎃손가락 아래에 있으면 심장·신장·혈관 등의 질병을, 무명지(제4지) 아래에 있으면 눈이나 안신경의 장해를, 새끼손가락(제5지) 아래에 있으면 생식기나 폐장의

섬과 병마

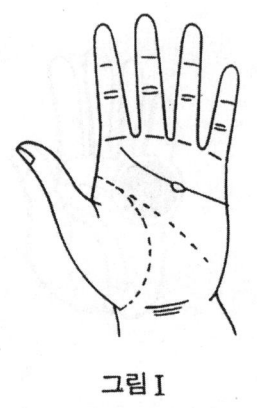

그림 I

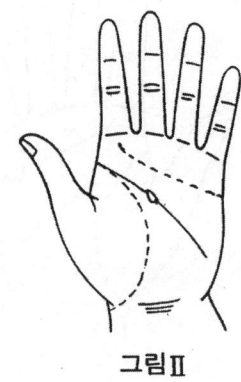

그림 II

기능이 좋지 않음을 뜻하는 것이라고 되어 있다.

그런데 많은 수상 연구가들은 성격선상의 섬 모양은 순환기 계통의 약함을 뜻하는 경우가 많다고 말하고 있다. 그리고 호흡기의 장해는 생명선에 나타나고 눈이나 신경계의 장해는 두뇌선에 나타나는 때가 많다는 것이다.

단 이 선이 한 개가 아니고 세 개가 엉켜 있을 때는 뜻이 달라진다. 이때는 신체적 고장을 의미하지 않고 상업이나 사업의 외교 수완을 의미한다. 길상이다.

그림 II처럼 두뇌선의 섬(島) 모양은 십중팔구 눈의 병을 의미한다. 안병(眼病)이라고 하더라도 돌림병 같은 일시적인 것은 수상에 나타나지 않는다.

여기서 말하는 안병은 본격적인 안병을 의미한다.

따라서 두뇌선상의 섬(島) 모양은 비교적 악질적인 것이라고 볼 수 있다. 이를테면 백내장(白內障)이라든지 망막박리(網膜剝離)라든지 결핵성 안병 등 일생의 건강에 상당한 영향을 미치는 안병인 경우가 많다.

(4) 윤락녀의 피학적 이상선

생명선상에 그림의 A와 같은 선을 가지고 있는 사람은 피학적 경향의 변태성욕자이다. 뿐만 아니라 자신의 몸에 상처를 내어 맛보는 이상 성격자이기도 하다.

사창가(私娼街)에 있는 윤락녀 가운데는 이와 같은 선을 가진 이상 성격자가 많다.

그러나 이 피학선의 소유자는 가학선의 소유자보다는 그 수가 적다.

(5) 강간범 가학 변태선

독일의 의학자 크리프트 어어빙 박사에 의하면 변태성욕자는 보통 숭물증(崇物症), 우상숭배(偶像崇拜), 동성애(同姓愛), 성욕과다증(性慾過多症), 피학증(被虐症), 노출증(露出症)의 6종류로 나누어진다고 한다. 물론 섹스에 대해 병적인 증상을 띠지 않을 정도라면 변태성욕자라고 하지는 않는다. 또 수상에도 나타나지 않는다.

①과 같은 선을 가진 사람은 남보다 몇 배 성욕이 강하다. 그것도 가학적인 경향을 띠는 수가 많다. 어느 수상 연구가는 강간범의 96%가 이 선을 가지고 있다고 보고하고 있다. 여성도 마찬가지다. 성욕이 너무 강하면 남편이 일찍 죽거나 문제가 생긴다.

(6) 결혼선이 많으면 엽색가

결혼선은 대개 세 개 내지 두 개 있는 것이 보통이다. 그 중에서 가장 길고 깊은 것이 가장 좋은 결혼을 뜻한다. 다른 선

은 단순한 연애로 끝나거나 불행한 결혼을 의미한다. 그 시기
가 언제인가는 결혼선의 연령법을 가지고 본다.

강간법·윤락녀   결혼선

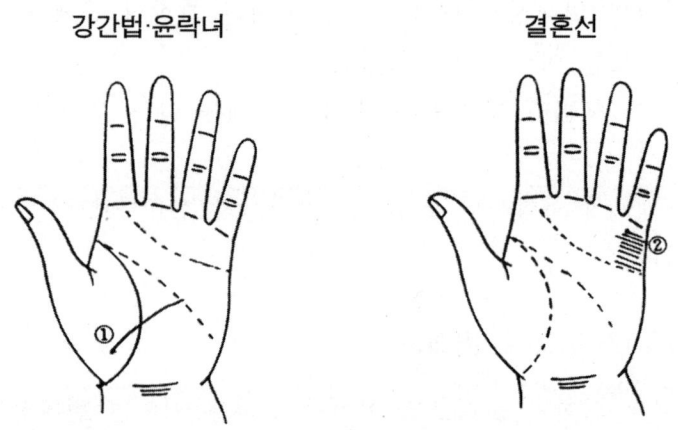

그런데 ②와 같이 다섯 개 이상, 열 개 가까이 있을 때는 문
제가 다르다. 이런 선을 가진 사람은 젊을 때부터 섹스에 대한
욕망이 비정상적일 정도로 강하다. 여성편력가(女性遍歷家)이
며 여성에게 있어서는 최고 요주의 인물이다. 여성 역시 예외
없이 남성편력가(男性遍歷家)이다.

남자 없이는 하루도 못 사는 강한 욕망의 소유자이다. 요
정·호텔업 등으로 성공한 여성의 손에서 많이 볼 수 있다. 자
신의 결점을 장점으로 역활용(逆活用)하여 성공하는 타입이
다.

(7) 남편의 외박을 귀띔하는 애인선

애인선(愛人線)은 직업선을 향하여 거의 수평으로 나타난다.
그리고 직업선에 밀착하여 나타나는 것을 기본으로 한다. 보

통은 1개 그것도 분명히 나타난다. 이럴 때는 '애인이 있다'고 자신있게 판단해도 좋다. 게다가 하나인 경우는 결혼까지 생각하고 있는 경우가 많다.

서너 개 있다 해서 애인이 세 사람이나 네 사람 있다는 것은 아니다. 애인의 후보자가 그만큼 많다는 것이다.

선이 도중에서 중단되어 있을 때는 사랑을 더 계속할 수 없는 사정이 생김을 뜻하고, 직업선에 닿기 전에 끝나 있을 때는 이 쪽의 열이 식어버림을 뜻한다.

직업선을 넘을 때는 짝사랑으로 끝난다.

(8) 직업선 없으면 떠돌이 집시형

직업선을 가진 사람을 수상학에서는 신경이 조화된 사람으로 해석하며 그 중의 소수만이 물의 흐름을 바꿀 수 있는 힘을 가지고 있다고 풀이한다.

반대로 직업선을 가지지 않은 사람은 흐름 따라 물 따라 표류(漂流)하는 사람으로 본다. 하지만 하나의 운명만 가지고는 어떤 게 행(幸)이고 어떤 게 불행(不幸)이라고 결정지을 수는 없다. 헤엄 잘 치는 사람이 물에 잘 빠진다는 속담도 있다. 그런가 하면 흐름을 따라 표류(漂流)하던 중 우연히 보물섬에 닿아 천하의 거부가 되었다는 이야기도 있다.

역사의 방향을 바꿀 수도 있는 초인(超人)이라 해서 반드시 행복하다고만 할 수 없는 것은 히틀러의 말로를 보더라도 알 수 있다.

직업선을 가진 사람은 대개 남의 침범을 허락하지 않는 강한 자아를 가지고 있고 신경이 조화되어 있으며 반면에 직업선이 전혀 없는 사람은 대인 교제는 그럴 수 없이 원만하나 어딘가 기회주의자적인 데가 있고 열심히 몸으로 때워야 되는 운명이다.

(9) 두뇌선의 하향지선 —음침한 성격, 상향지선 —공격 정신

그림 I처럼 두뇌선에 빗살 같은 하향지선군(下向支線群)을 가진 타입은 성격이 우선 음침하다. 아니면 극단적일 만큼 내성적인 성격의 소유자이다.

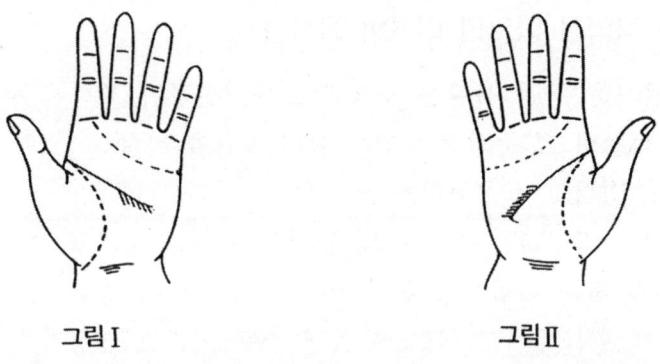

그림 I   그림 II

매사에 소극적인 것은 말할 나위도 없고 특히 이성(異性)에 대해서는 용기 부족으로 사랑의 고백은커녕 대화도 제대로 나누지 못한다. 참으로 보기가 안타까울 정도로 딱한 사람이다. 웃는 사람에게는 복이 온다는 말이 있다. 항상 웃는 얼굴로 매사에 적극적인 태도를 가지고 나아가면 점차 이 지선군이 없어진다.

이 형이 사라지면 성격도 달라진다. 이 지선군이 있으면 입학, 취직, 영전 같은 것을 바라기 힘들다.

그림Ⅱ처럼 상향지선의 위치는 반드시 말단 부분이라고 정해져 있는 것은 아니다. 때로는 두뇌선 상부에 나타나는 경우도 있다.

따라서 이 타입은 첫째 일에 대한 의욕이 왕성하다. 감투정신이 강하여 남이 어려워하는 일도 문제없이 해낸다. 물론 이성(異性)에 대해서도 공격형이다.

인기 직업에 종사하는 사람의 손에서 많이 발견되는 상이다.

심신을 가다듬어 의욕적인 생활을 하고 있으면 자기도 모르는 사이에 이같은 지선군이 나타난다.

(10) 폭이 좁으면 구두쇠, 창부. 넓으면 낭비가

그 사람의 성격을 가장 단적으로 말해주는 것은 엄지와 검지가 만드는 각도이다. 이 각도는 직각이 표준이다. 이보다 커서 둔각(120도 정도)을 이룰 때는 대단한 낭비가이다. 반대로 예각(60도 정도)을 이룰 때는 굉장한 구두쇠이다. 한번 손에 들어온 것은 절대 놓지 않는다.

이것은 남녀에 공통된 특색이나, 여성의 경우 각이 커서 둔각일 때는 모성애적(母性愛的)인 면이 강하고 예각일 때는 창부적(娼婦的)인 면이 강하다.

따라서 남녀 할 것 없이 결혼 상대를 구할 때는 〈예각〉의 사람은 가급적 멀리하는 것이 좋다. 왜냐하면 창부적인 면이 많아 성욕도 강하고 남성을 밝힌다. 그렇다고 지나친 둔각형도 낭비가 심해서 곤란하다.

이때도 표준형이 가장 무난하다.

(11) 인생의 행운, 성공의 사직선

재운(財運), 성공운(成功運)에 있어서 가장 이상적인 수상은 네 개의 수상을 고스란히 갖춘 것으로 사직선이라고 한다.

①은 생명선의 지선이요, ②는 직업선, ③은 성공선, ④는 사업선이다. 이 선을 가지고 있을 때는 그 사람의 운세는 실로 경이적이다. 사장자리에 앉는 것쯤은 문제가 아니다. 재계(財界)를 주름잡는 사람이다.

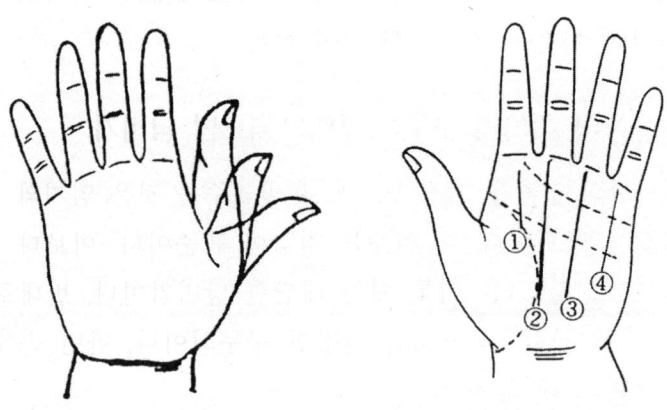

사업선이 있다 해도 직업선이 좋지 않을 때는 재운(財運)이 좋다고는 보지 않는다. 오히려 그런 경우는 재운을 파하는 것이라고 본다. 재산은 반드시 좋은 직업선과 더불어 있어야 한다.

즉 모든 것은 좋은 직업선이 모체이다.

제 7 장

수상에 관한 질의 응답

1. 수상에 관한 오해

수상에 관해서 잘못 알고 있는 것들이 꽤 많다. 그 중에서 특히 두드러진 오해의 예를 몇 가지 들어보사.

(1) 수상으로는 1~3개월 앞은 알지만, 수년 후의 일은 모른다는 주장

이것은 연령법을 전혀 모르고 하는 소리이다. 세상에는 이러한 잘못을 깨닫지 못하고 사실인 양 말하는 사람과 책이 있다.

생명선의 기점을 1세로 해서 연령을 나누었을 때, 35세에서 직업선이 나와 있는 사람은 그것이 35세인지 34세인지, 혹은 36세에 해당하는지, 그것조차도 정확한 판단을 내리기에는 숙련을 요한다. 하물며, 1~3개월의 세분을 어떻게 정하겠는가. 이 하나만 생삭해 봐도 이 주장이 잘못이란 깃은 쉽게 알 수 있다.

미국의 수상학자 벤함도 "언제, 그 사람에게 환경의 변화가 일어나는지, 2년 내지 5년 정도의 간격을 두고 지적할 수 있으나, 1년 내를 가리킬 수 있는 사람은 드물다"라고 말하고 있다.

그런데 사람이 알고자 하는 것은 금년 운세는 어찌 될까, 내년은 전근이 되는지 등이며, 이들의 질문에 정확히 해답하기 위해서는 그야말로 명인의 솜씨를 필요로 한다.

그러나 깊이 연구를 쌓아가면, 그 1년을 12로도 나누어 볼 수 있고, 각 달의 상황을 상순, 중순, 하순으로 구분할 수도 있다.

수상에 있어서의 연령법도 여기까지 연구하면 충분히 실용성을 띌 것이다.

(2) 수상은 손의 개폐 운동으로 만들어진다는 설

이것은 말하자면 주름에 그럴싸하게 뜻붙이기를 하는 것이 엉터리라는 주장이다. 이는 수상에 대한 최대의 오류이다.

사고를 당하기 전에는 어느 부분이 어떻게 변하는 것일까, 대학 진학에 실패했을 때는 어떻게 변화하는가, 연인이 접근해 올 때는 어떻게 변화하는가 등 최소한 백 명 이상의 손을 자세히 관찰해 보면, 수상도 천문학이나 기상학에서 다루는 모든 현상과 같이, 어떤 법칙이 존재한다는 것을 분명히 알 수 있는 것이다. 그래서 이같이 어리석은 발언은 하지 않게 된다.

손의 선(손금)은 단순히 손의 개폐 운동만으로 일어나는 것이 아니다. 비근한 예로 일상 손을 사용하고 있는 노동자의 손바닥에는 선이 적고, 도리어 지적(知的)인 일에 종사하는 사람이나 갓 낳은 영아의 손에 많은 명료한 선이 있는 사실을 보아도 확실한 것이다.

영국의 해부학자 구엔 씨도 그의 저서 〈해부학〉에서, "이들 선은 근육의 운동 혹은 관절의 운동에 의해서 겉 피부가 빈번히 접히기 때문에 생긴 것이 아니다. 왜냐하면, 이들 선은 태아의 손에도 나타나 있기 때문이다"라고 기술하여, 손금이 나타나는 원인이 개폐 운동 이외에 있다는 것을 암시하고 있다.

또 구루꾸샹 박사도 그의 저서에서 "이들 삼대선은, 기능과 확실히 상호 관계를 갖고 있다. 그 선들은 기능적 활동을 예보(豫報)해서 더욱 빨리 손에 나타나 어느 종류의 지적 발달과

뇌 조직을 나타낸다"라고 기술해, 손금과 뇌와의 사이에 긴밀한 관계가 있음을 주장했다.

이것은 모두 아리스토텔레스의 저서 〈아리스토텔레스의 수상술〉 중에서도 나타나고 있다. "손금은 원인 없이 나타난 것이 아니다. 천래(天來)의 감화력과 개성에 의해서 생겨난 것이다."

(3) 직업선이 끊겨 있으면 그 사람은 불운하다는 설

이것도 얕은 생각이다. 세상에는 직업선이 끊어져 있지 않은 사람은 거의 없다고 말해도 좋다. 그런데 그들은 모두 불운하냐 하면 그렇지 않다. 전직해서 천부의 재능을 발휘하여 더욱 발전하는 예도 있다.

직업선이 끊어져 있어도, 그 앞의 선에 세력이 있으면 그것은 형편의 호전을 뜻하는 것이다.

(4) 여자는 왼손 남자는 오른손을 본다고 하는 설

영국의 수상학자 키로의 책에는 "왼손은 타고난 손이요, 오른손은 스스로 만든 손이다"라고 씌어 있으나, 사실 이것은 남녀에게 다 같이 적용되는 것은 아니다. 따라서 수상을 볼 때에는 남녀 다 같이 좌우 양손을 관찰하지 않으면 안 된다.

앞으로의 환경의 변화는 본인의 오른손에 그려지고, 연인에 대한 심정 등은 상대방의 왼손에 그려지는 것이다.

(5) 두뇌선은 지능과 관계없다는 설

이 역시 잘 모르는 사람의 망발이다. 두뇌선의 장단은 각기 중요한 뜻을 가지고 있다. 단지, 길어도 무딘 칼이 있고, 짧아도 명검이 있는 것처럼, 두뇌선의 경우도 길어도 끊어져 있거나, 장해선이 들어와 있거나, 선 그 자체가 시들어 있으면 본래의 좋은 것이 소멸된다고 말할 수 있다.

두뇌선에는 길이가 있고, 세력이 있고, 선의 빛이 있다. 그래서 그 사람의 능력이 최고로 발휘되느냐 하는 것은, 본인의 성의와 노력 유무에도 좌우되며, 그 밑바닥에는 건강 문제가 가로놓여 있다.

따라서 심신을 하나로 보고, 자연의 법칙을 최고로 발휘시킬 노력을 하지 않으면 참된 건강도 얻을 수 없고, 그 구체적인 지성의 표현인 두뇌선을 개선할 수도 없다.

(6) 수상에서는 막쥔손이 최상이라고 하는 설

세상에는 막쥔손이 제일 멋지다고 믿어버리는 사람이 있다. 그러나 막쥔손(손바닥을 한 줄기로 가로지른 선으로 두뇌선과 성격선이 합쳐진 것)의 사람은 분명히 경제에는 민감하지만, 한편 집착이 강해서 성질이 까다로운 데가 있다.

이것은 단점이기도 하다. 또 이런 사람은 비교적 친구가 적은 경향이 있으므로 다수의 남녀에 둘러싸여서 눈부시게 활동하는 사교계에는 적합지 않다고 말할 수 있다. 따라서, 막쥔손에는 그 나름의 독특한 장점이 있으나, 이것만이 최상이라는 "설"은 옳지 않다.

(7) 지문은 소용돌이치고 있을수록 좋다고 하는 설

일생 불변, 만인 부동(萬人不同)의 지문은, 단지 물건을 쥘 때 미끄러지지 않도록 "굄돌" 역할을 하기 위해서 있는 것만이 아니고, 개인의 완전한 표시이며, 본인의 진가를 나타내는 독자적인 지표이기도 하다.

지문은 궁상문, 체상문, 와상문(渦狀紋) 등으로 대별되며, 각기 독특한 뜻을 가진다. 또 양손의 지문이 소용돌이치고 있는 배열 상태에 따라 고유의 뜻을 가지고 있다.

가령, 새끼손가락만이 흘러 있고 다른 네 개가 소용돌이친 사람(총와문)은 기지가 풍부하고, 상사에게는 순종하지만, 질투심이나 시기심이 강한 사람이다. 엄지손가락만 흘러 있고 나머지는 모두 소용돌이친 사람(성급문)은 웅변가로 진취적인 기질이 풍부하나, 다른 사람의 배(倍)나 성급한 데가 있다. 그러니까 지문이 소용돌이친 만큼 좋은 것은 아니다. 덧붙여서, 지문의 배열 상태를 보는 수상은 역학(易學)의 사상에 의한 것으로, 구미 수상학의 책에서는 볼 수 없다.(저자의 졸저 〈개운의 신비〉의 지문의 개성 및 운세 참조.)

(8) 생명선의 장단은 수명에는 관계없다는 설

생명선은 앞에서 살펴보았듯이 수명과 매우 관계가 있다. 생명선이 길어도 갈라져 있거나, 장해선이 들어와 있으면 거기가 죽음의 때가 되는 수도 있고, 생명선이 짧아도 지능선이 훌륭하면 그 단점은 보완된다.

생명선의 길이가 몇 밀리미터이니까 몇 살까지 산다고 기계적으로 단정할 수 없는 어려움도 거기에 있는 것이다.

2. 수상의 진리

(1) 좌우 양손의 손금이 같으면 발전형

엄밀히 말해서 좌우 양손의 손금이 똑같은 사람은 없다. 여기서 같다는 것은 두드러진 차이가 적다는 뜻이다.

이런 형은 첫째 인생 행로에 있어 큰 파란이나 변동이 없다. 다시 말하면 뜻하지 않았던 로맨스, 뜻하지 않았던 요행과는 인연이 멀다고 할까. 어쨌든 이 타입은 요행보다도 노력을 택하는 사람이다. 아이디어보다도 노력, 발명보다도 숙련된 기술을 중히 여기고 그러한 인생 태도를 밑천으로 성공한다.

여성도 얌전한 주부로서 평생을 만족한다. 그것이 평범한 인생이라 할지라도 불만을 느끼지는 않는다.

평범한 생애가 행복한가, 파란만장한 일생이 행복한가는 아무도 단언할 수 없다. 그러나 꼭 한 가지 단언해도 좋은 것은 설령 그것이 평범과는 거리가 먼 파란만장의 인생이라 할지라도 왼손보다 오른손의 선이 월등 좋을 때는 굳이 파란을 피할 필요가 없다.

수상학에서는 평범하고 무사한 것보다는 큰 행복을 위한 파란을 환영한다.

(2) 부드러운 손은 전진형 딱딱한 손은 현상 유지형

손에는 부드러운 손과 딱딱한 손이 있다. 물론 정도의 .차이는 있지만 수상의 실점(實占)은 여기에서부터 시작하는 것이 순서이다.

　원칙적으로 손은 부드러운 것이 길상(吉相)이다. 연령, 노동의 종류, 살이 찐 사람, 여윈 사람에 관계없이 직위가 올라가면 올라갈수록 손은 부드러워지게 마련이다. 유명인은 더욱 말할 필요가 없다.(단 스포츠맨, 30세 이상의 가정주부, 약품을 취급하는 미용사 또는 이발사는 예외)

　장기간 노동을 하고 있노라면 손이 딱딱해질 수밖에 없지 않느냐고 반문을 하는 사람이 있을 것이다. 그것은 사실이나 장기간 노동에 종사해야 한다는 것 자체가 벌써 운세의 저조를 의미하고 있는 것이다.

　병자의 손도 부드럽다. 그러나 그때는 착 달라붙는 듯한 느낌을 주므로 쉽게 구분할 수가 있다.

　부드러워도 탄력이 있는 손이라야 한다.

　부드럽고 탄력 있는 손은 출세가 빠른 사람이라 단정해도 좋다.

(3) 상승선은 길상 횡단선은 흉상

　손을 보면 제일 먼저 눈에 들어오는 것이 선이다. 물론 그 선 중에는 좋은 선도 있고 나쁜 선도 있다. 그러나, 선 하나하나를 살피지 않더라도 인생의 가능성이 큰 손인가 희박한 손인가는 단번에 알아볼 수 있다.

　구부러지며 올라가든 꼿꼿하게 올라가든 위로 올라가는 종선(縱線)이 많으면 많을수록 가능성이 큰 손이다. 가능성의 세부적인 내용은 각 선이 지니고 있는 좋은 암시를 가지고 판단한다.

　반대로 강하든 약하든 손바닥을 가로지르는 선, 즉 횡선이 많으면 인생에 장애가 많다. 즉 가능성이 희박한 인생임을 암시한다.

다음은 생명선, 두뇌선, 성격선, 직업선, 성공선 등 기본선(基本線)을 본다. 이때도 각 선이 지니고 있는 특유의 암시는 뒤로 미루고, 손바닥의 선 자체를 하나의 작품으로 보아 미술에 소질이 있는 사람이 그린 선 같은가 아닌가를 본다.

제 8 장

인물(人物)

1. 삼풍 기적의 생환자 유지환(柳智丸) 양

"나는 건강······ 오늘 며칠인가요?"

우리들은 삼풍 사고에서 생환된 기적의 3인(최명석 씨, 유지환 양, 박승현 양)을 생생히 기억하고 있다.

삼풍백화점 사고 현장, 높이 40㎝ 길이 1m50㎝의 좁은 공간에서 움직이지도 못한 채 285시간(13일)만에 인간 생존의 한계를 극복하고 기적적으로 살아 돌아온 유지환 양.

과연 그 어떤 힘이 그를 생환(生還)시켰을까? 운명적인 측면에서 살펴보자.

수상

그림은 유지환 양의 좌우 양쪽 손과 수상도이다.

사람의 수명과 몸 안의 장기인 오장육부와 관련이 있는 생명선 ①을 보면 좌우 양쪽 손에서 선명하게 엄지를 감싸고 있으며 특히 또 하나의 생명선 즉 이중생명선이 더 있다. 이것은 오장육부가 남달리 튼튼하고 건강하다는 것을 나타내며 병균이 침입하거나 피로하여도 쉽게 회복된다는 것을 의미한다. 그리고 이중생명선이 있으면 몸이 튼튼하여 오래 살 수 있다. 이것이 하늘의 무한한 힘을 끌어당길 수 있지 않았나 싶다.

그런데 또 하나 특이한 것은 생명선이 시작하고 얼마 안 된

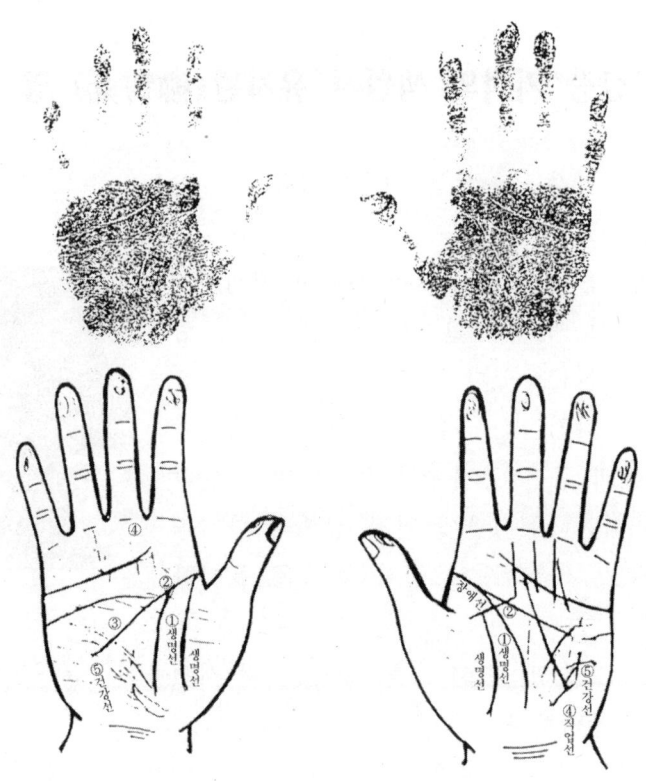

지점에 양쪽 손에 장애선 ②가 있다. 이것은 사고나 재난·질병을 의미하는데 왼쪽에는 두 개 있는데 먼저 하나는 지나간 것이고 다음 것은 오른쪽·왼쪽이 모두 비슷한 연령이며 이 때가 사고난 시점이다. 한쪽 손에 있는 장애선보다 양쪽에 있으면 대단히 위험하고 생사를 가름하는 것인데, 유양이 치명적인 상태에서 살아난 것은 이중생명선과 다음에 설명하는 힘찬 직업선(운명선)이 받치고 있었기 때문으로 판단된다. 두뇌선 ③은 오른쪽이 거의 직선형으로 곧게 뻗고 끝부분이 이중으로 되어 있어 수리 관념이 발달되어 있고 두뇌가 날카로우며 지혜로

운 머리를 가졌다고 보겠다.

운명과 생사·직업을 관장하는 직업선 ④를 보면 왼쪽은 약간 균형을 잃고 힘이 약하다. 그러나 현재의 활동을 보여주는 오른손의 직업선은 마치 바늘이 세워진 것처럼 힘차게 위로 향하고 있다. 어떤 어려운 점도 극복되며 생활이 점차 안정된다는 의미이다. 그리고 직업선에서 가지친 또하나의 선은 수입이 갑자기 늘어난다는 뜻도 있다. 이것은 아마 다니던 회사의 위로금 배려를 나타내는지도 모른다. 그리고 인생 후반에는 여기저기 직업선과 성공선이 솟아나 마치 사업가처럼 보인다. 분발을 필요로 한다.

손바닥 밑 건강선 ⑤를 보면 좌우 양쪽 손에 마치 고구마처럼 타원형의 희미한 섬형이 일부 자리잡고 있다. 이 건강선은 후천적인 건강 상태를 보는 곳인데 이 타원형이 전부터 있었는지 알 수 없지만 이번 사고로 인한 내장기관의 무리한 것과도 무관치 않은 것으로 보인다. 쉽게 피로를 느끼고 과로하면 점차 문제가 생기게 된다. 이 건강선은 건강이 완전히 회복되면 점차 없어지게 되므로 지금은 무리하게 과로하지 말고 건강에 힘써 이를 없애도록 노력하여야 한다.

또 다른 조난 사고의 예로 리카라과 연안을 운항하던 화물선 갑판에서 실족하여 태평양 바다에서 새벽 2시부터 14시간이나 표류하면서 5시간 동안 거북이등을 타고 있다 구조된 김정남 (1942년생 당시 28세) 씨는 손금에 생명선이 하나 더 있었다. 특이하게 생명선에서 가지처럼 엄지밑으로 뻗어가 생명선을 받치고 있었다.

이것이 기적을 낳았던 운명의 힘이 아닌가 싶다. 또 하나

100세 넘은 장수 노인에서는 생명선 말단에 생명선에서 갈라져 이를 받치고 있는 두 개의 보조선을 볼 수 있었다.

2. 독립 투사 안중근

"見利思義(견리사의)
見危授命(견위수명)
이로운 일을 볼 때는 옳고 그름을 생각하고 위험한 일을 볼 때는 목숨을 걸라."

조국 대한의 독립을 위하여 만주 하얼빈 역에서 목숨을 아끼지 않고 이토 히로부미를 장쾌하게 쓰러뜨린 의사 안중근. 그의 친필과 손금을 대할 때 숙연해지지 않을 수 없다.

감히 수상으로 의사의 운명을 진단해 본다.

유난히 긴 가운뎃손가락은

안중근의사의 수인 (手印)

강한 자아 의식과 굳은 의지 및 극단적인 성품을 나타낸다.

제대로 의사의 손금을 뜨지 못한 점도 있어 끊어진 위치를 제대로 가늠하기 어려우나 생명선의 중간이 불안한 것이 보인다. 특히 직업과 생활, 가정을 의미하는 직업선이 30대 초반에 중지되어 있다. 의사가 33세를 일기로 조국을 위하여 산화한 시기를 하늘은 너무 명확하게 직업선과 생명선에 표시하고 있다.

3. 알렉산더 대왕(B.C. 356~B.C. 323)

최근 이집트에서 발견된 알렉산더 대왕의 무덤의 진위 여부가 화제가 되고 있다. BC 323년 33세로 죽을 때까지 그리스, 소아시아, 페르시아, 이집트 등 많은 지역을 정복한 그리스 왕으로 그의 무덤은 지금까지 미스테리에 싸여 있다.

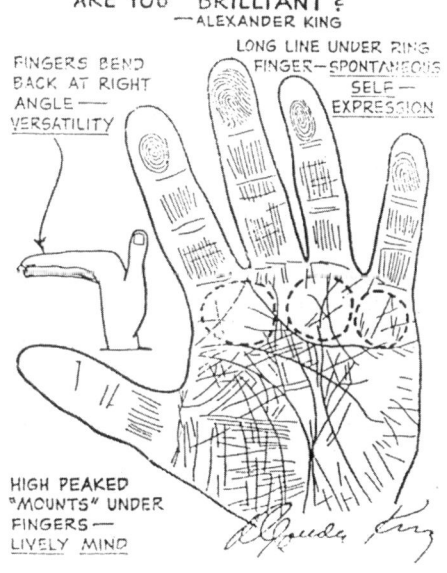

알렉산더라는 뜻은 '나라를 지키는 사람'이라는 의미이다. 많은 지역을 다스리며 동서 융합을 꾀하고 헬레니즘 문화를 낳게 하였다.

그림에 나타난 그의 수상을 보면 손가락은 실로 많이 뒤로 젖혀진다. 이는 사고(思考)의 신축성을 말하며 지혜롭다고 할 수 있다. 큰 엄지손가락은 전형적인 지도자형이고 손가락 지문도 소용돌이 물결 모양이 다양하다.

손바닥의 선을 보면 손목 근처에서 나온 직업선(운명선)이 생명선에 부딪치고 다시 중지를 향해 뻗어가며 성공선은 손목 근처 볼록구 근처에서 나와 검지로 향하고 있다. 아주 드문 길 상이다. 생명선은 이중생명선으로 타고난 정력가이며 폭음폭 식 대식가이다.

검지 밑 권력구에는 유명한 정치가에게서 볼 수 있는 명예와 부의 별이 있고 약지 밑 성공구에는 별 모양이 있다. 이는 두 뇌선과 성격선 사이에서 올라와 약지로 향한 선(지지선 : Support Line)과 성공선이 합하여 이룬 것이다. 이렇게 찬란한 선과 별은 그의 생애를 명예와 권세, 부로 가득차게 했다.

그러나 그도 사망할 수밖에 없는 인간이었기에 생전 그렇게 많은 땅을 차지하였지만 무덤에서 이렇게 고백하고 있다.

"내 뒤에 오는 영웅들아, 내가 너희에게 내가 누운 이 여섯 자의 땅을 빌리노라."

4. 나폴레옹과 연인 조세핀

나폴레옹 보나파르트(Napoleon Bonaparte, 1769~1821)는 코르시카 섬의 이탈리아계 지주의 아들로 태어났으며 어릴 때 부터 머리가 좋아 특히 수학에 천재적 소질을 갖고 있었다고 한다. 어린 시절 무지개를 잡으려고 산과 들을 헤매며 꿈을 키 운 일화는 너무도 유명하다. 브리엔느 유년학교를 거쳐 포병사 관에 임명되어 각지를 전전하였고, 1791년 자코방당에 입당하 고 틀롱항 공격에 탁월한 근사적 재능을 발휘하였으며 테르미 도르 반동 때 일시 투옥당한 적도 있었으나 국민공회 말기에 파리의 왕당파의 반란을 진압하여 재기의 기회를 얻었으며

1799년 11월 9일 무력에 의하여 총재 정부를 타도하고 국민 투표에 의하여 정치의 실권을 쥐었다. 이를 일명 '브르메르 18일의 쿠데타'라고 일컫는다.

나폴레옹은 전성기에 프랑스 황제 겸 이탈리아 왕인 동시에 라인동맹 바르샤바 대공국의 보호자였다. 일족 공신을 봉한 나라의 수는 모두 7왕국 30공국에 이르렀으며 프로이센, 오스트리아, 노르웨이, 러시아 등도 동맹국으로 유사시에 병력 제공 의무를 지고 있었으며 유럽 제국 중 나폴레옹의 명령을 받지 않은 나라는 오직 영국과 두르크 두 나라뿐이었다.

수상

검지까지 뻗어간 성격선은 감수성이 풍부하여 전쟁터에서도 〈젊은 베르테르의 슬픔〉을 읽을 정도이며 두뇌선은 손바닥 끝

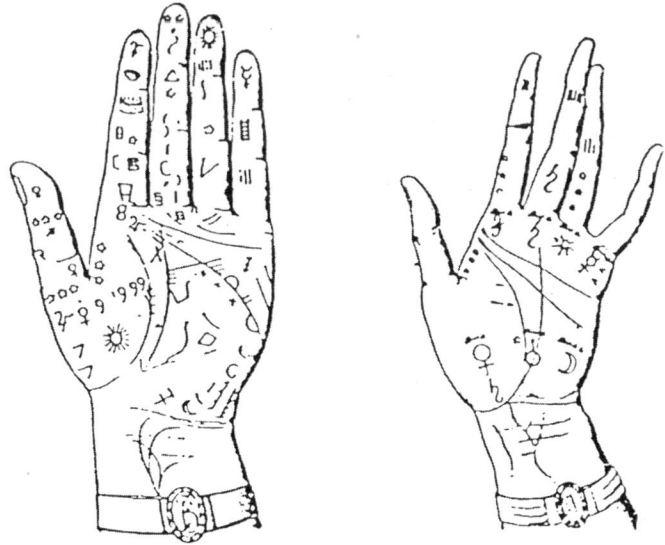

옛 책에 나온 나폴레옹과 조세핀의 수상도

까지 활처럼 횡단하고 있다. 치밀하고 조직적이며 대담하고 실
천적인 면을 엿볼 수 있다. 생명선은 끝쯤에서 끊겨 있어 생명
의 위험과 사망 시기를 예언하고 직업선 의지력이 강하며 강력
한 힘이 있어 동양에서 말하는 천자의 상이다.

성공선은 직업선에서 가지쳐서 나오는데 아마도 세계에서
지금까지 단 하나뿐인 특이한 선일 것이다. 직업선 시작쯤에
짧게 나온 특이한 세 개의 선이 있고 성공선 말단에도 세 개의
선이 있다. 이는 성공선이 네 개인 것을 축소하여 놓은 상이다.

천하에 단 하나뿐인 최고의 길상이다. 박순천 여사도 성공선
의 끝에 두 개의 짧은 선이 좌우로 있어 세 개를 표시하는데
하늘의 멋진 그림 솜씨를 우리는 손에서도 읽을 수 있다.

5. 전 영국 수상 글래드스턴
(William E. Gladstone, 1809~1898)

① 영국의 대정치가, 국회의원, 수상(首相) 4회 역임.

② 복잡한 주요선은 수체(樹體 : Tree Type)로 나뭇가지같
이 무성하게 선이 뻗어가고 있다. 특이한 길상으로 경탄을 금
할 길 없는 수상이다.

③ 철학, 사색형으로 충실하고 건실하게 생활하는 타입이다.
손가락 중 새끼손가락이 특별히 길다. 외교적 수완이 풍부하고
변설 능력이 있고 이론과 계수 방면에 뛰어나다.

④ 손 모양으로 보아 신체가 강건하며, 곧게 쭉 뻗은 두뇌선
은 계수에 밝은 우수한 지능의 소유를 의미한다. 볼록구에서
출발한 직업선 3개, 기타 2개의 선, 합계 5개의 선이 상승하고

있는 바 이는 운세의
변화 부침(浮沈)을
나타내는 것으로 다
른 사람에게서는 볼
수 없는 여러 개의
직업선이다. 타의 추
종을 불허하는 길상
이다.

⑤ 성공선이 여러
개 상승하고 있음은
본인의 애정에 따라
행복하고 안락한 생활을 만년까지 누리며 명성도 함께 얻을 수
있음을 나타낸다. 이런 특수한 손금은 그 예를 찾기 힘든 길상
이다.

6. 발명왕 에디슨(1847~1931)

세계 최고의 위대한 발명가 에디슨은 백열전구, 축음기, 영
화 촬영기 그 외 각종의 발명을 했다. 특허만도 1,300건을 넘었
으며 이런 발명을 하려면 고도의 지적 능력과 학문이 필요했으
나 그는 학교 교육도 제대로 받지 못했다. 가정이 가난하여 교
육은 초보 정도이고 12살 때부터 일을 하여 생계를 유지하지
않으면 안 되었다. 이런 불가사의한 인물을 읽는 데는 수상으
로서 해명이 가능하다.

그림은 에디슨의 수상도이다.

①②는 생명선이다. 손목 근처까지 뻗어갔으며 허약하다든지 질병이나 혼란은 없다. 이것은 그가 대단히 건강하여 84세까지 장수한 것과 일치한다.

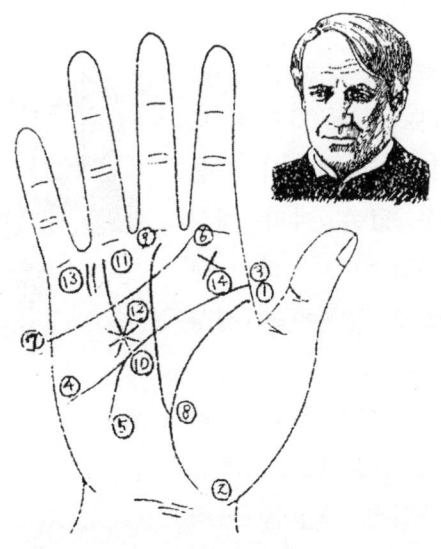

③④⑤는 두뇌선이고 ③은 출발점이 ①의 생명선과 떨어져 있다. 이것은 자신감과 대담한 것을 나타내며 나쁘게 보면 경솔한 점도 있는 상이다. 발명하려면 대단히 신중한 성격이 필요한데 반대이며 오히려 사업가적인 두뇌선이다. 학교 생활에서 공부를 열심히 하지 않고 자기가 하고 싶은 공부만 하여 성적이 떨어졌으며 회사에 취업하여서도 복장이나 태도에 구애되지 않고 멋대로 하는 등 하여 해고된 적도 있다. 열차에서 물품과 신문을 팔 때도 틈을 이용하여 약품을 갖고 구석에서 실험하다 불을 일으켜 주인이 몹시 노한 적도 있다. 한 번은 철로에 소녀가 노는 것을 보고 열차에서 뛰어내려 소녀를 구출하기도 했다. 이것은 그의 대담하고 대단한 온정을 나타내는 동시에 나쁘게는 무대포인 성질을 의미하기도 한다.

두뇌선이 두 개로 쪼개져 있다. 일방이 아닌 양방의 사고를 나타내고 가로지르는 직선은 이지적·논리적이며 사업적인 두뇌를 보여준다.

하향곡선은 감정적이며 독창적인 상상력과 계수적 사고를 갖고 있음을 뜻한다. 그가 소녀 구출과 발명으로 대성한 것은 이 양면성을 증명하고 있다. 21세에 최초의 특허를 얻고 23세에 실험소를 설립하고 35세에는 '에디슨 전구 회사'를 설립하여 실업계에서 대활약했다. ⑥⑦은 성격선으로 검지까지 뻗어 있다. 정신적·육체적 감성이 조화있고 애정이 있는 사람임을 보여준다. ⑧⑨는 직업선으로 생명선 ⑧에서 시작되었다. 이것은 가정이나 타인의 원조가 없어 본인이 직접 운명을 열어가는 자수성가형이다. ⑧의 점은 20세경이다. 이곳이 자력으로 운을 여는 개운의 시기이다.

두뇌선이 명료하고 길며 강력하고 쪼개져 있어 두뇌가 우수한데 학교 성적이 좋지 않아 선생이 어머니에게 알렸을 때 어머니는 대로하였으나 그의 두뇌가 우수한 것은 알고 있었다.

그는 한번 발명에 몰두하면 67시간도 자지 않고 문제를 해결했으며 40년간 매일 16시간씩 연구했다. 필라멘트를 발명할 때는 14,000번이나 실험하였다고 한다. 그의 특이한 인내력, 체력의 힘과 두뇌를 알 수 있다. 이런 천부의 재능은 그의 말속에도 나타나 있다.

'천재는 99%의 땀과 1%의 영감으로 이루어진다'

직업선은 일관성있게 뻗어 그 끝이 ⑨의 점인 권력구까지 미치고 있다. 의지가 굳고 초지일관하는 성품과 운명의 작용을 말하며 노년까지 운세가 있어 행복한 생활을 하고 성공한 것을 보여준다.

⑩⑪은 성공선으로 두뇌선에서 시작되고 있다. 두뇌로 성공을 이루는 길상이다. 명성과 부를 노년까지 얻는 상이다. 더구

나 두뇌선 상의 ⑫의 별형은 감격적 기쁨을 표시하고 장년 시
대에 여러 건의 발명품으로 명성을 얻고 환희와 기쁨을 누린
것과 일치한다.

성공선의 끝 옆 성공구에 ⑬의 세로선이 있다. 이것은 '과학
적 연구의 천재적 재능'이라고 일컬어진다. 그리고 권력구에
⑭의 십자형이 있는데 이는 대야망을 표시하는 상이다. 그의
인생과 거의 일치한다. 이 모든 것이 본인도 당대에 부와 명예
를 이루고 인류 과학 문명에 공헌한 그대로이다.

7. 과학자 퀴리 부인(1867~1934)

퀴리 부인은 1867년 폴란드에서 출생한 프랑스의 여류 화학
자 겸 물리학자이다. 라듐 발견으로 부군과 공동으로 노벨물리
학상을 수상하고 그 후 단독으로 노벨화학상을 수상한 과학자
이다.

(1) 수형은 AAA형이며 생명선(가, 나)이 손바닥의 중앙을
길게 뻗어가고 있다. 어려움 속에서 연구에 정진하였으며 성공
하여서도 프랑스 정부가 설립해 준 퀴리 라듐연구소의 책임을
맡고 밤 늦도록 연구에 몰두하며 건강을 유지하고 67세까지 수
명을 보전한 상이다.

(2) 두뇌선(가, 파)은 시발점이 생명선과 일치한 바 신중한 성
격을 나타내며 주의력 있게 학문을 연구할 수 있는 적성이고 직
선으로 손바닥을 가로지르며 상당히 길게 힘있게 뻗어 있음은
사고가 이지적이며 논리적이고 계획적이며 과학 연구에 매우 적

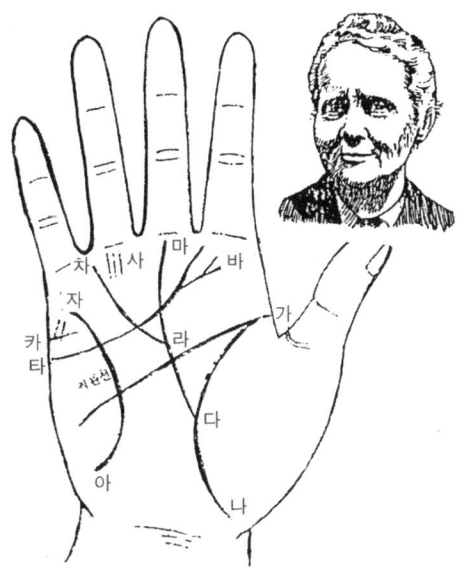

합한 타입임을 나타낸다. 여성은 대개 감정적이고 이지적인 면이 적은데 퀴리 부인의 경우 역시 세계적인 과학자이므로 특징이 다르다.

(3) 성격선이 검지와 중지 사이까지 뻗어 갔고 2개선으로 쪼개진 바 순진한 성격을 나타내며 정신적 애정이 풍부한 것을 의미한다.

그녀의 전기에서 연금을 개인 생활에 쓰지 않고 고향 폴란드에 세운 병원을 위하여 희사한 훌륭한 애향심과 박애의 정신을 엿볼 수 있다. 정이 풍부하고 우수한 세계적 과학자임은 물론 두 여아를 훌륭하게 양육하여 가정적으로도 훌륭한 어머니의 면을 엿볼 수 있다.

(4) 직업선(다, 마)은 생명선에서 출발하였는데 이것은 가정의 도움이나 타인의 원조보다는 자기의 운명을 스스로 개척하여 성공하는 타입을 나타낸다. 그녀는 과학 교육 이수 후 가정교사로 수년간 생계를 유지하였으며 프랑스 소르본느대학 재학중에도 고학으로 학사시험에 합격했다.

그녀는 31세에 남편과 함께 라듐 발견으로 노벨상을 수상했다.

직업선이 직업구 상부(마)까지 도달한 것은 그녀가 노년까지 운세가 계속됨을 의미하며 이는 그녀의 일생과 일치한다.

(5) 성공선(라, 차)은 직업선(다, 마)의 중간에서 시작되고 있다.

직업선에서 시작되는 성공선은 그 시점에 본인의 노력이 사람들로부터 인정을 받아 성공하고 명성을 얻을 상이며 직업선상의 출발점은 의미가 강하다. 그녀는 그 이전에 라듐을 발견하여 노벨상을 남편과 함께 공동 수상하였으나 그렇게 명성을 얻지는 못하였다.

그 후 39세경 남편이 사망하였으나 직업선상에 흉상이 없는 바 이것은 그녀가 이지적인 여장부인고로 타인의 불행을 동정할 뿐 아니라 자신의 불행을 한탄만 하며 슬퍼하는 것보다는 자기 스스로 위로하고 슬픔을 극복하기 힘쓰며 2명의 여식을 양육하는 데 정진한 것으로 판단되며 그 후 44세에 노벨화학상을 수상하였다(직업선상 성공선 출발점과 일치).

(6) 성공구상의 삼선(사)은 학자의 천재적 재능을 나타내는 바 그녀와 일치한다.

(7) 결혼선(카)이 소지와 떨어져 있으므로 만혼으로 여겨지며 실제 28세경 결혼하였다.

(8) 직관선(자, 아)이 명료하고 강한 바 감수성이 예민하고 직관력과 통찰력 등 제6감이 잘 발달되었으며 천리안을 가진 형으로 학문에서 독창적 업적을 나타냈으며 생애 중 초인적 능력의 결실을 맺었다.

8. 김대중(金大中)

(1995년 11월 30일 간행된 신통수상술 대전 507P 내용)

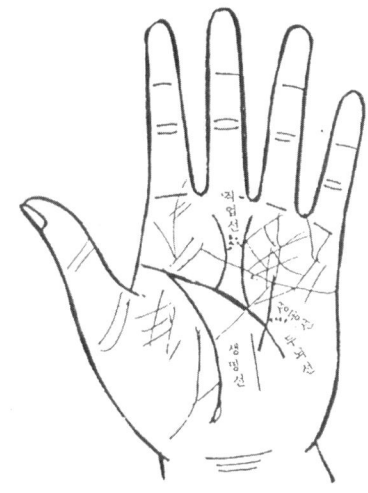

생명선은 출발점이 두뇌선과 오랫동안 붙어 있다 떨어진 형
으로 무슨 일에 있어 오랫동안 생각하는 장고(長考) 스타일이
다. 막쥔손금이나 생명선과 두뇌선이 떨어진 형(D형)보다 순
발력이 뒤떨어진다.

따라서 1급 참모는 순발력이 있는 D형이나 S형이 바람직하
다.

또한 생명선은 나이 들어 만년(晩年)에 이중으로 되어 있어
튼튼한 듯하나 찬 음식이나 굳은 음식은 좋지 않으며 과식은
금물이다.

두뇌선은 포물선처럼 끝이 휘어져 있어 감상적이며 때론 정
에 약한 모습이다.

운명을 말하는 직업선(운명선)은 인생 초반은 혼란하고 중
반은 약간 힘이 있으나 50대 초반까지는 그렇게 두드러지지 못
하다.

50대 후반부터 힘있게 뻗어가다 나이 들어 그 선이 두세 개 합쳐져 마치 기차 철로길처럼 가지런하다. 70대 초반을 약간 지난 시점부터 더욱 힘차게 뻗어가는 점이 특이하다. 길상이다.

또한 인생의 명예와 부를 이야기하는 성공선은 얽히고 설켜 삼각편대를 이루어 큰 별로 형성되어 빛을 발하며 한 곳에 모이고 있다.

9. 김종필(金種泌)

(1995년 11월 30일 간행된 신통수상술 대전 508P 내용)

전형적인 막쥔손금이다. 일본의 도쿠가와 이에야쓰(德川家康)와 미국의 전 대통령 레이건이 갖고 있던 수상과 유사하나 전체적으로 볼 때 인생의 중·장년은 힘이 있으나 말년에는 약화되다 다시 힘을 얻고 있다.

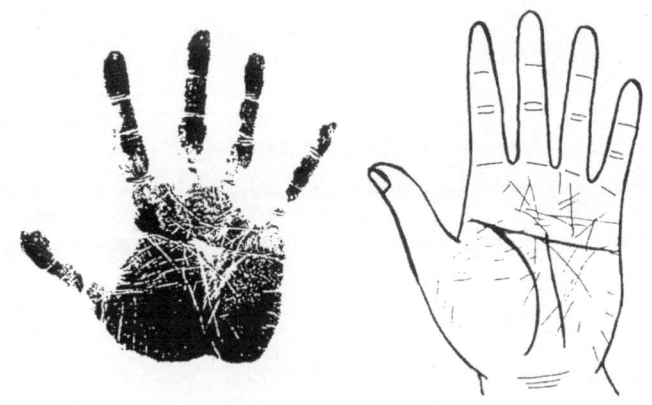

그림의 ①은 생명선이다. 인생 상반기가 혼란스럽고 후반기

는 큰 이상이 없다.

②는 두뇌선으로 성격선을 겸한 막쥔선이다. 손바닥 끝에서 끝으로 천하를 양분하듯 손바닥을 둘로 나누고 있다. 이것이 바로 백악(百握) 즉 백 가지를 쥘 수 있다는 불가사의한 선이나 이 선만 가지고는 한 치의 땅도 차지하지 못한다.

하나의 나무가 성장할 때(근묘화실 : 根苗花實) 뿌리와 줄기가 있어 꽃이 피고 열매를 맺어야 하듯 직업선(운명선)과 성공선이 뒷받침되어야 한다.

③은 직업선이다. 인생 30대 중반부터 50대 중반까지는 힘차게 상승하고 있으나 인생 후반은 그 힘이 약하다. 다시 제자리로 돌아오고 있다. 상부로 갈수록 끊어지고 자르는 선들이 있어 파란 만장, 다사다난하다는 표현이 맞을 것이다. 그러나 지금은 새로운 운명의 힘이 약동하고 있다.

본인의 힘을 뒷받침해 줄 좋은 참모가 있어야 부족함을 보완할 수 있으며 뜻을 이룰 수 있다.

10. 나카소네(中曾根漱方 : 전 일본 수상)

1918년 5월 27일생.

생명선이 명확하여 천하를 장악할 수 있는 건강체이다. 향상선이 있어 뻗어가는 세력이 강하고 성격선은 자신감 있는 이상가인데

특히 강하나 눈물도 있는 상이다.

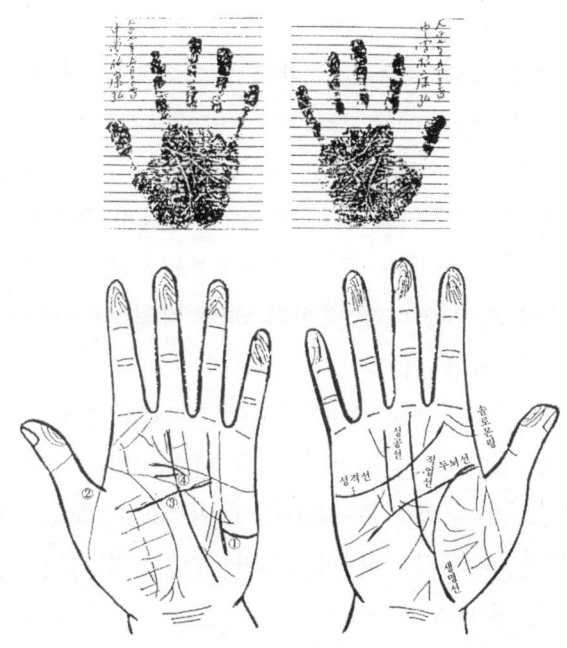

　직업선(운명선)은 초년부터 아스팔트길처럼 활기차게 뻗어 있다. 그러나 중년의 십자형은 삶의 기복을 말해주는 어려운 운도 있었음을 대변해 준다.

11. 스즈키(鈴木 : 전 일본 수상)

　단기 정권이었던 스즈키 전 일본 수상의 수상이다. 오른손은 직업선 손목 쪽에서 직선으로, 또 하나는 중간에서 나와 중지를 향하여 상승하고 성공선은 30세 이전에 직업선에서 나와 성공구로 뻗어가고 있다. 거목의 정치인에게서 볼 수 있는 상이다.

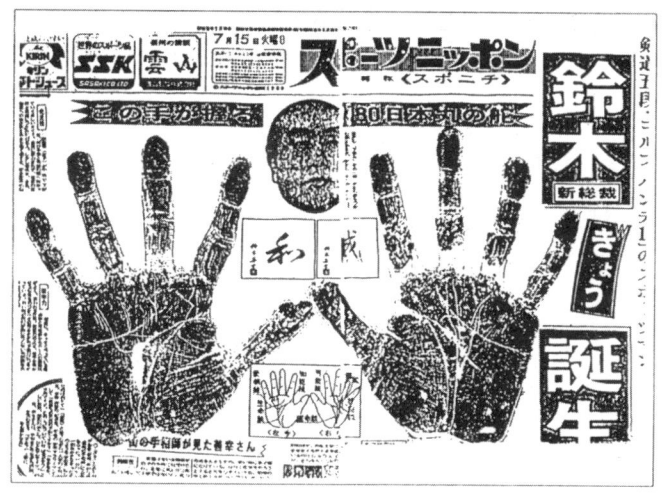

두뇌선은 왼쪽에 특이하게 나타난 길상이다. 두뇌선이 생명선 근처에서 시작하여 새끼손가락 밑 상업구로 구부러져 올라가고 있다. 외교 수완과 상업 재능이 있으며 특이한 두뇌선으로 아주 드문 희귀한 형이다. 생명선은 긴데 노년기인 손목 근처에서 끊어져 있다. 이 연령이 기가 약해져 건강이 쇠약해지는 시기이다.

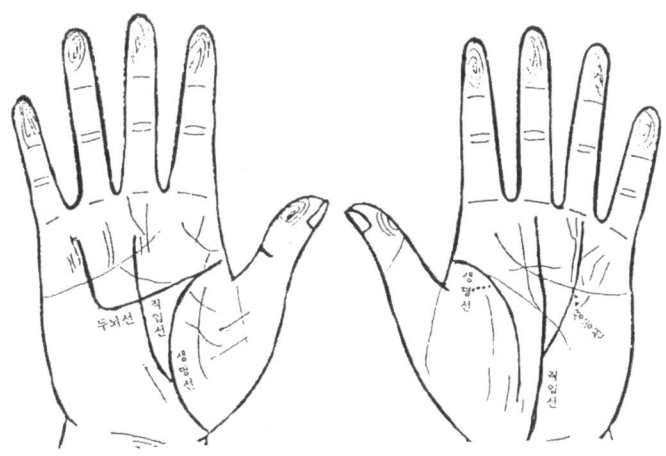

12. 히틀러(1889~1945)

제2차 세계 대전의 장본인으로 독일의 총통 겸 수상을 지냈고 나치 지도자로 맹위를 떨쳤으며, 후에 패전하여 자살로 생애를 마쳤다.

동서고금을 통하여 운세가 부침(浮沈)을 거듭하는 인물이 많지만 히틀러 역시 극단적 인물로 특히 드문 손금이다.

이 수상은 1932년 히틀러가 43세 당시 조셉 라나레토의 〈운명의 지배자들(Masters of Destiny)〉에 실제로 찍혀 발표되었던 것들이다

나치의 창립자로 국민의회의 제1당인 나치의 당수였으며, 다음 해에 히틀러 내각이 이루어졌다. 그런 욱일승천의 기세였는데 누가 감히 그의 비참한 말로를 예상이나 했겠는가. 그러나 그의 수상은 장래 악운을 암시한 흉상이다.

아마 생명선(①②)가 손바닥 중앙에서 뻗어나오지 않은 것으로 보아 본래 강한 육체의 소유자가 아니었을까 짐작할 수 있다. 당시 혼란한 독일의 시류에 편승하며 자리를 굳히고 사회적으로 비상한 활동을 하는 등 신경을 과도하게 쓰는 성격의 소유자로 놀랄 만하다.

그러나 선이 55세경 정지되어 있고 (실제로 56세경 사망함) 생명선 끝의 십자형(十字)이 죽음을 암시하고 있다. 십자형은 단순히 육체의 쇠약, 평온한 사망이 아닌 정신적 장애로 인한 죽음을 의미하는 바, 이는 그가 패전의 충격으로 자살한 것과 일치한다. 두뇌선(③④)의 시발점은 생명선과 떨어져 있는데 이런 사람의 장점은 대담하고 재빠르고 민첩하나 자부심이 강

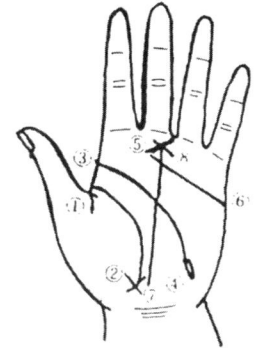

하고 경솔하며 자주 다투는 단점이 있다.

　히틀러는 신경과민이었으며 독단적이다. 44세경 내각 성립 후 독재 정치를 실시하고 50세 무렵에 온건파의 반대를 무릅쓰고 제 2차 세계대전을 일으켰다.

　두뇌선이 하강하고 끝에 섬형이 있음은 논리적・실제적인 것보다는 감정적・예술적(처음 화가를 지망했으며 그림을 잘 그렸다)인 성격을 표시한다.

　섬형은 신경이 극히 예민하고 상상력이 과대하며 신경을 혹사하여 신경 소모가 많아 정신착란・뇌병 사망의 위험이 있음을 나타낸다.

　사실 히틀러는 신경이 지나치게 예민하여 격노하고 눈물을 잘 흘리고 의기소침한가 하면 또 어느새 맹렬히 활동하는 등 약간 히스테리적이었다.

　특히 그의 연설은 첨예한 애국적 어조와 특유의 매혹적인 목소리로 청소년과 부녀자를 열광케 했다.

　56세에 무조건 항복을 선언하고 4월 29일 연인인 비서와 결혼하였으나 그 다음날 베를린의 참호 속에서 권총 자살하고 여자는 음독자살했다.

성격선(⑤⑥)은 직업구까지 뻗었다. 이것은 다분히 애정이 육욕적으로 공포의 독재자였음을 암시한다. 자신을 반대하는 자에겐 특히 냉혹한 사람으로 유대인 대학살의 대죄를 저질렀다.

직업선(⑦⑧)은 손바닥 하부 중앙에서 상승해 중지 밑까지 도달하였다. 초년부터 말년까지 운세가 좋은 것같이 보이나 지선이 없고 성공선이 없다. 이는 불안정한 운세일 뿐 아니라 결코 행복하다고 할 수 없는 상이다. 끝에 십자형(十字)이 있는 것은 비참한 말로를 나타낸다.

손금에 나타난 그의 운명은 놀라울 정도로 사실과 일치하고 있다.

13. 뭇솔리니

49세경 국가 최고의 권좌에 있을 때 이 수상도가 발행되었다. 히틀러와 특히 공통점이 많은 이탈리아의 뭇솔리니. 서민으로 입신 출세하여 제2차 세계대전의 주역으로 권세를 장악하고 말로가 쇠퇴하여 가는 과정이 거의 비슷하다.

생명선 ①②는 특별히 강하고 길게 뻗어 있다. 세력이 왕성하고 자연에 순응하면 장수할 수 있는 상이다. 그러나 그 선의 중앙 ③④ 두 군데에 사각형이 있다. 사각형은 위험이나 상처로부터의 방어와 탈출을 의미한다. 그는 강인하고 성격이 대담하여 남과 잘 다투는 등 모험적인 기질이 있다.

제1차 세계대전 이전에 열렬한 애국자, 극단적인 사회주의

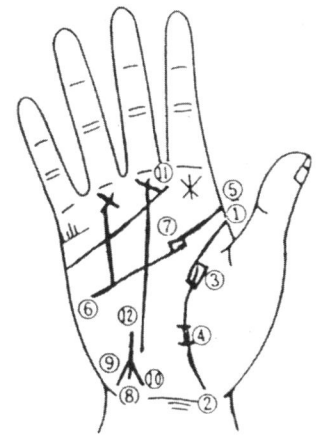

자, 37세경 사회당 노동운동 활발, 39세경 로마 진군 쿠데타로 정권 장악, 40세경 독재 시작 등 생명선의 연령과 대개 일치한다.

두뇌선은 생명선과 떨어져 출발하였다. 장점은 자신감이 있고 대담 민첩하며, 단점은 경솔하고 남과 대항하는 면이 있어 실수하는 상이다.

뭇솔리니는 신체 강건하고 성격이 호방하여 서민의 신분에서 국가 최고 권력의 좌에까지 올라가나 실패 후 슬픈 말년을 보낼 상이다. 두뇌선이 직선으로 손바닥을 가로지르는 바 감정보다는 이성적이고 실제적인 타입이다.

두뇌선의 종점은 약간 위로 향하였다. 이성적 계수(計數)가 밝고 타산적인 성격을 나타낸다. 이욕(利欲)을 위해서 타인에게 냉담하다.

서민으로 태어나 아버지의 영향으로 청년시대에 사회주의 정치 운동에 참가하고 30세경 사회당의 유력자가 된다. 특권계급에 대항하여 31세에 사회당의 반전론에 반대 제명, 36세

파시스트당을 조직, 37세 자본가 군부 밀접 관계 활동, 38세 국
민 파시스트당 조직 당수, 39세 정권 획득 독제 체제 확립,
1937년 54세 일독이(日獨伊) 군사 동맹, 1939년 56세 제2차 세
계대전 개시, 다음해 항복 등 그의 일생을 통해서 볼 때 자신
에게 불리한 것이 예상되면 언제든지 변절했다.

두뇌선 ⑤⑥의 가운데 사각형 ⑦은 사고, 위험, 질병으로부
터의 보호를 의미한다.

직업선의 시발점은 세 점 ⑧⑨⑩으로부터 약간 상승하여 함
께 올라가다 끊어졌다.

뭇솔리니는 이태리 동북부에서 출생하였다. 아버지는 노동조
합운동에 열심이었고 어머니는 모교의 교사였다.

18세경 학교를 졸업하고 19세경 스위스, 오스트리아, 프랑스
등을 방랑하며 육체 노동을 했다. 그 후 25세 무렵에 귀국하여
정치 운동에 참여하기 시작한다.

직업선이 세 군데에서 출발함은 여러 가지 복잡한 청소년 시
절을 말하며 도중에 선이 끊어지고 다시 새로운 선이 출발한
바 운세의 변화를 보여주며 이 변화 시기에는 특히 고생을 많
이 한다. 그 시기는 대개 25세경으로 정치 운동에 참여한 시기
와 일치한다.

새로운 변화는 운세가 좋게 변화되어 개운의 시기로 보아 틀
림없다. 그 선은 성격선을 지나 비스듬히 횡단하는 선 ⑪이 자
르고 있다. 이는 만년의 운명상 액운을 나타내고 있는 것이다.

성공선은 두뇌선에서 출발하고 있는데 이것은 두뇌의 노동
으로 성공하고 부와 명성을 얻는 상이다. 자기의 이해 타산에
따라 움직이는 경향이 있고 지배욕과 권세욕의 만족을 위해,

즉 목적 달성을 위해 머리를 쓰는 형이다. 이름 없는 집안에서 태어나 국가 최고의 권력자가 되는 것은 불가능한 일인데 29세경 사회당 기관지 편집장으로 임명되어 운의 싹이 텄으며, 31세경 제1차 세계대전 발발로 이탈리아의 참전 논의가 있을 때 참전을 주장하여 사회당에서 제명되었다. 프랑스 자금으로 신문을 발행하여 참전을 호소했고 33세~34세까지 사병으로 군에 입대, 그 후 36세 때 파시스트당을 조직해 37세 이후 활약하여 대권을 획득했다. 10년간 별사건 없이 지내고, 51세경 이디오피아 침략, 53세경 스페인 내란 간섭, 56세 일독이(日獨伊)군사 동맹 체결, 제2차 세계 대전에 참전, 60세경 연합군에 의해 정권 붕괴, 감금되었다가 구출되나 62세경 다시 체포되어 정부(情婦)와 함께 사살된다.

성공선 끝의 십자형(十字)은 '회복하기 어려운 오명'을 의미한다.

만약 본인이 이를 알았다면 교훈을 겸허히 받아들여 저돌적인 대담성은 버리고 순화시켜 그의 인생과 세계 역사는 큰 변화를 이루었으리라고 생각된다.

권력구(검지 밑)상의 별 모양은 대야망과 지배력에 관심이 있고 심적으로 큰 충격을 받는 감격적인 기쁨, 환희를 표시한다. 또한 실패하였을 때도 큰 실의를 겪게 된다. 성공선상에 흉상이 있으므로 만년에 악운이 있음도 예견할 수 있는 상이다. 그러나 별 모양은 대권을 장악하여 만족스럽고 감격적인 환희를 맛보는 상임에 틀림없다.

14. 사담후세인 이라크 대통령

　영국의 수상가 조세핀 디는 '사담 후세인 이라크 대통령의 손금은 그에게 정신적 결함이 있음을 보여주고 있다'고 주장하고 있다. 디가 밝힌 후세인의 손금은 영국 〈더 피플〉紙가 보도한 것이다.

　(저자 주(註) : 수상학상 설명이 왜곡되고 불충분한 점이 있다)

　홍콩의 저명한 중국계 작명가는 후세인의 성명점을 치고 있다.

　'사담'이라는 후세인의 이름은 아랍말로 '놀라게 하는 사람'이란 뜻이며 중국식으로 표현하면 당음(唐音)으로 사담(蛇肚 : 쉐당)이 되며 뱀의 쓸개는 쓰고 독하고 끈질기고 고약하다는 것이다.

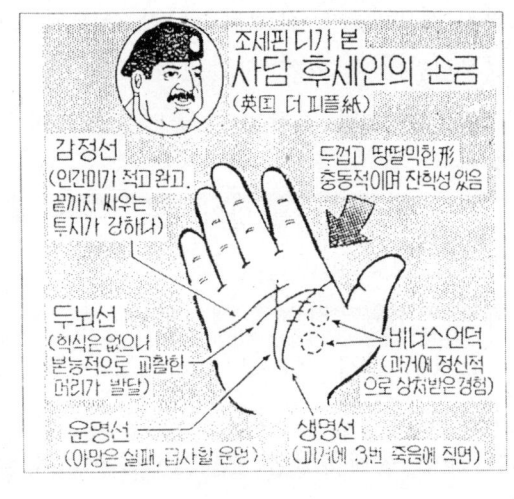

　인상에서 보면 두드러진 특징은 '카타리나형' 코다. 이마와 코와 두 눈이 마주친 지점이 깊고 매부리처럼 굽은 그 코가 사납고 냉혹한 인상을 주는 원흉이 되고 있다. 악명 높았던 르네상스 시절의 봉건여왕 카타리나 스포르스아의 코가 그렇게 생

겼다 하여 그런 이름을 얻은 것이다. 카타리나는 성이 차지 않
으면 남편을 갈아치우고 쥐도 새도 모르게 암장해 버린다는 여
걸로 마키아벨리가 그녀에게 영향을 받아 군주론(君主論)을
지었다는 여인이기도 하다.

후세인은 눈동자가 위로 솟구쳐 윗눈썹 속으로 절반이 묻혀
있다. 아리스토텔레스의 〈동물지(動物誌)〉에 의하면 그 눈매
는 예술가면 파격적인 천재로, 정치가면 저돌적인 독재자라고
했다.

15. 프랑스 여배우 사라베루나루(1844~1923)

(1) 사라베루나루는 세계적인 명성을 얻은 프랑스 여배우로
19세기 말경까지 활약하였으며 극장 르네상스를 경영한 바도
있다.

(2) 수형은 D.BC.C형으로 엘리자베스테일러와 비슷하며 직
각력이 뛰어나고 두뇌 회전이 빠르며 예술 문학에 취미가 있으
며 실행력이 약한 것이 흠이다. 그리고 여자 생명선 D형은 약

간 팔자가 드세다
고 하는 것도 간과
할 수 없다.

(3) 생명선 상에
일부 섬형이 있어
건강상 약간의 문
제도 없지 않으며
두뇌선이 비상하게

명료하고 길고 강한 바 우수한 머리와 천부적인 예술적 재능이
있고 초년부터 상승한 직업선과 성공선은 가히 1급 수상이다.
더구나 성공선 중간의 별문과 끝의 별문은 세인의 사랑과 애호
를 받으며 명성을 사해에 떨친 운명이다.

(4) 생명선이 두뇌선과 떨어진 D형은 어지간히 행동적인 사
람임을 나타낸다. 남에게 지지 않으려는 경향과 지배욕이 강한
남성형이다.

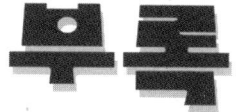

부록

제 1 장

지문의 개성 및 운세

1. 지문의 개성

모든 사람이 각각 다르고 일생 동안 변하지 않는 지문은 현대 사회에서 개인 식별이나 범죄 수사에 유용하게 활용되고 있다. 이제는 개인의 운세마저도 판단할 수 있게 됐다.

옛날에는 얼굴과 그 얼굴의 특징으로 개인을 식별했다. 이것은 어디까지나 사람의 기억에 의한 것이었으므로 생김새의 닮은 점을 이용하여 각종 범죄가 횡행하였다. 일본의 천일방사건, 영국의 스튜어트사건, 프랑스의 마르쿤게르 사건, 러시아의 테마톨리우스 사건 등이 유명한 예이다.

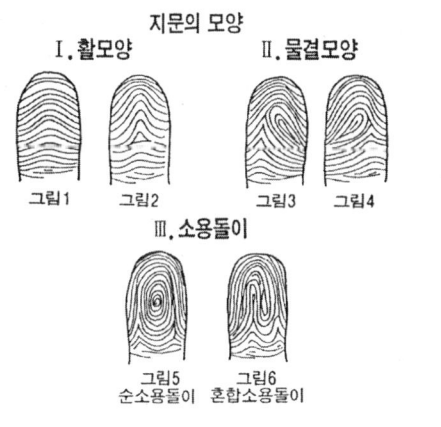

지문의 모양
I. 활모양   II. 물결모양
그림1   그림2   그림3   그림4
III. 소용돌이
그림5   그림6
순소용돌이 혼합소용돌이

이렇게 문제가 많자 개인 식별을 위하여 지문은 오래 전부터 이용됐다. 우리 나라에서도 무인(拇印), 압수(押手), 수형(受型)이 있었고 인도의 벵갈 지방에서는 지두(指頭)에 잉크를 묻혀 증서에 누르는 관습이 있었다.

현재의 지문 제도는 영국인 에드워드 헨리가 지문의 분류에 성공한 뒤부터다.

우리 나라나 일본이 사용하고 있는 것은 독일 함부르크 지문법인데 근래에는 FBI식(컴퓨터에 입력)도 일부 가미하고 있다.

　그 지문의 종류를 보면 ① 활 모양 ② 물결 모양 ③ 소용돌이 모양으로 대별된다.

　소용돌이치듯 감겨 있는 수가 많을수록 튼튼한 경향이, 물결 모양으로 흘러가는 수가 많을수록 허약한 경향이 있다. 그리고 소용돌이가 많으면 일찍 출세하고 발전하나 물결모양은 더디 나 나이들어 성공하는 경향이 있다.

　그러나 허약한 사람도 섭생에 유의하고 건강 관리에 힘쓰면 소용돌이가 많은 사람 못지 않게 강건할 수 있다.

　그러면 모양에 따른 성격과 운세를 보자.

(1) 활 모양

　①은 보통 활 모양이고 ②는 산형으로 돌기했다.

　①은 정직하려고 애쓰나 정신적 자극에 좌우되기 쉽다. 인내심이 약하고 성격이 단순하여 지레짐작을 잘 한다.

　②는 ①보다 성격의 강도가 더 현저하다. 이 형은 유럽인에게 많고 아시아인에겐 적다.

(2) 물결 모양

　③은 자기 본위이고 감수성이 강하며 성미가 급하여 매사에 불만이 많고 반항적인 면이 있다. 정에는 약하고 비꼬는 성격도 있다.

　④는 의지가 강하고 옳고 그름을 잘 판단하며 직감력도 뛰어나다. 남을 잘 돌보아 주며 영국인·독일인·러시아인에게 많다.

(3) 소용돌이 모양

⑤는 온후·독실하고 동정심도 있고 감정에 흐르기 쉬우며, 쉽게 분개하고 나중에 후회한다.

⑥혼합형이다.

시종일관된 주장이 없고 최선을 다하지 못하며 실행력이 약하다. 와상문은 동양인에게 많고 서양인에게 적다.

2. 지문법(指紋法)의 완성

지문은 '만인부동(萬人不同), 종생불변(終生不變)'인 것이 특징이다.

지문에 관한 해부학적 연구를 처음으로 시작한 것은 이탈리아의 불로냐 대학의 말피기 교수로서 1686년경이었다. 1823년에 이르러 독일의 블래스라우 대학의 플루킨에 교수는 지문의 형태를 아홉 종류로 분류하고 있다.

이러한 연구자와 공히, 지문법의 확립에 일생을 바친 프란시스 골든이 있는 것도 기억하지 않으면 안 된다. 그는 진화론을 시초한 다윈의 종제(從弟)에 해당하고, 사람의 일생을 사기(四期)로 나누어서 700인을 정밀 시험하여 699사람이 불변한 사실을 확증했다.

1977년에는 동경의 축지병원(築地病院)에 있는 영국 의사 헨리·호루즈가 그 당시 발굴해 낸 일본 고대의 토기에 지문의 흔적이 있는 것을 관찰하여, 개인의 식별에 응용하는 것을 고안하여 1880년에 영국의 과학지 〈네이츄어〉에 발표하고 있다.

한편, 인도 벵갈에서 민정 사무를 보고 있던 우이리아무-헤루시에루가 은급(恩給)을 지불하는데, 사람을 착각하는 것을 막기 위해 은급 자격이 있는 인도인의 지문을 채취해 그것을 보관해 놓았다가 은급 지불 때에 수취인의 지문을 비교, 대조하여 지불을 했다고 한다. 헤루시에루는 25세 때(1858년) 자기의 지문을 채취해 놓았다가 85세 때에 다시 지문을 채취해 자세히 연구하여, 그는 지문이 평생 불변한다고 하는 원칙을 확신했던 것이다.

그 후, 영국인인 에드워드·헨리가 지문의 분류에 성공했다. 이것이 현재 영·미에서 사용되고 있는 '헨리식 지문법'이다.

독일 함부르크의 경시총감(警視總監) 롯시에루 박사는, 이상의 제학자의 재료를 기초로 하여 연구를 계속해, 헨리식보다 간단한 롯시에루식 지문법을 확립했다. 이것은 함부르크 지문법으로도 불리우고, 한국, 일본 및 동남아 각국에서 채택하여 활용하고 있다.

근래에 와서 과학의 발달로 여기에 새로 FBI식이 가미되고 있다고 한다. FBI식은 지문을 컴퓨터에 입력(入力)하여 일목요연하게 판별할 수 있는 분류법이다.

3. 지문의 난맥

손금의 이상, 손 모양의 변화 이외에도 신병과 지문의 변화 사이의 관련성에 대해서는 많은 연구가 행해지고 있다.

오늘날 지문은 개인 식별법으로서 상당히 일반화되어 있지만, 지문을 수상학의 일부로 간주하고, 성격이나 신병을 판단하는 방법으로 이용한 사람은 수상 연구가로서 유명한 영국의

N·재크인이다. 그는 영국 키로의 제자였다고 한다.

재크인에 의한 지문의 연구에 대해서 많은 학자들이 주목하게 되었고, 신병과 지문의 변화 문제를 본격적으로 연구하게 되었다.

이와 같은 여러 학자들의 연구 가운데서도 특히 주목할 만한 것은 미국 츄-렌대학의 의학부 교수 H·카민즈 씨에 의해 이루어진 연구 내용이다. 그리고 영국 런던 경시청의 지문조사관 R·체리르 씨가 의사들과 협력해서 연구한 바에 의하면, 일반적으로 신병의 징후(徵候)는 왼손 지문에 나타난다는 것이다.

그렇다면 어떠한 질환이 지문에 나타나기 쉬운 것일까?

이 문제에 대해선 아직 충분한 연구가 되어 있지 못하다. 미국의 몇몇 의학자들이 지문과 X선방사와의 관계에 대해서 연구를 거듭하고 있는데, 침팬지의 지문에 아주 가벼운 X선방사를 계속 비쳐 보았더니 지문의 금이 나타나고 그 지문의 모양이 흩어져 버렸다는 보고를 발표한 바 있다. 그러나 X선방사를 중단하였더니 몇 주일 후에는 그 지문이 원상태로 복귀되었다 한다.

또한 체리르의 보고에 의하면, 왼손에 방사능상해를 입은 의사의 손을 살펴보았더니 그 의사의 오른손 지문도 흩어져 버렸더라는 것이다.

이로 미루어 보아 지문의 변화는 단순한 손가락 끝의 변화만을 의미하는 것이 아니라 어떤 종류의 것이든 전신의 변화의 한 표현이라고 본다. 이는, 지문을 형성하는 원인이, 유두조직(조직이 유두상으로 돌기해 있는 부분)의 생화학적 경향과 신경과의 밀접한 관련에서 이루어짐을 말해 주는 것이다. 따라서 온몸의 세포 조직이나 신경 조직의 중대한 장해가 될만한 그런 변고가 생기면, 우리들 신체 부분에서도 가장 민감한 지문 조직에 어떤 변화가 생기게 되는 것이라고 생각할 수 있을 것이다.

그리고 어느 손가락에 지문의 변화가 생겼는가를 알아냄으로써 그 병이 신체의 어느 부분의 것인가도 판단하게 되나 여기서는 생략한다.

흔히 지문에 나타나기 쉬운 병의 종류는 암, 소아마비, 류마티즘 등이 많은 듯하다.

4. 지문의 종류와 성격

개인의 완전한 표식(標識)인 지문은 일반적으로 소용돌이(渦)치듯 감겨 있는 수(數)가 많을수록 튼튼한 경향이 있으며, 흘러나가는 수(數)가 많을수록 허약한 경향이 있다.

다만 모든 손가락의 지문(指紋)이 흘러 있는 사람(皆流紋)일지라도, 건강에 기민(機敏)하면 전부 소용돌이치고 있는 사람(皆流紋)으로서 섭생(攝生)을 잘못하는 사람보다 훨씬 강건하게 활약할 수 있으며, 이 실례를 일일이 다 들 수가 없다.

지문은 크게 나누어서 궁상문(弓狀紋), 체상문(蹄渦紋), 와상문(渦狀紋)의 세 가지로 되지만, 와상문은 소용돌이치는 것으로 보고, 궁상문, 체상문은 흘러 나가고 있는 것으로 본다.

지문의 용어는 기본적으로 영국 및 독일, 일본식 용어를 답습하여 사용하였는데 딱딱하고 어려운 점이 있는 바 좀더 연구하여 우리 고유의 용어로 바꾸고자 한다.

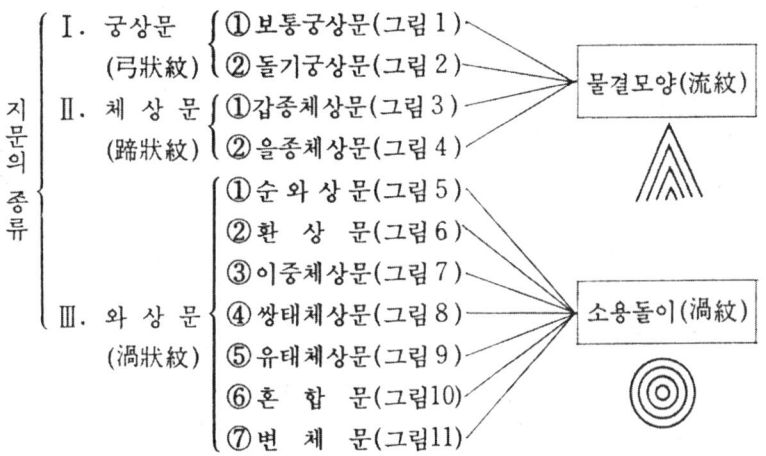

이제부터 차례대로 각 지문이 표시하는 성격 및 운세 등을 알아보자. 지문에 의해 의식되어 있지 않은 자기를 알고, 장래에 대해 확신을 갖는 것이 가능할 뿐 아니라 고생하고 있는 사람을 위로하는 것도 가능하고, 또 비운에 탄식하는 사람에게 광명을 주는 것도 가능하다.

(1) 궁상문(弓狀紋)

궁상문은 원명을 아취라고 부르고, 경사가 완만한 것을 보통궁상문(그림 1), 산형으로 돌기한 것을 돌기궁상문(그림 2)이라고 한다.

보통궁상문이 표하는 성격은 정직으로 향하는 기가 강하고, 정신적

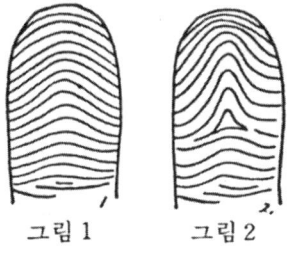

그림 1   그림 2

자극을 받기 쉽고 그 자극에 좌우되기 쉽다. 사물에 대한 이해가 단순하여, 예를 들면 달을 가리켜도, 손가락만을 보고 무엇

인가를 손가락으로 지레짐작하는 것과 같은 데가 있다.

또 인내심이 약하고, 어찌해도 쉽게 손찌검을 한다고 하는 것과 같이, 아량을 결한 성질을 표시하고 있다.

돌기궁상문의 성격은 위의 경향이 한층 현저하다. 그런데 일반적으로 궁상문에는 궁상선이 가늘면 위의 성질의 정도는 경미하지만, 궁상선이 굵으면 위의 성질의 정도는 더욱더 강하다.

많은 민족에 관하여 지문 종류의 분포율을 조사한 보고가 있지만, 이 궁상문과 체상문은 서양인에게 많고 아시아인에게는 적다. 또 와상문은 이와 반대로 서양인에게는 적고 동양인에게 많다.

(2) 체상문(蹄狀紋)

체상문이라는 것은 간단히 말하면 지문이 흘러(流) 있는 것이고, 갑종과 을종으로 나누어져 있다. 갑종체상문이라는 것은 흐름이 무지측으로부터 시작하여 무지측으로 흘러 있는 지문을 가리키고(그림 3), 을종 체상문이

그림 3   그림 4

라는 것은 흐름이 새끼손가락(소지)으로부터 시작하여 소지측에 흘러 있는 지문을 호칭하고 있다.(그림 4)

갑종체상문의 성질은 특히 자기 본위이고 강정(强精)하여 감수성이 강하고, 또 성미가 급하여 매사에 불만이 많고, 반항적인 일면이 있다. 정에는 약하고, 그다지 깊지는 않지만 집착심이 강하고 비꼬는 성격도 있다.

을종체상문의 성격은 의지가 극히 견고하고 정사(正邪)의

넘(念)도 강하고 직감력에도 우수하여 사람의 흉중을 꿰뚫어 본다. 표면은 차가워 보이지만 실은 정이 많고, 나아가 남의 일을 돌보아 준다. 자아가 강하고 쉽게 매사를 믿지 않지만 한 번 믿으면 깊이 빠지는 경향이 있다.

갑종체상문을 갖는 경우는 일본인이나 중국인보다는 영국인, 독일인, 노르웨이, 러시아인 등에서 많이 나타난다.

(3) 와상문(渦狀紋)

와상문은 2개의 외각(外角)을 갖는 지문을 호칭하고, 흔히 소용돌이(渦紋)라고 부르는 경우도 있다.

와상문 가운데는 와상, 환상, 체상 또는 그 외 의 무늬를 갖고 독립하여 와상을 이루고 있는 것이나, 환상을 이루고 있는 것 등이 보이고 그 형에 의해 7종으로 분류되어 있다.

① 순와상문(純渦狀紋)(그림 5)은 최협의의 와상문이라고도 할 수 있고, 와상선이 연장된 원형 또는 타원형의 문리를 이루고 있는 지문 을 말한다.

그림 5

이 지문이 표시하는 성격은 온후·독실하고 사람으로부터 뭔가 의지하려고 하면 앞뒤를 가리지 않고 동정하는 사람이고 감정에 흐르기 쉽고 기도 가볍고 함부로 속단하여 분개하고 나 중에 이르러 후회하는 데가 있다.

선이 가늘고 문리가 바르고, 그 중심이 지두의 중앙에 있으 면 머리도 좋고 인격도 원만하지만 선이 거칠고 문리가 정리되 어 있지 않고 중심이 지두의 중앙을 벗어난 경우, 감정에 쫓는 경향이 현저하다. 운세는 순풍에 돛을 단 배처럼 순조롭다.

② 환상문(環狀紋)(그림 6)이라 함은 환상선이 1개 이상 중복되어 원형 또는 타원형의 문리를 묘사하고 있는 지문을 말한다.

그림 6

이 지문인 사람은 대범하여 매사에 안달하지 않는 성격을 갖고, 신천지를 개척해 가는 기개가 있고 목적을 향해 용약매진하는 힘도 있지만 자기 중심으로 행동하기 쉬운 점이 보인다.

운세도 가지런하고, 이 사람이 만날 운명을 직선적으로 표현하면, 일보 일보 향상하는 생활을 해 갈 운세이다.

③ 이중체상문(二重蹄狀紋)이라는 것은(그림 7) 공통하는 일개의 체선보다 중요한 2개의 체상문을 형성하고, 또 그 문리가 동일 방향으로 흐르는 지문을 말한다.

그림 7

이 지문이 표시하는 성격은 타인의 발언에 대해 일단은 무엇이라고 말을 하는 사람이고 이야기를 함부로 하여 사람의 감정을 해치는 경우가 많다.

물(物)에 대하여 집착심이 강하고 신기한 것을 즐겨하여 유행의 최첨단을 쫓는다.

이중체상문에 있어서는 문리가 가늘고 그 중심이 지두의 중앙에 있으면 성격도 원만하지만 선이 거칠고 문리가 어지럽게 되어 있고 중심이 지두로부터 이탈해 있는 경우 위의 성격은 극단적으로 된다.

이중체상문의 사람은 생활에 변화가 있지만 물질운에는 은 혜가 있어 부유한 생활을 보낸다.

④ 쌍태체상문(双胎蹄狀紋)이라 함은 중심을 형성하는 문리에 의해 2개 이상의 체선이 형성 되어 그 문리가 반대 방향으로 흐르는 지문을 말한다. 요컨대 쌍태체상문은 2개의 체상문에 의해 성립하는 점에 있어서 이중체상문과 같지 만, 2개의 체상문의 각 중심선의 반대 방향으로 흐른다는 점에 있어서는 이중체상문과는 현저

그림 8

히 다른 점이다. 이 지문을 가진 사람은 유화하고 만사에 조화 를 이루어 명랑하며 사소한 일에 마음을 쓰는 일이 없다. 사람 에게는 극히 친절하고 사람의 일을 잘 돌보아 준다. 손도 입도 모두 비상(非常)의 도구로서 상사에게도 잘 보인다. 집착심이 적어 단념(체념)도 잘한다.

쌍태체상문에 있어서는 각융선(各隆線)이 가늘고, 각기 반대 측에 잘 뻗어져 있고 문리가 정돈되어 있는 경우 그 활동이 현 저하다.

운세는 순조롭고 수입도 많지만 나가는 곳도 많다. 생활은 안정되어 있지만 평범하기도 하다.

⑤ 유태체상문(有胎蹄狀紋)이라 함은 체선의 가운데 궁상, 또는 낙시선을 갖고 있고, 그 凸부 가 궁상을 이루어 체상의 입구에 상대하는 지문 을 말한다. 그러므로 체내선에 곡선을 그리고 있는 지문이더라도, 곡선의 凸부가 궁형을 이루 어 체상의 입구에 대해 있지 않으면 유태체상문 이라고 할 수 없다. 그 경우는 체상문이다.

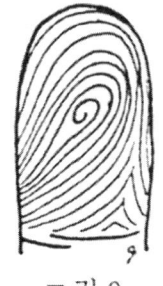

그림 9

이 지문은 기가 약한 사람에게 많이 보이고, 매사에 격하기 쉽고 질투심이 강하고 입으로 말하는 것과 실행이 일치하지 않는다. 유태체상선에 있어서는 체상선 내에 있는 곡선의 수가 많은 경우 위의 성질은 완화되지만 곡선의 수가 적으면 위의 성질은 강해진다.

⑥ 혼합문(混合紋)은 2개 이상의 문리를 갖고 형성되어 있는 지문을 말한다.

이 지문을 갖고 있는 자는 시종일관된 주장이 없고 또 말한 바를 실행하려는 단계에 가서는 용기가 줄어들어 최선을 다하지 못한다. 부화뇌동하기 쉽다.

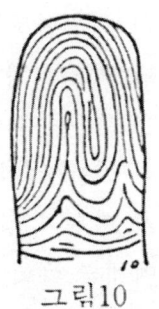

그림10

⑦ 변체문(變体紋)이라 함은 위 어느 종류에도 속하지 않은 변형의 지문을 가리킨다. 혼합문은 때때로 볼 수 있지만 변체문은 극히 회소하다고밖에 볼 수 없다. 성격도 운세도 공히 혼합문을 일단 강하게 한 것이다.

그림11

예를 들어 런던 경시청·카민스·미도르 ― 古瀨久保 兩 박사 등의 자료에 의해 각 지문이 분포하는 비율은 7개의 민족을 들어 크게 순위를 먹여보면 궁상문에는 러시아인, 미국인, 영국인, 이태리인, 독일인, 일본인, 중국인 순이고, 갑종체상선에는 영국인, 독일인, 러시아인, 이태리인, 일본인, 중국인의 순이고, 와상선의 경우를 보면 중국인, 일본인, 이태리인, 미국인, 독일인, 러시아인, 영국인의 순이다.

5. 과학적인 지문과 보는 법

종생불변, 만인부동의 지문은 「유일하게 제거할 수 있는 서명」(마크트웨인)이고 개인의 완전한 표식이며 본인의 진가를 보이는 독특한 지표이기도 하다. 다음으로 지문의 배열 상태에 의한 성격·건강·운세 등에 대해 요약하면 6항과 같이 된다. 지문의 경우 남녀 모두 좌수가 전반생, 우수가 후반생이다. 만약 지문이 나타내는 의미보다 손금이 나타내는 의미가 우월한 경우에는 본인은 수양에 의한 인격의 도야가 요구되고, 후천적으로 지·정·의 모두가 연마되어 있다고 볼 수 없다.

만약 양손의 지문이 나타내는 의미가 다른 경우에는 쌍방이 나타내는 성질이 모순되어 있어, 본인의 의지에 의해 통일되어 있는 경우이다.

(1) 지문 보는 법

① 먼저 왼손과 오른손의 본인의 지문의 형태가 어떤 것인지 다음 표에 따라 손가락 엄지·검지·중지·약지·소지 순으로 구분한다.

왼손은 / 엄지 · 검지 · 중지 · 약지 · 소지
\ □ □ □ □ □

오른손 / 엄지 · 검지 · 중지 · 약지 · 소지
은 \ □ □ □ □ □

② 물결모양(流紋), 소용돌이(渦紋)를 구분하였으면 이에 따라 좌·우 손을 구분하여 번호란의 해당 지문을 찾아본다.

例) 오른손이

엄 지	검 지	중 지	약 지	소 지
◎	△	◎	△	△

인 경우

표의 ⑨ 여의문(旅意紋)이 된다.

③ 지문을 육안으로 보아 판별하기 어려울 때는 인주, 스탬
프 잉크, 먹물 등으로 지문에 칠하여 그대로 깨끗한 흰 종이에
잘 찍은 후 그 모양을 위와 비교하여 당신의 운세를 찾아보면
된다.

◎ 지문 모양

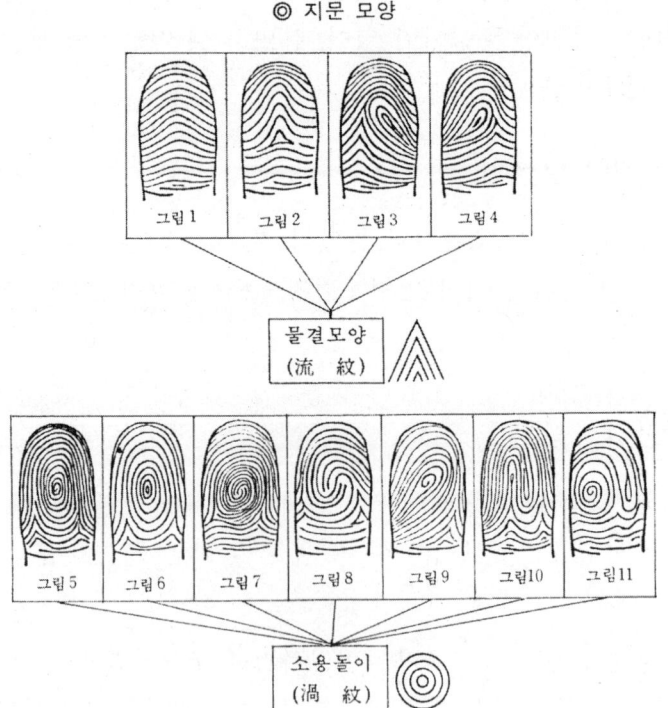

제 2 장

족상 좀 봅시다

1. 족상(足相)의 기본

태고적에 인류는 어린아이처럼 네 발로 걸어다녔다. 역사가
흐르면서 진화의 과정을 거쳐 사람들이 직립보행(直立步行)
즉 두 발로 서서 걸어다니게 되면서 인류가 대지와 직접 접촉
하는 것은 발이 담당하게 되었다.

발은 위로는 온몸을 싣고 아래로는 대지를 딛고 몸체를 운반
하는 중요한 이동 기관이다. 그 형상은 우주의 땅을 닮고 비록
몸체의 가장 아래에 있지만 대자연의 소리와 대지의 부르짖음
을 직접 듣고 있으며 많은 정보를 감추어 갖고 있다. 사람의
건강, 운세의 정보는 물론 사람이 발과 함께 자연과 더불어 살
아온 역사의 기록이 담겨져 있다.

그림은 발이 인간 생체와 공통점이 많아 세 부분으로 나누어
본 것이다. 천부(天部)는 발가락이 있는 부분으로 사람의 목에
서 머리까지와 연관된 부분이 많으며, 생부(生部)는 발의 가운
데 부분인데 인체의 목밑의 동체(胴體)에 해당되고, 지부(地
部)는 발뒤꿈치 부분으로 몸의 다리 부분과 관련된 점이 많다.

발은 제2의 심장이라고도 불리우며 그림과 같이 세 부분으
로 나누어진다. 이 세 부분에는 그 사람의 현재의 운세와 지나
온 세월이 숨어 있다. 즉 성격, 질병, 생활 문제, 생활 태도, 고
민, 젊음과 늙음, 앞으로의 운세가 담겨져 있다.

(1) 천부(天部)

이곳에는 과거운이 나타나 있다. 선조 대대로 불운이 쌓여

왔다면 현재까지 이어져 본인에게 문제로 나타나 있다.

현재의 생활을 개선하여 노력하는 것이 필요하다. 본인의 대에서 불운을 극복해야 다음 세대 자손의 운세가 개화될 뿐만 아니라 노년에 안정된 생활을 할 수 있다. 발은 항상 움직이면서 대자연의 기를 받고 있으므로 노력하면 할수록 우주의 기가 모여 족상이 변화되는 것이다.

또한 천부는 정신과 마음의 상징이다. 정신적 문제, 과거의 나쁜 운, 질병, 트러블이나 번뇌가 새겨져 있다. 과거 운이 좋으면 좋은 영향을 받고 과거운이 나쁘면 정신적으로 불안하여 노이로제로 발전한다.

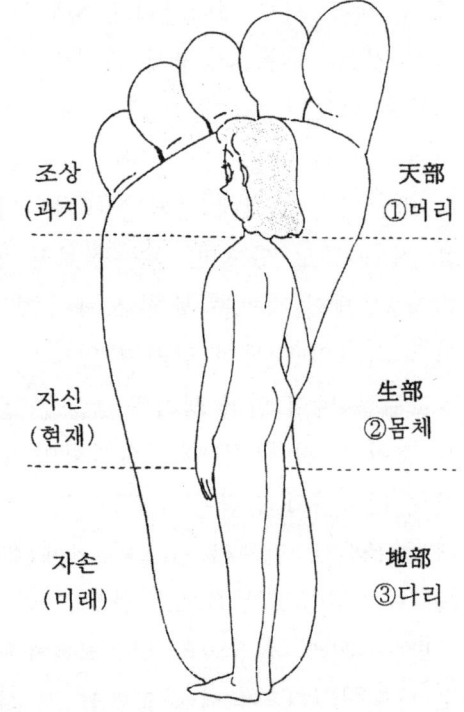

조상
(과거)

天部
①머리

자신
(현재)

生部
②몸체

자손
(미래)

地部
③다리

(2) 생부(生部)

현재운을 나타낸다.

자기 자신의 의지와 노력에 의해 현재운을 형성하고 의지가 약하거나 자기 제어 능력이 부족하면 현재운을 나쁘게 한다. 현재운이 순조로워야 미래운도 열리게 된다.

생부는 내장과 깊은 관계에 있다. 위장, 간장, 심장 등과 관련이 있어 조깅이나 운동을 많이 하면 몸이 튼튼해지고 장수하는 원리가 여기에 있다.

또한 발이 미발달되면 현재운이 급격히 떨어지고 쇠약해진
다. 차만 타고 다녀 발의 운동이 덜 되면 전체운에 영향을 미
쳐 운이 저하된다. 따라서 발을 따뜻하게 하는 생활의 리듬이
필요하다.

(3) 지부(地部)

미래운을 나타낸다. 천부와 생부의 영향을 많이 받고 이것이
복합적으로 나타난다. 중년의 생활이 잘못되면 미래운이 나빠
지게 된다.

2. 발에 나타난 급소

몸의 각 부분에 있는 급소를 알아 뜸이나 침으로 그곳을 자
극하여 치료하는 급소 치료법이 있다.

고대 중국에서 발명된 이 치료법은 그 후 각국에 전파되어
금일에 이르고 있다. 발에는 몸의 각 부분과 연관된 신경이 집
중되어 있다. 예를 들어 간장이 나쁘면 발의 엄지발가락 밑에
반응이 나타난다. 몸의 어느 부분이 약해지거나 나빠지면 반사
적으로 발의 관련된 부분에 통증이 오고 나쁜 반응이 나타난
다. 반대로 발에 통증이 있고 나쁜 증상이 나타나면 몸의 관련
기관이나 장기에 질병이 있음을 알 수 있다.

최근에는 이 반사치료법이 화제가 되고 몸의 각 부분과 반응
이 있는 사실을 응용하여 발로 인해 간접적으로 질병을 치료하
는 방법이 시험되고 있다.

그림은 발과 관계 있는 신체 각 부분의 급소에 대한 표시이다.

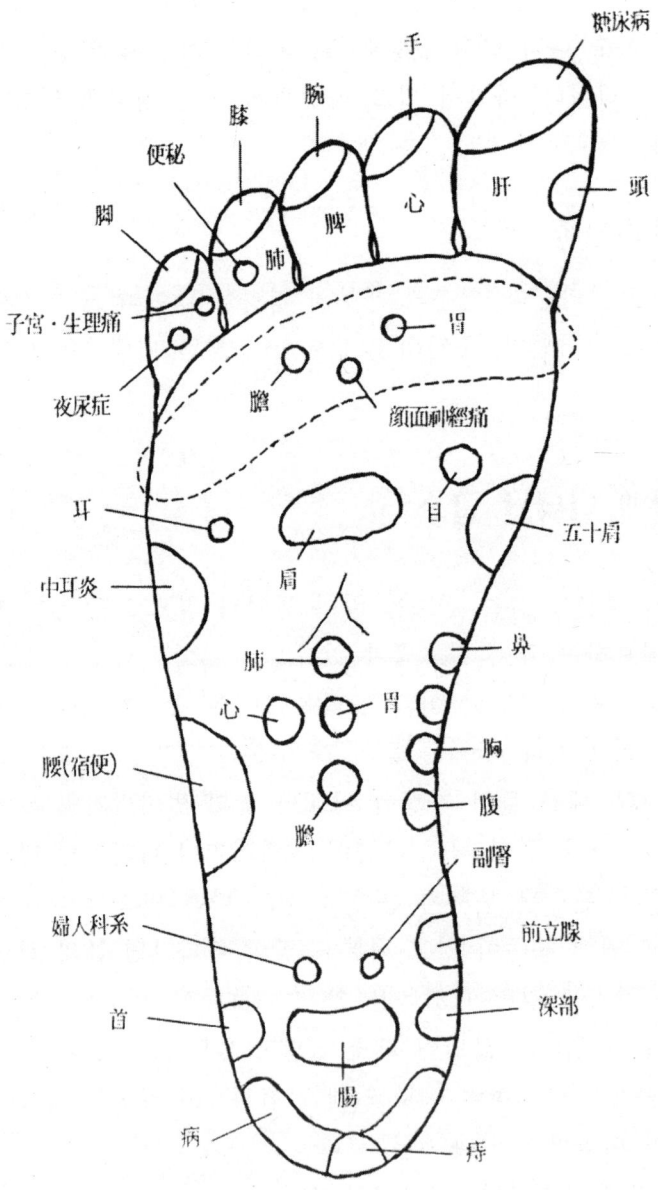

발바닥의 주요 자극점과 건강 효과

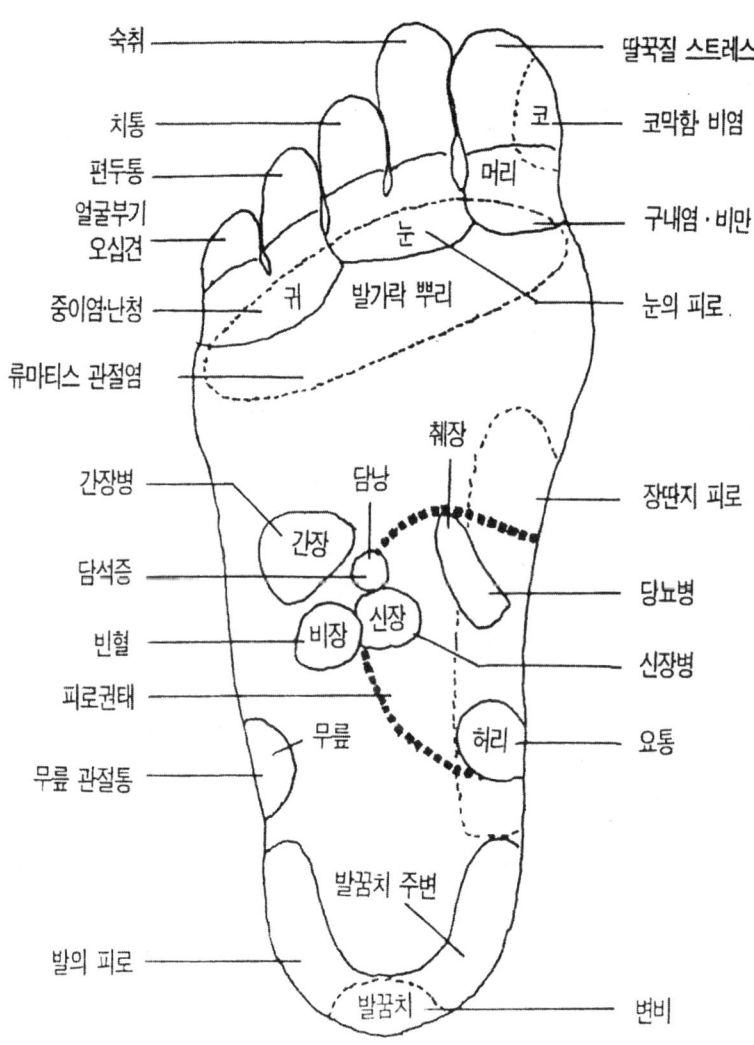

숙취 ─────── 딸꾹질 스트레스

치통 ─────── 코막함 비염

편두통 ─────── 코

얼굴부기 ─────── 머리

오십견 ─────── 구내염·비만

중이염·난청 ─────── 눈

귀 발가락 뿌리 ─────── 눈의 피로

류마티스 관절염 ─────────

췌장

간장병 ─────── 담낭 ─────── 장딴지 피로

간장

담석증 ─────── 당뇨병

빈혈 ─────── 비장 신장 ─────── 신장병

피로권태 ─────── 허리

무릎 ─────── 요통

무릎 관절통 ─────────

발꿈치 주변

발의 피로 ─────── 변비

발꿈치

3. 발의 크기와 성격

발은 그림과 같은 세 가지 크기로 구분할 수 있다.

B는 표준형이다. 전체적으로 균형이 잡혀 있고 표준 타입이다 이런 사람은 성격이 명랑하고 사교적이며 참을성이 있고 성실한 사람이며 정의감이 있고 인정이 있다. 건강하고 안정감이 있다.

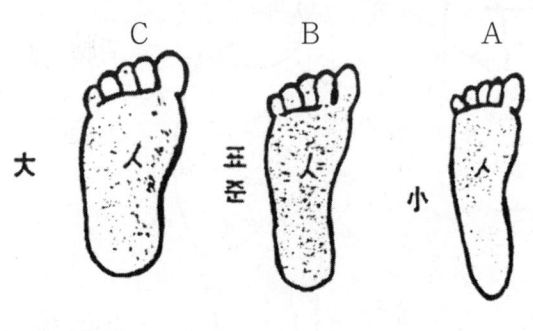

남성은 견실한 사고형(思考型) 이고 여성은 현모 양처형이다. 독창 성이 있고 실천력 도 있으나 성실히 하나하나 쌓아가

는 상으로 대기만성형으로 노후도 안정된 생활을 한다. B의 유명인으로는 도쿠가와 이에야스(德川家漮)가 있다.

A는 표준보다 발의 폭이 좁고 가는 느낌을 주는 타입이다. 전체적으로 신경질적인 면과 섬세한 면이 있으나 독창성이 적고 남자이거나 문화적인 일이 알맞은 직업이다.

A형의 유명인은 마릴린 먼로가 대표적이다.

C는 표준보다 발의 폭이 넓고 전체적으로 큰 타입이다. 보스형의 성격이 많고 지도력이 풍부하다. 한편 몸이 건강하지만 중병이 침입할 위험성도 있다. 세심한 주의가 필요하다. 사랑을 좋아하는 타입으로 상업이나 중개업 등이 알맞은 직업이고 보스적 성격이다. 남성은 중간관리자형이고 여성은 내조의 공이 있는 사람이다.

원맨적인 성향이 있어 회사에서는 독재자, 가정에서는 폭군
이며 대담한 행동을 하는 사람이 많다.

4. 족상으로 본 궁합(宮合)

그림은 족상의 타입을 A, B, C 셋으로 구분하여 남녀의 부
부 관계가 잘 맞는가를 나타낸 것이다.

표에서 보는 바와 같
이 가장 이상적인 타입
은 A형과 B형, B형과
C형의 만남이다. A형
과 B형에 이어 남성이
A타입이고 여성이 B
타입이면 최고이다.

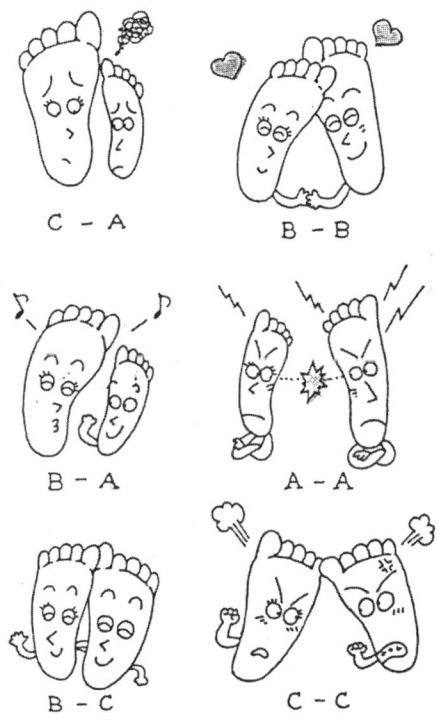

A형은 독창성이 있
어 유명하나 지구력이
떨어진다. B형의 여성
은 현모양처형으로 내
조의 공이 크다. 반대
로 여성이 A형, 남성
이 B형이면 남성이 여
성의 능력에 힘입는 예
도 있으며 여성이 자립하므로 나중에는 두 사람 사이에 문제가
있게 되므로 남성이 여성을 이해하고 협조해 주어야 한다.

남성이 B형, 여성이 C형이면 최고상이다. 남성이 견실하여

실력을 발휘한다.

　남성 C형, 여성 B형인 경우는 저돌적인 남성을 여성이 리드
하여야 화평이 온다.

　A형 A형, C형 C형은 서로 반목한다.

　A형 C형은 가정 파탄이 온다.

　B형 B형은 이상적인 형이다. 금전적으로 혜택이 있고 친구
처럼 서로의 고뇌를 털어 놓으며 일생을 만족하며 살 수 있다.

5. 족상과 운세

(1) 족운선(足運線) (기본선)

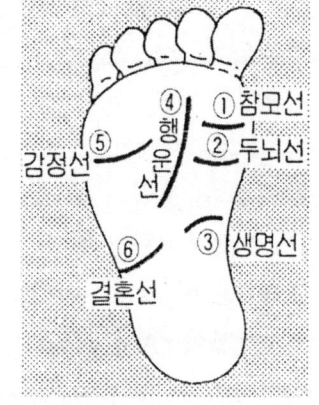

　발에는 그림과 같이 운을 나타내
는 선이 그려져 있어 그 사람의 미
래의 운명을 알 수 있고 건강·금
전·친구·직업·연애·결혼·부부
관계 등의 일을 알 수 있다.

　①은 참모선이다. 친구선이라고도
하는데 본인을 지원해 주는 지원자
를 나타내는 귀중한 선이다.

　②는 두뇌선이다. 두뇌의 좋고 나
쁨을 나타내고 다른 선과 연결되어 흥미있는 결과가 나타난다.

　③은 생명선이다. 수명의 장단을 나타내고 동시에 생명의 활
력과 미래운에 강하게 연결되어 있다.

　④는 행운선이다. 발의 중심에 세로로 나와 있는 선으로 결

혼운이나 금전운 등을 알 수 있다.

⑤는 감정선이다. 선의 깊고 옅음에 따라 감정을 판단하고 연애도 알 수 있다.

⑥은 결혼선이다. 이 선이 강하고 길게 뻗어 행운선과 맞닿으면 결혼하면 행운이 따른다.

(2) 족상의 운세

① 미래운

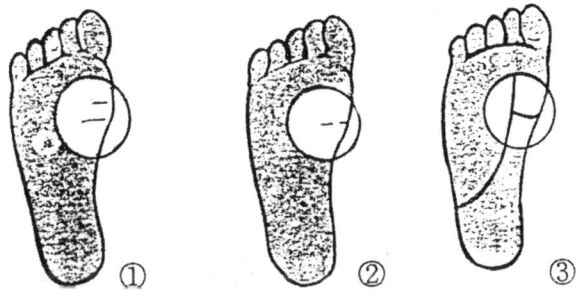

- 두뇌선과 생명선이 평행하고 있어 노후 생활이 길하다. 생명선이 길어 수명이 길고 착실히 생활하면 노후가 약속되는 상이다.
- 생명선이 끊어져 있어 중병이 있을 상이다. 현재운도 나쁘고 질병 때문에 미래운도 좋지 않다.

  A형(발의 폭이 좁다)은 정신적 질환.

  B형(발의 폭이 표준)은 육체적 질환.
- 생명선이 행운선과 만나고 있는 대기만성형이다.

  A형은 인내력 노후 안정.

  B형은 40대, 50대에는 평범한 생활이나 최후에 약진

하는 대기만성형.

② 건강운

- 광택이 나면 장수의 상이다. 자세를 바르게 하고 걷는 것
  이 좋다.
- 탄력이 없는 엄지발가락은 노이로제나 걱정 근심, 고뇌의
  상이다.
- 차만 타고 다녀 건조하다. 불감증 남성은 정신 질환, 별거
  나 이혼으로 발전 가능성이 있다.

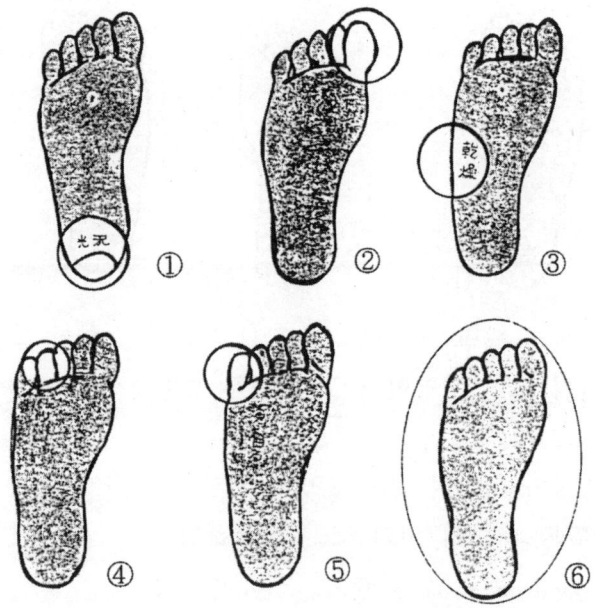

- 약지가 길다. 건강하고 운세가 강하며 쾌식 · 쾌변 · 쾌면의
  상이다.
- 소지(小指)가 변형되어 크게 구부러져 있다. 자궁 부전,
  월경 불순, 자궁 이상으로 불임증이 있다.

• 발바닥이 더러운 것은 암의 징조로 주름이 많거나 붉은색
이면 질병이 진행되고 있음을 나타낸다. 건강을 회복하고
체조해야 운이 열린다.

③ 금전운

• 엄지 밑 짧은 선은 협력자를 나타낸다. 발바닥이 따뜻하고
B형은 금전운이 좋다.

• 참모선이 길다. 운이 열리고 협력자나 구세주가 나타나 고
난이 물러감을 나타낸다.

• 생부에 가는 선이 얽혀 있다. 금전 감각이 약해 돈이 달아
나며 운동 부족, 영양 부족 상태임을 나타낸다.

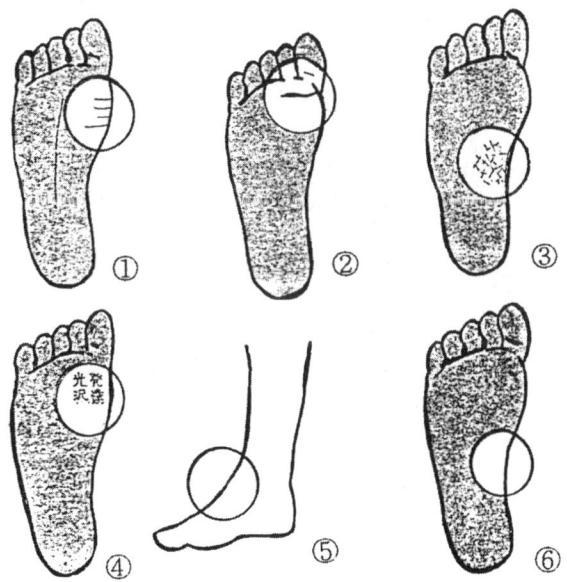

• 엄지 밑이 광택이 있고 볼록하여 풍만한 상으로 장래 금전
운이 좋다.

· 발등이 높아 금전운이 강한 상이며 의지, 실행력이 강해
대성할 상이다.
· 발의 장심(掌心)이 발달하면 자세가 바르고 금전운이 좋다.

④ 직업운

· 행운선이 깊게 길면 직업운이 좋아 대성공한다.
· 행운선의 끝에 흩어진 가는 선이 있다.
부지런하고 학문이 있어 안정적인 사무직에 적합하다.
· 행운선이 발바닥에서 별도의 선이 있다.
공동 사업에 적합하다.

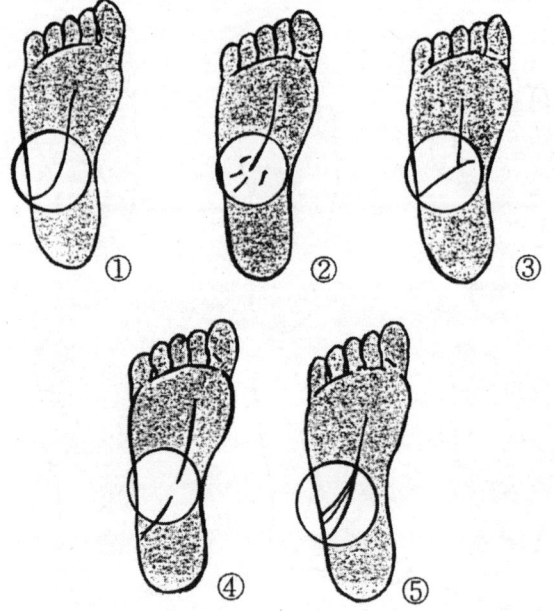

· 행운선이 한 번 끊어지고 다시 나와 끝까지 가고 있다.
예능계에 적합하고 일확천금의 상이다.

· 행운선이 쪼개져 길게 뻗어가고 있다.

적극성이 있어 예술가로 대성공할 상이다.

⑤ 연애운

· 새끼발가락 밑 감정선이 있어 명확한 상이다. 애정이 있고 박력이 있어 연애가 성취된다.

· 로맨티스트의 상으로 연애에 연애를 거듭하는 정열적인 사람이다.

· 감정선이 끊어져 있어 연애에 반대 세력이 있다. 맹돌진해 야 한다.

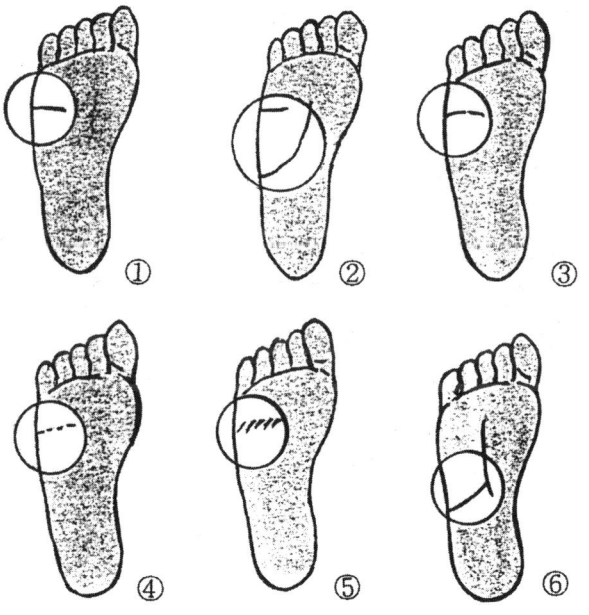

· 형식적인 연애의 상으로 일시적 열의가 지속되지 못할 상 이다.

· 짧은 감정선으로 너무 따지고 계산하는 연애상이다. 양친, 친척, 친구를 의식한다.

· 연애는 탐색하는데 시간이 걸리나 결혼 후는 행복한 상이다.

· 감정선과 두뇌선이 교차하고 있다. 신데렐라운의 상으로 명확한 연애와 행복한 생활을 한다.

· 두뇌선과 감정선의 사이에 행운선이 있다. 견실한 연애를 하는 상이다.

· 감정선의 양끝이 발가락을 향해 휘었다. 담백한 연애를 하는 상이다.

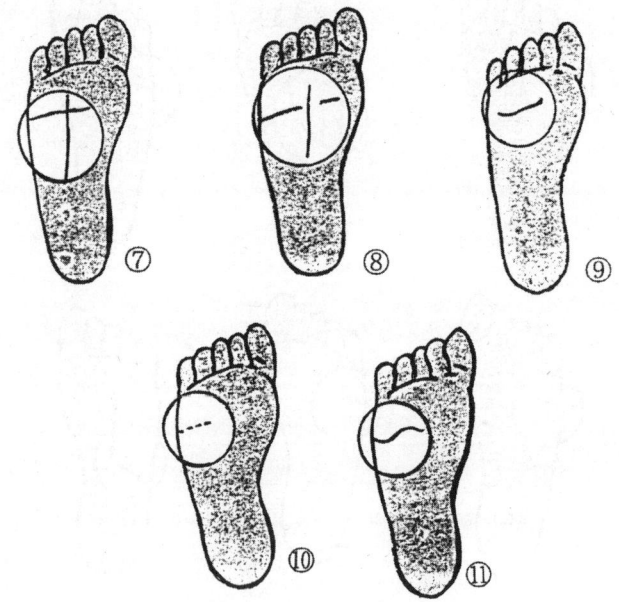

· 토막토막 끊어진 감정선으로 집에서 가족과 함께 연애하는 상이다.

· S자형의 감정선으로 호모나 레즈비언의 연애상(동성연애
  상)이다.

⑥ **결혼운**

· 세로의 행운선이 잘 뻗어가고 있는 행운의 여신상(종선
  길상, 횡선 흉상)이다.

· 두뇌선이 행운선과 부딪치고 있는 원만한 가정을 이루는
  상(조혼의 상)이다.

· 끊어진 행운선으로 어려운 점이 있어도 더욱 결속되고 인
  내하며 노력하는 상(사명감 있는 상)이다.

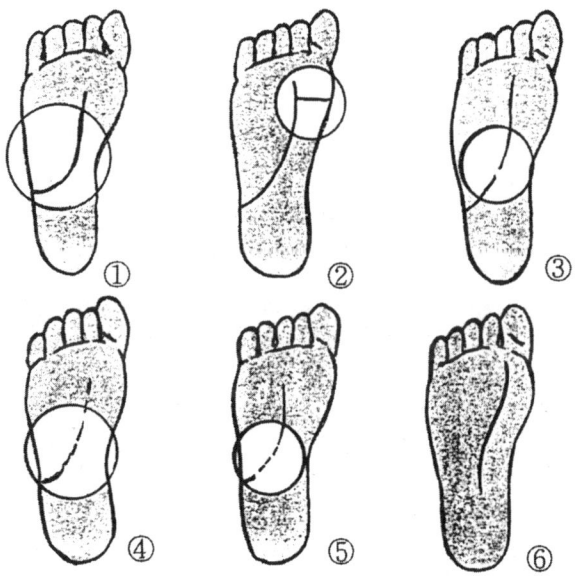

· 행운선이 있으나 결혼선이 빈약하다. 결혼의 인연이 약한
  상이다.

· 결혼선이 끊어져 있다. 동거 생활을 하는 상(섹스와 가사
  노동을 위해 결합하는 불순한 상)이다.

ㆍ발바닥의 중앙을 가르는 세로선이다. 현재운도 좋고 성공
하는 행운의 상이다.

6. 족상과 질병

(1) 발

발은 몸체를 싣고 공간 이동을 하는 운반구 역할을 하며 대
지와 접촉하여 대자연의 소리를 듣고 이를 몸체에 전달한다.
그 형상은 모나고 평평하여 대지를 닮았으며 온몸의 경락과
기혈이 이곳에 모였다 다시 위의 몸체로 흐른다. 그래서 건강
과 질병, 인생의 귀천이 이곳에 새겨지고 그 삶은 운동으로 활
기를 찾고 움직이지 않으면 점점 쇠퇴하여 그 역할을 상실한
다.
우유를 먹는 사람보다 우유를 배달하는 사람이 건강하다는
말은 곧 발은 움직이고 활동할 때 우리가 건강해진다는 것을
시사하고 있다. 또한 병원 침상에서 장기간 입원한 사람은 다
리와 발의 근육이 활동을 멈추어 뼈만 앙상하게 쇠퇴한다.
이렇게 볼 때 우리는 발과 연관된 신체 내부의 장기를 잘 파
악하여 운동에 참고한다면 건강에 큰 도움을 받을 수 있다.
장기에 연관된 그림은 다음과 같다.

발바닥의 주요 자극점과 건강 효과

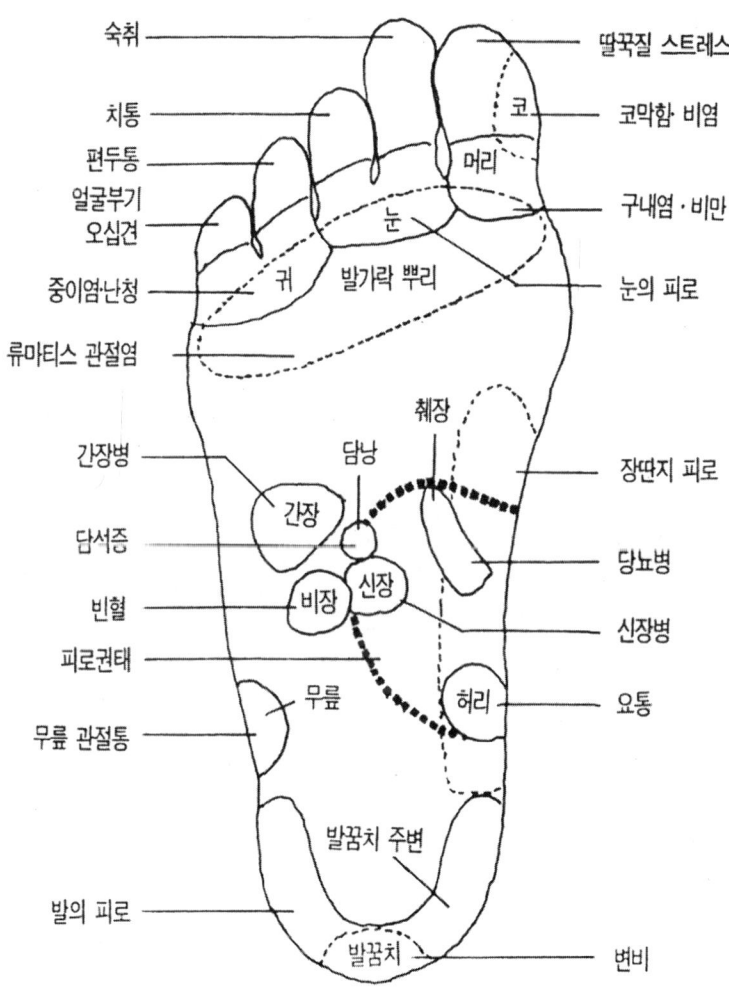

숙취

치통

편두통

얼굴부기
오십견

중이염·난청

류마티스 관절염

간장병

담석증

빈혈

피로권태

무릎 관절통

발의 피로

코

머리

눈

귀   발가락 뿌리

췌장

담낭

간장

신장

비장

무릎

허리

발꿈치 주변

발꿈치

딸꾹질 스트레스

코막함 비염

구내염 · 비만

눈의 피로

장딴지 피로

당뇨병

신장병

요통

변비

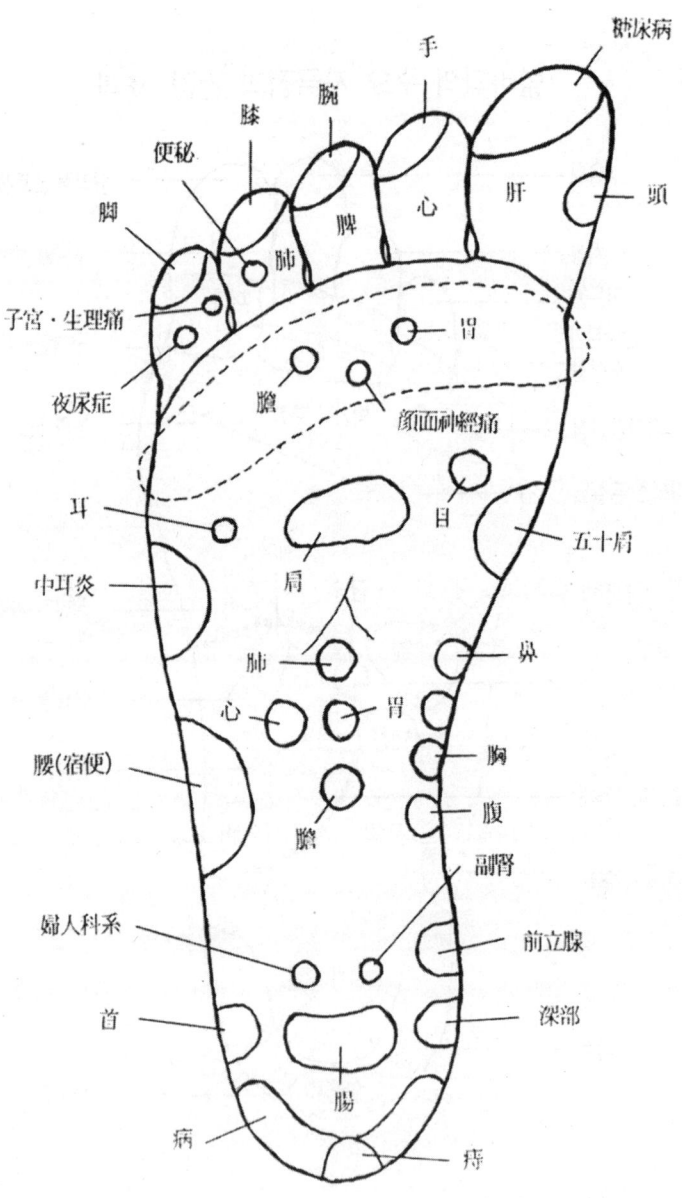

(2) 발의 질병

발의 질병의 표시는 선천적인 부분과 후천적인 부분으로 나누어 구분할 수 있다.

선천적인 질병 — 태어날 때부터 발이 기형으로 되어 질병이 있는 경우이다. 뒤꿈치에 문제가 있는 종족(踵足)이나 발이 판판하고 넓적한 편평족(篇平足), 또한 발의 중심부인 장심(掌心)이 너무 깊이 들어간 요철족(凹凸足) 등은 출생시부터 발의 부정상(不正相)으로 인해 건강에 문제가 있다. 이는 조족법(調足法)으로 교정하고 치료하여야 한다.

후천적인 질병 — 태어날 때는 발이 정상이었으나 살아가면서 발바닥이나 발가락, 발등에 질병의 징후가 나타나는 예이다. 대개 질병의 초기에는 발의 근육이나 뼈의 부분에 근육이 딱딱하게 굳어 있거나 뭉쳐 있고 발가락이나 발등 등이 정상이 아니고 굽어지거나 뒤틀리고 상처가 있으며, 색이 비정상으로 변하고 발뒤꿈치가 심근경색 등으로 굳은살이 생겨 두꺼워지는 등 여러 가지 병적 증상이 나타나는 예이다. 이 때에는 앞의 그림에 나와 있는 발의 부분과 연관된 장기의 이상에서 비롯된 것이므로 이곳을 주무르거나 마사지, 또는 뜸이나 침으로 치료하거나 약을 복용하면 효과를 얻을 수 있다. 중요한 것은 평상시 조깅이나 걷기 등 발의 운동으로 단련하는 것이 첩경이다.

7. 족상 좀 봅시다.

(1) 두뇌선과 생명선이 평행하면 노후 안정

발에는 손과 같이 족문(足紋)이 새겨져 있어 그 선들이 두뇌의 신경 조직과 연결돼 우리의 일상 생활과 활동을 촉진시키기도 하고 제어하기도 한다.

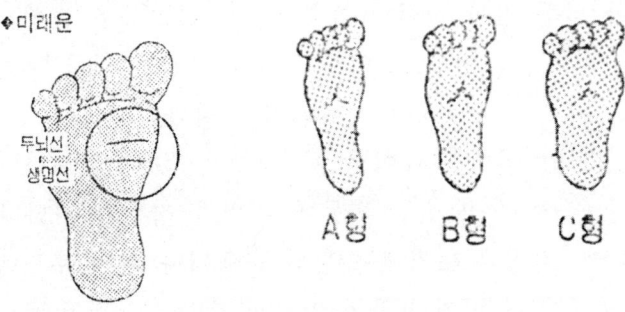

그림은 족문의 두 선이 평행하게 되어 있다. 위에 있는 선이 두뇌의 좋고 나쁨을 나타내는 두뇌선이고 밑에 있는 것은 수명의 길고 짧음과 생명의 활력과 미래운에 강하게 연결되는 생명선이다.

이 두 선이 함께 나와 나란히 평행선을 이루고 발바닥의 안쪽 윗부분에 자리잡고 있는 경우가 있다. 이런 사람은 착실하고 근면해 자신이 처한 환경과 운을 열어가는 사람이다.

현재의 운세가 강한 경향이 있고 노력의 대가로 얻은 물질이나 돈을 잘 간수해 밝은 미래를 열어가는 타입이다. 노후 생활이 안정된다. 한마디로 현재운을 열심히 타개하여 미래운이 좋아지는 상이다.

그런데 이와 비슷한 형으로 밑에 있는 생명선의 끝이 길게 뻗어 두뇌선에 너무 가까이 근접하게 위로 향하는 경우가 있다. 이런 사람은 미래운에 파란이 생겨 불운을 겪게 된다.

이렇게 한번 파란의 상이 나타난 사람은 이 미래운의 어려움을 조금이라도 극복하기 위해 노력해야 한다. 우선 자신의 생활 태도를 돌아보고 무엇이 잘못됐나 반성할 필요가 있다.

우리들의 운명은 과거의 운을 받아 현재운을 형성하고 지금의 생활 태도나 방향이 미래운을 형성, 족상에 나타난다. 또 그 미래운 속에는 자손의 운세도 들어 있다. 발바닥의 폭이 큰 C형이나 보통 표준형인 B형 발바닥을 가진 사람은 육체적인 질병으로 미래운이 불길하게 되므로 과로를 삼가고 질병을 초기에 치료해야 한다. A형(발바닥 가는 형)은 정신적 질환, B-C형은 육체 질병을 제지하면 생명선이 다시 정상을 찾게 된다.

(2) 생명선이 끊어져 있으면 질병으로 고생

우리의 삶은 예기치 못한 일들의 연속이다.

그림과 같이 생명선이 길게 연결되지 않고 끊어지면 다가오는 미래에 질병으로 고통을 당한다는 것을 예시한다.

이런 유형의 족상을 가진 사람은 현재 자신이 처한 운세가 좋지 않고 노력하는 것도 미흡하기 때문에 질병이 나타나고 노후 운세도 나빠진다는 것을 뜻한다.

사회 생활에서 땀을 흘리지 않고 적당히 대가를 바라는 사람에게서 많이 볼 수 있는 족상이다. 일상 생활에서 성실하고 품행이 방정한 사람은 자신의 노력에 대한 대가를 받을 뿐 아니라 예기치 못한 불가사의한 행운이 따르기도 하며 족상에도 좋게 나타날 수 있다.

뿐만 아니라 족상도 바뀐다. 대자연
의 섭리는 우리에게 반성할 계기를 제
공하며 현재 우리의 생활 태도를 똑바
로 하라는 경고의 의미까지 내포하고
있다. 따라서 우리의 하루하루의 삶은
계속되어 다음 세대가 받게 되는 즉 자
손의 행, 불행의 책임을 지는 것이다.

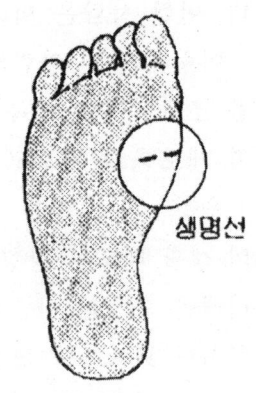

끊어진 생명선과 질병

생명선

　생명선이 끊어진 사람 중 발의 폭이
좁고 가는 타입은 정신적인 질병이 나
타나고, 표준형과 크고 넓적한 형태의
발을 가진 사람은 육체적 질병이 노후에 나타난다.

　이런 유형의 사람은 대개 부모가 생전에 쌓은 업적이 유전되
어 나타나는 경향이 있으며 그렇지 않으면 부모 중 한 사람이
노후에 질병으로 병석에 있었던 경우도 그렇다.

　이런 사람들은 질병이 나타나기 전에 한시라도 빨리 자신의
생활 태도를 바꾸고 미래의 암울한 시기를 극복하기 위해 오늘
의 삶에 충실해야만 할 것이다.

(3) 생명선과 행운선 만나면 대기만성

　큰 그릇을 만들려면 오랜 시간이 걸린다는 뜻의 대기 만성형
의 사람은 나이 들어 훌륭한 사람이 된다는 말이다. 즉 노후가
약속되는 사람이다.

　족상에서 그림과 같이 생명선에 행운선이 길게 뻗어 부딪히
는 사람은 대기 만성형의 타입이다. 이런 유형의 사람은 인생
전반보다는 40대 후반에 가서야 본인이 노력한 결과가 나타나

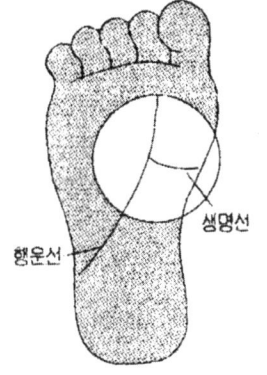

생명선과 행운선의 만남

행운선
생명선

열매를 맺고 행운의 혜택을 받는 운세이다.

물론 젊은 시절 여러 가지 괴로운 일과 즐거운 일을 체험하고 인생 후반에서 특별한 자극을 받아 인내심을 갖고 노력한 이런 타입의 사람은 교양이 있고 사회 생활에 있어서도 독서량이 많아 좀처럼 나쁜 일에 빠져들지 않는다.

특히 발이 길고 폭이 좁은 A형의 사람은 인내심이 강하여 인생의 노후에 큰 영광을 기대할 수 있다.

그러나 그런 목표에 도달하기까지 세상 사람들의 이해 부족으로 심한 갈등을 겪게 되고 냉엄한 현실의 벽을 넘어야 하는 어려운 고비를 지나 빛나는 영광을 쟁취하게 된다.

표준 크기의 발인 B형의 사람은 일반적으로 대기 만성형이어서 40, 50대까지 평범한 생활이 계속되다가 샐러리맨으로 순조롭게 출세한다든지, 최후의 출세 경쟁에서 라이벌을 제치고 대약진하는 타입이다.

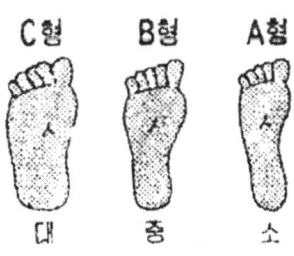

C형　　B형　　A형

대　　중　　소

발이 크고 폭이 넓은 C형의 사람도 B형과 같이 대기 만성형으로 조그만 성공과 실패를 반복하다가 인생 후반에 가서야 안정되고 성공한다.

젊어서는 성공이나 실패의 진폭도 발의 크기만큼 거세어 성공시에는 정점까지 올라갔다가 실패하면 나락으로 깊게 떨어지는 형으로 40대까지는 건장한 육체를 자산으로 괄목할 활약을 한다.

이런 형의 사람은 과거운이 보통이고 현재운은 상승하며 미래운을 스스로 열어 가는 경향이 있다. 어쨌든 인내와 노력으로 노후에 혜택을 받는 족상운을 가진 사람이다. 노후에는 즐거움이 크고 발전도 유난히 돋보인다.

(4) 우리 발은 운세와 함께 현재의 건강 상태를 나타내는 바로미터다

건강운을 알고 이를 개선한다면 불운을 내치고 행운을 앞당길 수 있다.

발뒤꿈치가 두꺼워지면 체내에 콜레스테롤이 많이 축적된 것이며 이곳의 색깔이 밝고 환하게 빛이 나면 장수할 수 있다.

미래운을 보여주는 발뒤꿈치는 동시에 수명을 점치는 부분이기도 하다.

그 동안 필자의 경험에 따르면 나이든 노인의 경우 거의 발뒤꿈치가 광택이 나고 좋다는 것을 보고 놀라지 않을 수 없었다.

반대로 뒤꿈치의 색이 밝지 못하고 큰 흠집이 있거나 상처가 있다든지 더러워진 상태는 대개 질병의 고통으로 시름하고 있는 예가 많았다. 이런 사람은 단명할 확률이 높다.

족상은 손에 나타난 수상과 함께 인간 운명과 건강이 뚜렷이 나타난다는 점에서 신기하다.

발뒤꿈치는 발바닥의 여러 부분 중에서 변화의 속도가 제일 느리며 쉽게 변화하지 않는다. 심장병을 앓고 있는 사람의 경우 발뒤꿈치가 두꺼운데 이 부분이 쉽게 변화하지 않아 건강 회복이 오랜 기간 소요된다. 어두운 색의 뒤꿈치를 개선하는 데는 최소한 1년 이상의 기간이 걸린다.

더구나 이곳을 개선하기 위해서는 걷는 자세가 중요하다.

꾸부정하거나 자세가 바르지 못하게 걸으면 소용없다. 바른 자세로 똑바로 걸어야 이 부분이 땅에 밀착되고 점차 제 색을 회복하게 된다. 간단한 산보나 조깅도 이 점을 유의하여 활용한다면 훨씬 건강에 좋다.

걷는 자세가 바르지 못하면 체내의 대장을 압박하여 질병을 유도하는 결과가 된다. 구두 뒤축이 한쪽만 닳는 사람은 방광에 이상이 있다. 이렇게 평상시의 생활과 우리의 건강 및 운세는 밀접한 관련을 갖고 있다. 부자연스런 보행은 질병을 일으키는 원인을 제공하고 결과적으로 뒤꿈치를 나쁘게 유도, 족상의 운세를 하강세로 돌리게 된다.

(5) 엄지가 탄력 있어야 정신 건강

사람은 손가락과 발가락이 각각 다섯 개씩이다. 예전에는 발과 손이 모두 발의 역할을 하여 사람은 짐승처럼 네 발로 기어다녔다. 인간이 서서 걷는 직립 보행을 하게 되면서 손과 발의 역할이 나뉘게 됐다. 그러나 발은 옛날이나 지금이나 퇴화하지 않고 꿋꿋이 몸을 지탱해 주고 오히려 그 역할은 더 힘겹게 되었다.

발가락 중 엄지발가락은 발의 안쪽에 자리잡고 우뚝 솟아 있다(사람에 따라서는 둘째, 셋째 발가락이 길게 나와 있는 사람도 있다).

이 발가락은 발의 리더격으로 정신면을 관장하고 있다.

엄지가 탄력이 없으면 노이로제 증상이 **엄지 발가락**
있다. 걱정이 많은 사람은 이곳의 신경이
가늘어져 조그만 자극에도 크게 반응한다.
본인의 감정이 좋고 나쁨에 따라 이 엄지
에 영향을 준다. 특별히 고뇌한다든지 신
경을 많이 쓰면 감정이 이곳에 전달되고
정신면에 타격을 주어 의욕을 저해한다.
따라서 이 엄지가 탄력이 있고 색이 밝아

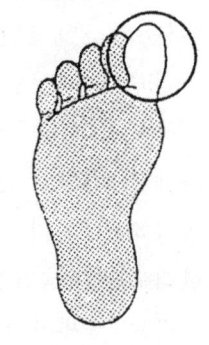

야 정신적으로 건강하고 족상의 운세도 호전된다.

　보통 차만 타고 다니며 이 엄지발가락을 사용치 않는다면 실
행력이 점점 떨어지고 정신이 황폐해져 노이로제 증상에 가까
워진다. 이렇게 되면 문제 해결 능력이 떨어지고 성격도 어두
워지는 증세가 점점 깊어진다.

　신경 조직과 깊이 연결된 예로 우리는 급체했을 때나 소화가
안 될 때 엄지손가락 손톱 위와 엄지발가락 발톱 위를 바늘로
따서 피를 낸다. 또 대변이 급할 때 화장실에 사람이 있어 못
들어가면 고통스럽게 끙끙대지 말고 엄지발가락 발톱 바로 위
부분을 눌러 주면 된다.

　대변을 배출하려는 신경을 눌러 잠시 동안 늦추어 주면 한결
고통을 덜 수 있다. 물론 이 방법이 장시간 유효한 것은 아니
다. 일시 방편으로 유용한 것이다.

(6) 발 옆구리 건조하면 불감증

　적극적으로 섹스를 즐기지 못하는 사람, 부부 생활에 있어
한쪽은 열심히 달아오르는데 다른 한쪽이 무표정하게 냉담한

경우 이른바 불감증이 있는 사람이다.

　이런 유형의 사람은 일반적으로 발 옆구
리가 건조하다.

　이런 여성을 둔 남편 또한 정신적으로 건
강하긴 어렵다. 악기를 다루는 연주자가 아
무리 두드려도 소리가 나지 않는다면 어떻
게 되겠는가. 부부 생활 가운데 섹스는 두
사람의 공동 합작품으로 여기에 문제가 생

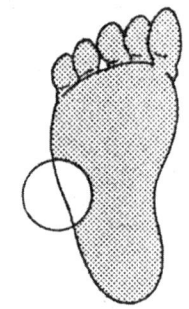

발옆구리

긴다면 두 사람의 사이는 악화될 수밖에 없다. 이런 여성들 중
선천적인 것보다는 너무 차만 타고 다녀서 증상이 오는 경우도
많다. 아주 가까운 거리나 시장도 차를 타고 다녀 발의 운동이
둔화되면 신체에 이상이 생길 수 있다. 산보나 간단한 조깅, 줄
넘기 또는 발로 골프공이나 통나무를 굴리는 것이 도움이 된
다.

　개중엔 불감증의 원인이 당뇨병이나 부인병 또는 정신적인
원인일 수 있으나 지속적으로 발에 자극을 주는 운동을 하면
이 증세를 개선할 수 있다.

　또 약지(넷째발가락)가 힘차면 흔히 건강한 사람으로 친다.

　이 약지발가락이 변비나 폐와 관계가 있기 때문이다. 이 발
가락이 힘이 없고 위축돼 있으면 변비가 심한 사람으로 보면
된다.

　특히 약지의 이상은 구두 때문에 많이 생긴다. 맞지 않는 신
발을 신거나 신발에 발을 맞춰 신다 보면 발가락에 문제를 일
으키기 쉽고 심하면 병증으로 발전되기도 한다.

　구두를 오래 신는 사람은 퇴근 후 약지발가락을 힘있게 눌러

주어 풀어주는 게 좋다. 또 오른쪽 발가락에 문제가 있으면 왼손 중지나 약지를 눌러 마사지해 주어도 한결 가벼워진다.

발이 큰 사람에게 이 같은 문제가 더욱 빈번할 수 있으므로 주의해야 한다.

반대로 약지발가락이 힘있고 눌러도 강한 탄력이 느껴지는 사람은 건강이 양호하고 족상의 운세도 좋은 방향으로 전개된다.

(7) 새끼발가락 짧으면 자식운 없다

새끼발가락은 생식기와 관계가 있다.

손의 새끼손가락이 생식기 및 폐와 관계가 있듯 새끼발가락도 마찬가지로 자궁과 관계가 있어 여기가 이상하게 변형되면 불임증에 걸리기 쉽다.

새끼발가락은 발의 바깥쪽에 있어 밖으로는 넓은 세상과 접촉하고 안으로는 다른 발가락을 보호하는 역할을 한다. 족상에서 과거운을 받아들이고 미래운을 크게 여는 곳이다.

생식기는 자손을 이어주는 중요한 기능으로 미래운과 직결된다. 이 발가락이 빈약하면 현재운이 약할 뿐 아니라 과거운에서 받은 것을 이미 다 써버려 나쁜 미래운을 유도하게 된다.

짧은 새끼발가락은 자식운이 약하고 미래운도 빈약하다고 볼 수 있다. 탄력있고 힘있게 뻗어 있다면 생식기가 건강하다는 것을 의미한다.

발의 폭이 좁고 가는 타입의 사람은 새끼발가락이 변형될 우려가 높다. 발이 가늘고 폭이 좁은 여성은 난산(難産)의 경향이 많고 새끼발가락의 발육이 불완전하면 생명의 위험이 따를 수도 있다.

또 새끼발가락이 특이하게 안쪽으로 구부러진 사람은 부인병으로 고생할 수도 있다.

남성의 경우는 하반신의 번뇌가 많고 미래운에 영향을 크게 미친다.

한편 발바닥은 족상 전체의 운세를 지배하는 부분으로 검거나 불결하고 차디찬 사람은 몸에 중병이 있을 수 있다. 발의 색이 변해 발이 윤기가 없고 힘이 없다면 중병일 수 있으므로 진찰을 받아보는 게 좋다.

발이 건조하고 광택이 없으면 생명력이 저하될 뿐 아니라 현재의 운세도 점차 기울어진다는 의미를 담고 있다. 여기에 색까지 점차 검어지고 온기를 잃어 간다면 건강을 염려해 봐야 한다.

(8) 참모선 3개 이상이면 크게 성공

<금전운>

족상에서 금전운은 행운선과 협력자를 말하는 참모선으로 판단한다.

발에 이와 똑같은 형상이 나타난 사람은 대부호가 될 운을 타고난 사람이다.

특히 참모선이 세 개 이상 있는 경우는 주위에 도와 주는 사람이 많다는 의미로 자금 유통이 원활하고 사업에서도 다른 사람으로부터 신뢰를 얻어 어떤 일에도 성공을 거둘 수 있다는 뜻이다.

발가락 근처에서 시작된 행운선이 발바닥을 세로로 양분하며 뻗어 발바닥 밑쪽으로 향해 내려간다면 금상첨화다. 현재

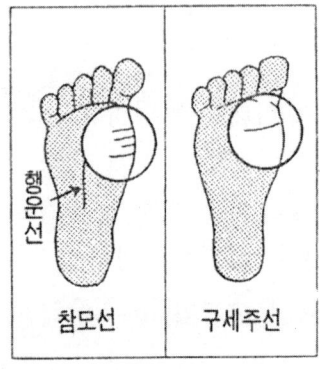

하고 있는 일에서 뜻하지 않게 주위의 도움이나 행운이 찾아와 발전을 거듭하여 부를 축척할 수 있음을 말한다.

그림에서 협력자를 말하는 참모선이 하나만 있는 경우 땀 흘려 노력한다 해도 적은 돈밖에 벌 수 없으며 두 개 있는 경우 과거나 현재운이 좋아서 생활이 안정되고 수입도 점차 쌓여 저축되는 길상으로 노후 생활도 안정되고 금전적으로도 부족함이 없는 상이다.

그런데 이런 선을 갖고 있는 사람 중에 발의 폭이 넓고 큰 사람은 거액의 돈을 벌 수 있는 부자의 상이다. 단 발에 상처가 없이 따뜻해야 하며 노력도 뒤따라야 한다. 개인 사업보다는 집단 생활에서 많은 사람을 거느려야 더욱 능력을 발휘할 수 있다.

시기적으로는 30대에서 40대에 발전하는 상이다.

참모선이 3개 이상 있으면 친구가 많고 신용이 있으며 정신과 물질직으로 발전할 상이다.

그림과 같이 참모선이 발가락 바로 밑에 길게 뻗어 있는 것은 구세주가 인간으로 환생하여 나타난 상이다.

인간의 고통을 해결해 주고 만인을 구제하는 이 구세주 선을 가진 사람과 함께 일하면 음으로 양으로 눈에 보이지 않는 도움을 얻을 수 있다.

결혼 상대자가 이런 선이 있으면 부부로 풍족한 생활을 할 수 있다. 그러나 이 선이 짧으면 부부 관계는 냉랭하고 둘 사이에 틈이 생기기 쉽다. 이때는 서로 이해하고 협력하여 슬기로 부부 생활의 행복을 찾도록 힘써야 한다.

(9) 직업선 길게 뻗어 있으면 사업 번창

<직업운>

인생을 살아가는 데 있어 직업은 우리 생활과 밀접한 관계가 있다.

발에 새겨진 선을 보고 그 사람의 직업운이 어떤가 추측할 수 있다.

직업선은 행운선의 끝이 길게 뻗어 발바닥 중앙을 지나 발의 바깥 측면으로 연장되어 뻗어간 상태를 말하며 이 선이 직업운이 전개되는 상태를 반영한다.

그림 ①과 같은 모양의 족상을 가지고 보통 크기의 발이라면

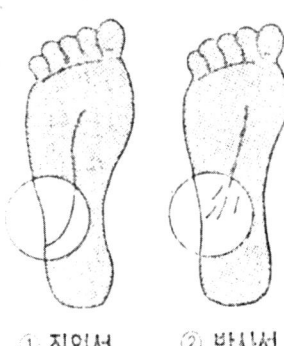

① 직업선   ② 방사선

비즈니스에서 대성할 수 있는 상이다. 자유업이나 개인 사업을 하는 사람에게 많고 그 선의 끝이 끊어지지 않고 잘 뻗어 있으면 대성할 타입이다.

이런 사람은 계획을 세우면 반쯤 성사된 것을 뜻하고 실행 단계에서도 추진력이 있기 때문이다. 이 직업선은 사무 계통의 사람에게 길상으로 꼽힌다.

그림 ②는 길게 뻗어간 행운선이 발바닥 중앙쯤에서 여러 개의 작은 선들로 나뉘어 분사되는 마치 빛이 쪼개지는 듯한 모

양이다. 이런 선은 사무 계통의 사람에게서 흔히 나타나는 족
상으로 분사되는 가는선이 여러 개 있으면 지식욕이 강하고 두
뇌 회전이 좋아 순조롭게 학업을 마칠 수 있다.

발의 폭이 좁고 가늘면 학자나 연구업에 종사하여 능력을 발
휘하는 사람인데 성격은 약간 나약하고 정신적으로 병약한 사
람이 더러 있다.

이런 사람은 항상 마음을 편하게 가져야 한다. 아니면 갑자
기 노이로제나 정신적 쇼크를 강하게 받을 수 있다.

주말은 여행이라든지 스포츠 등으로 땀을 흘리는 것이 좋다.
이런 유형의 사람은 성실이 밑천인데 도박이나 경마 등으로 일
확천금을 꿈꾼다면 큰 화를 당할 우려가 있으니 주의해야 한
다.

(10) 행운선과 결혼선 연결되면 사업가형

인생에서 만남만큼 중요한 것은 없다. 그림 ①과 같이 발바
닥 중앙을 세로로 양분하며 달리고 있는 행운선의 끝에 결혼선
이 부딪혀 측면까지 뻗어간 사람은 좋은 파트너를 의미한다.
혼자서보다는 여러 명이 함께 출자한 합자 회사를 하면 유리하
다는 뜻이다.

이때 파트너는 친한 친구의 우정을 가리키기도 하지만 사업
을 하면 동업자를 잘 만날 수 있다.

이런 족상을 가진 사람은 사업에 큰 도움이 되는 협력자나
성실한 일꾼이 주변에 있어 뜻하지 않은 협조를 받게 되고 사
업에서 대성공할 확률이 높다.

특히 과거운을 타개하여 현재운을 좋게 만드는 상으로 발의

크기가 중간 정도인 사람이 더 좋다. 발이 크고 폭이 넓은 사람은 성급하게 사업을 확대하여 실패를 맛보는 예도 있다. 발이 가늘고 조그만 사람은 친구가 도움을 준다는 의미다.

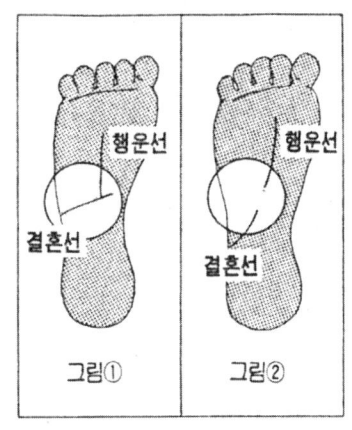

그림①   그림②

이런 상은 대개 현재운을 열어가는 노력가 타입이며 정력가가 많다. 사교성도 있고 숨은 계산가이며 낙천적이고 우정을 밑천으로 실패를 예방한다.

그림 ②와 같이 행운선이 발바닥 중앙에서 끊어진 형태의 족상은 주변의 도움보다는 자신의 노력을 자본삼아 인생을 꾸려가는 타입이다.

이런 사람은 예능계나 연극계에서 꽃피는 형으로 모든 실패니 성공도 본인외 차지다.

집단속에서 자신의 힘과 노력으로 자립하려는 사람이며 숨은 스타 기질도 갖고 있다.

세일즈맨으로 대성할 형이며 연고 세일이나 루트 세일 등으로 매상고를 높일 수 있으나 개중엔 불특정 다수의 고객을 상대로 일확천금을 꿈꾸기도 하는 단점이 있다. 꼬박꼬박 매달 월급을 받는 월급쟁이가 아니고 좀더 큰 몫을 차지하려는 욕심가다. 사업을 하더라도 단독 사업보다는 다각 경영 체질이며 당대에 거액을 거머쥐는 사람 중에 이런 유형이 많다.

남녀를 불문하고 고생이 많고 늦게 열매를 맺는 타입이다. 여성은 수산물 판매에서 성공하는 예도 많다.

(11) 행운선 여러 개일 땐 신중한 성격

<갈라져 나간 행운선>

발바닥 중앙으로 뻗어간 행운 선이 여러 개로 가지쳐 발의 측 면끝까지 뻗어간 상이다(그림 ①). 대단히 신중한 성격의 사람 으로 돌다리도 괜찮은지 두들겨 보고 건너는 그런 유형이다. 무 슨 일이든지 따져보고 달려들며 서양에서 이야기하듯 '스톱 고' 형이다. 스톱하듯 멈춰 서서 생

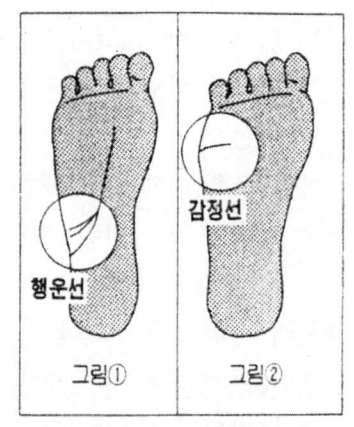

그림① 그림②

각하고 판단하여 고 하고 나아가는 타입이다.

적극성은 약간 모자라지만 지구력이 있어 일이 완성된다.

일단 계획이 서면 주위의 어떤 자극이나 환경에도 동요되지 않고 끈기있게 일을 지속하는 인물이다. 잦은 이동이나 변화하 는 사업에서는 성공하기 어렵다.

발이 가늘고 작은 타입의 사람은 정신적으로 나약하고 적극 성이 없기 때문에 동적인 업무보다는 정적인 일이 맞다. 개중 엔 예술가의 재능이 있어 그 방면에서 열심히 일하면 대성하는 상이다. 발이 크고 폭이 넓은 사람은 임기 응변이나 환경에 적 응하는 힘이 있어 리더로 활약할 수 있다.

<감정선과 연애운>

인생을 살아가면서 누구나 한번쯤은 연애 경험을 갖게 된다. 발바닥의 바깥쪽 발가락 밑부분에 가로로 뻗은 선이 감정선

인데 이 선은 그 사람의 가정 생활이나 성격, 애정운을 반영한
다(그림 ②).

연애운이 있는 사람은 이 선이 확실하게 나타난다. 이 감정선
이 중간에 끊어져 있으면 이런 타입은 생각이 깊고 행동과 실
천력이 부족하며 성취도가 낮다. 감정선이 희미하거나 선에 기
복이 있으면 감정 표현이나 애정 문제에 둔감한 것을 뜻한다.

남녀 모두 이런 선을 가지고 있으면 연애에서 실패하는 확률
이 높다.

또 감정선이 확실하면 애정 표현이 분명하고 열렬한 연애를
하는 타입이다.

이중 발이 큰 여성은 성적 매력이 풍부하고 남성의 경우 육
체 관계를 너무 집요하게 요구하는 예가 많다.

(12) 감정선 어릿일 땐 매사 심사숙고형

그림 ①과 같이 감정선이 짧은 선으로 끊어져 있는 형도 한
마디로 끈기가 없는 상이다.

연애를 해도 끝에 가서는 흐지부지하는 타입이다. 열렬하던
연애 감정이 어느 순간 냉랭해지면서 상대방은 적극적이기를
바란다. 처음과 같이 연결이 안 되고 마무리가 잘 이뤄지지 않
는 타입이다.

이런 사람은 학문적인 깊이는 있고 머리도 좋아 지식은 풍부
하지만 매사 일을 잘 풀어가지 못한다. 또 시작은 잘하나 마무
리는 시작만큼 탁월하지 못해 용두사미가 되기 쉽다.

특히 이런 족상 중 발 크기가 작은 사람은 극단적인 성격이
기 쉽다. 예를 들면 퇴근 시간이 시계추마냥 정확하다. 그러나

이성과의 연애는 육체 관계를 갖고 장래까지 약속하지만 끝까지 지키는 예는 흔하지 않다.

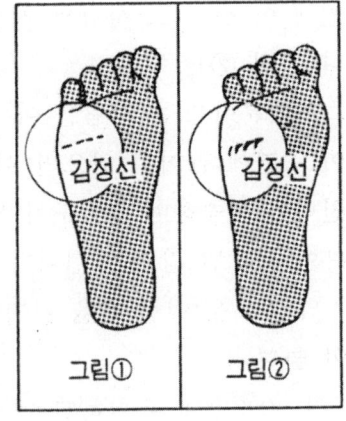

그림①   그림②

발이 크거나 보통인 경우 남자는 연상의 여인을 사랑해서 결혼하며 여자는 상대방이 아이가 있는 사람과 결혼하는 예도 있다.

이런 유형의 족상을 가진 사람은 모든 일을 계획하여 끝까지 밀고 가는 습관을 몸에 익히는 것이 좋다.

그림 ②는 감정선이 여러 개의 짧은 선들이 모여 이루어진 형태이다.

이런 족상은 심사숙고, 장고하는 타입이다.

무슨 일을 하더라도 생각에 생각을 거듭하는 사람으로 이성과의 연애도 상대방의 외모, 직업, 가정 환경 등 조건을 두루 따져보고 그래도 미진하여 부모 형제는 물론 친지들에게까지 의견을 물은 끝에 사귀는 형이다.

한마디로 돌다리도 두들겨 보고 건너는 전형적인 사람으로 건너면서도 또 한번 안전을 점검해 볼 성격이다.

일생을 살면서 매사 따져보고 오래 생각한 뒤 판단하기 때문에 무리하여 실수하는 예는 적지만 때로는 시기를 놓치고 결단이 늦어 일을 그르치는 경우도 많다.

(13) 감정선과 두뇌선 교차되면 '신데렐라형'

그림 ①은 발바닥의 중심으로 행운선이 커브를 그리며 뻗어

가는데 거의 끝쯤에서 결혼선이
부딪히는 모양이다.

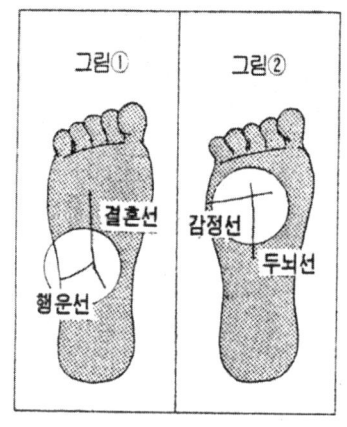

이런 형은 연애할 때 상대방을
꿰뚫어 보는 힘이 약해 연인을
알아보고 판단하는 데 시간이 길
리는 타입이다.

그러나 한번 확인하고 결정을
내려 결혼하면 행복한 가정을 이
루는 다복한 형이기도 하다. 처
음 연애할 때 상대방을 알아보는데 외견상 둔해 오해를 불러올
소지가 있고 때론 결단력 없이 상대방을 저울질하다 실수하는
예도 있다. 사람을 탐구하는 데 지지부진한 타입이다.

특히 발이 작은 사람은 젊은 시절 많은 연애 경험을 하지만
성취하는 예가 적고, 때론 연애에 환멸을 느끼기도 한다. 그러
나 이는 자신이 상대방을 파악하는 데 시간이 걸리는 자신의
성격탓인 데도 연애의 쓴맛을 봤다고 탄식하는 경우다. 세상
경험이 축적되고 30이 넘으면 이런 단점이 커버된다.

발이 크고 폭이 넓은 경우는 만혼할 유형이다. 처음은 연애
의 고배를 여러 번 맛보고 실망하기도 하지만 나이가 들면서는
성공, 행복한 결혼 생활을 누리는 타입이다.

그림 ②와 같이 감정선과 두뇌선이 교차하는 족상은 신데렐
라 타입이다.

이런 족상은 상대방이 호감을 갖고 매력에 이끌려 다가오는
상이다.

신데렐라를 처음 본 순간 반한 왕자가 신발 한 짝을 들고 전국

으로 찾아나선 것처럼 이런 족상을 가진 사람은 이성복이 많다.

홀륭한 이성이 반해 행운을 갖고 끈질기게 찾아오는 그야말로 신데렐라가 될 수 있는 형이다.

영화 '귀여운 여인'에서처럼 멋진 승용차를 몰고 장미꽃 다발을 든 현대판 '왕자'를 만날 수 있다. 결말 또한 행복한 결혼 생활로 이어져 동화 속의 단골 수식어처럼 '아들 딸 낳고 오래도록 행복하게 살았답니다'란 말을 듣게 된다.

(14) 감정선 S자형이면 동성애 많아

그림의 선은 그 사람의 애정이나 인간성 가정 생활 등을 나타내는 감정선이다.

그림 ①과 같이 선의 양끝이 발가락쪽을 향해 구부러져 있는 사람은 담백한 성격으로 연애도 담백하게 한다. 발이 큰 사람은 이런 경향이 한층 강해 매력적인 연인이 나타나도 성격탓에 불 같은 연애보다는 서서히 달구어지는 타입이다.

발이 작은 사람은 성적인 콤플렉스를 가진 경우가 많다. 따라서

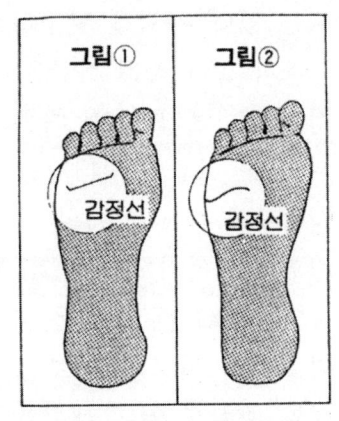

이 문제를 극복하기까지는 이성과의 교제가 힘들다. 그러나 나이가 들고 세상 경험이 풍부해져 콤플렉스가 다소 완화될 때 이성과의 만남도 이뤄지게 된다.

이런 족상을 가진 사람은 자칫 고독한 청춘을 보내기 쉽고 조혼보다는 만혼을 하는 게 좋다.

연애에 성공하려면 적극성을 갖고 상대방을 대해야 한다.

그림 ②와 같이 감정선이 구불구불하게 뱀처럼 S자형을 하고 있는 사람이 있다. 이런 타입은 호모나 레즈비언의 경향이 높다.

이 선이 극단적으로 휘어져 S자를 이루고 있으면 이런 성향이 더욱 강해 이성과의 연애보다는 동성애의 경향이 높다. 성격도 감수성이 예민한 유형이다. 이성과의 연애에 대한 흥미가 적은 대신 사랑의 감정이 남성은 남성, 여성은 여성인 동성에게로 옮겨진다.

남성은 호모, 여성은 레즈비언의 성향이 있다. 이는 근본적으로 나르시시즘이 짙게 깔려 있으며 자신의 신체 일부에 애정을 갖고 도취하는 사람이어서 성적으로 흥분을 느끼고 번뇌하는 경향이 있다. 특히 나이가 어릴 때 이런 감정이 표출되는 예가 많다.

주위에 매력적인 동성이 나타나면 연애 감정이 싹터서 남성이 여성을 바라보는 것같이 또 여성이 남성을 바라보는 것처럼 무의식중에 연애 감정을 느끼게 된다.

동성을 이성처럼 착각하고 점점 깊이 연애 감정에 빠져들게 된다. 이런 사람은 자기 도취형이어서 자신 이외의 사람을 좋아하는 마음을 길러야 이성과 결혼해서도 파경의 위험을 막을 수 있다.

(15) 행운선과 두뇌선 만나면 조혼 경향

인생에 있어서 결혼은 일대 사업이 아닐 수 없다. 그림과 같이 세로로 길게 뻗은 행운선은 말 그대로 족상에 있어서 행운을 의미한다.

음양학상으로 세로선은 길상이요, 가로선은 흉상이라고 일컫는데 이 행운선은 세로선으로 길상의 대표적인 예다. 세로선이 많으면 행운이 많이 따르고 가로선이 많으면 불운으로 눈물을 흘리게 된다. 그러나 흔히 족상에서는 가로선이 많이 발견된다. 따라서 단순히 세로선은 길상, 가로선은 불운이라고 판단하기보다는 다른 선과의 조화를 보아야 한다.

결혼운에 있어서 이 세로 행운선이 큰 영향을 끼친다. 그림 ①과 같이 이 선이 엄지발가락이나 둘째발가락 밑에까지 닿고 그 밑의 선이 발바닥 중앙에서 바깥쪽 측면까지 뻗어 간다면 이는 그야말로 운세가 강한 상으로 행복한 결혼 생활을 예고하는 징표다.

그림 ②는 길게 뻗은 행운선이 두뇌선과 부딪치는 상이다. 이런 사람은 조혼의 경향이 있다.

학생 시절에 벌써 의중의 상대자가 나타나 일찍 결혼하고 가정 생활도 원만하게 이끌어길 타입이다.

이런 타입의 사람은 직감력이 있고 자연을 즐기는 심미안도 갖추고 있으며 활동도 적극적인 면이 있다.

결혼 후에도 운세가 지속돼 부부간에 서로 이해하고 협력해 가정을 잘 꾸려나간다. 자신의 결점이 원인이 되어 감정이 폭발해도 자제할 수 있어 부부 관계를 원만하게 이끌어 간다.

또 주위 환경에 잘 적응하여 처신함으로써 어려움을 극복하기 때문이다.

이런 모양의 족상 중 발이 크거나 보통 크기의 발을 갖고 있는 사람은 상대방의 기분을 빨리 파악하고 자신의 뜻을 그에 맞추어 원만하게 사회 생활을 이끌어 간다. 따라서 결혼 생활 중에도 본가 부모나 처가 부모의 의중을 미리 살펴 뜻을 맞추도록 노력하므로 최고의 결혼 생활을 리드해 가는 상이다.

(16) 행운선과 결혼선 끊기면 가족간 불화 잦아

인생에서 배우자를 만나는 것이 본인의 선택에 의한 것인지 아니면 우연의 본체인 운명의 섭리에 의한 것인지 분간키 어려운 것이 대부분이다.

그런데 결혼 상대자의 족상이 그림과 같은 상을 하고 있다면 어떨까? 발바닥의 중앙에 세로로 길게 뻗은 행운선이 발밑 측면에서 올라오는 결혼선과 연결되지 못하고 중간이 끊어진 상태인 경우 결혼하면 여러 가지 문제가 발생하는 예다.

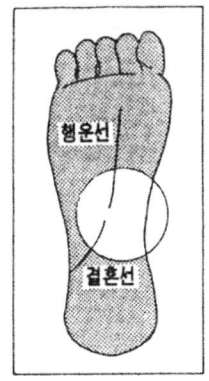

처음에 연애는 순조롭게 진행되어 사랑하고 결혼에는 성공하지만 그림과 같이 결혼선이 행운선과 연결이 안 되고 끊어지면 결혼 후에 많은 어려움이 생기게 된다. 그러나 다행스럽게 대단한 인내력이 있는 노력가여서 참고 견디며 오히려 부부가 강하게 결속하여 문제에 부딪히는 상이다.

문제의 대부분이 부부 당사자 사이에서 생기는 것이 아니고 가정과 연결된 사람 가까운 친척·친구·친지 또는 양친 부모와 관련된 것들이다. 예를 들면 고부간의 갈등이나 시누이와의 불화 등이 현실의 고통으로 등장한다.

결혼 생활의 주된 것은 인간 관계가 대부분인데 이상한 운명의 장난으로 풀기 어려운 사람과의 문제점이 때때로 나타나 부부간을 괴롭힌다.

특히 보통 크기의 발을 가진 사람이 이런 족상을 갖고 있으면 결혼 후 시간이 흘러 자녀 즉 어린애가 생기면 주변의 인간 관계에 따른 문제는 사라지고 자녀의 문제로 바뀐다.

발이 작은 사람은 잡다한 문제가 더욱 오래 지속되어 강한 인내력을 요구하게 된다. 이때 부부간에 서로 대화의 시간을 갖고 노력한다면 문제가 있어도 한층 결속력이 강해져 고통과 슬픔도 부부애의 따뜻한 사랑으로 녹일 수 있다.

이런 형은 자녀를 기르면서도 사명감이 남달라 환경이 어렵더라도 자녀 교육에 열심이라 주변을 감동시킨다.

(17) 두 선 가닥가닥 끊기면 결혼 애먹어

인생에도 두 줄의 기찻길처럼 나란히 걸어가는 운명의 평행선이 있다. 특히 남녀 관계의 결혼운에 있어 그림과 같은 족상의 소유자는 평행선만 달리는 상이다.

행운선이 밑으로 뻗어가지만 가닥가닥 끊어져 연결되지 못하고 밑에서 뻗어오는 결혼선도 처음 시작되는 선은 괜찮은데 점점 올라가면서 짧게 끊어져 연결되지 못하는 모양은 이른바 결혼운이 약한 상이다. 무릇 남녀 관계인 결혼운은 평행을 달리다가도 자석의 남과 북이 끌어당기듯 어느 시점에서 부딪쳐 연결돼야 하는데 오히려 밀어내는 거부 반응을 나타내는 결혼의 연이 약한 상이 바로 그림과 같은 족상이다.

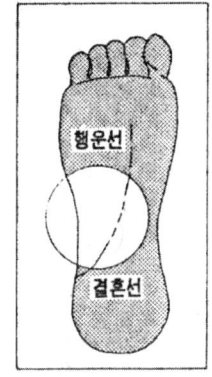

결혼의 연이 약해서 어떤 상대를 만나도 'No'라는 답만 하게 된다. 발바닥의 선이 선명하게 계속 연결되어 뻗지 못하고 중간 중간의 맥이 끊어져 시작은 하지만 매듭을 짓지 못하고 만다. 과거의 운이 나쁜 이유도 있지만 본인이 현재에 있어서도 매사에 적극적이지 못하고 현실을 타개하려는 의지가 약해 운명의 섭리가 뻗어가지 못하는 상태이다.

한번 문제에 부딪혀도 마음을 다부지게 먹고 다시 과감히 재도전하는 승부 근성을 길러야 하며 활동력도 현재보다 증가시켜야 한다.

서양 속담에도 용감한 사람이 아니면 미인을 얻지 못한다는 말이 있듯 적극적인 행동이 필요하다는 것이다.

족상의 선이 설사 가닥가닥 끊어져 있어도 본인이 분발하여 재도전하는 칠전팔기의 정신이 있다면 운명의 신도 결국은 손을 들고 노력의 의지에 따라 족상도 조금씩 제 모양을 갖추게 된다.

이 족상의 선들은 모두 두뇌의 신경 조직과 연결되어 나타나는 것이므로 본인이 만드는 것이라고 봐야 한다. 물론 그 선의 밑바탕에는 과거 부모의 운이 포함되어 있지만 현재운은 당사자의 몫이다.

이렇게 결혼운이 약해 좌절하고 비관하는 상은 가정적인 사정이 문제되는 경우도 있고 주위의 여러 가지 일 때문에 결국 결혼에 이르지 못하는 예가 있다. 이런 사람에게는 가정에서 당사자의 기를 꺾지 않도록 배려해야 하고 결혼이 성사되도록 주도 면밀하게 도와주어야 한다.

(18) 왼발-후천적, 오른발-선천적 기능 반영

왼발을 보나, 오른발을 보나?

"족상 좀 봅시다"를 연재하면서
독자들로부터 "족상은 왼발을 보
느냐 아니면 오른발을 봐야 하느
냐"는 질문을 많이 받았다. 오늘
은 그 질문에 대해 설명하겠다.

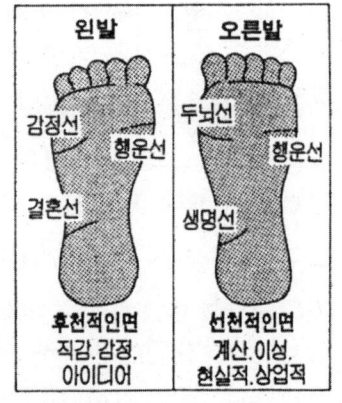

예로부터 동양에서는 달마상법
이 있어 수상(手相 : 손금)의 경
우 남좌(男左), 여우(女右)라는
말이 있다. 그러나 족상은 남자는
왼쪽발, 여자는 오른쪽발을 보는 것보다는 두 발을 다 보고 공
통적으로 적용해 판단해야 한다. 우선 왼발과 오른발의 기능과
운명적 요소를 따지기에 앞서 인간 신체의 발달 과정을 살펴보
고 결론을 유도해 보자.

사람은 원래 태고적에는 다른 짐승들과 마찬가지로 네 발로
(손과 발이 따로 없었다) 기어다니다 점점 진화하여 직립보행
(直立步行) 즉, 서서 걸어다니게 되었고, 문명이 발달되고 문
명의 이기가 만들어지면서 인류는 당초 발이었던 두 앞발이 손
이 되어 사용되기 시작했다.

손과 발의 기능이 구분되었으며 두 손 중에서도 오른손을 많
이 사용하게 됐다.

물론 문명의 이기가 거의 오른손으로 쓰기 편리하게 만들어

졌기 때문이다. 나사나 손잡이 심지어 시계도 오른쪽으로 돌아가고 있다.

이런 과정에서 두뇌와 관련있는 손이 발달되면서 오른손과 관련있는 두뇌와 왼손과 연관된 두뇌의 발달이 달라지고 따라서 발도 자연스럽게 손의 영향을 받아 오른손을 많이 사용함으로써 그 반대편인 왼발이 땅을 딛고 몸을 지탱해야 활동의 폭이 넓어지게 되므로 왼발을 많이 쓰게 됐다.

그래서 왼발은 오른손의 기능이 자리잡고 오른발은 왼손의 두뇌와 연관되게 되었다. 그래서 왼발에서 후천적인 요소가 많이 발견되고 오른발에는 선천적인 타고난 면이 많이 반영되어 있다(왼손잡이인 경우는 그 반대다).

왼발은 후천적인 면과 직감력, 감정, 아이디어 등의 기능이 주로 나타나고 오른발은 선천적인 타고난 면과 계산 능력, 이성적, 현실적, 상업적, 물질적인 면이 주로 반영되어 있다.

그러나 족상은 왼발, 오른발을 모두 관찰하고 어느 한 선에 문제점이 있으면 그 선이 있는 발이 중심이 되며 양쪽 발의 선이 비슷할 경우 후천적인 왼발을 주로 보고 운세를 진단하여야 한다.

(19) 결혼선 군데군데 끊기면 '독신'형

결혼이란 사랑하는 남녀가 부모 곁을 떠나 둘이 결합해 한 가정을 이루는 것을 말한다. 그런데 남녀 관계에 있어 둘이 함께 생활하긴 하되 남자는 여자를 섹스 상대와 가사를 담당하는 것으로 생각하는 이른바 자기 실속만 차리고 결혼 아닌 동거 생활을 희망하는 상이 있다. 이것이 바로 그림과 같은 족상을 갖고 있는 사람이다.

행운선이 곧바로 밑으로 뻗고 그 끝에 결혼선이 밑에서 뻗어올라와 있으나 군데 군데 끊어져 있다. 이것이 바로 연애나 결 혼의 상대를 동거녀로 인식하여 섹스 상대 와 가사일을 돕는 일꾼쯤으로 생각하는 사 람이다.

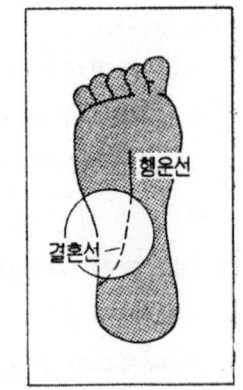

이렇게 결혼선이 도중에 여러 개로 끊어 져 있는 타입은 매우 진보적인 사고를 하 는 사람이며 일반적인 상식보다는 자신의 감정에 따라 행동하 는 유형이다.

이런 사람은 과거운이 나빠 하나하나 그 영향이 현실에서 나 타나기 때문에 결혼도 쉽지 않아 짝사랑으로 그칠 경우가 많 다.

결혼을 하나의 거래나 이기적인 것으로 판단해 생각하고 행 동한다면 상대와 결합해도 오래가지 못할 것은 자명하다.

이런 경향은 일상 생활이나 조그만 일에도 나타나며 다른 사 람의 생각은 아랑곳 없고 오직 자기 주관으로만 판단하고 행동 하는 특이한 성격의 인물이다.

결혼이나 중대한 일의 결정이 자신의 의지보다는 가족과 형 제 자매 친척 친지 등의 의사에 좌우된다.

특히 발이 조그만 사람은 인간적으로 색다른 매력이 있어 의 외로 이성에게 인기가 있다. 예술가적 기질이 풍부하고 결혼이 나 연애를 거추장스럽게 생각하여 헤어지는 예도 허다하다. 따 라서 혼기를 놓쳐 노총각 노처녀가 되기 쉽다.

보통크기의 발을 가진 사람은 발이 작은 사람과 비슷하나 결혼선이 군데군데 끊어져 있는 상이기 때문에 동거 생활을 지속하려는 경향이 강하다. 대개 독신주의자들에게 많이 발견되는 족상이다.

또 발이 큰 사람은 자기 중심적이고 결혼을 무슨 계약처럼 너는 너, 나는 나로 생각하는 경향이 강하다. 가사도 분담하고 노동이나 돈 관리도 서로 동등한 위치를 유지하지만 이성에 대한 책임을 회피하는 형이다.

(20) 행운선 수직으로 뻗으면 만사형통

그림과 같이 행운선이 발바닥 중간을 길게 뻗어가는 사람은 족상 중 최고의 길상이다.

따라서 그 동안 조금씩 언급하긴 했지만 이번에 집중적으로 다뤄 보고자 한다.

발올 위에서 아래로 이등분하는 깃처럼 발바닥을 가르고 있는 이 선의 중심부가 굵고 깊게 파여져 있다면 현재운까지 아주 좋은 것으로 최고의 족상이다.

이런 족상의 소유자는 인간 관계가 원만하게 잘 이뤄진다. 주위의 사람들이 도와주는 행운이 있으며 아랫사람도 잘 따라주는 등 그야말로 만사형통인 타입이다.

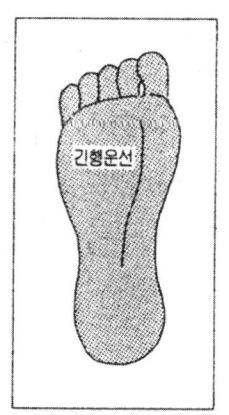

꿈에서나 생각했던 은인이 실제로 나타나 온정을 베풀어 원조를 아끼지 않는다. 새로운 프로젝트 추진 때문에 신경쓸 때 그 방면에 베테랑급인 사람이 나타나 도와주어 사업에 성공하

는 것도 한 예다.

이렇게 마음먹은 대로 일이 척척 진행되고 필요한 사람이 도와주는 등 누구나 선망하는 최고의 행운아다.

또 이런 형태의 행운선을 가진 사람은 어떤 문제를 스스로 해결하는 것보다는 주위 사람의 도움으로 해결하는 예가 많다. 때문에 트러블이 생겼을 때 자신이 처리하기보다는 다른 사람의 조언을 듣고 주위의 협력으로 일을 해결하는 것이 현명하다.

여성의 경우 그야말로 행운의 꽃마차를 탈 수 있는 신데렐라 형이다.

그러나 선망의 대상인 신데렐라가 되어서도 변신의 즐거움을 만끽하는 것보다는 현재의 삶을 그대로 계속하는 것이 바람직하다.

그리고 이 행운선이 중간에 흰 빛을 띠고 있다면 현재의 생활이 문란한 것을 나타내며 개선을 요한다.

문란한 생활을 계속하면 족상의 하강선이 나빠지고 불규칙한 생활로 행운선의 혜택을 감소시키고 만다.

(21) 약지와 소지 사이 붙어 있으면 '자식운'

발가락의 뻗어 가는 방향과 발가락 사이의 넓고 좁음, 발가락의 크고 작음 등이 족상에 미치는 영향이 지대하다.

발가락은 손가락과 마찬가지로 엄지, 검지, 중지, 약지, 소지로 분류한다.

엄지는 운세에서 선조, 양친 부모와 관계 있고 검지는 타인과의 관계, 중지는 자기 자신, 약지는 본인의 가족, 소지는 자식이나 손자와 관련 있는 것으로 본다.

그림 a처럼 엄지와 검지 사이가 넓게 벌어져 있는 사람은 양친 부모와의 인연이 적고 친가 쪽과의 감정적인 면에서 가깝지 않고 소원한 관계에 있는 것으로 본다.

그림 b처럼 검지와 중지 사이의 틈이 벌어져 있는 사람은 타인과의 인연이나 협력 관계가 특히 저조하다. 더구나 그 사이가 많이 벌어져 있는 사람은 대인 관계에 있어 트러블이 많은 편이다.

중지와 약지의 사이가 그림 c와 같이 벌어져 있어 틈이 있는 사람은 본인의 가족이나 친적 관계가 원만치 못하다. 부부간의 애정도 엷은 편이고 남성의 경우 이런 상이면 한 사람의 여성만으로 만족하지 못하고 다른 이성과 혼외 정사할 가능성이 많다.

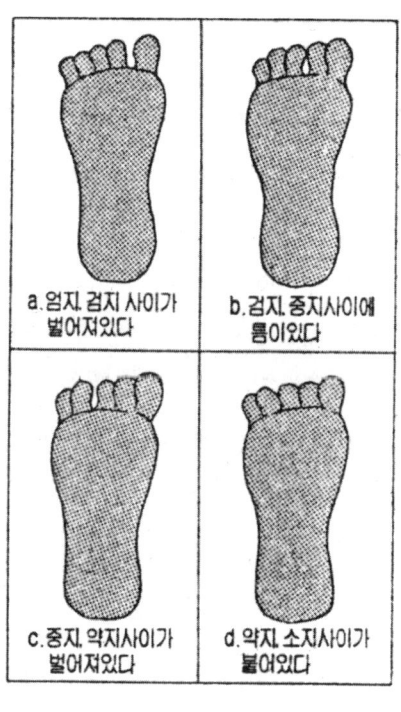

a.엄지.검지 사이가 벌어져있다

b.검지.중지사이에 틈이있다

c.중지.약지사이가 벌어져있다

d.약지.소지사이가 붙어있다

여자의 경우 결혼을 하더라도 항상 남편에게 불만을 갖게 되고 심할 경우 부부가 헤어지는 이별수를 겪을 수 있다.

그림 d처럼 약지와 소지 사이가 떨어져 있지 않고 붙어 있는 상은 자식운이 있어 말년에 편안함을 누릴 상이다. 본인이 아이들을 못 낳는 사람일지라도 양자를 보거나 하여 노후가 안정된다.

반대로 약지와 소지의 사이가 벌어져 있는 사람은 자식과의 인연이 박하다. 자식이 있어도 부모를 거스르고 반항하는 일이 많게 된다.

소지의 끝 관절이 굽어 있는 여성은 불임증의 기미가 있는 사람이기도 하다.

(22) 발등 높으면 진취적이며 금전운 좋다

사람의 머리가 둥근 것은 하늘을 상징하고 발이 평평한 것은 땅을 닮은 것인데 머리는 하늘을 향하고 발은 땅과 접하고 있다.

그런데 이 발중에서 하늘을 향하고 있는 부분이 있다. 이것이 바로 발등이다.

발등은 땅과 접하고 있는 발바닥이 듣는 대지의 소리와 '땅의 기'의 흐름을 몸체에 전달하는 역할을 담당하며 몸체를 받치는 중추적 기능도 수행하고 있다. 그래서 발등에는 그 사람의 운세, 특히 금전운과 성공의 바로미터가 된다.

그림은 발등을 표시한 것인데 이 발등이 높고 낮음에 따라 운세를 판단한다.

사람이 앞으로 나아갈 때는 발등과 앞발가락이 움직여 앞으로 향하게 되는데 이때 발등이 높으면 앞으로 미는 힘이 강해 추진력이 배가 된다.

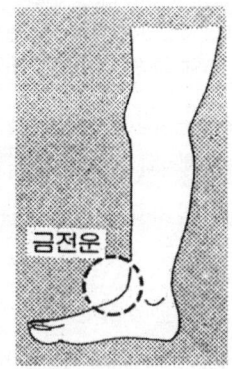

금전운

따라서 발이 두꺼워 발등이 높으면 진취적이며 금전운이 좋고 또한 의지와 실행력이 좋아서 성공하는 상이라고 한다.

반면 발의 두께가 얇아 발등이 낮으면 진취적이기보다는 보수적인 성격이어서 추진력과 실행력이 떨어져 남에게 뒤지므로 운세가 약한 상이라고 본다.

발의 안쪽인 발바닥의 여러 가지 선과 무늬는 성장하면서 또는 본인의 의지와 운세에 따라 일부 변화하지만 발등은 태어나면서 생겨나서 일생을 그대로 지낸다.

발등의 높고 낮음은 과거운이 지배한다. 즉 선조의 업적과 조상의 운세가 본인에게 전해서 현재운을 형성하고 미래까지 이어져서 후세까지 전달된다.

신발을 신고 살아가는 현대인은 신발에 발을 맞춰 꼭 끼는 신발을 신기보다는 발에 맞는 신발을 신어 발등을 조이지 않도록 느슨하게 함으로써 발등의 역할을 제한하지 않는 게 좋다. 실천력이 향상되고 발등이 눌린 답답함에서 해방되어 진취적이 되고 능력을 십분 발휘하게 된다.

발의 두께기 얇고 발등이 빈약하게 낮은 사람은 괴거운이 나쁘다고 비관만 할 필요가 없다. 과거운을 못 받았어도 현재운을 높게 유지하기 위하여 노력을 배가하고 발의 운동에 힘써 발등 근육의 힘을 높이면 보다 운세가 호전될 수 있다.

(23) 'B+B' 표준형 남녀 만나면 뜻맞아 "화목"

발은 그 크기에 따라 그림과 같이 A(가늘고 폭이 좁은 모양), B(균형이 잡힌 보통 크기), C(크고 폭이 넓다) 타입으로 나눌 수 있다.

이번엔 발의 크기에 따른 대인 관계에 대해 알아보자.

특히 우리 사회는 여러 사람이 모여 생활하고 가정도 두 사

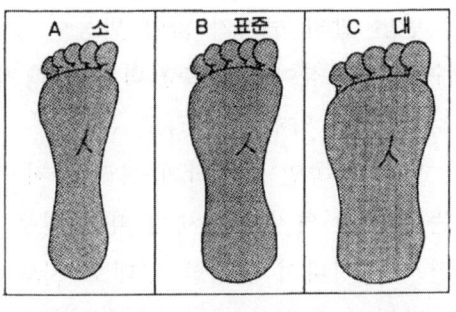

람 이상이 함께 사는
경우가 대부분이다. 따
라서 이렇게 가족이나
사회의 불특정 다수인
이 모여서 살아갈 때
의외로 좋은 상대를 만
나 조화있게 잘 지낼
수도 있지만 뜻하지 않게 불협화음으로 괴롭고 고달픈 나날을
보낼 경우도 있다.

발의 크기에 따라 조화되는 타입을 살펴보자. B와 B, B와
A, B와 C는 서로 잘 어울리는 관계다.

서로 마음이 통해 불화없이 잘 지내게 된다.

B와 B형같이 표준형끼리의 만남은 이상적인 결합이다. 이성
끼리의 만남은 물론이요 친구나 동성끼리의 결합도 오래 지속
되며 서로 도움을 주고 오랜 인생의 여정을 함께 할 수 있는
편안한 상대이다. 또한 매일의 생활도 부족함 없이 메워 갈 수
있다.

서로 뜻이 맞아 백년지기같이 느껴지며 괴로움도 서로 털어
놓을 수 있고 친형제나 가족처럼 스스럼없이 지낼 수 있는 상
태이다.

B형과 A형의 결합은 B는 남성, A는 발이 작은 여성과의 만
남이다. 콧노래를 부르는 좋은 결합이나, 만일 여성이 직장에
나가고 남성이 집에 있다면 서로의 관계는 변질되고 문제가 생
긴다.

단 남성이 A형, 여성이 B형으로 만나면 최고의 길상이다. 남

성은 독창적이어서 장래가 유망하고 여성은 현모양처형이다. 또 B형과 C형의 만남은 동성끼리 잘 화합되고 조화된다. 남성 B형, 여성 C형도 남성의 경우 건실하고 여성은 독창적 사업을 하는 등 발전이 기대된다.

남성 C형, 여성 B형의 경우엔 저돌적인 남성의 성격 때문에 여성이 뒤에서 부드럽게 뒷받침해 줘야 한다.

(24) 이기적인 A형과 개성 강한 C형 '상극'

지난번엔 상대와 잘 조화되는 발의 크기에 대해 살펴봤다. 이번엔 발의 형태에 따라 서로 조화가 잘 되지 않고 거부감을 일으키는 만남에 대해 알아보자.

그림은 발의 크기를 구분한 것인데 A는 발의 폭이 가늘고 작은 발이고 B는 표준치의 발이며 C는 발의 폭이 넓고 큰 발이다.

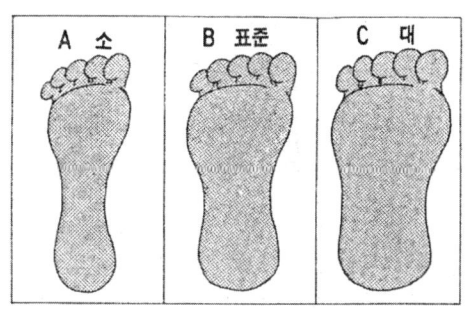

B와 B, B와 A, B와 C는 서로 조화가 잘 되는 타입이다. C와 A, A와 A, C와 C는 서로 거부감을 일으키고 조화가 잘 이뤄지지 않는 타입의 만남이다.

A와 A, C와 C는 서로 만나면 반발을 일으키고 C와 A는 파멸되고 마는 형이다.

그러면 어째서 이런 현상이 초래되는지 살펴보자.

서로 조화가 잘 되는 그룹(B와 B, B와 A, B와 C)에는 한결

같이 발의 형태가 표준형인 B가 꼭 끼어 있다. 그러나 잘 어울리지 않는 그룹엔 A와 C가 들어 있다.

더구나 A와 A형, C와 C형은 개성이 서로 강하여 조화가 잘 안 되고 거부 반응을 일으킨다.

따라서 우리는 B형을 제외하고 A와 C는 동일한 형의 발을 가진 동일한 성격의 사람하고는 잘 어울리지 않는다는 것을 알 수 있다.

A 타입의 사람은 날카롭고 감각적이어서 정신적으로 신경을 쓰게 만들고 피로를 유발시킨다. 때로는 상대의 결점을 발견하곤 논쟁을 벌인다든지 자신에게만 잘해 주기를 바라는 이기적인 면이 있어서, 결국 서로의 만남이 오래 지속되지 못하고 만다.

C 타입도 같은 형의 사람을 만나면 겉으로는 어울리는 것 같지만 서로 개성이 강하고 보스 기질이 있어서 마음 깊은 곳에서 쉽게 서로 동화되지 못한다.

A와 C형의 만남은 서로 반발함은 물론이요 똑같이 파멸로 치닫고 만다.

이런 형의 어울림은 친구처럼 보여도 얼마 안 가서 인생의 톱니바퀴가 어긋나 서로 원점으로 되돌아가고 만다. 설사 남녀가 결합하여 향락적 생활을 한다 해도 서로의 운세 때문에 절망적인 파탄을 초래하고 만다.

(25) 비염땐 엄지발가락 밑 근육 풀어야

지난번에 발은 위로부터 3등분하여 위는 머리와 관계 있고 가운데 부분은 몸체의 기관과 연관되며 제일 밑부분은 다리와 관련 있다는 것을 밝힌 바 있다.

이번엔 좀더 구체적으로 발의 어느 부분이 몸의 기관과 연관되어 있는지 밝혀 봄으로서 우리의 건강 관리에 도움을 주고자 한다.

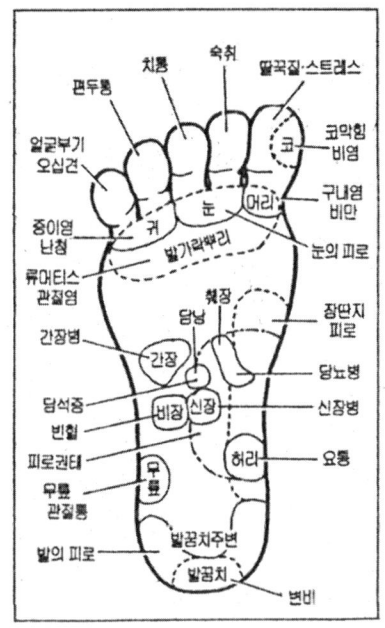

그림에서 발의 윗부분인 발가락을 살펴보면 엄지발가락 밑부분은 얼굴의 코와 머리 부분에 해당된다. 코막힘이나 비염은 이곳의 근육이 위축되어 있고 이곳에 자극을 주어 풀어야 한다.

두 번째, 세 번째 발가락밑은 눈과 관련 있다. 네 번째, 다섯 번째 발가락밑은 귀와 연관되어 있어 중이염이나 난청이 있으면 이곳의 근육이 딱딱하게 뭉친다. 그리고 발가락끝은 그림과 같이 얼굴의 또다른 기관인 치아와 어깨 등과 연관된다.

그림의 가운데 부분은 몸의 내장 기관인 간장, 신장, 비장, 위장, 폐장, 담낭, 심장 등의 기관과 연관되어 있다. 이곳이 바로 발바닥의 오목하게 들어간 장심(掌心)이란 곳이다. 몸의 내장 기관이 중요하듯 발의 이 오목한 부분이 우리의 건강을 지배하는 중요 포인트이다.

모든 운동이나 걷기 등은 이 장심을 중심으로 발바닥 전체의 균육이나 신경 조직에 자극을 가하는 것으로 시작되어 원활한 건강 유지에 직결된다.

다음은 몸의 아래 부분인 하체와 다리에 해당하는 발바닥의 아래 부분이다. 전립선이나 부인과 계통 기관과 장을 비롯하여 허리, 무릎, 다리와 관련이 있다.

이렇게 발바닥에는 온몸에 신경 조직이 고루 퍼져 있다. 그래서 고대 중국인의 지혜는 인체의 질병은 발의 해당 부분을 치료함으로써 완쾌된다고 믿어 치료법을 발명했다. 이것이 오늘날 과학으로 입증되어 세계 각국이 관심을 갖기에 이르렀으며 드디어 발바닥을 자극하면 몸의 각 부분에 반응하는 사실을 응용하여 발바닥은 질병의 간접 치료처라고 하게 됐다.

(26) 장심 가는선 엉켜 있으면 운동 부족

그림 ①은 발의 중앙 부위인 생부, 즉 몸 안의 내장 기관과 관련이 있는 부분이다. 장심(掌心)이라고 지칭하는 발의 심장 부분에 그림과 같이 가는선들이 서로 엉켜 있다.

이것은 금전 감각이 약해 돈이 달아나는 형상이며 운동 부족과 영양 상태의 부족을 말한다.

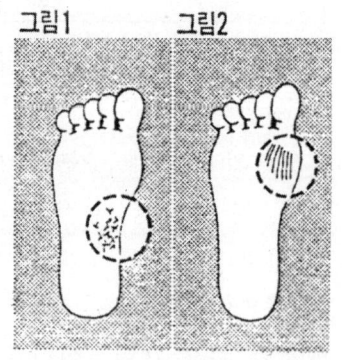

그림1   그림2

재물운은 발과 밀접한 관계가 있다. 발바닥의 상태로 미루어 돈이 있는 부자인지 가난한 사람인지를 가려낼 수 있다.

이런 사람은 현재의 체력도 난조를 보여 정신적으로 혼란 상태에 있으며 경제적으로도 불안정한 상태에 있다.

이런 징조가 있는 사람은 우선 몸을 움직여 무엇이든 시작해야 한다.

발의 안쪽인 발바닥을 자극하기 위해 가벼운 쇼크를 줄 필요가 있다.

특히 이 선들이 백색을 띠고 있을 때 주의해야 한다. 정신 건강이 불안정하고 동시에 질병에 걸려 있음을 말하는 것이다. 이 때는 가벼운 운동으로 발을 자극해 내장 기관을 정상으로 돌려 놓도록 끈기있게 노력해야 한다.

그림 ②는 엄지발가락 밑에 행운선이 갈라져 내려가는 곳에 볼록하고 풍만하게 튀어나온 부분에 광택이 있는 타입이다. 이런 형은 과거운이 좋아서 그림 ①과는 반대로 장차 금전운이 좋아질 상이다.

반대로 과거운이 좋지 않았던 사람은 이 부분이 별로 볼록하지 않으며 광택도 없다. 현재운이 좋으며 볼록한 이곳을 눌러보아 탄력이 있고 광택이 있는 사람은 경제적으로 풍족한 생활을 할 수 있다.

또 발바닥의 엄지발가락 밑 볼록한 곳이 빈약한 사람은 생활의 리듬이 일정치 않으며 아침에 일어나는 것도 고통스럽고 저녁엔 늦게까지 활동해 건강에 해로운 생활을 되풀이하는 타입이다.

이 부분이 젊었을 때부터 발달되지 않았다면 미래운이 불운한 것이므로 생활의 리듬을 찾도록 힘써야 한다.

(27) 'ABC' — 비판 호전적 'DE' — 온화 협조적

발톱의 운세와 성격

예부터 "발은 제2의 심장"이니 "노화는 발에서 시작된다"느니 하여 발의 중요성을 강조했지만 발로 그 사람의 건강 상태나 운명을 판단하는 것은 쉽지 않았다.

그것은 첫째 '발바닥의 모양', 둘째 발바닥의 선도(鮮度) 및 광택, 셋째 발바닥의 감촉 및 족상(足相 : 발금)을 보아 판단해야 하므로 전문가가 아니고는 헤아리기 힘들기 때문이다.

이번엔 발톱으로 운세와 성격 및 건강을 살펴보자.

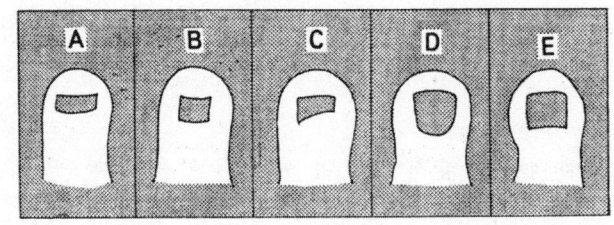

원래 좋은 상의 발톱은 보기에도 좋으며 균형이 있고 색깔이 선명하고 담홍색의 빛을 띠어야 한다. 이런 발톱을 가진 사람은 건강하고 쾌활한 성격의 소유자다.

그리고 ABC는 각이 지고 짧은 발톱이다. 이런 발톱의 사람은 대단히 비판적이고 이유가 많고 호전적이며 비타협적인데 심장이 약할 수 있다.

D와 같이 복숭아 모양의 발톱과 E와 같이 장방형(長方形)의 발톱은 엄지발가락의 위 첫째마디 관절의 반보다 긴 발톱이다.

이런 긴 발톱을 가진 사람은 온화하고 협조적이며 쉽게 체념하는 상이다. 또 감수성이 강하고 이상에 치우치며 감정적이기 쉽다. 이런 타입은 기관지나 폐를 조심해야 한다. 그리고 발톱에 붉은 반점이 나타나는 예도 있는데 이는 신경을 너무 많이 써서 피로한 때문이다.

재물운이 좋고 연애에 성공하는 길상(吉相)의 발톱은 엄지발톱과 약지발톱의 한가운데에 흰 반점이 나타날 때다.

반대로 엄지발톱과 약지발톱에 검은 반점이 나타나면 재물의 손실과 실패, 질병 등 재난이 닥칠 징조다. 또 거무스레하거나 회색의 발톱도 이와 비슷한 것으로 추정할 수 있다.

(28) 직선무늬 '대운' 꽃무늬면 '예술 재능'

TV 드라마의 판관 포청천이나 칠협오의를 보면 모략에 의하여 왕실에서 쫓겨난 어린왕자 이야기가 나온다. 발바닥에 붉은 점이 있고, 이곳에 털이 난 어린왕자를 에워싸고 쫓고 쫓기는 숨막히는 혈투가 계속된다.

이것은 그 왕자가 다음 대통을 이이받을 왕손(王孫)이기 때문에 반대하는 이를 미리 제거하기 위한 것이고 왕자를 지키고 보호하는 쪽은 연약한 여인이기에 시청자의 마음을 졸이게 한다.

그러면 과연 발바닥의 털은 무슨 의미가 있나?

정확성은 차치하고 중국 고전에 나타난 족상을 되새겨 보자.

마의상법(麻衣相法)에 보면 두껍고 금(線)이 많아야 귀족이요, 발가락이 가늘며 길고 단정한 즉 좋은 상이라고 했다.

또 옛 위인들의 발에 나타난 특징을 통계적으로 살펴보면, 한나라 문제(文帝)는 발바닥에 털(足毛)이 나 있었는데 이런 상은 영웅의 상이라고 한다.

당나라의 안록산(安祿山)은 좌우 양쪽 발바닥에 두 개의 사

마귀가 있었는데 이를 보고 발바닥에 사마귀가 있으면 병권
(兵權)을 장악한다고 했다.

당나라의 이태백(李太白)에게 있던 상으로 발바닥에 거북문
(龜紋)이 있으면 천재의 상으로 문장에 뛰어나고 시재(詩才)
가 있다고 했다.

뿐만 아니라 마의 상서에 보면 발바닥에 금이 많은 자는 부
귀인이요, 발바닥에 금이 없는 자는 빈천인이라고 돼 있다. 따
라서 발이 두꺼운 자는 재복(財福)이 많고 발이 얇은 사람은
분주할 뿐 일생 가난을 면키 어려운 사람이라고 했다.

이와 함께 족상(足相)에 곧은 직문(直紋)이 있는 사람은 만사
형통하는 대운(大運)의 소유자이고 발에 꽃과 같은 화문(花紋)
이 있는 사람은 예술적인 재능이 있어 이 방면에서 대성한다.

이밖에 족상에 새 날개와 같은 금문(禽紋)이 있는 사람은 외
교술에 뛰어난 실력을 발휘하고 열 발가락 모두가 소라처럼 둥
근 무늬로 돌아간 사람은 성격이 음흉하고 야비한 사람이며,
발가락 8개가 이런 모양이면 오히려 부귀하다.

(29) 발 작고 두터우면 부귀 누려

중국 고전의 족상은 주로 문자나 그림 무늬 등을 관찰하거나
반점이나 흑점, 털 등 기이한 것을 보고 좋은 것으로 판정했으
며 발바닥에 나타난 세부적인 금에까지는 미치지 못하여 현대
족상과는 거리가 있다. 그래도 오랜 역사속에서 족상이 발전돼
온 과정이므로 알아두면 편리하다.

발이 작고 두꺼운 사람은 부(富)하고 발이 크고 엷은 자는
빈천하다.

발이 두꺼워도 비틀어진 사람은 고독하고 가난한 운명이며 발이 두툼하고 넉사(四)자로 모가 난 사람은 큰 부자가 될 상이다.

또 남자의 오리발은 어리석고 여자 오리발은 첩의 상이라고 전해지며 발의 두께가 네 치(四寸)를 넘는 사람은 국가의 큰 녹(祿)을 얻고 영화를 누린다.

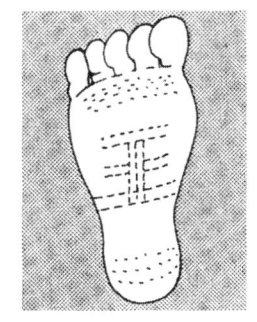

발 뒤꿈치가 둥글고 반듯한 사람은 복이 자손대까지 미치고 발 뒤꿈치가 작고 뾰족하면 자식이 없기 쉽다고 했다. 그러나 혈색이 담홍색이면 어렵지만 대를 이을 수 있다. 발이 얇고 발가락이 긴 자는 자질이 없고 가운데 발가락이 긴 사람은 타향에서 객사할 상이라고 전해지며 발가락이 전체적으로 긴 사람은 충성스럽고 어질며 발가락이 단정하고 가지런한 사람은 성품도 어질다.

발바닥이 판자처럼 평평한 사람은 빈천하기 쉽고 발가락이 짧고 발바닥이 움푹 들어간 곳이 있는 데다 발에 뼈가 많이 튀어나온 사람은 일생 명예를 누리기 어렵다.

엄지발가락 위뼈가 튀어나온 사람은 말년이 고독하고 자식이 없으며 여성은 남편을 잃고 자식과 불화하며 노년이 가난한 상이다.

발바닥의 가로선은 좌절과 중단, 일의 장애를 뜻해 나쁘며 세로선은 운이 열림을 의미한다. 한고조 유방은 좌측 다리에 72개의 검은점이 있었는데 이는 춘하추동의 기본수를 의미하고 하늘에서 내린 천자(天子)의 상이라고 한다.

(30) 엄지발가락 둥글고 딱딱하면 정력 강하다

옛날 중국에서는 잔인한 풍습이 전해졌다고 한다. 여자의 발목에 족쇄를 채워 부자유스럽게 하며 여인을 성의 노리개로 삼았다. 물론 당시 남녀의 성비 불균형으로 여자가 부족했고 미인에게 족쇄를 채워 달아나지 못하게 할 목적도 있었지만 실은 다른 데 더 큰 목적이 있었던 것 같다.

여인의 발목에 족쇄를 채우면 발목의 운동량이 줄어 발목이 무다리처럼 두툼하게 퉁퉁해지는 것을 막는 한편 발목이 점차 가늘어진다.

이렇게 되면 성교시 남성에게 더 좋은 쾌감을 준다는 것이다.

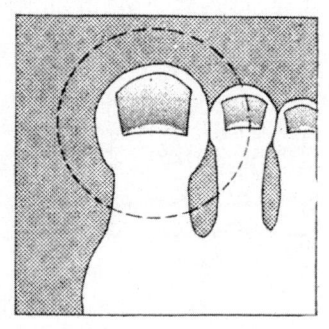

이 얼마나 반인륜적이며 향락적이며 남성 이기주의의 산물인가. 그러나 양의 동서를 막론하고 옛날의 많은 다툼과 전쟁은 거의 성문제와 연관돼 있었다.

그러면 오늘은 발가락을 보고 성과의 연관 관계에 대해 살펴보자.

여성의 섹스의 강약은 엄지와 넷째 다섯째 발가락을 보면 알수 있다.

엄지발가락의 끝이 삼각형을 이루면 근육이 없고 힘이 없어 탄력이 적고 불감증이며 불임의 가능성도 있다. 남성은 조루에 가깝다.

엄지발가락이 잘 발달하여 굵은 북채 모양, 혹은 공 모양이나 둥글고 딱딱하면 정력절륜형으로 일부다처주의자이며 혼외 정사도 불사하는 형이다. 이런 여성의 경우 남성을 넉다운시키므로 조심해야 한다.

특히 새끼발가락이 작고 가늘거나 커도 탄력이 없으며 성적 불능이거나 불감증이다. 또 여성의 경우는 입이 가벼워 비밀을 지키지 못한다. 반대로 새끼발가락이 굵고 딱딱하면 비밀주의자이다.

그리고 넷째 발가락이 특히 크게 발달한 사람은 색정의 난을 당하기 쉽고 초혼에 만족하지 못한다.

남성의 페니스의 길고 짧은 것은 엄지발가락의 길이와 정비례하고 여성 성기의 질의 넓고 좁음은 넷째와 다섯째 발가락끝의 굵기 즉 넓이와 정비례한다고 전해지고 있다.

(31) 발가락 모두 굵으면 정력 왕성

남성 성기의 끝인 귀두(龜頭)는 넷째발가락에 해당된다. 이 발가락이 큰사람은 귀두도 커서 사랑 행위에서 큰 실력을 행사한다고 한다.

반대로 첫째발가락 끝이 삼각형 모양이고 살이 엷으며 탄력이 약한 남성은 성적 능력이 약하다.

이렇게 발가락은 남녀의 성기와 연관되므로 고전의 성전(性典)에는 성행위의 전희로 발가락을 자극하거나 마사지하는 등으로 성욕을 촉진시키는 대목이 나온다.

새끼발가락은 여성의 생식기에 해당되며 자궁, 난소, 난관과 관련되고 그 끝은 외성기인 음핵, 대음, 소음순, 유방에 해당한다.

넷째발가락은 여성 성기의 질(膣)에 연관되고 제1지, 제3지,

제4지, 제5지(새끼발가락)는 성 능력
의 강약을 표시한다.

남성의 성기는 엄지발가락에 해당되
며 장단(長短)에 따라 그 크기의 대소
를 분별한다. 제1지, 제3지, 제5지는 성
능력의 강약을 표시한다.

그리고 성 능력은 발가락 뿐 아니라
발의 다른 부분으로도 알 수 있다.

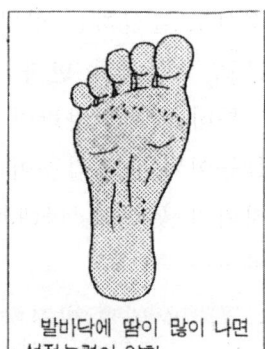

발바닥에 땀이 많이 나면
성적능력이 약함

발바닥에 땀이 많이 나오며 황색(黃色)이거나 색깔이 나쁘고
흉하면 신허(腎虛)하여 성 능력이 저하되고 불임이 가까워진다.

발바닥이 갈라져 통증을 호소할 때도 성 능력이 떨어지고 또
한 발바닥이 엷고 야위어 있을 때도 내장기관의 활동이 둔화되
어 성 능력이 떨어진다.

그래서 인도의 '가마스도'라는 요기의 성전(性典)에는 발바
닥에 항상 땀을 흘리는 여성과는 상대하지 말라고 전하고 있다
고 한다.

이렇게 발이 성 능력과 관계가 있는데 바람직한 족상은 발이
허(虛)도 실(實)도 아닌 풍만한 상이다. 발가락이 모두 굵고
근육의 발달이 잘 되어 탄력 있고 다섯 발가락이 빠짐없이 고
르고 색깔도 좋고 발등의 색이 윤택하고 탄력이 있어 복스러워
보이면 만족할 상이라 하겠다.

(32) 발끝 안쪽 향해 걷는 여자 아기 잘 낳아

사람의 걸음걸이는 그 사람의 현재 운세와 마음의 상태를 반
영한다.

뚜벅뚜벅 걷는 의기양양하
고 힘찬 남자의 호랑이걸음,
깡총깡총 출랑대는 까부는 사
람의 참새걸음, 휘적휘적 걷는
지친 선비의 걸음, 호주머니가
빈털터리의 터벅터벅 걷는 풀
죽은 걸음, 술 취한 주정뱅이
의 갈지자(之), 여덟팔자걸음
등 각양각색이다.

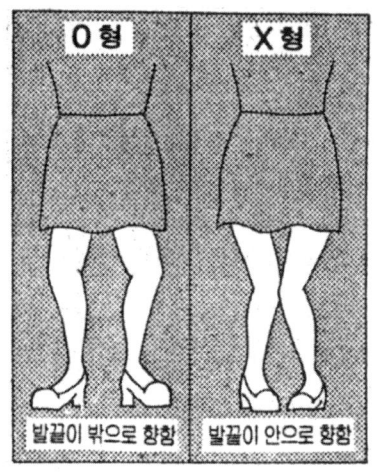

옛말에는 발가락 끝으로 걸
음을 걷는 여인에게 미인은 없다고 했다. 비뚤어진 걸음걸이는
남녀를 막론하고 피의 흐름을 저해하여 건강과 운세에 나쁜 영
향을 주게 되며 걸음걸이는 모르는 사이에 그 사람의 마음의
상태를 그대로 보여준다.

그림의 X자형은 발끝이 안으로 향한 채 걷는 것으로 여인의
걸음걸이인데 애기를 잘 낳는 안산형(安産型)이라고 하며 O형
은 발바닥이 밖으로 향한 채 떡 벌리고 걷는 걸음걸이로 난산형
(難産型)이라고 한다.

아무리 여인의 얼굴이나 몸매가 뛰어나도 걸음걸이가 바르
지 못하면 아름다움이 반감될 뿐 아니라 점차 운세도 약해지는
것이다.

위의 예와 같이 그 사람의 마음가짐이 모르는 사이에 걸음걸
이에 나타나는 것이므로 자신이 의기양양할 때는 활발한 걸음
걸이가 되고 울적할 때는 힘 없는 걸음을 걷게 되는 것을 보아
도 그 습관성과 표정을 알 수 있다.

그리고 발끝에 힘을 많이 주고 걷는 사람은 건강상 좋지 않다.

이상적인 바른 걸음걸이는 평소 자세가 바르고 발의 힘은 균형이 있어 가벼운 걸음걸이가 알맞은 것이다. 이렇게 바른 걸음을 하면 점차 마음의 상태도 안정되고 하고자 하는 일에서도 진취적이어서 운세도 호전된다.

이와 같이 발과 걸음의 중요성은 몸안의 모든 경락(經絡)이 몸의 끝인 발에 집합되고 또 이곳이 종점(終點)이며 기점(起點)이 되어 몸의 상부와 연결되기 때문이다. 그래서 발바닥에는 경락과 기혈이 모여 인간의 오욕(財慾, 色慾, 食慾, 名慾, 睡慾)과 칠정(喜怒愛樂哀憎慾)의 변화가 그대로 새겨지고 족상으로 나타나므로 운세와 건강을 알 수가 있는 것이다.

(33) 발바닥선 선명하면 일생의 행운

발에 나타난 운세를 보는 연령을 알아보자. 그림은 왼발에 나타난 발의 운세 연령표다. 발가락의 끝에서부터 1살의 연령이 시작된다. 즉 긴 발가락의 끝에서 1살이 기산되어 새끼발가락의 끝이 30살이 된다. 그리고 복사뼈 옆 발등의 최고 높은 지점에서 발바닥에 그은 선을 70살 지점으로 하고 30살과 70살의 중간

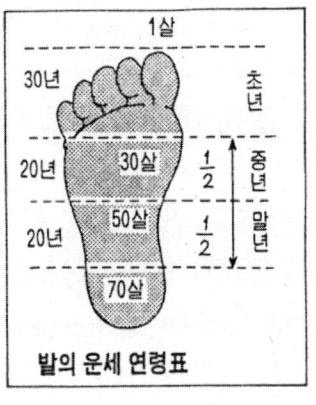

발의 운세 연령표

지점을 50살로 한다. 이렇게 보면 발바닥의 가장 위 발가락 부분이 초년 유년기이고 발뒤꿈치 부분이 일생의 말년이 된다.

초년을 1~30살, 중년을 30~50살, 말년을 50~70살로 세분한다.

이렇게 연령이 세분되면 해당 연령의 운세의 길흉을 어떻게 알아보느냐 하면 세분된 연령의 발바닥과 발등에 해당되는 부위가 첫째 살이 쪘나 말랐나를 본다.

둘째 근육이 굳어 딱딱한가 부드러운가를 본다. 셋째 혈색, 넷째 상처가 있나 없나, 굳은살이 있나 없나를 살핀다.

이렇게 발등과 발바닥의 겉에 나타난 상태와 색깔, 상처 유무를 살핀 다음 발바닥의 연령 부분에 족상의 선이 선명하게 새겨져 있나, 선이 없나를 살펴서 종합 판단한다. 물론 발에 적당히 살이 쪄야 좋고 근육이 딱딱하게 뭉쳐 있으면 좋지 않으며 혈색이 밝은색이면 길한 징조이며 상처가 있거나 굳은살이 있으면 좋지 않은 것으로 판단한다. 발바닥 족상의 좋은 선이 선명하게 새겨져 있으면 일생의 행운으로 판단한다.

(34) 발가락 배열 고르고 도톰하면 길상

상법(相法)에 있어 운세를 보는 연령법은 관상·수상·족상이 각각 다르나 공통점을 갖고 있다.

관상은 얼굴 전체를 초년, 중년, 말년으로 삼등분해 본다.

얼굴의 이마 처음 시작 부분이 초년이고 얼굴 끝 부분인 턱이 말년이며 눈과 코 입이 있는 가운데 부분이 중년이다.

수상을 보면 손목 부분이 초년이고 손바닥 끝 부분이 말년이며 손바닥 중간 부분이 중년에 해당된다. 족상에 있어서도 이와 유사하다.

발가락 끝 부분이 초년이고 발 뒤꿈치부분이 말년이며 발바

닥 가운데와 발등은 중년으로 구분한
다.

　이렇게 족상의 발등과 발바닥으로
연령을 나누는 방법이 있고 또하나 발
가락만 갖고 연령을 세분하는 방법이
있다.

　이 발가락 연령법에서는 그림과 같
이 엄지발가락이 1살에서 14살까지이
고 둘째발가락은 15~23살, 셋째발가
락은 24~42살이고 넷째발가락은 43

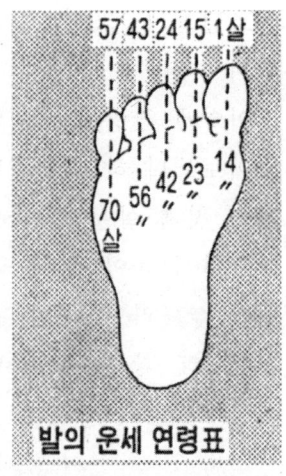

발의 운세 연령표

~56살에 해당되며 새끼발가락은 57~70살로 본다.

　이렇게 운세의 연령이 적용되는데 운세를 보는 방법은 첫째
발가락이 살이 쪘는지 말랐는지를 보고 둘째발가락이 구부러
져 있지 않나 살피고 셋째 발가락의 배열이 고른가 삐뚤삐뚤한
가를 본다. 넷째는 발가락 사이에 틈이 있나 밀착되어 있나를
살핀다. 다섯째 색이 미색으로 복스러운가, 여섯째 발가락이나
발톱에 상처가 있나 없나 본다.

　이렇게 각 발가락의 형태와 색깔·상처 유무를 살펴서 종합
적으로 판단하는데 각 연령의 발가락에 문제가 있거나 나쁜 표
시가 있으면 그 연령이 불운의 시기이고 좋은 표시가 있으면
행운의 연령이다.

　즉 발가락이 살이 마르지 않고 적당히 쪄 있어 도톰하면 길
상이고 발가락이 구부러지지 않고 유별나게 튀어나오지 않으
면 좋은 상이다.

　발가락 배열이 고르면 운세가 좋으며 발가락 사이도 틈이 벌

어지지 않고 밀착되어 있으면 길상이며 상처없이 미색으로 복스러운 발가락을 갖고 있으면 일생이 평안하고 건강하며 운세도 좋은 상이다.

(35) 왼쪽 발가락으로 1년 운세 판단

과학자들은 지각과 지층의 화석 등을 보고 지구의 생성 연대와 변천 과정을 알아낸다. 또한 나무의 수령(樹齡)은 나이테를 보면 알 수 있고 물고기의 나이는 비늘로 알아낸다. 이와 같은 이치로 사람의 재능과 운명의 변화는 발과 손에 새겨진 상형문자인 족상과 손금을 통해 알 수 있다.

따라서 발에 새겨져 있는 기본 원리와 연령법을 터득한다면 현재와 미래의 운세와 앞일을 읽을 수 있다.

즉 돈은 언제 벌며 질병은 언제 발생할지 또 일생은 행복할까 불행할까 하는 등 의문에 대한 해답을 찾아낼 수 있다.

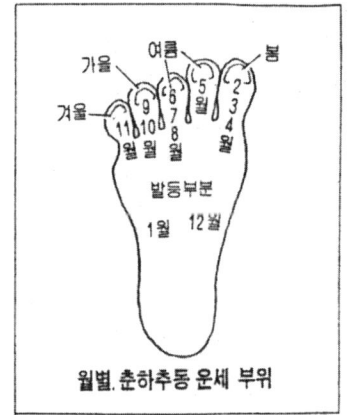

월별. 춘하추동 운세 부위

지난 회의 연령 운세에 이어 좀 더 깊이 들어가 그 연령에서 몇 월 언제쯤 무슨 일이 일어나며 그 달의 운세가 어떤지 판단하는 월별 운세의 기본을 알아보자.

손에서 운세는 오른손의 엄지손가락을 제외한 네 손가락으로 봄 여름 가을 겨울 일년열두달로 나누어 운세를 본다. 이와 비슷하게 발의 운세 감정법도 왼쪽 다섯발가락으로 춘하추동 사계절 일년열두달로 나누어 판단한다.

그림을 보면 봄 여름 가을 겨울, 1월에서 12월까지의 운세를 보는 월별이 새겨져 있다. 왼발의 엄지발가락 끝부분은 3월 4월, 밑부분은 2월을 표시하여 봄의 운세를 가리킨다.

다음 둘째발가락은 5월, 셋째발가락 부위는 6월 7월 8월로 여름을 나타내고 넷째발가락은 9월 10월로 가을을 말하며 다섯째발가락은 11월이고 발등 부분인 12월과 1월을 합하여 겨울의 운세를 보면 된다.

이렇게 다섯발가락과 발등에 일년열두달의 운세가 새겨져 있는데 이 월을 표시하는 부분이 우리 신체의 내장기관과 연결되어 있어 그 사람의 현재의 건강 상태뿐 아니라 그 사람의 생각하는 것과 미래에 대처하는 마음과 행동의 실체가 반영되어 있어 그 부분이 허상(虛相)이거나 빈상, 또는 질병이나 상처가 없이 좋고 밝은색이면 현재나 미래의 운이 잘 풀리고 마음먹은 일이 뜻대로 추진된다.

(36) '길흉화복' 새겨진 하나의 소우주

사람의 몸을 흔히 소우주(小宇宙)라고 부르는데 인체는 하늘의 변화와 땅의 신비를 감추고 있다.

▲ 머리가 둥근 것은 하늘(天)을 본으로 삼았기 때문이며(양)

▲ 발이 넓적한 것(方形)은 땅(地)을 상징하며(음)

▲ 두 눈은 해와 달에 비유되고(양음)

▲ 육부(六月府)는 육률(기수월인 6개월의 변화)을 본떠 이루어지고

▲ 대장(大臟)의 길이 일장이척(一丈二尺)은 12의 시각에 비유된다.

▲소장(小腸)의 길이 이장사척(二丈四尺)은 24절기와 비유
되고

▲몸의 365 경락은 1년에 대응된다.

이렇게 몸은 우주를 닮아 음과 양 오행 및 춘하추동 12달이
있어 건강과 운세 및 길흉화복을 판단하는 자료가 되는 것이
다. 그림은 족상의 오행(목 화 토 금 수)를 도표화한 것이다.

우주의 만물인 삼라만상은 모두 오행으로 구성돼 있는데 발
도 또한 그 범주에 속한다.

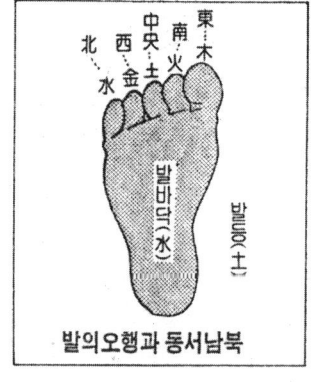

발의오행과 동서남북

▲엄지발가락은 목기(木氣)를 대
표하고 이 목기는 동방에 속하
며

▲검지발가락은 화기(火氣)로 대
표하고 남방에 속하며

▲셋째발가락은 토기(土氣)로 중
앙으로 대표되며

▲넷째발가락은 금기(金氣)로 서
방으로 분류되며

▲다섯째 발가락은 수기(水氣)로 북방으로 본다.

이렇게 발에는 그 사람이 살아가는 일생의 연륜(年輪)인 나
이가 새겨지고 1월부터 12월까지의 춘하추동 12달이 나타나
있고 목화토금수인 오행이 동서남북으로 분류되어 우주의 변
화와 신비를 감추고 있어 그 생성 원리와 또한 상생(相生 : 서
로 돕는)과 상극(相剋 : 서로 극하는)의 원리에 의하여 생장소
멸을 되풀이함으로 이 속에서 사람의 운세와 건강 길흉화복이

한 폭의 소우주 산수화처럼 그려지고 펼쳐지는 것이다.

이제 앞으로 이 모든 것을 종합하여 실제 종합 족상을 하나 하나 풀어보자.

(37) 엄지발가락 간장, 둘째발가락 심장 해당

우주의 삼라만상은 모두 음양으로 이루어졌으며 이 음양이 조화를 이루어 생장소멸을 되풀이하고 있다.

하늘이 양이고 땅이 음이며, 남자는 양이고 여자는 음이며 인간의 몸은 머리가 양이고 발이 음이다. 양은 음을, 음은 양을 서로 끌어당기고 합하여(引合) 만물을 생하고 음은 음과, 양은 양과 반발한다.

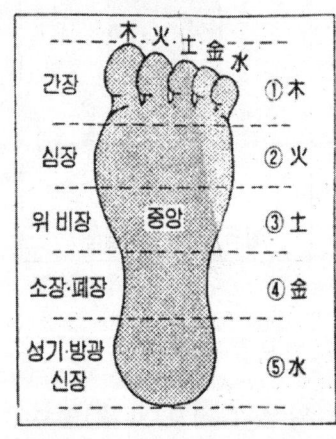

그리고 내장의 각 기관은 음양으로 나뉘어 조화를 이루고 있다. 이 조화의 균형이 깨지면 신체에 이상이 생긴다. 그림은 발바닥을 음양오행으로 구분한 것이다. 이 발바닥의 음양오행을 알고 이 부분과 연관된 장기를 파악한다면 우리들의 건강이나 질병 치료에 도움을 줄 수 있다.

그림은 발바닥을 발끝에서부터 발뒤꿈치까지 다섯 등분한 것이다.

발가락이 있는 위 부분인 ①은 목(木)의 부위이며 목은 음양오행상 동방에 속하고 장기는 간장이 목(木)에 해당한다.

그 밑의 ②는 화(火)의 부위로 남방에 속하고 심장에 해당한다. ③은 발바닥의 중앙으로 토(土)의 부위인데 음양오행에 있어서 토(土)는 중앙이다. 이 부분은 위와 비장의 부분이다. ④는 금(金)의 부위이며 서방에 속하고 소장과 폐장에 해당한다. ⑤는 발끝인 뒤꿈치로 수(水)의 부위이며 북방에 속하고 성기와 방광, 신장에 해당한다.

이렇게 발가락이 엄지발가락부터 목화토금수로 구분되고 발바닥은 그림과 같이 위로부터 목화토금수 오행의 다섯 부분으로 나눠진다.

오행에 따라 관련된 장기가 나누어지므로 신체나 발의 이상 유무가 있을 땐 이 해당 부위에 자극을 주어 증상을 완화시킬 수 있다. 예를 들면 간장이 나쁠 때도 엄지발가락과 발바닥 해당 부위, 심장이 좋지 않을 때는 둘째발가락과 발바닥 해당 부위를 지압하거나 마사지 또는 주물러 주면 한결 부드러워지고 건강에도 도움을 줄 수 있다.

이와 같이 발가락과 발은 신체의 오장육부의 비밀을 감추어 갖고 있으므로 발의 건강은 신체의 건강이고, 발은 제2의 심장이며, 발을 보면 건강이 보인다고 말하는 것이다.

(38) 새끼발가락은 물과 관계 있는 택의궁

족상의 9개 포인트(九星)

수는 1에서 시작되고 9에서 끝나는데 이 1에서 9까지의 수를 원수(元數)라고 한다.

우주의 삼라만상은 1에서 시작하여 2, 3, 4, 5, 6, 7, 8을 거쳐 9에 이르고 다시 1로 돌아온다. 9 이상은 1이 모여 되는데 십, 백, 천, 만은 대행수라고 역학에서는 부른다.

그런데 발에도 이 아홉 가지 수가 있다. 그림은 발의 9성(九星)을 표시한 것이다.

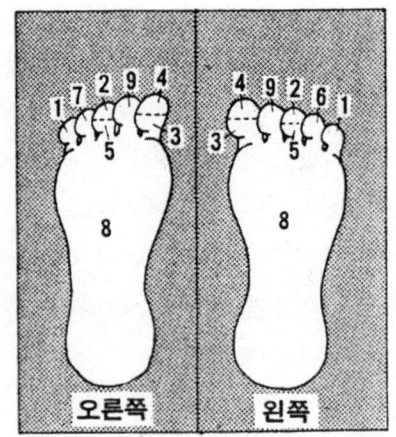

엄지발가락 앞부분은 목성(木星) 4의 부분이고 엄지 밑부분은 3목성(木星)의 부위이다.

둘째발가락은 9자화성(紫火星)의 부분이며 셋째발가락의 앞부분은 2흑(黑)성(星) 2의 부위이며 셋째발가락 밑부분은 5황(黃)토성(土星) 가운데 부위이다.

다음 왼쪽 넷째발가락은 6백금성궁(六白金星宮)이며 오른쪽 넷째발가락은 7적금성(七赤金星) 부위이다.

새끼발가락은 물과 관계 있는 택의궁(澤의宮)으로 1의 부위.

다음 양쪽 발에 표시된 8은 간궁 8백토성(八白土星)이다.

이 9성(九星)은 일찍이 중국에서 약 3천여 년 전부터 운명을 점치는 데 사용한 것인데 그 유래는 다음과 같다.

중국 하(夏)나라에서 9년 동안 긴 장마가 계속되어 물난리가 나고 홍수의 피해가 심하여 왕이 치수(治水) 공사를 명하여 홍수의 방향을 바꿔 동해로 방류시키는 데 성공하여 어려움을 극복하였다.

이때 홍수 가운데서 이상한 거북(龜)이 나타났는데 그 거북의 등 가운데 1에서 9까지의 숫자가 기록되어 있었다.

이 숫자는 가로 세로 종횡 및 대각으로 어느 편으로 숫자를 가산(加算 : 덧셈)하여도 합이 15가 되었다는 것이다.

　왕은 이상하게 생각하여 이 거북을 신구(神龜)라고 명명하
고 이 거북의 숫자에서 힌트를 얻어 인체에 이 수리를 적용하
여 이것을 사람의 운명과 길흉화복을 점치는 데 활용하기에 이
르렀다.
　이렇게 해서 발에도 9성(九星)이 정해졌으며 이 운명의 숫
자로 오늘날은 사람의 미래 운명을 판단하고 생활에 응용하고
있다.

(39) 음양오행에 기초 인간의 미래 운명 예측

　서양에서는 일찍이 인간 운명의 수수께끼를 하늘의 별을 보
고 점을 쳐 왔다.
　동양에서는 인도의 강가에서 시작한 문명이 중국의 황하 유
역에서 꽃피면서 인간의 미래에 대한 궁금증을 풀기 시작했다.
즉, 약 5천여 년 전 하늘과 땅, 음과 양을 기본 원리로 한 음양
오행을 만들어 인간이 전체 속의 소우주라는 개념으로 미래 운
명을 예지하기에 이르렀다.
이것이 이른바 음양오행설인
데 발에도 운명을 풀기 위한
음양오행 십간십이지가 있다.
　그림을 보면 좌우 양쪽의
발에 십이지(땅 : 자축, 인묘,
진사, 오미, 신유, 술해)가 표
시되어 있다. 십간은 목화토
금수로 이미 설명한 바 있다.

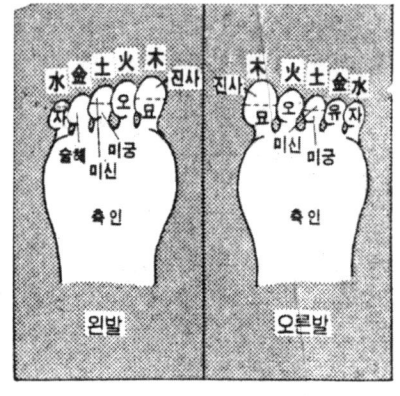

　좌우 양쪽발을 보면 새끼발가락은 자(子)로 북방(北方)이고

겨울을 표시하며 발등은 축인(丑寅) 동북방(東北方)이다. 묘
(卯)는 엄지발가락 밑부분으로 동방이고 봄을 나타내며 진사
(辰巳)는 엄지발가락 윗부분으로 동남방을 표시한다. 둘째발
가락은 오(午)인데 남방을 말하며 여름을 표시한다. 가운뎃발
가락의 윗부분은 미신(未申)인데 남서방을 의미한다. 오른발
의 넷째발가락은 유(酉)인데 가을이고 서방을 표시하며 왼쪽
발의 넷째발가락은 술해(戌亥)인데 서북방으로 천문(天門)을
표시한다.

위와 같이 세분화된 십이지와 십간으로 인간 운명 자료인 사
주팔자(四柱八字)를 만들어 그 사람의 미래 운명인 길흉화복
을 점칠 수 있는 것이다. 이렇게 황하유역에 활짝 핀 문명의
꽃이 인간의 운명을 점치는 기술을 개발하여 오늘에 이르러 5
천 년의 역사를 자랑하고 있다. 예를 들자면 자월(子月 : 11월
음력 새끼발가락)에 태어난 사람은 새끼발가락인 자(子)이고
오행인 수(水)에 해당되어 사주팔자에 수(水)가 많으면 수
(水)는 신장 방광에 해당되므로 신장이 약할 수 있으며 수(水)
는 불을 끄므로 불(火)은 눈과 심장에 해당되어 심장과 눈이
약할 수 있다. 그리고 신장과 눈에 이상이 있을 때는 이 새끼
발가락을 주물러주거나 마사지하고 새끼발가락이 상하지 않도
록 평소 신발 크기나 운동시에 유의하여야 한다.

(40) 요철족 오장육부에 장애 있어

발은 몸체를 실어 신체의 평형을 유지하고 공간 이동을 하는
운반기구 역할을 하는데 이 발중에는 그 모양이나 기능에 있어
일반적인 발보다 특이하게 생긴 발의 유형이 있다.

① 종족(踵足)

종(踵)이란 발뒤꿈치를 일컫는 것인데 여기서 종족이란 인체의 중심 무게가 발뒤꿈치에 쏠린 족상(足相)을 말한다. 신발은 주로 발의 뒤축 바깥쪽이 닳아 있다.

② 편평족(扁平足)

전에 남자들의 군대 징집 신체 검사에서 갑종 합격이 안 되고 군에 징집되지 않는 발이 바로 편평족이다. 발바닥 중심의 약간 들어간 장심(掌心 : 발바닥 중앙) 부분이 움푹 들어가지 않고 판자처럼 발바닥이 평평한 것이 편평족이다.

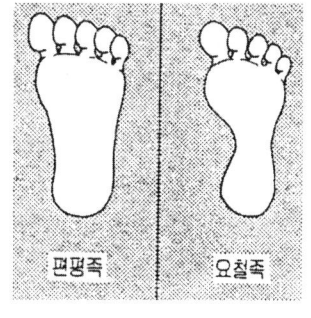

이 편평족은 달리기 등에서 발이 땅에 닿을 때 그 충격이 몸체에 전달되는 것을 완화시켜주는 장심의 약간 들어가 패인 곳이 없이 평평하므로 완충 작용이 안돼 쉽게 피로를 느끼게 되므로 군대 훈련시 문제가 있어 징집에서 제외된 적도 있었다.

이 편평족은 맨발로 서 있을 때 뒤편에서 보면 발의 뒤끝 부분인 발뒤꿈치가 땅에 닿지 않는다. 중심 부분이 평평하여 이미 발바닥 중앙이 땅에 닿는 결과이다. 이 발바닥은 저녁 늦게는 아침보다 발이 딱딱하게 굳는 수도 있다고 한다.

이런 발을 냉족(冷足) 유족(油足)의 발이라고도 부른다.

장심에 부정(不正 : 제대로 생기지 않은 것)이 있으면 간장이나 비장의 활동이 정상보다 저하된다고 한다.

③ 요철족(凹足)

 편평족과는 다르고 일반 보통의 발보다는 더 깊게 장심이 움
푹 들어간 상태이다. 얼핏 보아 정상적인 것처럼 보이나 발바
닥 중앙이 적당히 들어가지 않고 평균 기준치 이상 깊이 들어
간 형태이다. 이것도 발의 부정에 속하며 건강상 문제가 있다.
간장·폐장·신장·심장 등의 기능이 떨어지고 오장육부에 장
애가 일어나는 비정상적인 발바닥이다. 이런 발들은 발을 교정
하는 조족법(調足法)에 의하여 교정하여야 한다.

손금 좀 봅시다

2판 1쇄 발행 | 2006년 11월 5일
2판 7쇄 발행 | 2018년 6월 25일

지은이 | 엄원섭
펴낸이 | 이현순

펴낸곳 | 백만문화사
서울특별시 마포구 독막로 28길 34(신수동)
전화 | (02)325-5176 **팩스** | (02)323-7633
신고번호 | 제2013-000126호
e-mail | bmbooks@naver.com
홈페이지 | www.bm-books.com
Translation Copyright©2006 by BAEKMAN Publishing Co.
Printed & Manufactured in Seoul Korea

ISBN 89-85382-78-0
값 16,000원

* 잘못된 책은 바꾸어 드립니다.